HISTOIRE
DES ORIGINES
DU CHRISTIANISME

LIVRE SIXIÈME

QUI COMPREND LES RÈGNES D'ADRIEN
ET D'ANTONIN LE PIEUX

(117-161)

CALMANN LÉVY, ÉDITEUR

OEUVRES COMPLÈTES
D'ERNEST RENAN

FORMAT IN-8°

HISTOIRE DES ORIGINES DU CHRISTIANISME. — VIE DE JÉSUS. — 16ᵉ *édition*	1 volume.
— — — — LES APOTRES	1 volume.
— — — — SAINT PAUL, avec une carte des voyages de saint Paul	1 volume.
— — — — L'ANTECHRIST	1 volume.
— — — — LES ÉVANGILES ET LA SECONDE GÉNÉRATION CHRÉTIENNE.	1 volume.
LA RÉFORME INTELLECTUELLE ET MORALE. — 3ᵉ *édition*	1 volume.
QUESTIONS CONTEMPORAINES. — 2ᵉ *édition*	1 volume.
HISTOIRE GÉNÉRALE DES LANGUES SÉMITIQUES. — 4ᵉ *édition*. — Imprimerie impériale	1 volume.
ÉTUDES D'HISTOIRE RELIGIEUSE. — 6ᵉ *édition*	1 volume.
ESSAIS DE MORALE ET DE CRITIQUE. — 3ᵉ *édition*	1 volume.
LE LIVRE DE JOB, traduit de l'hébreu, avec une étude sur l'âge et le caractère du poème. — 3ᵉ *édition*	1 volume.
LE CANTIQUE DES CANTIQUES, traduit de l'hébreu, avec une étude sur le plan, l'âge et le caractère du poème. — 4ᵉ *édition*	1 volume.
DE L'ORIGINE DU LANGAGE. — 4ᵉ *édition*	1 volume.
AVERROÈS ET L'AVERROÏSME, essai historique. — 3ᵉ *édition*	1 volume.
DIALOGUES ET FRAGMENTS PHILOSOPHIQUES. — 2ᵉ *édition*	1 volume.
MÉLANGES D'HISTOIRE ET DE VOYAGES	1 volume.
CALIBAN, drame philosophique. — 2ᵉ *édition*	1/2 volume.
SPINOZA, conférence donnée à la Haye	Brochure.
DISCOURS DE RÉCEPTION A L'ACADÉMIE FRANÇAISE	Brochure.
LETTRE A UN AMI D'ALLEMAGNE	Brochure.
MISSION DE PHÉNICIE, grand in-4°, avec atlas in-folio. — Imprimerie nationale	1 volume.
HISTOIRE LITTÉRAIRE DE LA FRANCE AU XIVᵉ SIÈCLE, par Victor Le Clerc et Ernest Renan	2 volumes.

FORMAT IN-32

VIE DE JÉSUS, édition populaire. — 21ᵉ *édition*	1 volume.

FORMAT IN-18

ÉTUDES D'HISTOIRE RELIGIEUSE	1 volume.

FORMAT GRAND IN-8°

VIE DE JÉSUS ILLUSTRÉE	1 volume.

PARIS. — Impr. J. CLAYE. — A. QUANTIN et Cⁱᵉ, rue St-Benoît. — 1246

L'ÉGLISE CHRÉTIENNE

PAR

ERNEST RENAN

DE L'ACADÉMIE FRANÇAISE
ET DE
L'ACADÉMIE DES INSCRIPTIONS ET BELLES-LETTRES

PARIS

CALMANN LÉVY, ÉDITEUR

ANCIENNE MAISON MICHEL LÉVY FRÈRES
RUE AUBER, 3, ET BOULEVARD DES ITALIENS, 15
A LA LIBRAIRIE NOUVELLE
—
1879

Droits de reproduction et de traduction réservés

PRÉFACE

J'avais d'abord pensé que ce sixième livre terminerait la série des volumes que j'ai consacrés à l'Histoire des origines du christianisme. Il est certain qu'à la mort d'Antonin, vers l'an 160, la religion chrétienne est une religion complète; elle a tous ses livres sacrés, toutes ses grandes légendes, le germe de tous ses dogmes, les parties essentielles de sa liturgie; aux yeux de la plupart de ses adhérents, elle est une religion à part, séparée du judaïsme, opposée même au judaïsme. Il m'a semblé pourtant convenable d'ajouter aux livres antérieurs un dernier livre contenant l'histoire ecclésiastique du règne de Marc-Aurèle. Le règne de Marc-Aurèle, dans un sens très-véritable, appartient encore aux origines du christianisme. Le montanisme est un phénomène de l'an 170 à peu près[1]; or le montanisme est un des événements les plus notables du christianisme naissant. Après plus d'un siècle écoulé depuis les étranges hallucinations du cénacle des apôtres de Jérusalem, on vit renaître tout à coup, dans quelques cantons perdus de la Phrygie, la prophétie, la glossolalie, les charismes que l'auteur des *Actes des Apôtres* raconte avec tant d'admiration. Mais il était trop tard : la religion, sous Marc-Aurèle, après les manifestations désordonnées du gnosticisme, avait bien plus besoin de discipline que de dons miraculeux. La résistance que l'orthodoxie, représentée par l'épiscopat, sut opposer aux prophètes de Phrygie fut l'acte décisif de la constitution de l'Église. On admit que, au-dessus de l'inspiration individuelle, il y avait le jugement moyen de la conscience universelle. Cette opinion moyenne, qui triomphera dans tout le cours de l'histoire de l'Église et qui, représentant un bon sens relatif, fit la force de cette grande institution, est déjà parfaitement caractérisée sous Marc-Aurèle. Le tableau des premières luttes que se livrèrent ainsi la liberté indivi-

---

[1]. J'ai toujours eu l'intention de traiter de l'histoire du montanisme; mais je rapportais l'apparition de ce mouvement sectaire au règne d'Antonin. C'est là une chronologie que mes dernières recherches m'ont fait abandonner.

duelle et l'autorité ecclésiastique m'a semblé une partie nécessaire de l'histoire que je voulais tracer du christianisme naissant.

Une autre raison, d'ailleurs, m'a décidé à traiter avec détails du règne de Marc-Aurèle dans ses rapports avec la communauté chrétienne. Il y a quelque chose de partial et d'injuste à se figurer la tentative du christianisme comme un fait isolé, comme un effort unique et en quelque sorte miraculeux de réformation religieuse et sociale. L'œuvre que le christianisme a su accomplir, bien d'autres la tentèrent. Timidement encore, au 1er siècle, ouvertement et avec éclat au IIe, tous les honnêtes gens du monde antique aspiraient à un adoucissement des mœurs et des lois. La piété était le besoin universel du temps. A ne considérer que la haute culture intellectuelle, le siècle était en baisse; il n'y avait plus d'esprits aussi dégagés que César, Lucrèce, Cicéron, Sénèque; mais un immense travail d'amélioration morale se poursuivait de toutes parts : la philosophie, l'hellénisme, les cultes orientaux, l'honnêteté romaine, y contribuaient également. Parce que le christianisme a triomphé, ce n'est pas une raison pour se montrer injuste envers ces nobles tentatives, parallèles à la sienne, et qui n'échouèrent que parce qu'elles étaient trop aristocratiques, trop dénuées de ce caractère mystique qui autrefois était nécessaire pour attirer le peuple. Si l'on veut être juste et complet, il faut étudier en même temps les deux tentatives, faire la part de l'une et de l'autre, expliquer pourquoi l'une a réussi et pourquoi l'autre ne pouvait pas réussir.

Le nom de Marc-Aurèle est le plus illustre de cette noble école de vertu qui essaya de sauver le monde antique par la raison. Une étude approfondie de ce grand homme appartient donc essentiellement à notre sujet. Pourquoi la réconciliation qui se fit entre l'Église et l'Empire, sous Constantin, ne s'opéra-t-elle pas sous Marc-Aurèle? C'est là une question qu'il importe d'autant plus de résoudre, que, déjà en ce volume, nous verrons l'Église commencer à identifier sa destinée avec celle de l'Empire. Dans la seconde moitié du IIe siècle, des docteurs chrétiens de la plus haute autorité envisagent sérieusement la possibilité de faire du christianisme la religion officielle du monde romain. On dirait qu'ils devinent le grand événement du IVe siècle. Étudiée de près, la révolution par laquelle le christianisme, changeant si complètement de rôle, est devenu le protégé ou, pour mieux dire, le protecteur de l'État, après avoir été le persécuté de l'État, cette révolution, dis-je, cesse de paraître surprenante. Saint Justin et Méliton en ont le pressentiment le plus clair. Le principe de saint Paul : « Toute puissance, quelle qu'elle soit, vient de Dieu, » portera ses fruits, et, ce que Jésus n'avait guère prévu, l'Évangile deviendra une des bases de l'absolutisme. Le Christ sera venu au monde pour garantir aux princes leurs couronnes. Un pontife romain ne cherche-t-il à prouver de nos jours que Jésus-Christ a prêché et est mort pour conserver aux riches leur fortune et pour rassurer le capital?

A mesure qu'on avance en cette histoire, les documents deviennent plus certains et les discussions préalables moins nécessaires. Les notes mises au bas des pages suffisent pour l'éclaircissement des questions critiques soulevées par les textes cités. La question du quatrième Évangile a été tant de fois traitée dans les volumes précédents[1], que nous n'avons pas à revenir ici sur ce sujet. La fausseté des épîtres censées de Paul à Tite et à Timothée a été démontrée précédemment[2] ; le caractère apocryphe de la *II^a Petri* résulte des quelques pages que nous avons consacrées à cet opuscule[3]. Le problème des épîtres attribuées à saint Ignace et celui de l'épître attribuée à saint Polycarpe sont absolu-

---

1. Voir, en particulier, l'appendice de la *Vie de Jésus*, à partir de la treizième édition.
2. *Saint Paul*, introd., p. XXIII et suiv.
3. V. ci-après, p. 109 et suiv.

ment connexes; nous nous contenterons de rappeler ce qui en a été dit dans l'introduction de notre livre précédent[1]. L'âge approximatif du *Pasteur* d'Hermas ne fait plus de doute pour personne. Le récit de la mort de Polycarpe a les mêmes caractères d'authenticité que l'épître des fidèles de Lyon et de Vienne, dont nous parlerons dans notre dernier livre. Enfin le discernement des ouvrages authentiques et supposés de saint Justin ne réclame pas ces longs développements que les introductions des volumes précédents ont dû présenter[2].

1. *Les Évangiles*, p. x et suiv.
2. Le présent volume était imprimé quand j'ai eu connaissance d'une publication des mékhitaristes de Venise (*S. Aristidis, philosophi atheniensis, Sermones duo*, St Lazare, 1878), contenant en arménien, avec traduction latine, deux morceaux dont l'un serait l'Apologie adressée par Aristide à Adrien (voir ci-après, p. 42). L'authenticité de cette pièce ne soutient pas l'examen. C'est une composition plate, qui répondrait bien mal à ce que Eusèbe et saint Jérôme disent du talent de l'auteur et surtout à cette particularité que l'ouvrage était *contextum philosophorum sententiis* (Saint Jérôme, Epist. 83 ad Magnum, Opp. IV, 2e part., col. 656, Mart.). L'écrit arménien ne présente pas une seule citation d'auteur profane. La théologie qu'on y trouve, en ce qui concerne la Trinité, l'incarnation, la qualité de Mère de Dieu attribuée à Marie, est postérieure au IVe siècle. L'érudition historique ou plutôt mythologique est aussi bien indigne d'un écrivain sérieux du IIe siècle. — Le second « sermon » publié par les mékhitaristes a encore moins de droits à être attribué au philosophe chrétien d'Athènes; le manuscrit porte *Aristæus*; c'est une homélie insignifiante sur le bon larron.

On le voit, tous les signes nous annoncent que nous touchons à la fin de l'âge des origines. L'histoire ecclésiastique va commencer. L'intérêt n'est pas moindre; mais tout se passe en plein jour, et la critique désormais ne rencontrera plus devant elle ces obscurités dont on ne sort que par des hypothèses ou des divinations hardies. *Hic cœstus artemque repono.* A partir d'Irénée et de Clément d'Alexandrie, nos anciens travaux d'histoire ecclésiastique du XVIIe siècle suffisent presque. Qu'on lise dans Fleury les deux cent vingt pages qui répondent à nos sept volumes, on sentira toute la différence. Le XVIIe siècle ne tenait à savoir que ce qui est clair; or les origines sont toujours obscures; mais, pour un esprit philosophique, elles ont un intérêt sans égal. L'embryogénie est par son essence même la plus intéressante des sciences; car c'est par elle que l'on pénètre le secret de la nature, sa puissance plastique, ses vues finales et son inépuisable fécondité.

L'ÉGLISE CHRÉTIENNE

CHAPITRE PREMIER.

ADRIEN.

L'état de santé de Trajan s'aggravait chaque jour[1]. Il partit pour Rome, laissant le commandement de l'armée d'Antioche à Adrien, son petit-cousin et son petit-neveu par alliance. Une inflammation d'entrailles le força de s'arrêter à Sélinonte[2], sur la côte de Cilicie. Il y mourut le 11 août de l'an 117, à l'âge de soixante-quatre ans. La situation était triste : l'Orient était en feu ; les Maures, les Bretons, les Sarmates devenaient menaçants[3]. La Judée, réduite mais fré-

---

1. Voir *les Évangiles*, p. 508 ; C. de La Berge, *Essai sur le règne de Trajan*, p. 189.
2. Aujourd'hui Sélindi.
3. Spartien, *Adriani vita*, 5.

missante[1], semblait annoncer de nouvelles fureurs. Une intrigue assez obscure, qui paraît avoir été dirigée par Plotine et Matidie, donna, dans ces circonstances critiques, l'empire à Adrien.

Ce fut un très-bon choix. Adrien était un homme d'une moralité équivoque; mais ce fut un grand souverain. Spirituel, intelligent, curieux, il eut plus de largeur d'esprit qu'aucun autre César. D'Auguste à Dioclétien, il fut l'empereur qui constitua le plus. Sa capacité administrative était extraordinaire. Selon nos idées, il administra trop sans doute; mais il administra bien. Il fut l'organisateur définitif du gouvernement impérial[2]; il marqua une époque capitale

---

1. Spartien, *Adr.*, 5 : *rebelles animos efferebat*. Si l'on s'en tenait à la Chronique d'Eusèbe, la campagne contre les Juifs (*les Évangiles*, ch. XXIII) n'aurait pas été finie à la mort de Trajan et se serait continuée durant les premiers mois d'Adrien (Eusèbe et saint Jérôme, *Chron.*, 1re année d'Adrien); mais ce texte a quelque chose de trouble (comp. la traduction arménienne, Schœne, p. 164-165). Eusèbe peut avoir été égaré par certaines confusions avec la grande guerre d'Adrien (cf. la *Chron.* d'Alex., à l'an 119). Spartien (*loc. cit.*) représente la Palestine, au moment de l'avènement d'Adrien, comme animée d'un esprit de rébellion, mais non comme révoltée. L'Égypte, il est vrai, *seditionibus urgebatur* (*ibid.*); mais, d'un autre côté, Lusius Quietus et Turbo sont représentés comme ayant terminé leurs campagnes contre les Juifs dès le début du règne d'Adrien (*ibid.*). Comp. Eutrope, VIII, 7.

2. Aurélius Victor, *Epit.*, 14.

dans l'histoire du droit romain. Jusqu'à lui, la maison du prince avait été la maison du premier personnage de l'État, une maison comme une autre, composée de domestiques, d'affranchis, de secrétaires privés. Adrien organisa le palais : pour arriver aux offices palatins, il fallut désormais être chevalier; les domestiques de la maison de César devinrent des fonctionnaires. Un conseil permanent du prince, composé surtout de jurisconsultes[1], prend des attributions définies ; les sénateurs spécialement attachés au gouvernement sont déjà des *comites* (comtes) ; tout se fait par des bureaux, à la formation desquels le sénat prend sa part, et non par la volonté directe du prince. C'est toujours le despotisme, mais un despotisme analogue à celui de l'ancienne royauté française, tempéré par des conseils, des cours et des magistrats indépendants. — Les améliorations sociales sont plus importantes encore. Un bon et grand esprit de vrai libéralisme et d'humanité se manifeste en tout; la position de l'esclave reçoit des garanties; la condition de la femme s'élève; les excès de l'autorité paternelle sont limités; ce qui restait de sacrifices humains est supprimé[2]. Le caractère personnel de

1. Spartien, *Adr.*, 18, 22.
2. Paul, *Sentent.*, III, 5; Dig., I, v, 18; vi, 2; Gaïus, *Instit.*, comm. I, 115; Ulpien, Fragm. xxvi, 8; Spartien, *Adr.*, 18.

l'empereur répondait à ce qu'il y avait d'excellent dans ces réformes. Adrien se montrait avec les humbles d'une affabilité charmante, et ne pouvait souffrir que, sous prétexte de majesté, on lui enlevât son plaisir suprême, le droit d'être aimable [1].

C'était, malgré tous ses défauts, un esprit vif, ouvert, original. Il aima Épictète [2] et le comprit, certes sans s'obliger à suivre ses maximes. Rien ne lui échappait; il voulait tout savoir. Dégagé de cette morgue et de ce parti pris qui rendaient le vrai Romain si fermé à la connaissance du reste du monde, Adrien avait du goût pour les choses exotiques [3]; il s'y plaisait, s'en moquait avec esprit. L'Orient surtout l'attirait. Il en voyait les impostures, le charlatanisme, et s'en amusait. Il se faisait initier à toutes les bizarreries, fabriquait lui-même des oracles, composait des antidotes et se raillait de la médecine. Comme Néron, ce fut un lettré, un artiste, sur le trône [4]. Sa facilité pour la peinture, la sculpture,

---

1. In conloquiis humillimorum civilissimus fuit, detestans eos qui sibi hanc voluptatem humanitatis inviderent. Spartien, *Adr.*, 20.
2. Spartien, *Adr.*, 16.
3. Curiositatum omnium explorator. Tertullien, *Apol.*, 5. Cf. Spartien, *Adr.*, 1, 14, 15, 16, 19, 20; Dion Cassius, LXIX, 3; Eusèbe, *Chron.*, années 1 et suiv. d'Adrien.
4. Dion Cassius, LXIX, 3, 4; Aurelius Victor, *Epit.*, XIV, 2; Julien, *Cæs.*, p. 24, Spanh.

l'architecture était étonnante, et il faisait de jolis vers; mais son goût n'était pas pur; il avait ses auteurs favoris, des préférences singulières. En somme, petit littérateur, architecte théâtral. Il n'adopta aucune religion ni aucune philosophie; mais il n'en niait aucune. Son esprit distingué se balança toujours comme une girouette amusée à tous les vents; l'élégant adieu à la vie qu'il murmura quelques moments avant sa mort,

Animula vagula, blandula,...

donne sa mesure. Toute recherche aboutissait pour lui à une plaisanterie, toute curiosité à un sourire. Même la souveraineté ne le rendit qu'à demi sérieux; sa tenue avait l'aisance et l'abandon de l'homme le plus « ondoyant et divers » qui fut jamais [1].

Cela le fit tolérant. Il ne retira pas les lois restrictives qui frappaient indirectement le christianisme et le mettaient en perpétuelle contravention; il les laissa plus d'une fois appliquer; mais personnellement il en atténua l'effet [2]. Sous ce rapport, il fut

---

[1]. Semper in omnibus varius. Spartien, *Adr.*, 14. Cf. Fronton, *Epist. ad M. Aur. de feriis Als.*, 3 (Naber, p. 216).

[2]. Méliton, dans Eus., *H. E.*, IV, xxvi, 7, 10; Tertullien, *Apol.*, 5; S. Jér., *De viris ill.*, 19.

supérieur à Trajan, qui, sans être philosophe, avait une doctrine d'État tout à fait arrêtée, et à Antonin et Marc-Aurèle, hommes à principes, qui crurent bien faire en persécutant. Les mauvaises mœurs d'Adrien eurent sous ce rapport un bon effet. C'est le propre de la monarchie que les défauts des souverains servent au bien public encore plus que leurs qualités. La légèreté d'un rieur spirituel, d'un Lucien couronné, prenant le monde comme un jeu frivole, fut plus favorable à la liberté que la gravité sérieuse et la haute moralité d'empereurs accomplis.

Le premier soin d'Adrien fut de liquider la succession difficile que lui laissait Trajan. Adrien était un écrivain militaire distingué, non un capitaine. L'impossibilité de garder les provinces nouvellement conquises, l'Arménie, la Mésopotamie, l'Assyrie, s'était clairement révélée à lui. Il y renonça. C'était sûrement une heure solennelle que celle où, pour la première fois, les aigles reculaient et où l'empire reconnaissait avoir dépassé son programme; mais c'était de la sagesse. La Perse, comme la Germanie, était pour Rome l'inaccessible. Les grandes expéditions dirigées de ce côté, celles de Crassus, de Trajan, de Julien, échouèrent, tandis que les expéditions d'un dessein plus limité, celles de Lucius Verus, de Septime Sévère, dont le but était non d'attaquer à fond l'empire parthe, mais d'en détacher les provinces feudataires rapprochées de l'empire romain, atteignirent leur but. La difficulté d'un abandon aussi humiliant pour la fierté romaine était doublée par l'incertitude qui pesait sur l'adoption d'Adrien par Trajan. Lusius Quietus et Marcius Turbo tiraient de l'importance des dernières commissions qu'ils avaient remplies un titre presque égal au sien. Quietus fut tué[1], et on peut supposer que, toujours attentifs à épier la mort de leurs ennemis, pour y trouver une marque de la vengeance céleste, les Juifs virent dans cette fin tragique un châtiment du mal que le farouche berbère leur avait fait[2].

Adrien mit un an à revenir à Rome, inaugurant tout d'abord ces habitudes voyageuses qui devaient faire de son règne une perpétuelle course d'amateur à travers les provinces de l'empire[3]. Après une autre

---

1. Spartien, *Adr.*, 5, 6, 7, 9, 15; Dion Cassius, LXIX, 2; Thémistius, orat. XVI, p. 205 *(Grat. act. ad Theod. Aug.)*; Ammien Marcellin, XXIX, 5. C'est à tort que Cavedoni a supposé le nom de Quietus effacé dans l'inscription 4616 du *Corpus* grec. Voir Waddington, *Inscr. de Syrie,* n° 2305.

2. V. *les Évangiles,* p. 540, 543, 544. Selon certains critiques, Lusius Quietus serait l'Holopherne du livre de Judith. — Pour la légende de Julianus et Pappus, voir la glose sur *Megillath Taanith,* § 29 (avec les explications de MM. Graetz et Derenbourg).

3. Nous adoptons, pour la chronologie de ces voyages, le système de M. Noël Desvergers *(Biogr. génér.,* art. *Adrien),* con-

année consacrée aux soucis les plus graves de l'administration, et fertile en réformes constitutionnelles, il partit pour une tournée qui lui fit visiter successivement la Gaule, les bords du Rhin, la Bretagne, l'Espagne, la Mauritanie, Carthage. Sa vanité et ses goûts d'antiquaire lui faisaient rêver le rôle de fondateur de ville et de restaurateur des souvenirs antiques. Il n'aimait pas, d'ailleurs, pour les soldats, l'oisiveté des garnisons, et il voyait dans les grands travaux publics une manière de les occuper. De là ces innombrables constructions qui datent du règne d'Adrien, routes, ports, théâtres, temples. Il était entouré d'une nuée d'architectes, d'ingénieurs, d'artistes, enrégimentés comme une légion[1]. Tout semblait renaître dans les provinces où il portait ses pas; tout était remis à neuf[2]. A l'instigation de l'empereur, de vastes sociétés par souscription se formaient pour les grands travaux; l'État, d'ordinaire,

---

forme à peu près à celui de l'abbé Greppo (*Mém. sur les voy. de l'emp. Adrien.* Paris, 1842). Cf. Eckhel, VI, p. 480 et suiv.

1. Aurélius Victor, *Epit.*, c. 14; Chron. d'Alex., à l'an 123. Cf. Letronne, *Inscr. d'Égypte*, n° 16.

2. Monnaies avec la légende RESTITVTORI, ou RESTITVTORI ORBIS TERRARVM, ou LOCVPLETORI ORBIS TERRARVM. Eckhel, VI, p. 486-504; Cohen, t. II, Adrien, de 445 à 1088. — *Mém. de l'Acad. des Insc.*, ancienne série, t. XLVII, p. 334. Épithète Σωτὴρ τοῦ κόσμου : *Corp. inscr. gr.*, n°ˢ 4336, 4337. Voir *Journ. des sav.*, déc. 1873, p. 750-754.

s'inscrivait parmi les actionnaires. Pour peu qu'une ville eût eu de la célébrité, et qu'il en fût parlé dans les auteurs classiques, elle était sûre de se voir relevée par le César archéologue. C'est ainsi qu'il embellit Carthage et y ajouta un quartier nouveau; de toutes parts, les villes tombées en décadence sortaient de leurs ruines et prenaient le nom de *Colonia Ælia Hadriana*[1].

Après un court séjour à Rome, où il rétablit l'enceinte du *pomœrium*[2], dans le courant de l'an 121, il partit pour un autre voyage, qui dura environ quatre ans et demi, et lui fit voir tout l'Orient. Ce voyage fut plus brillant encore que le premier[3]. On eût dit que le vieux monde ressuscitait sous les pas d'un dieu bienfaisant. Merveilleusement au courant de l'histoire ancienne, Adrien voulait tout voir, il s'intéressait à tout, voulait qu'on restaurât tout ce qui avait existé. On cherchait, pour lui plaire, à faire revivre les arts perdus; un style néo-égyptien devint à la mode[4]; on

---

1. Par exemple, Thenæ, dans la Byzacène, et Zama, dans la Numidie (*Corpus inscr. lat.*, VI, nos 1685, 1686; cf. 1684). Comparez Petra (monnaies). Les prodigieux monuments de Petra sont du temps d'Adrien.

2. Orelli, n° 811.

3. Spartien, *Adr.*, 19.

4. Voir la salle n° 8 du musée grégorien, au Vatican. Sur la *Villa Adriana*, voir ci-après, p. 291-292.

fit aussi du néo-phénicien [1]. Autour de lui pullulaient les philosophes, les rhéteurs, les critiques. C'était Néron moins la folie. Une foule de vieilles civilisations disparues aspiraient à renaître, non effectivement, mais dans les écrits des archéologues et des historiens. C'est ainsi qu'on vit Herennius Philon, de Byblos, peut-être sous l'inspiration directe de l'empereur, tenter de retrouver la vieille Phénicie. Des fêtes nouvelles, des jeux *hadrianiens*, renouvelés des Grecs, rappelaient une dernière fois l'éclat de la vie hellénique; c'était comme une renaissance universelle du monde antique, renaissance brillante, mais peu sincère, un peu théâtrale; chaque pays, au sein de la grande patrie romaine, retrouvait ses titres de noblesse et s'y attachait. On songe, en étudiant ce singulier spectacle, à l'espèce de résurrection des morts dont notre siècle a été témoin, quand, dans un moment d'universelle bienveillance, il se mit à tout restaurer, à rebâtir les églises gothiques, à rétablir les pèlerinages tombés en désuétude, à remettre en vogue les fêtes, les usages anciens.

Adrien, plus grec que romain par la culture de l'esprit, favorisait ce mouvement éclectique et y con-

---

[1]. *Mission de Phénicie*, p. 158, etc.

tribuait puissamment. Ce qu'il fit en Asie Mineure fut vraiment prodigieux. Cyzique, Nicée, Nicomédie se relevèrent par ses soins; des temples de la plus riche architecture éternisèrent partout la mémoire du souverain lettré qui semblait vouloir qu'un monde rajeuni datât de lui. La Syrie ne fut pas moins favorisée. Antioche et Daphné devinrent le séjour le plus délicieux du monde ; les combinaisons de l'architecture pittoresque, les fantaisies du paysagiste, les tours de force de l'hydraulique y furent épuisés[1]. Palmyre même fut en partie renouvelée par le grand architecte impérial, et prit de lui, comme une foule d'autres villes, le nom d'*Hadrianopolis*[2].

Le monde n'avait jamais tant joui, tant espéré. Les barbares, au delà du Rhin et du Danube, étaient à peine pressentis. L'esprit libéral de l'empereur répandait partout une sorte de contentement. Les Juifs mêmes se montraient partagés. Ceux qui étaient massés à Béther et dans les villages au sud de Jérusalem semblaient possédés d'une rage sombre. Ils n'avaient qu'une idée, relever de force la ville dont l'accès leur était interdit et rendre à la colline choisie de

---

1. Malala, p. 278, Bonn.
2. Étienne de Byz., au mot Πάλμυρα; *Corp. inscr. gr.*, nos 4482, 6015; Waddington, *Inscr. gr. de Syr.*, nos 2440, 2585; de Vogüé, *Inscr. sémit. de Syr.*, n° 16 et p. 50, note 1. Cf. Spartien, 20.

Dieu ses antiques honneurs. Quant aux partis plus modérés, en particulier aux survivants, à demi chrétiens et esséniens, des catastrophes égyptiennes sous Trajan, Adrien ne leur fut pas d'abord désagréable. Ils purent s'imaginer qu'il avait ordonné la mort de Quietus pour le punir de ses cruautés envers les Juifs. Ils conçurent peut-être un moment l'espérance de voir l'éclectique empereur s'attacher à la résurrection d'Israël comme à un caprice entre tant d'autres. Un pieux alexandrin reprit, pour inculquer ces idées, la forme déjà consacrée par le succès. Il supposa qu'une sibylle, sœur d'Isis, avait eu la vision désordonnée des épreuves réservées aux derniers siècles [1].

---

1. C'est le Ve livre des Vers sibyllins, en tête duquel on peut ajouter une partie au moins du § 3 du livre III, inséré à tort à cet endroit entre des pièces plus anciennes. V. Alexandre, *Orac. sib.*, I, p. 447 et suiv.; II, p. 355 et suiv.; edit. alt., p. vi et suiv., XXVIII-XXIX, 96 et suiv. Notez, dans le § 3, le passage, vers 388-400, relatif, selon nous, à Vespasien, que l'auteur du livre V (vers 39) croit avoir été tué par Titus (comp. III, 398-400, à V, 39, et à IV Esdr., XI, 30 et suiv.; XII, 23 et suiv.), les allusions aux guerres civiles (vers 410-413, 464-469), à Néron l'Antechrist (vers 470), à Babylone conquise par Rome [sous Trajan] (vers 384). Le style des deux morceaux est le même, et le livre V fait, après ledit § 3, une suite excellente et comme une seconde partie. Notez, de part et d'autre, la rage contre les destructeurs du temple (III, 302, 328-329; V, 36, 149-150, 159-160, 225-226, 397 et suiv.; 407 et suiv.).

La haine contre Rome éclate tout d'abord : « O vierge, molle et opulente fille de Rome latine, passée au rang d'esclave ivre de vin, à quels hymens tu es réservée ! Combien de fois une dure maîtresse tirera ces cheveux délicats[1] ! » L'auteur, à la fois juif et chrétien[2], regarde Rome comme l'ennemie naturelle des saints. Adrien seul obtient de lui l'hommage d'une véritable admiration[3]. Après avoir énuméré les empereurs romains de Jules César à Trajan, au moyen des procédés amphigouriques de la *ghematria*, la sibylle voit arriver au trône « un homme au crâne d'argent, dont le nom sera celui d'une mer.

---

1. *Carm. Sib.*, III, 356-362.
2. Le christianisme de l'auteur se conclut du vers 256. Le judaïsme rabbinique, à l'époque où notre poëme fut écrit, avait à peu près disparu d'Alexandrie. Voir *les Évangiles*, p. 512.
3. Livre V, vers 49-50. Ces vers prouvent que le poëme a été écrit sous le règne d'Adrien. Après la mort de ce prince, une telle adulation ne se comprendrait plus. L'auteur sibyllin est si profondément juif, il maudit si énergiquement les destructeurs de la nation juive, qu'on ne peut supposer qu'il eût parlé d'Adrien en termes si flatteurs après la guerre de Bar-Coziba. Voir ci-après, p. 532. La manière brève dont il est question des successeurs d'Adrien (v. 50-51), loin de placer le poëme sous le règne d'Antonin ou de Marc-Aurèle, prouve au contraire qu'Adrien vivait encore; autrement l'auteur, au lieu d'apostropher ce dernier d'une manière aussi exceptionnelle, eût continué son énumération d'empereurs sur le même plan (comp. VIII, 65 et suiv.; III, 52). Enfin ce qui est dit de Jérusalem (vers 249 et suiv., 259 et suiv.) me semble antérieur à la construction d'Ælia.

Nul ne l'égalera en perfection ; il saura tout[1]. C'est sous ton règne, ô excellent, ô éminent, ô brillant souverain, et sous tes rejetons[2], que se passeront les choses que je vais dire. »

La sibylle, selon l'usage, déroule ensuite les tableaux les plus sombres ; tous les fléaux se déchaînent à la fois, les hommes deviennent absolument pervers. Ce sont les douleurs de l'enfantement messianique[3]. Néron, mort depuis plus de cinquante ans, est encore le cauchemar de l'auteur[4]. Ce dragon funeste, cet histrion, ce meurtrier de ses proches, cet assassin du peuple élu, cet allumeur de guerres sans fin, reviendra pour s'égaler à Dieu. Chez les Mèdes et les Perses, qui l'ont accueilli, il trame les plus noirs complots. Porté par les Parques à travers les airs, il arrivera bientôt pour être de nouveau le fléau de l'Occident. L'auteur vomit contre Rome une invective plus ardente encore[5] que celle par laquelle il a débuté :

1. Καὶ πάντα νοήσει. Au l. VIII, v. 56, ceci est entendu de la magie. *Cuncta de se scisse*. Spartien, *Ælius,* 3.
2. Vers 50. Ce vers et le suivant sont vagues à dessein. L'intervalle entre les adoptions d'Antonin, de Verus, de Marc-Aurèle, et la mort d'Adrien est beaucoup trop court pour qu'on y puisse placer la composition du poëme. Comp. *Carm. sib.,* VIII, 50 et suiv.
3. Vers 74. Ὑστατίῳ καιρῷ, ὅτε πάγκακοι ἄνδρες ἔσονται.
4. Vers 28 et suiv., 137 et suiv., 215 et suiv., 410 et suiv.
5. Livre V, vers 227 et suiv.

Instable, perverse, réservée aux pires destins, principe et fin de toute souffrance, puisque c'est dans ton sein que la création périt et renaît sans cesse, source du mal, fléau, point où tout aboutit pour les mortels, quel homme t'a jamais aimée? Qui ne te déteste intérieurement? Quel roi détrôné a fini en paix chez toi sa vie respectable? Par toi le monde a été changé dans ses plus intimes replis... Autrefois existait au sein de l'humanité l'éclat d'un brillant soleil, c'était le rayon de l'unanime esprit des prophètes, qui portait à tous la nourriture et la vie. Ces biens, tu les as détruits. Voilà pourquoi, maîtresse impérieuse, origine et cause des plus grands maux, l'épée et le désastre tomberont sur toi..... Écoute, ô fléau des hommes, l'aigre voix qui t'annonce le malheur.

Une race divine de bienheureux juifs, venus du ciel, habitera Jérusalem, qui, du point où elle est, s'étendra jusqu'à Jaffa et montera jusqu'aux nues. Plus de trompettes, plus de guerre; de toutes parts s'élèveront des trophées éternels, des trophées consacrant les victoires remportées sur le mal.

Alors redescendra du ciel un homme extraordinaire, qui a étendu ses mains sur un bois fructueux, le meilleur des Hébreux, qui autrefois arrêta le soleil par ses belles paroles et ses saintes lèvres.

Voilà Jésus sans nul doute, Jésus jouant d'une façon allégorique, par son crucifiement, le rôle de

Moïse, tenant les bras étendus[1], et de Josué[2], sauveur du peuple.

Cesse enfin de te déchirer le cœur, ô fille de race divine, ô trésor, ô seule fleur aimable, lumière charmante, plante exquise, germe chéri[3], gracieuse et belle ville de Judée, toujours remplie du son des hymnes inspirés. Le pied impur des Grecs[4], au cœur plein de complots, ne foulera plus ton sol; mais tu seras entourée des respects de tes illustres enfants, qui dresseront la table[5] aux accords des muses saintes, avec des sacrifices de tout genre et des prières pieuses. Alors les justes qui ont supporté les peines de l'angoisse trouveront plus de bonheur qu'ils n'ont souffert de maux. Ceux, au contraire, qui ont lancé leurs blasphèmes sacriléges contre le ciel seront réduits à se taire et à se cacher, jusqu'à ce que la face du monde change. Une pluie de feu brûlant tombera des nuées; les hommes ne cueilleront plus le doux épi de la terre; plus de semailles, plus de labours, jusqu'à ce que les mortels reconnaissent le Dieu suprême, immortel, éternel, et qu'ils cessent d'honorer des choses mortelles, des chiens, des vautours, à qui l'Égypte a voulu qu'on offre l'hommage de bouches profanes et de lèvres insensées. La terre sacrée des seuls Hébreux[6] portera d'elle-même toutes les choses refusées

---

1. Exode, XVII, 12.
2. Dans la traduction des Septante, Josué est appelé Ἰησοῦς. Comp. Justin, *Dial.*, 111, 113.
3. Comparez l'Apocalypse d'Esdras. *Les Évangiles,* p. 353.
4. C'est-à-dire des païens.
5. La table eucharistique, remplaçant les sacrifices anciens.
6. Comparez vers 327 et suiv. Cf. *les Évangiles,* p. 521.

aux autres hommes; des ruisseaux de miel s'échapperont des rochers et des fontaines, un lait d'ambroisie coulera pour les justes, parce qu'ils ont espéré, avec une piété ardente et une foi vive, en un seul Dieu, père de toute chose, unique, suprême [1].

Enfin le fuyard parricide, trois fois annoncé, rentre en scène [2]. Le monstre inonde la terre de sang. Il prend la ville de Rome, y allume un incendie comme on n'en vit jamais. Une mêlée générale du monde s'ensuit; tous les rois, tous les aristocrates périssent, afin de préparer la paix aux hommes justes, c'est-à-dire aux juifs et aux chrétiens. La joie de l'auteur sur la ruine de Rome éclate une troisième fois.

Parricides, laissez là votre fierté et votre orgueil coupable, vous qui réserviez pour les enfants vos embrassements infâmes, qui placiez dans des maisons de débauche des jeunes filles jusque-là pures, exposées maintenant aux violences et aux derniers opprobres [3]..... Tais-toi, malheureuse ville méchante, autrefois pleine de rire. Dans ton sein les vierges sacrées ne retrouveront plus le feu divin qu'elles alimentent; car il s'est éteint, ce feu conservé si

1. Vers 259 et suiv.
2. Vers 360 et suiv. Cf. Lactance, *De mort. persec.*, 2.
3. Allusion aux filles juives qui furent mises à Rome dans des maisons de prostitution, après la victoire de Titus. Jos., *B. J.*, VI, ix, 2-4. Cf. Derenbourg, *Pal. d'après les Thalm.*, p. 293-294.

précieusement, quand je vis pour la seconde fois un autre temple tomber à terre[1], livré aux flammes par des mains impures, temple toujours florissant, sanctuaire permanent de Dieu, bâti par les saints et incorruptible pour l'éternité..... Ce n'est pas, en effet, un dieu fait de commune argile que cette race adore; chez elle, l'habile ouvrier ne façonne pas le marbre; l'or, employé à séduire les âmes, n'est pas l'objet d'un culte. Mais ils honorent par des sacrifices et de saintes hécatombes le grand Dieu dont le souffle anime tout ce qui vit.

Un homme élu[2], le Messie, descend du ciel, remporte la victoire sur les païens, bâtit la ville aimée de Dieu[3], qui renaît plus brillante que le soleil, y fonde un temple incarné[4], une tour de plusieurs stades de front, atteignant les nuées, pour que tous les fidèles voient la gloire de Dieu. Les siéges de la civilisation antique, Babylone, l'Egypte, la Grèce, Rome disparaissent les uns après les autres; les colosses d'Égypte, en particulier, se renversent et jonchent le sol; mais un des prêtres vêtus de lin convertit ses compatriotes, leur fait abandonner leurs

---

1. La sibylle est censée vivre toujours et assister sans perdre son identité aux événements de l'histoire. C'était une opinion répandue que, au moment où le temple de Jérusalem tomba sous Vespasien, le feu du temple de Vesta s'éteignit à Rome.
2. Ἀνὴρ μακαρίτης (vers 413).
3. Cf. Apoc., xx, 9.
4. Ἔνσαρκον (v. 422).

vieux rites et bâtir un temple au vrai Dieu[1]. Cela n'arrête pas la fin du monde antique. Les constellations se heurtent; les corps célestes tombent sur la terre, et le ciel reste sans astres[2].

Il y avait donc sous Adrien, en Égypte, un groupe de pieux monothéistes pour qui les Hébreux étaient encore le peuple juste et saint par excellence[3], aux yeux desquels la destruction du temple de Jérusalem était le crime irrémissible, vraie cause de la ruine de l'empire romain, qui entretenaient un nid de haine et de calomnies contre les Flavius[4], qui espéraient la résurrection du temple et de Jérusalem, concevaient le Messie comme un homme élu de Dieu, voyaient ce Messie dans Jésus et lisaient l'Apocalypse de Jean[5]. L'Égypte nous a depuis longtemps habitués aux singularités en ce qui concerne l'histoire juive et chrétienne; son développement religieux n'était pas synchronique à celui du reste du monde. Des accents comme ceux que nous venons d'entendre

---

1. Vers 491 et suiv. (cf. vers 504). Idée inspirée par Isaïe, XIX, 18-25, et par le temple d'Onias (Jos., *Ant.*, XIII, III, 1).
2. Vers 511-530.
3. Ἑβραίων ἅγιοι πιστοὶ καὶ ναὸς ἀληθής. Vers 160.
4. Vers 39. L'auteur sibyllin admet l'idée populaire que Titus détrôna son père Vespasien. V. ci-dessus, p. 12, note.
5. Comparez par exemple, *Carm. sib.*, V, 154-160, à Apoc., XI, 1; XVII, 5.

ne durent guère trouver d'écho ni dans le judaïsme pur, ni dans les Églises de saint Paul. La Judée surtout n'eût pas consenti, ne fût-ce qu'une heure, à considérer Adrien comme le meilleur des hommes ni à fonder sur lui de telles espérances.

CHAPITRE II.

RECONSTRUCTION DE JÉRUSALEM.

Dans ses pérégrinations en Syrie, Adrien vit le site où avait été Jérusalem. Depuis cinquante-deux ans, la ville était assise en sa désolation, n'offrant aux yeux qu'un tas d'immenses blocs descellés et renversés les uns sur les autres. Seuls quelques groupes de pauvres maisons, la plupart chrétiennes, se détachaient sur le sommet du mont Sion. L'emplacement du temple était plein de chacals. Un jour que Rabbi Aquiba vint avec quelques compagnons y faire un pèlerinage, un de ces animaux s'échappa de l'endroit où était le saint des saints. Les pèlerins fondirent en larmes : « Quoi ! se dirent-ils, c'est ici le lieu dont il est écrit : « Le profane qui s'en approche » sera mis à mort », et voilà les chacals qui s'y promènent ! » Aquiba, au contraire, éclata de rire, et montra si bien le lien des prophéties que tous s'écrièrent : « Aquiba, tu nous as consolés ! Aquiba, tu nous as consolés[1] ! »

Ces ruines inspirèrent à Adrien la pensée que lui inspiraient toutes les ruines, le désir de relever la ville détruite, de la coloniser, de lui donner son nom ou celui de sa famille. La Judée serait ainsi rendue à la culture[2]. Jérusalem, élevée au rang de place forte entre les mains des Romains, devait servir à tenir en échec les populations juives[3]. Toutes les villes de Syrie, d'ailleurs, Gérase, Damas, Gaza, Pétra, se rebâtissaient à la romaine, inauguraient des ères nouvelles ou prenaient le nom du dieu voyageur[4]. Jéru-

---

1. Talm. de Bab., *Maccoth*, 24 *b* ; Midrasch rabba sur *Lament.*, v, 18 (fol. 81 *c*).

2. C'est la signification des bœufs attelés qui figurent sur la monnaie de fondation (Madden, *Jew. coin.*, p. 212-213 ; de Saulcy, pl. xv, n° 5). C'est bien à tort qu'on a vu là l'*aratum templum* de saint Jérôme, *In Zach.*, viii (III, 1754, Mart.), et de Mischna, *Taanith*, iv, 7 ; Talm. de Jér., *Taanith*, iv, 8, fol. 69 *b* ; cf. Michée, iii, 12. Voir Vaillant, *De num. œr. col.*, I, p. 155, 224. Peut-être l'enceinte de la colonie fut-elle tracée par un sillon.

3. Dion Cassius, LXIX, 12 ; *Chron. Alex.*, à l'année 119 ; Epiphane, *De mens.*, 14-15. Eusèbe (*H. E.*, IV, vi, 4) et saint Jérôme (*Chron.*, aux années 7 et 20 d'Adr.; Epist. xxvii et cxxix) placent la construction d'Ælia après la guerre; mais le récit de Dion, de la Chronique d'Alexandrie, d'Épiphane, doit être préféré. La monnaie de fondation d'Ælia (Madden, p. 212) ne porte pas P. P. Elle est donc antérieure à 129.

4. *Corp. inscr. gr.*, 4667 ; monnaies de Gérasa, de Damas, de Pétra, de Gaza.

salem était trop célèbre pour faire exception dans ce mouvement de dilettantisme historique et d'universelle rénovation.

Il est probable que, si les Juifs avaient été moins entiers dans leurs idées, si quelque Philon de Byblos avait existé parmi eux pour présenter le passé juif comme une variété simplement glorieuse et intéressante entre les diverses littératures, religions, philosophies de l'humanité, le curieux et intelligent Adrien eût été enchanté, et eût rebâti le temple, non pas précisément comme le voulaient les docteurs, mais à sa façon éclectique, en grand amateur de cultes anciens qu'il était. Le Talmud est plein des conversations d'Adrien avec les rabbins célèbres[1], conversations fictives assurément, mais qui répondent bien au caractère de cet empereur, bel esprit, grand causeur, questionneur, curieux de choses bizarres, avide de tout savoir pour en plaisanter ensuite. Mais la pire injure qu'on puisse faire aux partis absolus est d'être tolérant pour eux. Les juifs ressemblaient tout à fait sous ce rapport aux catholiques exaltés de nos jours. De telles convictions ne souffrent pas

---

1. En particulier, Rabbi Josué, *Bereschith rabba,* ch. XXVIII, LXXVIII, *init.;* Midrasch sur *Ruth,* I, 17; sur *Koh.,* I, 7; sur *Esther,* IX, 2; Talm. de Bab., *Hagiga,* 5 *b*; *Berakoth,* 56 *a.* Comparez le roman philosophique de *Secundus.*

qu'on leur fasse raisonnablement leur part; elles veulent être tout. Se voir traitée comme une secte entre tant d'autres est pour la religion qui se croit la seule vraie une souveraine injure; on aime mieux être hors la loi, persécuté; cette situation violente paraît une marque de divinité. La persécution plaît aux croyants; car, dans ce fait que les hommes les détestent, ils trouvent une marque de leur prérogative, la méchanceté des hommes, selon eux, étant naturellement ennemie de la vérité.

Rien ne prouve qu'Adrien, voulant relever Jérusalem, ait consulté les juifs ou cherché à se mettre d'accord avec eux[1]. Rien ne porte à croire non plus qu'il ait eu des rapports avec les chrétiens de Palestine, qui extérieurement se distinguaient moins des juifs que les chrétiens des autres pays. Aux yeux des chrétiens, toutes les prophéties de Jésus auraient paru renversées si le temple eût été rebâti[2]. Chez

---

1. L'autorité *Bereschith rabba*, c. 64, est bien faible. Cf. Épiphane, *De mensuris*, 14, οὐ μὴν τὸ ἱερόν.

2. Épître de Barnabé, c. 16 (édit. de Gebhardt et Harnack, ou 2ᵉ édit. de Hilgenfeld). Je lis, avec Hilgenfeld, νῦν καὶ αὐτοὶ οἱ τῶν ἐχθρῶν ὑπηρέται, entendant par là les chrétiens. C'est à tort qu'on a voulu conclure de ce passage que les juifs commencèrent à rebâtir le temple. Il s'agit là seulement de la reconstruction spirituelle du temple, comme l'auteur l'explique : πῶς οὖν οἰκοδομηθήσεται, etc. Voir *les Évangiles*, p. 375.

les juifs, au contraire, l'attente d'une reconstruction du temple était universelle. Le judaïsme de Jabné, sans temple, sans culte, avait paru un court interrègne. Les usages supposant le temple debout étaient conservés. La dîme continuait d'être payée aux prêtres; les préceptes de pureté lévitique ne cessaient pas d'être strictement gardés. On ajournait les sacrifices obligatoires au temps où la reconstruction aurait eu lieu[1]; mais cette reconstruction ne pouvait s'exécuter que par les juifs; le moindre manquement aux prescriptions légales eût suffi pour faire crier au sacrilège[2]. Mieux valait, aux yeux du pieux Israélite, voir le sanctuaire habité par les bêtes de la nuit que d'être redevable de sa restauration à un rieur profane, qui, après l'avoir relevé, n'eût pas manqué de faire quelque épigramme sur les dieux bizarres dont parfois il rétablissait les autels.

Jérusalem était pour les juifs une chose presque aussi sainte que le temple. A vrai dire, on ne distinguait pas l'un de l'autre, et, dès ce temps, on désignait déjà la ville par le nom de *Beth hammiqdas*[3].

---

1. Talm. de Jér., *Schabbath*, I, 6. Comp. les dix-huit bénédictions et la phrase fréquente כוהר יבנה בית המקדש. (Derenbourg, *Palestine,* p. 403.)

2. *Bereschith rabba,* c. 64.

3. بيت المقدس des Arabes.

Le sentiment qu'éprouvèrent les *hasidim*, quand ils apprirent que la cité de Dieu allait se relever sans eux, fut la rage. On était au lendemain des exterminations de Quietus et de Turbo. Une terreur extraordinaire pesait sur la Judée; remuer était impossible; mais dès lors il fut permis de prévoir pour l'avenir une révolution plus terrible encore que celles qui avaient précédé.

Dès 122, probablement, Adrien donna ses ordres, et la reconstruction fut commencée. La population fut surtout composée de vétérans et d'étrangers[1]. On n'eut sans doute pas besoin d'en écarter les juifs; leurs propres sentiments eussent suffi pour les faire fuir. Au contraire, il semble que les chrétiens rentrèrent dans la ville, dès qu'elle fut habitable, avec un certain empressement[2]. On divisa la cité en sept quartiers ou îlots, à la tête de chacun desquels était un amphodarque[3]. Les immenses soubasssements du temple, existant encore, invitaient à y placer le sanctuaire principal de la ville nouvelle[4]. Adrien prenait soin que les temples qu'il éle-

---

1. Dion Cassius, LXIX, 12, ἀλλοφύλους; Eusèbe. *Théoph.*, 9; Vaillant, *De numm. œr. col.*, I, p. 221.

2. Cela résulte d'Épiph., *De mensuris*, 14, 15. Comp. Eus., *H. E.*, IV, vi, 4 (Moïse de Khorène, II, 60).

3. Chron. d'Alex., à l'année 119.

4. Dion (LXIX, 12) [Xiphilin?] dit que le temple de Jupiter Capitolin fut bâti ἐς τὸν τοῦ θεοῦ τόπον. Après Constantin, le temple

vait dans les provinces orientales rappelassent le culte de Rome et le lien des provinces avec la métropole [1]. Pour bien indiquer la victoire de Rome sur un culte local, on dédia le temple à Jupiter Capitolin [2], le dieu de Rome par excellence, dieu dont l'attitude et la tenue grave rappelaient Jéhovah, et auquel, depuis Vespasien, les juifs payaient tribut. L'édifice était tétrastyle; comme dans la plupart des temples de Syrie élevés à partir d'Adrien, l'entablement du fronton était interrompu par une arcade, sous laquelle était placée la statue colossale du dieu [3].

Le culte de Vénus n'était pas moins désigné que

de Jupiter fut certainement démoli. Les Pères de l'Église présentent d'ordinaire, en vertu d'idées préconçues, l'emplacement du temple comme un champ en jachère. Omar n'y trouva, dit-on, qu'un tas d'immondices (Modjir-eddin, p. 35, 41-43, trad. Sauvaire; p. 153, 226-227, édit. du Caire). Les débris qu'on lui montra (Guillaume de Tyr, I, 2) étaient sans doute des restes du temple de Jupiter. Il en était probablement de même des pans de murs que, du temps de saint Cyrille (Catéch. xv, 15), d'Eusèbe (*Démonstr. évangél.*, VIII, p. 406-407) et du *Pèlerin de Bordeaux* (p. 17, Tobler), l'on donnait pour des restes de l'ancien temple. La confusion est évidente dans Modjir-eddin, p. 35.

1. Ainsi, à Éphèse, il élève un temple à la Fortune de Rome.
2. Dion Cassius, LXIX, 12; Eusèbe, *H. E.*, IV, 6; saint Jér., sur Isaïe, II, 8.
3. Voir les monnaies d'Ælia dans Madden, p. 212 et suiv.; Saulcy, *Numism. jud.*, pl. XVI et XVIII. Cf. Vogüé, *le Temple de Jér.*, p. 62, et les monnaies impériales des villes de Syrie.

celui de Jupiter au choix du fondateur de la colonie. Adrien élevait partout des temples à cette divinité protectrice de Rome, et la plus importante de ses constructions personnelles fut ce grand temple de Vénus et Rome, dont les restes se voient encore près du Colysée. Il était naturel que Jérusalem, à côté du temple de Jupiter Capitolin, eût son temple de Vénus et Rome. Le hasard voulut que ce second temple ne fût pas éloigné du Golgotha[1]. Cela donna lieu plus tard, de la part des chrétiens, à des réflexions singulières[2]. On vit dans ce voisinage une injure au christianisme, à laquelle certainement Adrien ne pensa point. Les travaux avancèrent lentement, et, quand Adrien, deux ans après, reprit la route de l'Occident, la nouvelle *Colonia Ælia Capitolina* était encore plutôt un projet qu'une réalité.

Il circula longtemps parmi les chrétiens un récit singulier : c'est qu'un Grec de Sinope, nommé Aquila[3],

---

1. *Vie de Jésus*, p. 434, note (13ᵉ édit. et suiv.).

2. Eusèbe, *Vie de Const.*, III, 26 ; saint Jér., Ép. 49 à Paulin (IV, 2ᵉ part., p. 564, Martianay); Sulp. Sev., *Hist. sacra*, II, 31 (cf. 30); Sozomène, II, 1 ; Socrate, I, 17.

3. Épiph., *De mens.*, 14-15 (comp. l'abrégé *De LXX interpretibus* attribué à Épiphane); *Sifra*, sect. *Behar*, I, 9. Nous croyons le récit d'Épiphane vrai pour le fond; mais il a dû confondre Aquila, le traducteur de la Bible, avec un homonyme; le traducteur, en effet, semble avoir été un juif, élève d'Aquiba. Il se peut aussi que ce soit par confusion avec Aquila, le mari de

qui fut nommé par Adrien intendant des travaux pour la reconstruction d'Ælia, connut à Jérusalem les disciples des apôtres, et, frappé de leur piété et de leurs miracles, se fit baptiser. Mais le changement des mœurs ne suivit pas celui de la foi. Aquila était adonné aux folies de l'astronomie judiciaire [1] ; chaque jour il tirait son horoscope; il passait pour un savant de premier ordre en ces matières. Les chrétiens voyaient de telles pratiques de mauvais œil; les chefs de l'Église adressèrent leurs remontrances au nouveau confrère, qui n'en tint aucun compte et se

---

Priscille (*Act.*, xviii, 2), et avec Théodotion (Épiph., *De mens.*, 17), qu'Irénée qualifie Aquila de Ποντικός et que saint Épiphane le fait naître à Sinope. Le *Sifra* a pu suivre une donnée créée par les chrétiens. Le αὐτοῦ πενθερίδην de saint Épiphane, qui ferait d'Aquila le beau-père, le gendre ou du moins un allié d'Adrien, a aussi son écho dans *Midrasch Tanhouma* (sect. *Mischpatim*, init., p. 26 *b*, édit. Amsterdam). Selon certains critiques, cette prétendue parenté viendrait d'une confusion avec l'Aquila du roman des *Reconnaissances* (VIII, 7 et suiv.), lequel est censé frère de Clément et membre de la famille flavienne. On ne sait comment se retrouver dans ce dédale d'erreurs, rendu inextricable par les confusions entre Aquila, Onkelos, Clément, Cléonyme, Calonyme. En tout cas, jamais parent d'Adrien n'a pu porter le nom d'Aquila. Pour les traditions talmudiques relatives aux rapports entre Adrien et Aquila, voir Talm. de Jér., *Hagiga*, ii, 1 ; Græetz, *Gesch. der Juden*, IV, 2ᵉ édit., p. 443, note.

1. Ce trait convient bien à un homme de l'entourage d'Adrien, lequel était immodérément livré à ces vanités. Ammien Marcellin, XXV, 4; Spartien, *Ælius Verus*, 3.

raidit contre l'avis de l'Église. L'astrologie l'entraîna dans de graves erreurs sur le destin et la fatalité. Cet esprit incohérent voulait associer des choses opposées et qui juraient d'être ensemble. L'Église le reconnut impropre au salut, et le chassa; ce dont il garda une rancune profonde. Ses relations avec Adrien purent être l'occasion des connaissances particulières que cet empereur paraît avoir eues des chrétiens.

CHAPITRE III.

TOLÉRANCE RELATIVE D'ADRIEN. — PREMIERS APOLOGISTES.

Les temps étaient à la tolérance[1]. Les colléges, les associations pieuses se multipliaient de toutes parts[2]. En l'an 124[3], l'empereur reçut une lettre de Quintus Licinius Silvanus Granianus, proconsul d'Asie, écrite dans un sentiment tout à fait analogue à celui qui avait dicté à Pline sa belle lettre d'honnête homme. Les fonctionnaires romains sérieux répugnaient tous à une procédure qui admettait des crimes implicites, qu'on était censé avoir commis par

---

1. Cf. I Tim., II, 2.
2. Waddington, *Fastes des prov. asiat.*, p. 197-199. Comp. Cavedoni, *Cenni cronologici interno alla data precisa delle principali apologie*, etc. Modène, 1855 ; Borghesi, *Œuvres*, VIII, p. 464 et suiv.
3. Mommsen, *De collegiis apud Romanos*, ch. IV et V. « Sed religionis causa coïre non prohibentur. » Digeste, XLVII, XXII, *De coll. et corp.*

le fait seul du nom que l'on portait. Granianus montrait ce qu'il y avait d'injuste à condamner les chrétiens sur de vagues rumeurs, fruit de l'imagination populaire, sans qu'on pût les convaincre d'aucun crime qualifié, autre que celui de leur profession même. Le tirage au sort des provinces consulaires ayant eu lieu peu après, Granianus eut pour successeur Caïus Minicius Fundanus, philosophe et lettré de distinction, ami de Pline et de Plutarque[1], qui le fait interlocuteur d'un de ses dialogues philosophiques. Adrien répondit à Fundanus par le rescrit suivant[2] :

1. Pline, *Lettres*, I, 9; IV, 15; V, 16; Plutarque, *De cohib. ira*, en tête; *De tranquill. animi*, 1. Voir Waddington, *l. c.*; Mommsen, index de Pline le jeune, édit. Keil, p. 419.

2. Plusieurs critiques ont élevé des objections contre l'authenticité de cette lettre. Certes, le rescrit d'Adrien n'a pas les mêmes garanties d'authenticité que la lettre de Pline; il ne nous a pas été conservé par les recueils païens. Il faudrait, pour que la parité fût exacte, que nous eussions le recueil officiel des lettres administratives d'Adrien, et que la lettre à Minicius Fundanus y figurât à sa place. Néanmoins la pièce nous est venue dans de bonnes conditions d'authenticité. L'original latin en fut, à ce qu'il semble, inséré par saint Justin dans sa première Apologie (ch. LXVIII et LXIX). Eusèbe la traduisit en grec (*Hist. Eccl.*, IV, VIII et IX; cf. *Chron.*, an 8 ou 10 d'Adrien); cette traduction, vu l'incapacité où étaient les copistes orientaux de transcrire le latin, prit dans les manuscrits de Justin la place de l'original; peut-être Rufin nous a-t-il conservé cet original. Méliton (dans Eusèbe, *H. E.*, IV, XXVI, 10) rappelle la lettre, il est vrai en compa-

Adrien à Minicius Fundanus. J'ai reçu la lettre que m'a écrite Licinius[1] Granianus, homme illustre, à qui tu as succédé. L'affaire ne me paraît pas pouvoir être laissée sans enquête, de peur que des gens, paisibles d'ailleurs, ne soient inquiétés et qu'un champ libre ne soit ouvert aux calomniateurs. Si donc des personnes de ta province ont, comme ils le prétendent, des griefs solides à alléguer contre les chrétiens, et qu'ils puissent soutenir leur accusation devant le tribunal, je ne leur défends pas de suivre la voie légale; mais je ne leur permets pas de s'en tenir à des pétitions et à des cris tumultuaires. En pareil cas, le mieux est que tu prennes toi-même connaissance de la plainte. Si quelqu'un donc se porte accusateur et démontre que les chrétiens commettent des infractions aux lois, ordonne même des supplices selon la gravité du délit. Mais aussi, par Hercule, si quelqu'un dénonce calomnieusement l'un d'entre eux, punis le dénonciateur de supplices plus sévères encore, proportionnés à sa méchanceté.

gnie de pièces apocryphes. Cf. Tertullien. *Apol.*, 5. Ce qui a fait du tort au rescrit d'Adrien, c'est le prétendu rescrit d'Antonin (Eusèbe, *H. E.* IV, xiii), fabriqué vers l'an 165, et dont tous les critiques, à la suite de Tillemont, reconnaissent la fausseté. Le prétendu rescrit d'Antonin fait allusion au rescrit d'Adrien; mais ce n'est pas la seule fois qu'on verrait une pièce apocryphe chercher à se donner créance en s'appuyant sur une pièce vraie. Les travaux de M. Waddington *(l. c.)* relatifs aux légats impériaux de la province d'Asie, en fixant la date des proconsulats de Granianus et de Minicius Fundanus, et en donnant les lignes essentielles de leur carrière politique, ont ajouté à l'opinion traditionnelle beaucoup de solidité.

1. Justin et Eusèbe portent *Serenius*. Mais les inscriptions (*Corp. inscr. lat.*, II, 4609; Mommsen, *Inscr. regni Neap.*, 4496; Borghesi, *Œuvres*, VIII, p. 56) ont *Licinius*.

Il paraît qu'à d'autres consultations du même genre Adrien répondit de la même manière[1]. Les libelles contre les chrétiens se multipliaient de toutes parts[2]; ces délations constituaient un métier lucratif, car le délateur avait une partie des biens du condamné. En Asie surtout, les réunions provinciales, accompagnées de jeux[3], aboutissaient presque toujours à des exécutions. Comme couronnement de la fête, la foule demandait le supplice de quelques malheureux. La redoutable acclamation « Les chrétiens aux lions! » devenait ordinaire dans les théâtres; or il était rare que l'autorité ne se prêtât pas à de telles acclamations du peuple assemblé[4]. L'empereur, on vient de le voir, s'opposait autant qu'il pouvait à ces méchancetés; le vrai coupable, c'étaient les lois de l'empire, qui donnaient du corps à des accusations vagues que le caprice de la multitude interprétait à son gré.

Adrien passa l'hiver de 125-126 à Athènes[5].

---

1. Méliton, *l. c.* Cf. Tertullien, *Apol.*, 5.
2. Quadratus, v. ci-après, p. 41; Méliton, dans Eus., *H. E.*, IV, 26; prétendu rescrit d'Antonin (*ibid.*, IV, 13); Athénagore, *Leg.*, c. 1.
3. Ce qu'on appelait τὸ κοινὸν 'Ασίας.
4. Tertullien, *Apol.*, 40; S. Cyprien, *Epist.* 53, 56.
5. Eusèbe, *Chron.*, p. 166, 167, Schœne; *Corpus inscr. gr.*, 6280 (t. III, p. 925); Aurelius Victor, *Epit.*, XIV, 2.

C'est surtout dans ce rendez-vous de tous les hommes cultivés qu'il éprouva de vives jouissances. La Grèce était devenue comme un jouet dont s'amusaient les Romains lettrés. Bien rassurés sur les conséquences politiques, ils se donnaient le libéralisme facile de restaurer le Pnyx, les assemblées du peuple, l'Aréopage, d'élever des statues aux grands hommes du passé, de remettre à l'essai les vieilles constitutions, de refaire la *panhellénie*, la confédération de prétendues villes libres. Athènes était le centre de ces enfantillages. Des Mécènes éclairés y avaient élu domicile, en particulier Hérode Atticus, l'un des esprits les plus distingués du temps, et ces Philopappus, derniers descendants des rois de la Comagène et des Séleucides, qui élevaient vers ce temps sur la colline du Musée[1] un monument qui existe encore.

Ce monde de professeurs, de philosophes et de gens d'esprit était le véritable élément d'Adrien. Sa vanité, son talent, son goût pour la conversation brillante, se trouvaient à leur aise au milieu de confrères qu'il honorait en se faisant leur égal, sans rien abdiquer au fond de sa prérogative. Il était habile disputeur, et se figurait ne devoir l'avantage, qui lui

---

1. *Corpus inscr. gr.*, n° 362.

restait toujours, qu'à son talent personnel[1]. Malheur à ceux qui le blessaient ou l'emportaient sur lui dans la discussion ! Le Néron, habilement dissimulé, qu'il y avait en lui, se réveillait alors. Ce qu'il fonda de chaires nouvelles, ce qu'il donna de pensions littéraires, ne se peut calculer. Il prenait au sérieux ses titres d'archonte et d'agonothète. Il fit lui-même une constitution pour Athènes, en combinant à doses égales les lois de Solon et celles de Dracon, et voulut voir si elle fonctionnerait. La ville fut toute renouvelée. Le temple de Jupiter Olympien, près de l'Ilissus, commencé par Pisistrate, l'une des merveilles du monde, fut achevé, et l'empereur en prit le titre d'Olympien[2]. Dans l'intérieur de la ville, un vaste ensemble carré de temples, de portiques, de gymnases, d'établissements d'instruction publique, data de lui[3]. Tout cela est loin assurément de la perfection de l'Acropole; mais ces constructions surpassaient tout ce qu'on avait jamais vu par la rareté des marbres et la richesse des décorations. Un Panthéon central

---

1. Une épigramme de sa composition a été trouvée à Thespies. *Comptes rendus de l'Acad. des inscr.*, 1870, p. 56-57.

2. Spartien, 13 ; Dion Cassius, LXIX, 16; *Corpus inscr. gr.*, n⁰ˢ 321 et suiv.; *Corp. inscr. lat.*, t. III, n° 548; médailles de Nicomédie, de Cyzique, d'Éphèse, de Tarse, de Laodicée, etc.

3. C'est le groupe de ruines avoisinant le marché actuel et la caserne.

contenait le catalogue des temples que l'empereur avait bâtis, réparés ou ornés, et des dons qu'il avait faits aux villes tant grecques que barbares. Une bibliothèque, ouverte à tous les citoyens d'Athènes, occupait une aile spéciale. Sur un arc, qui est venu jusqu'à nous, Adrien fut égalé à Thésée; un quartier d'Athènes reçut le nom d'*Hadrianopolis* [1].

L'activité intellectuelle d'Adrien était sincère; mais il manquait d'esprit scientifique [2]. Dans ces réunions de sophistes, toutes les questions divines et humaines furent discutées; aucune ne fut résolue. Il ne semble pas que l'on y soit allé jusqu'au rationalisme complet. L'empereur faisait en Grèce l'effet d'un homme très-religieux [3] et même superstitieux [4]. Il voulut être initié aux mystères d'Éleusis [5]. En

---

1. Pausanias, I, v, 5; xix, 9; Spartien, 20; Leake, p. 151 et suiv., 174 et suiv. (trad. franç.); *Corpus inscr. gr.*, n° 520. Les monuments de la reconnaissance ou de l'adulation athénienne envers Adrien sont innombrables. *Corpus inscr. gr.*, n°s 324 et suiv.; notez n° 346; Pausanias, I, xxiv, 7.

2. On peut s'en faire une idée par les écrits de Phlégon, son érudit de prédilection, dont la crédulité est extrême.

3. Pausanias, I, v, 5; saint Jér., *De viris ill.*, c. 19; *Epist.*, 83 (84); Spartien, *Adr.*, 22 (*contempsit* n'exclut pas la curiosité).

4. Dion, LXIX, 11, 22; Spartien, *Adr.*, 16, 25, 26; *Ælius Verus*, 3, 4.

5. Spartien, 13; Eusèbe, *Chron.*, Schœne, p. 166, 167; saint Jér., *De viris ill.* 19; Dion Cassius, LXIX, 11; *Carm. sib.*,

somme, ce qui bénéficiait de tout cela, c'était le paganisme. La liberté de discussion, cependant, étant une bonne chose, il en résulte toujours du bien. Phlégon, secrétaire d'Adrien, peut avoir eu quelques connaissances de la légende de Jésus[1]. Cette large ouverture que prit l'esprit de controverse sous Adrien donna naissance à un genre de littérature chrétienne tout nouveau, à la littérature apologétique, qui va jeter un si grand éclat durant le siècle des Antonins.

Le christianisme, prêché à Athènes soixante-douze ans auparavant, y avait fructifié. L'Église d'Athènes n'eut jamais la suite et la fermeté de certaines autres[2] ; son caractère à part fut de produire des penseurs chrétiens individuels. L'apologétique naquit et devait naître dans son sein[3].

Plusieurs des individus qu'on appelait spécialement « philosophes » avaient adhéré à la doctrine de Jésus. Ce nom de philosophe impliquait des mœurs graves et un costume à part, sorte de manteau, qui désignait celui qui le portait, quelquefois aux quoli-

VIII, 56 ; *Anthol. Palat.*, épigr. 234 (*Mém. de l'Acad. des inscr.*, ancienne série, XLVII, p. 334).

1. Orig., *Contre Celse*, II, 14, 33, 59.
2. Denys de Cor., dans Eus., *H. E.*, IV, 23.
3. Aristide et Athénagore furent sûrement des philosophes niens. Quadratus fut aussi probablement d'Athènes.

bets, le plus souvent aux respects des passants[1]. En embrassant le christianisme, les philosophes se gardaient de répudier leur nom et leur costume[2]. De là une catégorie de chrétiens inconnue jusque-là. Écrivains et parleurs de profession, ces philosophes convertis devenaient tout d'abord les docteurs et les polémistes de la secte. Initiés à la culture grecque, ils avaient plus de dialectique et d'aptitude à la controverse que les prédicateurs purement apostoliques. Moment solennel, qui marque l'arrivée à la pleine conscience ! Le christianisme, à partir de cette heure, eut ses avocats. Ils discutaient, et on discutait avec eux. Aux yeux du gouvernement, ils étaient des gens plus susceptibles d'être pris au sérieux que les bons adeptes, sans éducation, d'une superstition orientale. Jamais, jusqu'à présent, le christianisme n'avait osé s'adresser directement à l'autorité romaine pour demander que la fausse position qui lui était faite fût rectifiée. Le caractère d'aucun des empereurs qui avaient précédé n'invitait à de

---

1. Justin, *Dial. cum Tryph.*, 1 ; Orig., *Contre Celse*, III, 50 ; Martial, IV, 53 ; Juvénal, XIII, 121 ; Galien, *Therap. meth.*, XIII, 15 ; roman de Secundus (grec), init. ; Ammien Marcellin, XIV, IX, 5.

2. Ainsi Aristide (Eus., *Chron.*, à l'an 127 ; saint Jér., *De viris ill.*, 20) ; Méliton (titre du *De veritate*, en syriaque) ; Athénagore (titres de ses ouvrages) ; saint Justin (titres de ses ouvrages ; *Dial. cum Tryph.*, init. ; Eus., *H. E.*, IV, VIII, 3).

somme, ce qui bénéficiait de tout cela, c'était le paganisme. La liberté de discussion, cependant, étant une bonne chose, il en résulte toujours du bien. Phlégon, secrétaire d'Adrien, peut avoir eu quelques connaissances de la légende de Jésus[1]. Cette large ouverture que prit l'esprit de controverse sous Adrien donna naissance à un genre de littérature chrétienne tout nouveau, à la littérature apologétique, qui va jeter un si grand éclat durant le siècle des Antonins.

Le christianisme, prêché à Athènes soixante-douze ans auparavant, y avait fructifié. L'Église d'Athènes n'eut jamais la suite et la fermeté de certaines autres[2] ; son caractère à part fut de produire des penseurs chrétiens individuels. L'apologétique naquit et devait naître dans son sein[3].

Plusieurs des individus qu'on appelait spécialement « philosophes » avaient adhéré à la doctrine de Jésus. Ce nom de philosophe impliquait des mœurs graves et un costume à part, sorte de manteau, qui désignait celui qui le portait, quelquefois aux quoli-

VIII, 56 ; *Anthol. Palat.*, épigr. 234 (*Mém. de l'Acad. des inscr.*, ancienne série, XLVII, p. 334).

1. Orig., *Contre Celse*, II, 14, 33, 59.
2. Denys de Cor., dans Eus., *H. E.*, IV, 23.
3. Aristide et Athénagore furent sûrement des philosophes niens. Quadratus fut aussi probablement d'Athènes.

bets, le plus souvent aux respects des passants[1]. En embrassant le christianisme, les philosophes se gardaient de répudier leur nom et leur costume[2]. De là une catégorie de chrétiens inconnue jusque-là. Écrivains et parleurs de profession, ces philosophes convertis devenaient tout d'abord les docteurs et les polémistes de la secte. Initiés à la culture grecque, ils avaient plus de dialectique et d'aptitude à la controverse que les prédicateurs purement apostoliques. Moment solennel, qui marque l'arrivée à la pleine conscience ! Le christianisme, à partir de cette heure, eut ses avocats. Ils discutaient, et on discutait avec eux. Aux yeux du gouvernement, ils étaient des gens plus susceptibles d'être pris au sérieux que les bons adeptes, sans éducation, d'une superstition orientale. Jamais, jusqu'à présent, le christianisme n'avait osé s'adresser directement à l'autorité romaine pour demander que la fausse position qui lui était faite fût rectifiée. Le caractère d'aucun des empereurs qui avaient précédé n'invitait à de

---

1. Justin, *Dial. cum Tryph.*, 1 ; Orig., *Contre Celse*, III, 50 ; Martial, IV, 53 ; Juvénal, XIII, 121 ; Galien, *Therap. meth.*, XIII, 15 ; roman de Secundus (grec), init. ; Ammien Marcellin, XIV, IX, 5.

2. Ainsi Aristide (Eus., *Chron.*, à l'an 127 ; saint Jér., *De viris ill.*, 20) ; Méliton (titre du *De veritate*, en syriaque) ; Athénagore (titres de ses ouvrages) ; saint Justin (titres de ses ouvrages ; *Dial. cum Tryph.*, init. ; Eus., *H. E.*, IV, VIII, 3).

telles explications. La pétition eût sans doute été rebutée et n'aurait été lue de personne. La curiosité d'Adrien, sa facilité d'esprit, la pensée qu'on lui faisait plaisir en lui présentant quelque fait ou quelque argument nouveau, encouragèrent au contraire des ouvertures qui, sous Trajan, eussent été sans objet. Il se mêlait à cela une pensée aristocratique, flatteuse pour le souverain et l'apologiste. Déjà le christianisme dévoile la politique qu'il suivra constamment à partir du IVe siècle, et qui consistera surtout à traiter avec les souverains par-dessus la tête des peuples. « Avec vous, nous voulons bien discuter ; mais la foule ne vaut pas l'honneur qu'on lui donne des raisons [1]. »

Le premier essai en ce genre fut l'œuvre d'un certain Quadratus [2], personnage important de la troi-

---

1. Σὲ μὲν καὶ λόγου ἠξίωσα· δεδιδάγμεθα γὰρ ἀρχαῖς... τιμὴν... ἀπονέμειν· ἐκείνους δὲ οὐχ ἡγοῦμαι ἀξίους τοῦ ἀπολογεῖσθαι αὐτοῖς. *Martyr. Polyc.*, 10.

2. Eusèbe, *Hist. eccl.*, IV, 3 ; *Chron.*, Schœne, p. 166-167 ; saint Jér., *De viris ill.*, 19 ; *Epist.*, 83 (84) ; Photius, cod. CLXII. Il est peu probable que Quadratus l'apologiste soit identique à l'évêque d'Athènes, Quadratus, successeur de Publius (Denys de Cor., dans Eus., *H. E.*, IV, 23). Denys de Corinthe (vers 170) présente le martyre de Publius et la restauration de l'Église d'Athènes par l'évêque Quadratus comme des faits qui viennent de se passer. Les martyrologes n'ont ici rien de solide. Le prophète Quadratus (Eus., *H. E.*, III, 37 ; V, 17) était aussi sans doute un

sième génération chrétienne, que l'on dit même avoir été disciple des apôtres. Quadratus remit à l'empereur une apologie du christianisme qui s'est perdue, mais qui fut fort estimée durant les premiers siècles. Il s'y plaignait des tracasseries que de « méchantes gens » suscitaient aux fidèles, et prouvait l'innocuité de la foi chrétienne. Il allait plus loin et cherchait à convertir Adrien par l'argument tiré des miracles de Jésus. Quadratus prétendait que l'on avait connu vivants encore de son temps[1] quelques-uns de ceux qui avaient été guéris ou ressuscités par le Sauveur. Adrien se fût certainement fort amusé de voir un de ces vénérables centenaires, et son affranchi Phlégon en eût enrichi son traité *Sur les cas de longévité;* mais cela ne l'eût pas convaincu. Il avait été témoin de tant d'autres miracles ! et il n'en avait tiré qu'une conclusion, c'est que le nombre des choses incroyables dans ce monde est infini. Phlégon, dans ses recueils tératologiques, avait donné place à plusieurs miracles de Jésus, et certainement Adrien

---

personnage différent de ces deux-là. La diffusion du nom de Quadratus à Athènes put tenir à Statius Quadratus, qui remplit les fonctions honorifiques de prêtre des Augustes à Athènes vers 140 (*Corpus inscr. gr.*, n° 337; Wadd., *Fastes*, p. 194, 220-224 ; cf. *Arch. des miss.*, 2ᵉ série, t, IV, p. 538-539). Les Quadratus ayant de la notoriété sont du reste très-nombreux à cette époque.

1. Εἰς τοὺς ἡμετέρους χρόνους τινὲς αὐτῶν ἀφίκοντο.

avait plus d'une fois causé avec lui sur ce sujet[1].

Une autre apologie, ayant pour auteur un certain Aristide, philosophe athénien, converti au christianisme, fut aussi présentée à Adrien. Nous n'en savons rien, sinon qu'elle jouit parmi les chrétiens d'une estime égale à celle qu'obtint l'écrit de Quadratus. Ceux qui purent la lire admiraient l'éloquence, l'esprit de l'auteur et le bel usage qu'il avait su faire des passages des philosophes païens pour prouver la vérité de la doctrine de Jésus[2].

Ces écrits, frappants par leur nouveauté, purent n'être pas sans effet sur l'empereur. Des idées singulières en fait de religion lui traversaient l'esprit. Il semble que plus d'une fois il accorda au christianisme des marques d'un véritable respect[3]. Il fit bâtir un grand nombre de temples ou basiliques sans inscription ni destination bien connues. La plupart restèrent inachevés ou non dédiés; on les appelait des *hadrianées*[4]. Ces temples vides, sans

---

1. Origène, *Contre Celse*, II, 33, etc. Voir ci-dessus, p. 38.

2. Eusèbe, *l. c.*; saint Jér., *De viris ill.*, 20. Usuard et Adon (31 août, 3 oct.) sont ici sans valeur. Comp. *Chron. Alex.*, à l'année 18 d'Adr., en remarquant les fautes.

3. Ἐτίμησαν. Meliton, dans Eus., *H. E.*, IV, xxvi, 7. Il est vrai que Xiphilin (LXX, 39) voit dans la lettre à Fundanus une τιμή.

4. Rapprochez ce que dit Spartien, *Adr.*, 13, 19, 20 : « Tem-

statues, firent croire que c'était exprès qu'Adrien les avait fait bâtir ainsi. Au IIIe siècle, après qu'Alexandre Sévère eut réellement voulu bâtir un temple à Christ, les chrétiens répandirent l'idée qu'Adrien avait résolu d'en faire autant, et que les hadrianées avaient dû servir à l'installation de ce culte nouveau. Adrien, assurait-on, avait été arrêté parce que, en consultant les oracles sacrés, on y trouva que, si un pareil temple était bâti, tout le monde se ferait chrétien, si bien que les autres temples seraient abandonnés[1]. Plusieurs de ces hadrianées, en particulier ceux de Tibériade et d'Alexandrie, devinrent en effet des églises au IVe siècle[2].

Même les folies d'Adrien avec Antinoüs furent un élément de l'apologétique chrétienne. Une pareille monstruosité parut le point culminant du règne du démon. Ce dieu récent, que tout le monde connaissait, fut fort exploité pour battre en brèche les autres dieux, plus anciens et moins faciles à prendre corps à corps[3]. L'Église triompha. Le moment d'Adrien

pla sui nominis consecravit..... Nunquam ipse... nomen suum scripsit... quum titulos in operibus non amaret. » Cf. Epiph., hær. XXX, 12; LXIX, 2.

1. Lampride, *Alex. Sév.*, 43.
2. Epiph., *loc. cit.*
3. *Carm. sib.*, VIII, 57-58; Justin, *Apol. I*, 29; Hégésippe, dans Eus., *H. E.*, IV, VIII, 2; Athénagore, *Leg.*, 30; Tatien, *Adv. Gr.*,

fut plus tard envisagé comme le sommet lumineux d'une époque de splendeur où la vérité chrétienne brilla sans obstacle à tous les yeux[1]. On en sut quelque gré au souverain dont les défauts et les qualités avaient eu des résultats si favorables. On n'oublia pas son immoralité, ses superstitions, ses initiations vaines à des mystères impurs; mais, malgré tout, Adrien resta, au moins dans une partie de l'opinion chrétienne, un homme grave, doué de rares vertus, qui donna au monde ses derniers beaux jours[2].

10; Théophile d'Antioche, III, 8; Tertullien, *Apol.*, 13; Clém. d'Alex., *Ad gentes*, 4; Origène, *Contre Celse*, III, 36, 38; V, 63; VIII, 9; Jean Chrysostome, *In II Cor.*, hom. XXVI, 4.

1. Eusèbe, *Præp. evang.*, IV, 17.

2. *Carm. sib.*, V, 46 et suiv. Dans VIII, 50 et suiv., qui est postérieur à la guerre juive, on sent plus de haine. Cf. XII, 164-175.

CHAPITRE IV.

LES ÉCRITS JOHANNIQUES.

C'est vers ce temps, à ce qu'il semble, qu'on entendit parler pour la première fois d'un livre mystérieux, dont les adeptes faisaient un cas extraordinaire ; c'était un nouvel Évangile, très-supérieur, disait-on, à ceux que l'on connaissait, un Évangile spirituel, aussi élevé au-dessus de Marc et de Matthieu que l'esprit est au-dessus de la matière. Cet Évangile venait de l'apôtre le plus aimé de Jésus, de ce Jean qui, ayant été dans son intimité[1], savait naturellement bien des choses que les autres avaient ignorées, et même rectifiait sur beaucoup de points la manière dont ils avaient présenté les faits. Le texte en question tranchait, en effet, fortement sur la simplicité des premiers récits évangéliques ; il affichait des pré-

---

1. V. *Vie de Jésus*, p. 537-538, 13ᵉ édit. et suiv.

tentions bien plus hautes, et sûrement, dans l'intention de ceux qui le propageaient, il était destiné à remplacer les humbles vies de Jésus dont on s'était contenté jusque-là. L'historien, dont on parlait encore avec mystère, avait reposé sur la poitrine du maître et seul avait connu les secrets divins de son cœur.

Le nouveau livre venait d'Éphèse [1], c'est-à-dire de l'un des principaux foyers de l'élaboration dogmatique de la religion chrétienne. Nous avons admis comme possible le système d'après lequel Jean aurait passé sa vieillesse dans cette ville et y aurait fini ses jours [2]. Il est certain, du moins, qu'il y eut de bonne heure à Éphèse un parti qui s'empara de l'apôtre Jean et fit tous ses efforts pour le grandir. Paul avait ses Églises, fortement attachées à sa mémoire. Pierre et Jacques avaient aussi leur famille d'adoption spirituelle. On voulut qu'il en eût été de même pour Jean ; on désira l'égaler à Pierre ; on soutint même, au détriment de ce dernier, que, dans beaucoup de

---

1. Cela résulte avec probabilité du passage de Papias, dans Eus., *H. E.*, III, 39. Les relations, personnelles ou non, de Papias avec *Presbytéros Joannes* et Aristion portent à placer ces deux personnages, comme les filles de Philippe, en Asie. Or il est difficile de ne pas établir un lien entre ce *Presbytéros* et l'auteur de la 2ᵉ et de la 3ᵉ épître pseudo-johannique. Le rapport de ces écrits avec l'éphésien Cérinthe paraît aussi bien vraisemblable.

2. *L'Antechrist,* ch. xv et appendice; *les Évangiles,* ch. xviii.

cas, il avait eu la première place dans l'histoire évangélique[1]; et, comme les Évangiles existants n'appuyaient pas suffisamment cette prétention, on put recourir à une de ces fraudes pieuses qui alors ne causaient de scrupules à personne. Ainsi s'explique comment c'est d'Éphèse que l'on voit émerger obscurément, peu après la fin de l'âge apostolique, une classe de livres destinée à obtenir plus tard, dans la théologie chrétienne, un rang supérieur à toutes les autres pages inspirées.

Que Jean ait écrit lui-même ces ouvrages, c'est ce que l'on ne saurait plus admettre[2]. Qu'on les ait écrits autour de lui, dans sa vieillesse et avec son agrément, cela même est fort douteux. Ce qui paraît le plus probable, c'est qu'un disciple de l'apôtre, dépositaire de plusieurs de ses souvenirs, se crut autorisé à parler en son nom et à écrire, vingt-cinq ou trente ans après sa mort, ce que l'on regrettait qu'il n'eût pas lui-même fixé de son vivant[3]. Éphèse, en

---

1. *Vie de Jésus,* 13e édit. (et suiv.), p. 485, 532, 535.
2. Voir la discussion de cette question dans la *Vie de Jésus,* introd., p. LVIII et suiv., et appendice, p. 477 et suiv., éditions à partir de la 13e.
3. On fut porté, du vivant de Jean, à lui supposer des écrits. Voir les passages de Caïus et de Denys d'Alexandrie sur Cérinthe, dans Eus., *H. E.,* III, 28. Notez *adhuc in corpore constituto* dans le passage copié par Thomasius (Tischendorf, *Nov. Test.*

tout cas, avait des traditions particulières sur la vie de Jésus et, si j'ose le dire, une vie de Jésus à son usage. Ces traditions résidaient surtout dans la mémoire de deux personnes, que l'on tenait, dans ces parages, pour les deux plus hautes autorités en fait d'histoire évangélique, savoir un homonyme de l'apôtre Jean qu'on appelait le *Presbyléros Joannes*[1], et un certain Aristion, qui savait par cœur beaucoup de discours du Seigneur[2]. Papias, déjà vers le temps où nous sommes, consultait ces deux hommes comme des oracles, et prenait note de leurs traditions, qu'il devait insérer dans son grand ouvrage sur les *Discours du Seigneur*. Un trait bien remar-

---

gr., edit. 8ᵃ crit. major, 1869, vol. I, p. 967 et suiv.). Ces mots semblent réfuter des gens qui disaient *non jam in corpore constituto...*

1. Voir *les Évangiles*, p. 426 et suiv. Comp. Eusèbe, *H. E.*, V, VIII, 8.

2. Papias, dans Eus., *H. E.*, III, XXXIX, 4, 14. Nous lisons οἱ τοῦ κυρίου [μαθητῶν] μαθηταί λέγουσιν. Ce présent marque une génération postérieure à celle des apôtres, soit qu'on établisse la contemporanéité avec le temps où Papias écrivait, soit qu'on l'établisse avec le temps où il interrogeait (cf. *ibid.*, 15). Cette phrase, prise à la rigueur, exclurait l'hypothèse de rapports personnels entre Papias et les deux traditionnistes; mais on y peut supposer une anacoluthe, et Eusèbe n'a probablement pas tort (*ibid.*, 7) d'affirmer que Papias entendit personnellement *Presbytéros* et Aristion. La preuve qu'il en donne n'est pas péremptoire; mais il possédait le livre et pouvait à cet égard mieux juger que nous.

quable du *Presbyteros* était le jugement qu'il portait sur l'Évangile de Marc. Il le trouvait insuffisant et surtout désordonné; il y découvrait une complète ignorance de l'ordre véritable des événements dans la vie de Jésus[1]. Le *Presbyteros* croyait évidemment savoir mieux les choses, et sa tradition, s'il l'écrivit, dut s'écarter tout à fait pour le plan de celle de Marc.

Nous inclinons à croire que le quatrième Évangile représente les traditions de ce *Presbyteros* et d'Aristion[2], lesquelles pouvaient remonter à l'apôtre Jean. Il semble, d'ailleurs, que, pour préparer la fraude pieuse, on lança préalablement une épître catholique, censée de Jean, qui devait habituer le public d'Asie au style qu'on allait tenter de lui faire adopter comme étant celui de l'apôtre[3]. On y ouvrait l'attaque

1. Papias, *l. c.*, 15.
2. La plus grande objection contre cette hypothèse est que Papias, qui parle tant des traditions du *Presbyteros* et d'Aristion, ne connut pas le quatrième Évangile. A la rigueur, on peut admettre que l'Évangile ne fut rédigé qu'après que Papias eut achevé ses cinq livres. Mais il reste singulier que les traditions recueillies par lui ne rappellent pas davantage le quatrième Évangile. Eusèbe, qui avait noté chez Papias tant de citations d'Aristion et du *Presbyteros,* ne dit pas que les traits empruntés à ces deux traditionnistes se rapprochassent du quatrième Évangile.
3. C'est la première des trois épîtres censées johanniques. Elle était citée par Papias (Eus., *H. E.*, III, XXXIX, 16); or Papias ne

contre les docètes ou phantasiastes, qui étaient alors le grand danger du christianisme en Asie[1]. On insistait avec force et même avec une sorte d'affectation sur la valeur du témoignage de l'apôtre, témoin oculaire des faits évangéliques[2]. L'auteur, écrivain habile à sa manière, peut avoir imité le ton de la conversation de l'apôtre Jean. L'esprit de ce petit ouvrage est grand, élevé, malgré quelques traces des bizarreries elkasaïtes[3]. La doctrine en est excellente; c'est la charité réciproque, l'amour des hommes[4], la haine du monde corrompu[5]. Le style, touchant, pressant, pénétrant, est absolument le même que celui de l'Évangile ; les défauts du quatrième Évangile, la prolixité, l'aridité, résultant d'interminables discours pleins de métaphysique abstruse et d'allégations personnelles, sont ici beaucoup moins choquants.

---

connaissait pas ou du moins n'admettait pas le quatrième Évangile. Irénée, Clément d'Alexandrie et les Pères du IIIᵉ siècle citen l'Épître sur le même pied que l'Évangile.

1. I Joh., I, 1-3 ; IV, 2, 3 ; cf. II Joh., 7. Voir Tertullien, *De carne Christi*, 24.

2. I Joh., I, 1 et suiv. ; IV, 14.

3. I Joh., V, 6 et suiv. Ce qui, dans la traduction latine, est ajouté au passage des trois témoins est une interpolation. Cf. *Italafragmente* de Ziegler (1876), p. 5 et suiv.

4. I Joh., II, 7 et suiv. ; III, 11, 14 et suiv. ; IV, 7 et suiv., 16 et suiv. ; V, 1 et suiv.

5. I Joh., II, 15 et suiv. ; III, 1, 13 ; V, 4 et suiv.

Ce style des écrits pseudo-johanniques est quelque chose de tout à fait à part, et nul modèle n'en avait été donné avant le *Presbytéros*. On l'a trop admiré. Il a de la chaleur, parfois une sorte de sublimité, mais quelque chose d'enflé, de faux, d'obscur. La naïveté manque tout à fait. L'auteur ne raconte pas; il démontre. Rien de plus fatigant que ses longs récits de miracles et que ces discussions, roulant sur des malentendus, où les adversaires de Jésus jouent le rôle d'idiots. Combien à ce pathos verbeux nous préférons le doux style, tout hébreu encore, du Discours sur la montagne, et cette limpidité de narration qui fait le charme des évangélistes primitifs! Ceux-ci n'ont pas besoin de répéter sans cesse qu'ils ont vu ce qu'ils racontent, que ce qu'ils racontent est vrai[1]. Leur sincérité, inconsciente de l'objection, n'a pas cette soif fébrile d'attestations répétées qui montre que l'incrédulité, le doute, ont déjà commencé. Au ton légèrement excité de ce nouveau narrateur, on dirait qu'il a peur de n'être pas cru, et qu'il cherche à surprendre la religion de son lecteur par des affirmations pleines d'emphase.

Tout en insistant beaucoup sur sa qualité de témoin oculaire et sur la valeur de son propre témoi-

---

1. Jean, xix, 35; xx, 30-31; xxi, 21.

gnage, le narrateur du quatrième Évangile ne dit jamais « moi Jean » ; le nom de Jean ne figure pas une seule fois dans l'ouvrage; il n'est que dans le titre ; mais nul doute que Jean ne soit le disciple innomé ou désigné d'une façon voilée à divers endroits du livre. Nul doute, d'un autre côté, que l'intention du faussaire ne soit de faire croire que ce personnage mystérieux est bien l'auteur du livre [1]. Il y a là un petit artifice littéraire, du genre de ceux qu'affectionne Platon [2]. Il en résulte dans le récit quelque chose de précieux, parfois même des recherches, des sous-entendus, des mièvreries littéraires peu dignes d'un apôtre. Jean se nomme sans se nommer, se vante sans se vanter. Il ne s'interdit pas ce procédé de littérature qui consiste à montrer dans un clair-obscur, soigneusement ménagé, des secrets que l'on garde pour soi, que l'on ne dit pas à tout venant. Il est si agréable d'être deviné, de laisser conclure aux autres les choses avantageuses pour soi, que l'on n'exprime qu'à demi-mot!

Prouver Jésus à ceux qui ne croient point en lui, mais surtout faire prévaloir une nouvelle conception du christianisme, voilà les deux buts que se propose

---

[1] Voir l'appendice à la fin de la *Vie de Jésus* (13ᵉ édit. et suivantes).

[2] Πλάτων δὲ, οἶμαι, ἠσθένει. *Phédon*, 2.

l'auteur. Les miracles étant la preuve par excellence d'une mission divine[1], il enchérit encore sur les récits de prodiges qui déparent les Évangiles primitifs. — Cérinthe, d'un autre côté, fut, à ce qu'il semble, un des facteurs de ces livres singuliers[2]. Cérinthe était devenu comme le spectre de Jean. La mobilité d'esprit de ce sectaire tantôt le rapprochait, tantôt l'éloignait des idées qui s'agitaient dans le cercle éphésien[3]; si bien qu'il passa en même temps et pour l'adversaire que les écrits johanniques voulurent combattre, et pour le véritable auteur de ces écrits[4]. Telle est l'obscurité qui plane sur la question johannique, qu'on ne peut pas dire que cette dernière attribution soit impossible. Elle répondrait bien à ce qu'on nous apprend de Cérinthe, dont l'habitude était de couvrir ses rêveries du nom d'un apôtre; elle expliquerait le mystère où le livre resta durant près de cinquante ans et l'opposition vive qui y fut faite[5]. La fureur particulière

---

1. Cette idée est bien juive. Comparez la légende de Moïse, et Isaïe, VII, XXXVIII.
2. Irénée, III, XI, 1.
3. Voir *les Évangiles,* ch. XVIII.
4. Épiphane, LI, 3-4; Philastre, c. 60. Plusieurs lui attribuèrent aussi l'Apocalypse. Caïus, dans Eus., *H. E.,* III, XXVIII, 2; Denys d'Alex., dans Eus., *H. E.,* III, XXVIII, 4; VII, XXV, 2-5.
5. Épiph., hær. LI, en entier.

avec laquelle Epiphane combat cette opinion[1] inviterait à croire qu'elle n'était pas sans solidité. Tout est possible à ces époques ténébreuses ; et, si l'Église, en vénérant le quatrième Évangile comme l'œuvre de Jean, est dupe de celui qu'elle regarde comme un de ses plus dangereux ennemis, cela n'est pas en somme plus étrange que tant d'autres malentendus qui composent la trame de l'histoire religieuse de l'humanité.

Ce qu'il y a de sûr, c'est que l'auteur est à la fois le père et l'adversaire du gnosticisme, l'ennemi de ceux qui laissaient s'évaporer dans un docétisme nuageux l'humanité réelle de Jésus et le complice de ceux qui le reléguaient dans l'abstraction divine. Les esprits dogmatiques ne sont jamais plus sévères que pour ceux qui sont séparés d'eux par une nuance. Cet Anti-Christ que pseudo-Jean présente comme existant déjà, ce monstre qui est la négation de Jésus, et qu'il ne distingue pas des erreurs du docétisme[2], c'est presque lui-même. Que de fois on se maudit en maudissant les autres ! La personne de Jésus devenait dans le sein de l'Église l'objet

---

[1]. Il en fait une hérésie, qu'il appelle, par un jeu de mots, les *aloges* (hær. LI). Aucune secte n'a réellement porté ce nom.

[2]. I Joh., II, 18, 22; IV, 3; II Joh., 7. Comp. II Thess., II, 3 et suiv.

de luttes ardentes. D'une part, on ne pouvait résister au torrent qui entraînait tout le monde aux plus fortes hyberboles sur la divinité du fondateur; de l'autre, il importait de maintenir le caractère réel de Jésus et de s'opposer à la tendance qui portait un grand nombre de chrétiens à cet idéalisme maladif, d'où allait bientôt sortir le gnosticisme. Plusieurs parlaient de l'éon Christos comme d'un être distinct de l'homme appelé Jésus, avec lequel il s'était trouvé uni pendant quelque temps et qu'il avait abandonné au moment de la crucifixion. Voilà ce qu'avait dit Cérinthe, ce que disait déjà Basilide. Il fallait opposer à cela un Verbe tangible[1], et c'est ce que fit le nouvel Évangile. Le Jésus qu'il prêche est à quelques égards plus historique que celui des autres évangélistes, et néanmoins c'est une archée métaphysique, une pure conception de théosophie transcendante. Le goût est choqué d'un tel assemblage; mais la théologie n'a pas les mêmes exigences que l'esthétique. La conscience chrétienne, si souvent affolée depuis cent ans sur l'idée qu'il fallait se faire de Jésus, avait trouvé enfin son point de repos.

Au commencement, était le Verbe [2], et le Verbe était

---

1. I Joh., II, 22; IV, 2, 3; V, 7; II Joh., 7.
2. Λόγος.

auprès de Dieu [1], et le Verbe était Dieu. Le Verbe, dis-je, était au commencement auprès de Dieu; tout exista par lui, et sans lui rien de ce qui existe n'exista. En lui était la Vie [2], et la Vie était la lumière des hommes; la Lumière [3] luit dans les ténèbres, mais les Ténèbres [4] ne l'acceptèrent pas [5].

Il y eut un homme envoyé de la part de Dieu, nommé Jean. Cet homme vint comme témoin, pour rendre témoignage touchant la Lumière, pour que tous crussent par lui. Il n'était pas la Lumière, sa mission était de rendre témoignage touchant la Lumière.

Alors justement venait dans le monde la lumière véritable, qui éclaire tout homme. Le Verbe était dans le monde [6] (dans ce monde qui existe par lui), et le Monde ne le connut pas. Il vint dans son domaine propre, et les siens ne l'accueillirent pas; mais ceux qui le reçurent, il leur donna le pouvoir de devenir, par la foi en son nom, enfants de Dieu, redevables de leur naissance non au sang, ni à l'instinct de la chair, ni à la volonté de l'homme, mais à Dieu.

Et le Verbe a été fait chair, et il a séjourné parmi nous, et nous avons contemplé sa gloire, gloire telle qu'elle con-

---

1. Πρὸς τὸν θεόν. Pour la nuance de πρὸς, comp. Matth. XXVI, 55; Marc, IX, 49, etc. Voir aussi Prov., VIII, 30.

2. Ζωή.

3. Φῶς.

4. Σκοτία.

5. Les prophètes de l'Ancien Testament ont été impuissants à dissiper les ténèbres, c'est-à-dire l'aveuglement naturel de l'humanité.

6. Κόσμος.

venait au Fils unique[1] venant de la part du Père, plein de Grâce et de Vérité [2].

Ce qui suit n'est pas moins surprenant. On est en présence d'une vie de Jésus qui s'écarte de la manière la plus grave de celle qui nous est racontée dans les écrits de Marc, de Luc et de pseudo-Matthieu. Il est évident que ces trois Évangiles et les autres du même genre étaient peu connus en Asie, ou du moins y avaient peu d'autorité [3]. Jean, de son vivant, avait sans doute coutume de raconter la vie de Jésus sur un plan tout à fait différent du petit cadre galiléen que les traditionnistes de Batanée avaient créé, et qui servit de règle après eux. Il savait qu'une grande partie de l'activité de Jésus s'était déployée à Jérusalem [4]. Il connaissait des personnes et des

---

1. Μονογενής.
2. Χάρις, Ἀλήθεια.
3. Papias, dans Eus., *H. E.*, III, xxxix, 3, 4. L'idée que notre auteur aurait écrit pour compléter les synoptiques doit être abandonnée. Certains passages cependant feraient croire que l'auteur s'est servi de Marc : Comp. Marc, ii, 9, 12, à Jean, v, 8, 9; Marc, vi, 37, à Jean, vi, 7; Marc, xi, 9, à Jean, xii, 13; Marc, xiv, 3, 5, 6, à Jean, xii, 3, 5, 7; Marc, xiv, 65, à Jean, xviii, 2; Marc, xv, 8-9, à Jean xviii, 39; Marc, xvi, 9, à Jean, xx, 11 et suiv. Jean, iii, 24, semble rectifier Marc, i, 14. Jean, xi, 2, semble compléter Marc, xiv, 3-9. Notez encore Jean, i, 23, 26-27; vi, 4-13, 16-21; xii, 12-15.
4. *Vie de Jésus,* append., p. 487 et suiv.

détails que les premiers narrateurs ignoraient ou avaient négligés. Quant aux discours de Jésus, tels que la tradition galiléenne les redisait, l'Église d'Éphèse, si elle les connut, les laissa tomber dans une sorte d'oubli. Avec l'esprit du temps, on ne se faisait pas plus de difficulté de prêter à Jésus des discours destinés à fonder telle ou telle doctrine, que les auteurs de la Thora et les anciens prophètes en général ne se firent scrupule de faire parler Dieu dans le sens de leur passion.

Ainsi naquit le quatrième Évangile, écrit de nulle valeur, s'il s'agit de savoir comment Jésus parlait, mais supérieur aux Évangiles synoptiques en ce qui touche l'ordre des faits[1]. Les séjours de Jésus à Jérusalem, l'institution de l'Eucharistie, que notre auteur fait résulter d'une habitude de Jésus et non d'une parole prononcée à un moment précis, l'agonie anticipée de Jésus, non rapportée au soir de la veille de sa mort, une foule de circonstances relatives à la Passion, à la résurrection et à la vie d'outre-tombe du Sauveur; certaines particularités : par exemple, ce qui concerne Cana, l'apôtre Philippe, les frères de Jésus, la mention de Clopas comme membre de la famille de Jésus[2],

---

1. Ce point a été longuement développé dans l'appendice à la *Vie de Jésus*, 13ᵉ édition et suiv.

2. Jean, XIX, 25. Comment, si le quatrième Évangile était dénué

sont autant de traits qui assurent à pseudo-Jean une supériorité historique sur Marc et sur pseudo-Matthieu. Un grand nombre de ces particularités pouvaient provenir des récits mêmes de l'apôtre Jean, dont on conservait le souvenir. D'autres prenaient leur source dans une tradition que ni Marc, ni celui qui le compléta sous le nom de Matthieu, ne connurent. Dans plusieurs cas, en effet, où pseudo-Jean s'écarte de la contexture du récit synoptique, il présente des coïncidences singulières avec Luc et avec l'Évangile selon les Hébreux [1]. De plus, quelques traits du quatrième Évangile se retrouvent chez Justin et dans le roman pseudo-clémentin, sans que pourtant Justin ni l'auteur du roman aient connu le quatrième Évangile. Il y avait donc, en dehors des synoptiques, un ensemble de traditions, de phrases déjà toutes faites et en quelque sorte répandues dans l'air [2], que le

---

de valeur originale en tant que document, y trouverait-on ce détail, confirmé par ce que nous apprennent Hégésippe, les *Constitutions apostoliques*, etc., sur les parents de Jésus ? Voir *les Évangiles*, appendice.

1. Voir *Vie de Jésus*, 13ᵉ édit., p. LXXX-LXXXI, 515, 521, 527, 530, 533, 534. Comparez encore le récit du reniement de Pierre dans Luc, XXII, 55-62, et dans Jean, XVIII, 16-17, 25-27. C'est probablement avec raison que le quatrième Évangile donne au père de Pierre le nom de *Jean* au lieu de celui de *Jonas*. Comp. l'Évang. des Hébreux, Hilgenfeld, p. 16, 23, 25-26.

2. Par exemple, ἐγώ εἰμι ἡ πύλη τῆς ζωῆς, *Homélies pseudo-*

quatrième Évangile nous représente en partie ; et traiter cet Évangile de composition artificielle, sans base traditionnelle, c'est en méconnaître le caractère aussi gravement que quand on y voit un document de première main et d'un bout à l'autre original.

Ce qui, dans le quatrième Évangile, est vraiment artificiel, sans base traditionnelle, ce sont les discours qui sont placés dans la bouche de Jésus. La critique doit mettre ces discours sur le même pied que les entretiens dont Platon fait honneur à Socrate. Deux omissions y sont frappantes : on n'y trouve ni une seule parabole, ni un seul discours apocalyptique sur la fin du monde et l'apparition messianique. On sent que les espérances d'un prochain éclat dans les nues avaient perdu une partie de leur force[1]. Selon le quatrième Évangile, le vrai retour de Jésus après qu'il aura quitté le monde, c'est l'envoi que Jésus

---

clém., III, 52 ; *Philosophumena*, V, VIII, p. 157 (Duncker) ; *Pasteur* d'Hermas, Sim. IX, 12. Cf. Hilgenfeld, *Nov. Test. extra can. rec.*, IV, p. 41, note 2. — Une autre curieuse consonnance se remarque entre Jean, III, 4 ; *Homélies pseudo-clém.*, XI, 26 ; Justin, *Apol. I*, 64.

1. Nous disons une partie ; car, outre que certains passages de l'Évangile : V, 28 ; VI, 39, 40, 44, 54 ; XI, 24, supposent la résurrection au dernier jour, le retour de Jésus est clairement exprimé dans l'épître johannique (I Joh., II, 18, 28 ; III, 2, 5 ; IV, 17) et dans l'appendice de l'Évangile (chapitre XXI, 22-23), dont la concordance doctrinale avec l'Évangile lui-même est absolue.

fera du Paraclet, autre lui-même, qui consolera ses disciples de son départ[1]. L'auteur se réfugie dans la métaphysique, parce que les espérances matérielles lui paraissent déjà par moments des chimères. La même chose semble être arrivée à saint Paul[2]. Le goût de l'abstraction faisait qu'on attachait peu de prix à ce que nous trouvons de plus réellement divin en Jésus. Au lieu de ce fin sentiment de la poésie de la terre, qui remplit les Évangiles galiléens, nous ne trouvons ici qu'une métaphysique sèche, une dialectique roulant sur l'équivoque du sens littéral et du sens figuré. Jésus, dans le quatrième Évangile, parle vraiment pour lui seul. Il se sert d'un langage que personne ne devait comprendre, puisqu'il prend exprès les mots dans un autre sens que le vulgaire, et il s'indigne après cela de n'être pas compris[3]. Cette fausse situation produit à la longue une impression fatigante, et on finit par trouver les juifs excusables dans leur inintelligence des mystères nouveaux qu'on leur présente d'une façon si obscure.

Ces défauts étaient la conséquence de l'attitude exagérée que l'auteur prête à Jésus. Une pareille attitude excluait le naturel. Jésus se proclame la Vérité et

1. Jean, ch. XIV, XV, XVI.
2. V. *l'Antechrist*, p. 73 et suiv.
3. Jean, III, IV, etc.

la Vie; il se déclare Dieu; on ne vient au Père que par lui. De telles affirmations lourdes et solennelles ne sauraient être faites sans un air de choquante présomption. Dans les Évangiles synoptiques, le Dieu ne s'affirme pas; il se révèle par le charme de ses discours impersonnels. Ici le Dieu argumente afin de démontrer sa divinité. C'est la rose se faisant disputeuse pour prouver son parfum. L'auteur, en pareil cas, se préoccupe si peu de la vraisemblance, que parfois rien n'indique où les discours de Jésus finissent et où les dissertations du narrateur commencent[1]. D'autres fois, il rapporte des conversations auxquelles personne n'a pu assister[2]. On sent que son vrai dessein n'est pas de rapporter des paroles qui ont été réellement tenues, mais qu'il veut surtout donner de l'autorité à des idées qui lui sont chères, en les mettant dans la bouche du maître divin.

---

1. Notez surtout la suite de l'entretien avec Nicodème. Jean, III.

2. Par exemple celles de Jésus avec Nicodème, avec la Samaritaine, avec Pilate.

CHAPITRE V.

COMMENCEMENT D'UNE PHILOSOPHIE CHRÉTIENNE.

La philosophie religieuse qui sert de base à toutes ces amplifications, si éloignées de la pensée de Jésus, est peu originale. Philon en avait exposé avec plus d'ensemble et de conséquence les principes essentiels[1]. Chez Philon, comme chez l'auteur du quatrième Évangile, le messianisme et les croyances apocalyptiques n'ont presque pas d'importance. Toutes les imaginations du judaïsme populaire sont remplacées par une métaphysique, à la construction de laquelle la théologie égyptienne et la philosophie grecque ont contribué pour une grande part. L'idée d'une raison incarnée, c'est-à-dire de la raison divine revêtant une forme finie, est bien égyptienne[2]. Depuis les époques les

---

1. Comp. *Vie de Jésus,* p. 257 et suiv; *l'Antechrist,* p. 81 et suiv.
2. Voir stèle C³ du Louvre, lignes 15-16 (12ᵉ dynastie); papyrus de Boulaq, IV, lignes 2, 5 (19ᵉ dynastie). Dans la théorie

plus anciennes jusqu'aux livres hermétiques, l'Égypte proclame un Dieu, seul vivant en substance, engendrant éternellement son semblable, Dieu double et unique en même temps. Le Soleil est ce premier né, procédant éternellement du Père, ce Verbe, qui a fait tout ce qui est, et sans qui rien n'a été fait[1]. — Le judaïsme, d'un autre côté, tendait depuis longtemps, pour sortir de sa théologie un peu sèche, à créer de la variété en Dieu, en personnifiant des attributs abstraits, la Sagesse, la Parole divine, la Majesté, la Présence[2]. Déjà, dans les anciens livres sapientiaux, dans les

---

égyptienne, Dieu pour créer décrète, et son décret se manifeste en forme de dieux qui accomplissent chacun des actes de la création. Chaque acte de la volonté divine entraîne ainsi une nouvelle émission du Verbe, qui s'incarne dans des formes de dieux, momentanément considérées comme secondaires. Le Verbe n'est pas créé une fois pour toutes ; il est créé au fur et à mesure des besoins de l'univers [Maspero].

1. Textes égyptiens, dans M. de Rougé, *Revue archéol.*, juin 1860 ; Mariette, *Mém. sur la mère d'Apis*, Paris, 1856 ; Hermès Trismégiste, livre I, 2, 5, 8, 10 ; II, 6, 10 ; IV, 1. Πρῶτος τοῦ πρώτου θεοῦ.

2. Targum d'Onkélos, Gen., XXVIII, 13 ; Exode, XVII, 16 ; Nombr., XIV, 14 ; Deut., XXX, 20 ; Isaïe, I, 15 ; VI, 1 ; Ezech., I, 1 ; Targ. de Jonathan, Josué, V, 5 ; I Sam., IV, 4 ; II Sam., VI, 2. Les passages où les targums substituent שכינא ou יקרא au nom de « Dieu » sont très-nombreux. Cf. *Pirké Aboth*, III, 2, 6 ; Matth., XXVI, 64 ; Marc, XIV, 62 ; Hébr., I, 3 ; II Petri, I. 17. V. Buxtorf, aux mots שכינה, גבורה.

Proverbes, dans Job[1], la Sagesse personnifiée joue le rôle d'un assesseur de la Divinité. La métaphysique et la mythologie, si sévèrement refrénées par le mosaïsme, prenaient leur revanche et allaient bientôt tout envahir.

Un mot surtout devint fécond ; ce fut le mot *dabar*, en chaldéen *mémera*, « la Parole ». Les anciens textes faisaient parler Dieu dans toutes les occasions solennelles ; ce qui justifiait des phrases comme celles-ci : « Dieu fait tout par sa parole, Dieu a tout créé par sa parole. » On fut ainsi amené à considérer « la Parole » comme un ministre divin, comme un intermédiaire par lequel Dieu agit au dehors[2]. Peu à peu on substitua cet intermédiaire à Dieu, dans les théophanies, les apparitions, dans tous les rapports de la Divinité avec l'homme. Ladite locution eut de bien plus grandes conséquences encore chez les juifs d'Égypte, qui parlaient grec. Le mot *logos*, correspondant de l'hébreu *dabar* ou du chaldéen *mémera*, ayant à la fois le sens de « parole » et celui de « raison », on entra par ce mot dans tout un monde d'idées, où l'on rejoignait, d'une part, les symboles de la théologie égyptienne dont nous

---

1. Prov., VIII, IX ; Job, XXVIII. Comp. *Sagesse* de Jésus fils de Sirach, I, 4.

2. Le mot מימרא est substitué à « Dieu » dans une foule de passages des Targums.

parlions tout à l'heure, et, de l'autre, certaines spéculations du platonisme [1]. Le livre alexandrin de la Sagesse, attribué à Salomon [2], se complaît déjà dans ces théories. Le *Logos* y apparaît comme le *métatrône*, l'assesseur de la Divinité [3]. On prit l'habitude de rapporter au *Logos* tout ce que l'ancienne philosophie hébraïque disait de la Sagesse divine [4]. Le « Souffle de Dieu » (*rouah*), déjà présenté au début de la Genèse comme fécond, devint une sorte de démiurge à côté du *dabar* [5].

Philon [6] combina ces habitudes de langage avec ses notions de philosophie grecque. Le *Logos* de Philon, c'est le divin dans l'univers, c'est Dieu extério-

---

1. Surtout dans le *Timée*.

2. *Sap. Salom.*, XVIII, 15 et suiv. Le verset 1, 5, de la traduction latine de la *Sagesse* de Jésus fils de Sirach est une interpolation.

3. *Sap. Salom.*, IX, 4 : τὴν τῶν σῶν θρόνων πάρεδρον σοφίαν. Il faut tenir compte ici des nuances de la particule *be*, signifiant à la fois *dans, avec, par*, si bien qu'une phrase comme « Dieu a créé le monde *bidbaro* ou *be-mémeré* ou *be-hokmato* ou *be-rouah piou* » implique une équivoque dont les personnes qui savent les langues sémitiques peuvent seules se rendre compte (voir, par exemple, Ps. XXXIII, 6). Traduites en grec, de telles phrases devaient produire toute une métaphysique de malentendus.

4. Comp. Philon, Fragm., *Opp.*, II, p. 655, Mangey, à *Sap. Salom.*, VII, 24; VIII, 4.

5. Ps. XXXIII, 6, présentant déjà une sorte de Trinité.

6. V. *l'Antechrist*, p. 82, note 1.

risé; il est le législateur, le révélateur, l'organe de Dieu à l'égard de l'homme spirituel. Il est l'Esprit de Dieu, la Sagesse des livres saints. Philon n'a pas d'idée du Messie et n'établit aucun rapport entre son *Logos* et l'être divin rêvé par ses compatriotes de Palestine. Il ne sort pas de l'abstrait. Le *Logos* est pour lui le lieu des esprits, comme l'espace est le lieu des corps[1]; il va jusqu'à l'appeler un « second Dieu » ou « l'homme de Dieu », c'est-à-dire Dieu considéré comme anthropomorphe [2]. Connaître le *Logos*, contempler la raison, c'est-à-dire Dieu et l'univers, voilà la fin de l'homme. Par cette connaissance, l'homme trouve la vie, la vraie manne qui le nourrit [3].

Quoique de telles idées fussent aussi éloignées que possible par leur origine des idées messianiques, on entrevoit cependant qu'une sorte de fusion pouvait s'opérer entre elles. La possibilité d'une incarnation plénière du *Logos* rentre tout à fait dans l'ordre des

---

1. Ὡς γὰρ ὁ τόπος περιεκτικὸς σωμάτων ἐστὶ καὶ καταφυγή, οὕτω καὶ ὁ θεῖος λόγος περιέχει τὰ ὅλα καὶ πεπλήρωκεν. Philon, *l. c.*

2. Δεύτερος θεός, fragm. dans Eus., *Præp. evang.*, VII, 13. Ailleurs, ὁ πρωτόγονος υἱός, ὁ ἄγγελος πρεσβύτατος, ἀρχάγγελος, ἄνθρωπος θεοῦ (voir surtout, *De somniis,* I, 40, 41). Comparez, dans la cabbale juive, l'ange *Métatrône* et l'ange *Sandalphon* (μετάθρονος συνάδελφος).

3. *Allég. de la Loi,* livre III, entier.

théories de Philon. Il était reçu, en effet, que, dans les différentes théophanies où Dieu avait voulu se rendre visible, c'est le *Logos* qui avait revêtu la forme humaine[1]. Ces idées étaient favorisées par de nombreux passages des plus anciens livres historiques[2], où « l'ange de Jéhovah », *maleak Iehovah,* désigne l'apparence divine qui se montre aux hommes, quand Dieu, d'ordinaire caché, se révèle aux yeux. Ce *maleak Iehovah* ne diffère souvent en rien de Jéhovah lui-même, et c'est une habitude chez les traducteurs d'une certaine époque de substituer ce mot à *Iehovah* partout où Dieu est censé paraître sur la terre[3]. Le *Logos* arriva de même à jouer le rôle de Dieu anthropomorphisé. Il était donc naturel que l'apparition messianique fût rapportée au *Logos,* que l'on se figurât le Messie comme le *Logos* incarné.

Certes l'auteur du livre de Daniel n'a pas l'idée que son Fils de l'homme ait rien de commun avec la Sagesse divine, que, de son temps, certains penseurs Juifs érigeaient déjà en hypostase. Mais le rapprochement s'opéra vite chez les chrétiens. Déjà, dans l'Apocalypse, le Messie triomphant a

---

1. *Allég. de la Loi,* livre III, entier.
2. Gen., xvi, 7, 13; xxii, 11, 12; xxxi, 11, 16; Exode, iii, 2, 4; Juges, vi, 14, 22; xiii, 18, 22.
3. Ainsi font Saadia, Abou-Saïd, la version samaritaine.

pour nom de gloire : « le *Logos* de Dieu [1] ». Dans les dernières épîtres de saint Paul, Jésus est presque détaché de l'humanité. Dans le quatrième Évangile, l'identification du Christ et du *Logos* est consommée [2]. Le vengeur national des juifs a totalement disparu sous le concept métaphysique. Jésus est désormais fils de Dieu, non en vertu d'une simple métaphore hébraïque, mais théologiquement parlant. Le peu de vogue qu'eurent les écrits de Philon en Palestine et dans les classes populaires du judaïsme explique seul que le christianisme ait accompli si tard une évolution aussi nécessaire. Cette évolution s'opérait, du reste, de plusieurs côtés à la fois ; car saint Justin a une théorie du *Logos* analogue à celle de pseudo-Jean [3], et il ne l'a pas prise dans l'Évangile de pseudo-Jean.

A côté de la théorie du *Logos* et de l'Esprit, on développa la théorie du *Paraclet,* qu'on ne distinguait pas beaucoup du saint Esprit. *Paraclet* était, dans la philosophie de Philon, une épithète ou un équivalent

---

[1]. Apoc., XIX, 13. Notez des expressions du quatrième Évangile dans Apoc., III, 14, et comparez Apoc., I, 7, à Jean, XIX, 37. Plusieurs traits des synoptiques semblent aussi des pressentiments du quatrième Évangile : par exemple, le trait Matth., XI, 25-27 ; Luc, X, 21-22, fort ancien, puisqu'il est à la fois dans Matthieu et dans Luc.

[2]. Joh., I, 1-18, 42 ; IV, 25.

[3]. *Apol. I,* 23, 32 ; *Apol. II,* 6, 10, 13 ; *Dial.,* 61, 62, 70, 98, 100, 102, 105, 127.

de *Logos*[1]. Il devint pour les chrétiens une sorte de remplaçant de Jésus[2], procédant comme lui du Père, qui devait consoler les disciples de l'absence de eur maître, quand celui-ci aurait disparu. Cet esprit de vérité, que le monde ne connaît pas, sera l'éternel inspirateur de l'Église[3]. Une telle façon d'ériger des abstractions en hypostases divines était dans le goût du temps. Ælius Aristide, contemporain et compatriote de l'auteur du quatrième Évangile, s'exprime, dans son sermon sur Athéné[4], d'une manière qui s'écarte à peine de celle des chrétiens. « Elle habite en son père, intimement unie à son essence; elle respire en lui; elle est sa compagne et sa conseillère. Elle s'assied à sa droite; elle est le ministre suprême de ses ordres, n'a qu'une volonté avec lui, si bien qu'on peut lui attribuer toutes les œuvres de son père. » Isis était connue comme jouant un rôle analogue auprès d'Ammon[5].

La révolution profonde que de telles idées devaient introduire dans la manière de concevoir la vie de Jésus s'aperçoit d'elle-même. Jésus désormais n'aura

---

1. Philon, *De mundi opif.*, 6.
2. Ἄλλον παράκλητον. Jean, XIV, 16.
3. Jean, XIV, 16, 26; XV, 26; XVI, 7.
4. Opp., I, p. 12 et suiv., Dindorf. Cf. Justin, *Apol. I*, 64.
5. Traité *d'Isis et Osiris*, dans Plut., ch. 3.

plus rien d'humain; il ne connaîtra ni tentations ni défaillances. Tout chez lui préexiste avant d'arriver; tout est réglé *a priori;* rien ne se passe naturellement; il sait sa vie d'avance; il ne prie pas Dieu de le délivrer de l'heure fatale[1]. On ne voit pas bien pourquoi il mène cette vie de commande, jouée en manière de rôle, sans sincérité. Mais une pareille transformation, choquante pour nous, était nécessaire. La conscience chrétienne voulait de plus en plus que tout eût été surnaturel dans la vie du fondateur. Marcion, sans connaître l'ouvrage de pseudo-Jean, fera bientôt exactement le même travail que lui. Il remaniera l'Évangile de Luc, jusqu'à ce qu'il en ait chassé toute trace de judaïsme et de réalité. Le gnosticisme ira plus loin encore; Jésus deviendra pour cette école une pure entité, un éon qui n'a jamais vécu. Valentin et Basilide ne font en réalité qu'un pas de plus dans la voie où est entré l'auteur de notre Évangile[2]. Ce sont les mêmes termes spéciaux, de part et d'autre : Père (au sens métaphysique), Verbe, *Arché,* Vie, Vérité, Grâce, Paraclet, Plérome, Fils unique[3]. L'ori-

---

1. Jean, I, 42, 43; II, 19 et suiv.; III, 4; VI, 71; XII, 27.

2. *Philosophum.,* VI, 35; VII, 22, 27. Héracléon, de l'école de Valentin, écrit un commentaire sur le quatrième Évangile. Basilide semble citer ce même Évangile.

3. V. ci-dessus, p. 55-57. Notez principalement ὁ ἄρχων τοῦ κόσμου τούτου (Jean, XII, 31; XIV, 30; XVI, 16).

gine du gnosticisme et celle du quatrième Évangile se rejoignent dans un lointain obscur; ils sortent tous deux du même point de l'horizon, sans qu'il soit permis, à cause de la distance, de préciser davantage les circonstances de leur commune apparition. En une atmosphère aussi trouble, les rayons visuels de la critique se confondent.

La publicité d'un livre se produisait alors dans des conditions si différentes de celles d'aujourd'hui, qu'il ne faut pas s'étonner de singularités qui, de nos jours, seraient inexplicables. Rien n'est plus décevant que de se figurer les écrits de ce temps comme un livre imprimé, offert tout d'abord à la lecture de tous, avec des journaux qui accueillent les adhésions ou les protestations provoquées par l'écrit nouveau. Tous les Évangiles furent écrits pour des cercles restreints de personnes[1]; aucun Évangile n'aspirait à être la rédaction dernière et absolue. C'était un genre de littérature où l'on s'exerçait librement, comme sont aujourd'hui, chez les Persans, les légendes du martyre de Hassan et de Hossein[2]. Le quatrième Évangile fut une composition du même ordre. L'auteur put l'écrire

---

1. De même, au moyen âge, le livre de *l'Imitation* paraît avoir été, durant deux siècles au moins, à peine connu et copié.
2. Voir *les Évangiles*, p. 200. Comp. Chodzko, *Théâtre persan* (Paris, 1878).

d'abord pour lui et pour quelques amis. C'était sa façon de concevoir la vie de Jésus. Il ne communiqua sans doute son ouvrage qu'avec beaucoup de réserve à ceux qui savaient qu'un tel ouvrage ne pouvait être de Jean[1]. Jusque vers la fin du IIe siècle, le livre ne rencontre que l'indifférence ou l'opposition[2]. Durant tout ce temps, le cadre de la vie de Jésus, c'est le cadre des Évangiles que nous nommons synoptiques; le ton des paroles que l'on prête à Jésus est celui des discours de Matthieu et de Luc. Vers la fin du IIe siècle, au contraire, l'idée d'un quatrième Évangile est acceptée, et l'on trouve pour appuyer cette tétrade des légendes pieuses et des raisons mystiques[3].

En résumé, ce qui paraît le plus probable en ce délicat problème, c'est que, plusieurs années après la mort de l'apôtre Jean, quelqu'un prit la plume pour écrire en son nom et en son honneur un Évangile qui représentait ou était censé représenter sa tradition. Autant les commencements du livre avaient été obscurs, autant le succès définitif fut éclatant. Ce qua-

---

1. C'est ce qui explique comment ni Papias, ni Justin, ni les Homélies pseudo-clémentines, ni Marcion ne connaissent le quatrième Évangile. La première attribution nette de cet ouvrage à Jean est de l'an 175 ou 180. Théophile, *Ad Autol.*, II, 22, et Canon de Muratori, lignes 3 et suiv.

2. Irénée, III, XI, 9; Epiph., hær. LI.

3. Canon de Muratori, lignes 3 et suiv.; Irénée, III, I.

trième Évangile, né le dernier, frelaté à tant d'égards, où des tirades philoniennes étaient substituées aux vrais discours de Jésus, met plus d'un demi-siècle à se faire sa place; puis il triomphe sur toute la ligne. Il était si commode, pour les besoins de la théologie et de l'apologétique du temps, au lieu d'une petite histoire tout humaine d'un prophète juif de Galilée, d'avoir une sorte de drame métaphysique, échappant aux objections qu'un Celse préparait déjà! Le Verbe divin au sein de Dieu; le Verbe créant toute chose; le Verbe se faisant chair, habitant parmi les hommes, si bien que certains mortels privilégiés ont eu le bonheur de le voir, de le toucher de leurs mains[1]! Vu la tournure spéciale de l'esprit grec, qui, de si bonne heure, s'empara du christianisme, cela paraissait bien plus sublime. On pouvait tirer de là toute une théologie dans le goût de Plotin. La fraîcheur de l'idylle galiléenne, éclairée par le soleil du royaume de Dieu, était peu goûtée des vrais Hellènes. Ils devaient préférer un Évangile où le rêve était transporté dans le monde des abstractions, et d'où la croyance à une prochaine fin du monde était bannie. Ici, plus d'apparition matérielle dans les nuées, plus de paraboles, plus de possédés,

---

1. Évangile et Épitre, *init.*

plus de royaume de Dieu, plus de Messie juif, plus de millénarisme, plus même de judaïsme. Le judaïsme est oublié, condamné; « les juifs » sont des méchants, des ennemis de la vérité. Ils n'ont pas voulu recevoir le Verbe, qui est venu chez eux[1]. L'auteur ne veut plus rien savoir d'eux, sinon qu'ils ont tué Jésus, de même que, pour les schiites persans, le nom d'Arabe est synonyme d'impie, de mécréant, puisque ce sont des Arabes qui ont tué les plus saints entre les fondateurs de l'islam[2].

Ce qui est le défaut littéraire du quatrième Évangile fera de la sorte son caractère universel. Cet Évangile débarrasse le christianisme d'une foule d'attaches originelles; il lui permet la chose la plus essentielle aux créations qui veulent vivre, l'ingratitude envers ce qui a précédé. L'auteur croit sérieusement qu'aucun prophète n'est sorti de Galilée[3]. La métaphysique chrétienne, déjà ébauchée dans l'épître aux Colossiens et dans l'épître dite aux Éphésiens, est achevée dans le quatrième Évangile. Ce sera l'Évangile cher à tous ceux qui, humiliés de ce fait que Jésus a été un juif, ne voudront entendre parler ni de judéo-

---

1. Jean, I, 11.
2. Notez le rôle des juifs à Smyrne dans le martyre de Polycarpe, §§ 12, 13, 17, 18.
3. Jean, IV, 52.

christianisme, ni de millénarisme, et jetteraient votontiers au feu l'Apocalypse. Le quatrième Évangile se place ainsi, dans la grande opération de séparation du christianisme et du judaïsme, fort au delà de saint Paul. Paul veut que Jésus ait abrogé la loi ; mais il ne nie jamais que Jésus ait vécu sous la loi. Luc, son disciple, met une sorte de raffinement dévot à montrer Jésus remplissant tous les préceptes. Pour Paul, les israélites ont encore de grandes prérogatives. Le quatrième Évangile, au contraire, décèle une vive antipathie contre les juifs, envisagés comme nation et comme société religieuse. Jésus, s'adressant à eux, dit : « Votre loi. » Il n'est plus question de justification par la foi ni par les œuvres. Le problème est maintenant bien au delà de ces termes simples. La connaissance de la vérité, la science, voilà l'essentiel. On est sauvé par la *gnosis*, par l'initiation à certains mystères secrets. Le christianisme est devenu une sorte de philosophie occulte, dont ni Pierre ni Paul ne se doutèrent assurément.

L'avenir était à l'idéalisme transcendant. Cet Évangile, censé du disciple bien-aimé, qui nous transporte tout d'abord dans le pur éther de l'esprit et de l'amour, qui substitue à tout le reste l'attachement à la vérité, qui proclame que le règne du Garizim et celui de Jérusalem sont également finis, devait, avec le temps, devenir l'Évangile fondamental. Ce sera là, si l'on veut, une grande erreur historique et littéraire; mais ce sera là une nécessité théologique et politique de premier ordre. L'idéaliste est toujours le pire des révolutionnaires. La rupture définitive avec le judaïsme était la condition indispensable de la fondation d'un culte nouveau. Or le christianisme n'avait chance de réussir qu'à condition d'être le culte pur, indépendant de tout symbole matériel. « Dieu est esprit, et il faut que ceux qui l'adorent l'adorent en esprit et en vérité. » Jésus compris de la sorte n'est plus un prophète; le christianisme ainsi entendu n'est plus une secte du judaïsme, c'est la religion de la Raison. Le quatrième Évangile a ainsi donné à l'œuvre apostolique la consistance et la durée. Son auteur, quel qu'il soit, a été le plus habile des apologistes. Il a fait, mais avec succès, ce qu'ont vainement essayé les orateurs chrétiens de nos jours; il a tiré le christianisme de ses vieilles ornières, devenues trop étroites. Il a trahi Jésus pour le sauver, comme font les prédicateurs qui prennent les semblants du libéralisme, même du socialisme, pour gagner à Jésus-Christ, par pieux malentendu, ceux que ces mots séduisent. L'auteur du quatrième Évangile a tiré Jésus de la réalité judaïque où il se perdait, et l'a lancé en pleine métaphysique. La manière philosophique, purement spiritualiste, de comprendre le christianisme, au détriment des faits et au profit de l'esprit, a trouvé dans ce livre singulier l'exemple qui l'encourage et l'autorité qui la justifie.

Les personnes peu au courant de l'histoire religieuse seront seules surprises de voir un tel rôle, dans l'histoire de l'humanité, rempli par un anonyme. Les rédacteurs de la Thora, la plupart des psalmistes, l'auteur du livre de Daniel, le premier rédacteur de l'Évangile hébreu, l'auteur des Épîtres censées de Paul à Tite et à Timothée, ont émis dans le monde des textes de première importance, et ils sont pourtant anonymes. Si l'on admet que l'Évangile et l'épître qui en est l'annexe sont l'ouvrage de *Presbytéros Joannes*, on pourra penser que l'acceptation de ces deux écrits comme ouvrages de Jean souffrit d'autant moins de difficulté, que le faussaire s'appelait lui-même Jean et fut, ce semble, souvent confondu avec l'apôtre. On le désignait par le simple titre de *Presbytéros*[1]. Or nous avons justement, à la suite de l'épître pseudo-johannique, deux petites lettres d'un personnage qui a l'air de se dé-

---

[1]. Papias, dans Eus., *H. E.*, III, xxxix, 15. Il devait être juif; car les chrétiens d'origine païenne n'avaient pas encore l'habitude de prendre des noms juifs.

signer lui-même par ces mots : *le Presbytéros*[1]. Le style, les pensées, la doctrine, sont les mêmes, à très-peu de choses près, que dans l'Évangile et dans l'épître censés johanniques[2]. Nous croyons que *Presbytéros* en est aussi l'auteur ; mais, cette fois, il n'a pas voulu faire passer ses opuscules pour des œuvres de Jean[3]. Ce sont moins, à vrai dire, deux lettres proprement dites, que des petits formulaires de lettres, analogues aux épîtres à Tite et à Timothée, des lieux communs d'épistolographie apostolique,

1. Nous disons « qui a l'air » ; car ces lettres étant des modèles épistolaires, où l'on a laissé les noms en blanc, il se peut que ὁ πρεσβύτερος soit, comme ἐκλεκτὴ κυρία, un équivalent de ὁ δεῖνα : « Le *presbytéros un tel* à la dame élue *une telle.* » Il est plus probable cependant que ὁ πρεσβύτερος représente ici le personnage même que Papias appelait par excellence ὁ πρεσβύτερος (*l. c.*).

2. Notez surtout l'opposition au docétisme.

3. Origène (dans Eus., VI, xxv, 10) doute de l'authenticité des deux petites épîtres. Eusèbe (*H. E.*, III, xxv, 2-3 ; voir cependant *Demonstr. évang.*, III, 5) les place parmi les écrits contestés et ouvre l'hypothèse des homonymes. Saint Jérôme (*De viris ill.*, 9, 18) dit qu'on les attribue communément au *Presbytéros.* Le décret de Gélase les présente comme l'œuvre de ce dernier. De bonne heure, néanmoins, ces deux épîtres passèrent pour être du même auteur que la *I Johannis.* Irénée, I, xvi, 3 ; III, xvi, 8 ; Canon de Muratori, lignes 68-69 ; Clém. d'Alex., *Hypotyposes*, p. 374 (cf. Eus., *H. E.*, VI, 14) ; *Strom.*, II, ch. xv ; Denys d'Alex., dans Eus., *H. E.*, VII, 25 ; Aurelius de Chullu, au troisième concile de Carthage, sous saint Cyprien (Labbe, I, col. 795).

destinés à offrir des spécimens de style pastoral. Ainsi, dans la première, le nom de la destinataire est en blanc et remplacé par la formule : « A la dame élue *** [1]. » Dans la seconde, le destinataire est désigné par le nom de Caïus, qui servait souvent d'équivalent à notre « un tel [2] ». On croit remarquer dans ces deux billets quelque imitation de l'épître pseudo-johannique [3] et des épîtres de saint Paul [4]. Il est probable que derrière ces *presbyteri* anonymes, « qui avaient vu les apôtres », et dont Irénée rapporte si mystérieusement les traditions, se cache aussi parfois notre *Presbytéros* [5].

A la fin du IIIe siècle, on parlait de deux tombeaux vénérés à Éphèse; on attachait à tous les deux le nom de *Jean* [6]. Au IVe siècle, quand on bâtit, avec le passage de Papias, le système de l'existence distincte de *Presbytéros Joannes* [7], on attribua un de

---

1. Ἐκλεκτῇ κυρίᾳ... Comp. versets 5, 13. L'emploi de Κυρία comme nom propre est à peine constaté par un exemple. V. Pape, *s. h. v.* Notez le vague de III Joh., 5-10.

2. Plutarque, *Quæst. rom.*, 30.

3. Notez II Joh., 5-7; III Joh., 4 et surtout 12.

4. III Joh., 5 et suiv.

5. Voir la collection de ces fragments des *presbyteri* dans les *Patres apost.* de Gebhardt et Harnack, I, II, p. 105 et suiv. Notez surtout p. 113-114. Cf. Eusèbe, *H. E.*, V, VIII, 8.

6. Denys d'Alex., dans Eus., *H. E.*, VII, xxv, 16.

7. Eus., *H. E.*, III, 39.

ces tombeaux à l'apôtre et l'autre au *Presbytéros*. Nous ne saurons jamais le secret de ces combinaisons bizarres où l'histoire, la légende, la fable et, jusqu'à un certain point, la fraude pieuse se sont combinées dans des proportions aujourd'hui impossibles à discerner. Un éphésien, nommé Polycrate, qui sera un jour, avec toute sa famille, le centre du christianisme asiate, se convertissait l'an 131 ; or ce Polycrate admettait pleinement la tradition pseudo-johannique, et, dans sa vieillesse, la citait avec une confiance absolue [1].

De l'aveu de tous, le dernier chapitre du quatrième Évangile est un appendice ajouté postérieurement à l'ouvrage ; mais il se peut qu'il ait été ajouté par l'auteur même de l'Évangile [2] ; la provenance du moins est bien la même. On a voulu compléter par un trait touchant ce qui concernait les rapports de Pierre et de Jean. L'auteur de ces lignes se montre grand partisan de Pierre, et s'attache à rendre hommage au rang de pasteur suprême qu'on lui attribuait à des degrés divers. Il tient aussi à expliquer le système qui avait prévalu sur la longue vie de Jean, et

[1]. Polycrate, dans Eus., *H. E.*, V, xxiv, 3, 7, 8, lettre écrite en 196.

[2]. La scène xxi, 15-19, n'est que le développement de xiii, 36-38.

à montrer comment le vieil apôtre a pu mourir sans que l'édifice des promesses de Jésus et des espérances chrétiennes s'écroule pour cela. On commençait à craindre que le privilége sans égal de ceux qui avaient vu le Verbe de vie ne décourageât les générations ultérieures ; déjà on rattachait à une anecdote évangélique ce mot profond que l'on prêtait à Jésus : « Heureux ceux qui n'ont pas vu et qui ont cru[1] ! »

Par les écrits johanniques commence l'ère de la philosophie chrétienne et des spéculations abstraites, auxquelles on avait jusque-là accordé peu de place. En même temps, l'intolérance dogmatique s'accroît déplorablement[2]. Le seul fait de saluer l'hérétique est présenté comme un acte de communion avec lui[3]. Que nous sommes loin de Jésus ! Jésus voulait qu'on souhaitât la paix à tout le monde[4], au risque de saluer des indignes, à l'imitation du Père céleste, qui voit tout du même œil paternel. Et maintenant, on veut créer une obligation nouvelle, c'est, avant de saluer quelqu'un, de s'informer de ses opinions.

1. Jean, xx, 29.
2. Rappelons le déplorable verset Jean, xv, 6... ET ARDET, qui alluma les bûchers de l'inquisition.
3. II Joh., 7, 10, 11, passages relevés par Irénée, I, xvi, 3 ; III, xvi, 8.
4. Matth., x, 12-13.

L'essence du christianisme se transporte sur le terrain du dogme; la *gnosis* est tout; connaître Jésus et le connaître d'une certaine manière, voilà le salut[1]. Ce qui est sorti du quatrième Évangile, c'est la théologie, c'est-à-dire une assez malsaine application de l'esprit, où s'est usé le monde byzantin, à partir du IV⁰ siècle, et qui aurait eu pour l'Occident des conséquences non moins funestes, si le démon de la subtilité n'avait eu affaire de ce côté à des muscles plus fermes et à des cerveaux plus lourds.

En cela le christianisme tournait bien décidément le dos au judaïsme, et ce n'est pas sans raison que le gnosticisme, qui est la plus haute expression du christianisme spéculatif, poussera la haine du judaïsme jusqu'à la dernière exagération. Le judaïsme, faisant consister la religion dans des pratiques, laissait tout ce qui touche au dogme philosophique à l'état d'opinion particulière; la cabbale, le panthéisme devaient s'y développer librement, à côté d'observances poussées jusqu'à la minutie[2]. Un israélite de mes amis, aussi libre penseur qu'on peut l'être, et avec cela scrupuleux talmudiste, me disait : « L'un rachète l'autre. L'étroite observance est la compensation des

---

1. Jean, XIV, XVII entiers; I Joh. entière.
2. La même chose, à beaucoup d'égards, eut lieu dans l'ancien brahmanisme (*Journ. des sav.*, nov. 1878).

largeurs de la pensée. La pauvre humanité n'a pas assez d'intelligence pour supporter deux libertés à la fois. Vous autres, chrétiens, vous avez eu tort de faire consister le lien de communion en certaines croyances. On fait ce qu'on veut ; mais on croit ce qu'on peut. Pour moi, j'aime mieux me priver éternellement de viande de porc que d'être obligé de croire aux dogmes de la Trinité et de l'Incarnation. »

CHAPITRE VI.

PROGRÈS DE L'ÉPISCOPAT.

Les progrès que l'Église accomplissait dans son dogme, elle les accomplissait dans l'ordre de la discipline et de la hiérarchie. Comme tout être vivant, elle déployait une étonnante habileté instinctive pour compléter ce qui manquait encore à sa solide assise et à son équilibre parfait. A mesure que les espérances de la fin du monde et de l'apparition messianique s'éloignaient, le christianisme obéissait à deux tendances : s'accommoder tant bien que mal avec l'empire et s'organiser pour durer. La première Église de Jérusalem, les premières Églises de saint Paul n'étaient pas établies en vue de vivre. C'étaient des conventicules de saints du dernier jour, se préparant à la venue de Dieu par la prière et l'extase. L'Église maintenant sentait qu'elle devait être une cité permanente, une vraie société.

L'évolution la plus singulière qui se soit jamais produite dans une démocratie s'opérait dans son sein. L'*ecclesia*, la réunion libre de personnes établies sur un pied d'égalité entre elles, est la chose démocratique par excellence ; mais l'*ecclesia*, le club, a un défaut suprême qui fait que toute association de ce genre se détruit au bout d'un temps très-court ; ce défaut, c'est l'anarchie, la facilité des schismes. Plus mortelles encore sont les luttes de préséance[1], au sein de petites confréries fondées sur une vocation tout à fait spontanée. La recherche de la première place[2] était le mal par excellence des Églises chrétiennes, celui qui causait aux simples fidèles le plus d'ennui. On crut prévenir le danger en supposant que Jésus, dans de pareilles circonstances, prenait un enfant, et disait aux parties contendantes : « Voilà le plus grand. » A diverses reprises, assurait-on, le maître avait opposé la primauté ecclésiastique, toute fraternelle, à celle des dépositaires de l'autorité profane, habitués à prendre le ton de maîtres[3].

---

1. Φιλοπρωτεύειν, III Joh., 9 ; Clem. Rom., *Epist. I*, c. 44. — Φιλοκαθεδροῦντος τολμηροῦ, Epist. Clem. ad Jac., 3. — Cf. I Tim., III, 1 ; les passages synoptiques, Matth., XXIII, 6 ; Marc, XII, 39 ; Luc, XI, 43 ; XX, 46 ; Tertullien, *Adv. Val.*, 4 ; Épiph, XLII, 1.

2. Πρωτοκαθεδρία. Hermas, mand. XI, 12.

3. Marc, IX, 32 et suiv. ; X, 42 et suiv. ; Matth., XVIII, 1 et suiv. ; Luc, XXII, 24 et suiv.

Mais cela ne suffisait pas, et l'association chrétienne était menacée d'un grand péril, si une institution salutaire ne venait la sauver de ses propres abus.

Toute *ecclesia* suppose une petite hiérarchie, un bureau, comme l'on dit aujourd'hui, un président, des assesseurs et un petit personnel de serviteurs. Les clubs démocratiques ont soin que ces fonctions soient aussi limitées que possible quant au temps et aux attributions; mais il résulte de là quelque chose de précaire, qui fait que jamais club n'a duré au delà des circonstances qui l'ont créé. Les synagogues ont eu beaucoup plus de continuité, bien que le personnel synagogal ne soit jamais arrivé à être un clergé. Cela tient à la situation subordonnée que le judaïsme a eue durant des siècles; la pression du dehors combattait les effets délétères des divisions intérieures. Livrée à la même absence de direction, l'Église chrétienne aurait sans doute manqué ses destinées. Si l'on eût continué à envisager les pouvoirs ecclésiastiques comme émanant de l'Église même[1], celle-ci eût perdu tout son caractère hiératique et théocratique. Il était écrit, à l'inverse, qu'un clergé accaparerait l'Église chrétienne, se sub-

---

[1]. Certaines paroles de Jésus (Matth., XVIII, 17.20), semblaient impliquer une pareille idée. Mais il faut se rappeler que Matthieu seul met dans la bouche de Jésus le mot *ecclesia*.

stituerait à elle. Portant la parole en son nom, se présentant en toute chose comme son unique fondé de pouvoir, ce clergé sera sa force, mais en même temps son ver rongeur, la cause principale de ses futurs écroulements.

L'histoire, je le répète, n'a pas d'exemple d'une transformation plus profonde. Il est arrivé dans l'Église chrétienne ce qui arriverait dans un club où les assistants abdiqueraient entre les mains du bureau, et où le bureau abdiquerait à son tour entre les mains du président, si bien qu'après cela les assistants ni même les anciens n'auraient nulle voix délibérative, nulle influence, nul contrôle sur le maniement des fonds, et que le président pourrait dire : « A moi seul, je suis le club. » Les *presbyteri* (anciens) ou *episcopi* (officiers, surveillants) devinrent très-vite les uniques représentants de l'Église, et, presque immédiatement après, une autre révolution plus importante encore s'opéra. Entre les *presbyteri* ou *episcopi*, il y en eut un qui, par l'habitude de s'asseoir sur le premier siége, absorba les pouvoirs des autres et devint l'*épiscopos* ou le *presbytéros* par excellence. Le culte contribua puissamment à établir cette unité. L'acte eucharistique ne pouvait être célébré que par un seul, et donnait à celui qui le célébrait une extrême importance¹. Cet *épiscopos*, avec une rapidité dont on est surpris, devint le chef du presbytérat et par conséquent de l'Église entière. Sa *cathedra*, placée hors rang et ayant la forme d'un fauteuil, devint un siége d'honneur, le signe de la primauté². Chaque Église n'a plus dès lors qu'un *presbytéros* en chef, qui s'appelle à l'exclusion des autres *épiscopos*³. A côté de cet évêque, on voit des diacres, des veuves, un conseil de *presbyteri*⁴; mais le grand pas est franchi; l'évêque est seul successeur des apôtres; le fidèle a totalement disparu⁵. L'autorité apostolique, censée transmise par l'imposition des mains⁶, a étouffé l'autorité de la communauté⁷. Puis les évêques des différentes

---

1. Lettre d'Irénée à Victor, dans Eusèbe, *H. E.*, V, xxiv, 17.

2. Ep. Petri ad Jac., 1; Epist. Clem. ad Jac., 2, 3, 6, 12, 16, 17, 19; Ignace ad Philad., 3.

3. Comp. I Tim., III, 1 et suiv; v, 17-19, et surtout Tit., I, 5, 6, 7. Cf. Phil., I, 1, et *saint Paul*, p. 238-239. Dans Clément Romain, il n'y a non plus que des prêtres et des diacres (ch. 42).

4. Πολύκαρπος καὶ οἱ σὺν αὐτῷ πρεσβύτεροι. Suscription de l'épître de Polycarpe.

5. Προστάτης,... προφήτης, θιασάρχης, ξυναγωγεὺς καὶ πάντα μόνος αὐτὸς ὤν. Lucien, *Peregr.*, 11.

6. Ἐπίθεσις τῶν χειρῶν, qui n'a rien à faire avec la χειροτονία.

7. I Tim., IV, 14. Paul a ordonné Timothée et Titus; Timothée et Titus ordonnent les *presbyteri* ou *episcopi* des Églises qu'ils fondent. Tit. I, 5. Ces délégués apostoliques ont pouvoir sur les *presbyteri*. I Tim., V, 17-19.

Églises, se mettant en rapport les uns avec les autres, constitueront l'Église universelle en une espèce d'oligarchie, laquelle tiendra des assemblées, censurera ses propres membres, décidera des questions de foi et à elle seule formera un vrai pouvoir souverain.

En cent ans, le changement était presque accompli. Quand Hégésippe fait son voyage à travers toute la chrétienté, dans la seconde moitié du IIᵉ siècle, il ne voit plus que les évêques ; tout est pour lui une question de succession canonique ; le sentiment vivant des Églises n'existe plus[1]. Nous montrerons que cette révolution ne s'acheva pas sans protestation, et que l'auteur du *Pasteur*, par exemple, essaye encore de maintenir, contre l'autorité grandissante des prélats[2], l'égalité primitive des *presbyteri*. Mais la tendance aristocratique finit par l'emporter. D'un côté, les pasteurs ; de l'autre, le troupeau. L'égalité primitive n'existe plus ; l'Église n'est désormais qu'un instrument entre les mains de ceux qui la dirigent, et ceux-ci tiennent leur pouvoir non de la communauté, mais d'une hérédité spirituelle[3], d'une transmis-

---

1. Dans Eusèbe, *H. E.*, IV, XXII, 1-3.
2. Πρωτοκαθεδρίται (Hermas, Vis. III, 9). Irénée (dans Eusèbe, *H. E.*, V, XXIV, 14) appelle encore les évêques de Rome des *presbyteri* (οἱ πρεσβύτεροι οἱ προστάντες τῆς ἐκκλησίας). Voir ci-après p. 420.
3. Διαδοχή.

sion prétendant remonter aux apôtres en ligne continue. On sent que le système représentatif ne sera jamais, à un degré quelconque, la loi de l'Église chrétienne.

En un sens, on peut dire que ce fut là une décadence, une diminution de cette spontanéité qui avait été jusqu'ici éminemment créatrice. Il était évident que les formes ecclésiastiques allaient absorber, étouffer l'œuvre de Jésus, que toutes les manifestations libres de la vie chrétienne seraient bientôt arrêtées. Sous la censure de l'épiscopat, la glossolalie, la prophétie, la création des légendes, la production de nouveaux livres sacrés seront des facultés desséchées; les charismes seront réduits à des sacrements officiels. En un autre sens, cependant, une telle transformation était la condition essentielle de la force du christianisme. Et d'abord la concentration des pouvoirs devenait nécessaire, du moment que les Églises arrivaient à être un peu nombreuses; les rapports entre ces petites sociétés pieuses ne demeuraient possibles que si elles avaient un représentant attitré, chargé d'agir pour elles. Il est incontestable, de plus, que, sans l'épiscopat, les Églises réunies un moment par le souvenir de Jésus se fussent dispersées. Les divergences de doctrines, la différence du tour d'imagination, et par-dessus tout les rivalités, les amours-propres non satisfaits, eussent opéré à l'infini leurs effets de désunion et d'émiettement. Le christianisme eût fini au bout de trois ou quatre cents ans, comme le mithriacisme et tant d'autres sectes à qui il n'a pas été donné de vaincre le temps. La démocratie est quelquefois éminemment créatrice ; mais c'est à condition que de la démocratie sortent des institutions conservatrices et aristocratiques, qui empêchent la fièvre révolutionnaire de se prolonger indéfiniment.

Voilà le véritable miracle du christianisme naissant. Il tira l'ordre, la hiérarchie, l'autorité, l'obéissance du libre assujettissement des volontés ; il organisa la foule, il disciplina l'anarchie. Qui fit ce miracle, autrement frappant que de prétendues dérogations aux lois de la nature physique ? L'esprit de Jésus, fortement inoculé en ses disciples, cet esprit de douceur, d'abnégation, d'oubli du présent, cette unique poursuite des joies intérieures, qui tue l'ambition, cette préférence hautement donnée à l'enfance, ces paroles sans cesse répétées comme de Jésus : « Que celui qui est le premier parmi vous soit comme le serviteur de tous. » L'impression laissée par les apôtres n'y contribua pas moins. Les apôtres et leurs vicaires immédiats avaient sur toutes les Églises un pouvoir incontesté. Or l'épiscopat fut censé l'héritier des pouvoirs apostoliques[1]. Les apôtres restèrent vivants et gouvernèrent après leur mort. L'idée que le président de l'Église tient son mandat des membres de l'Église qui l'ont nommé ne se montre pas une seule fois dans la littérature de ce temps. L'Église échappa ainsi, par l'origine surnaturelle de son pouvoir, à ce qu'il y a de caduc dans toute autorité déléguée. Une autorité législative et exécutive peut venir de la foule; mais des sacrements, des dispensations de grâces célestes n'ont rien à voir avec le suffrage universel. De tels priviléges viennent du ciel ou, selon la formule chrétienne, de Jésus-Christ, source de toute grâce et de tout bien.

Jamais, à proprement parler, l'évêque n'avait été nommé par la communauté tout entière. La désignation de l'Esprit-Saint[2], c'est-à-dire l'emploi secret de manœuvres électorales qu'excusait une extrême naïveté, suffisait à l'enthousiasme spontané des premières Églises. Quand l'âge apostolique fut passé et qu'il fallut suppléer par décision ecclésiastique à l'espèce de droit divin dont on supposait les apôtres et leurs disciples immédiats revêtus[3],

---

1. Clém. Rom., *Epist. I*, c. 42, 44.
2. Clém. d'Alex., *Quis dives salv.*, 42.
3. Tit., I, 5; I Tim., v, 22; Clément d'Alexandrie, *Quis dives salv.*, 42.

ce furent les anciens qui choisirent parmi eux leur président et le soumirent à l'acclamation du peuple[1]. Comme ce choix ne se faisait jamais sans que l'on eût préalablement consulté l'opinion, l'acclamation ou plutôt le vote par main levée[2] n'était en fait qu'une formalité ; mais elle suffisait pour conserver le souvenir de l'idéal évangélique, d'après lequel l'esprit de Jésus résidait essentiellement dans la communauté[3]. L'élection des diacres était également à deux degrés. La désignation se faisait par l'évêque ; mais l'approbation de la communauté était nécessaire pour que le choix fût validé[4]. Une loi générale de l'Église est que l'inférieur n'y a jamais nommé son supérieur. Voilà ce qui donne encore aujourd'hui à l'Église, au milieu de la tendance toute contraire de la démocratie moderne, une si grande force de réaction.

C'est dans les Églises de Paul que ce mouvement vers la hiérarchie et l'épiscopat était particuliè-

---

1. Clém. Rom., *Epist. I*, c. 44.
2. Χειροτονία. Dans *Act.*, xiv, 23, et dans II Cor., viii, 19, comme du reste dans beaucoup de passages des classiques grecs, χειροτονεῖν a, par extension, le sens de « choisir », sans impliquer la participation d'une foule levant les mains. Comparez *Constit. apost.*, VII, 31.
3. Matth., xviii, 17-20.
4. *Constit. apost.*, III, 15 et VII, 31.

rement sensible. Les Églises judéo-chrétiennes, moins vivantes, restaient des synagogues et n'aboutissaient pas aussi nettement au cléricalisme. Aussi est-ce par des écrits prêtés à Paul, que l'on créa des arguments à la doctrine qu'on voulait inculquer. Une épître de saint Paul était une autorité hors de ligne. Plusieurs passages des lettres authentiques de l'apôtre prêchaient déjà la hiérarchie, le respect de l'autorité des anciens. Pour avoir des arguments encore plus décisifs, on supposa trois petites épîtres, censées écrites par Paul à ses disciples Titus et Timothée. L'auteur de ces écrits apocryphes n'avait pas entre les mains les *Actes des apôtres;* il connaissait d'une manière vague, et non par le détail, les courses apostoliques de Paul[1]. Comme bien peu de personnes avaient des notions plus précises, il ne se compromettait pas beaucoup pour cela, et d'ailleurs le sens critique faisait alors tellement défaut, que l'idée de rapprochements de textes en vue d'un débat contradictoire ne venait à personne. Quelques passages de ces trois épîtres sont d'ailleurs si beaux, qu'on peut se demander si le faussaire n'avait pas entre les mains quelques billets authentiques de Paul[2],

---

1. V. *Saint Paul,* introd., p. XXIII-LII.
2. II Tim, IV, 6 et suiv. Ce qui appuierait cette hypothèse,

qu'il aurait enchâssés dans sa composition apocryphe.

Ces trois petits écrits, sortis évidemment de la même plume, et probablement composés à Rome [1], sont déjà une sorte de traité sur les devoirs ecclésiastiques, un premier essai de fausses décrétales, un code à l'usage de l'homme d'Église [2]. Grande chose est l'épiscopat [3]. L'évêque est une sorte de modèle de perfection proposé à ses subordonnés [4]. Il faut donc qu'il soit irrépréhensible aux yeux des fidèles et de ceux du dehors, sobre, chaste, aimable, bienveillant, juste, sans morgue, digne en sa vie, hospitalier, modéré, inoffensif, exempt d'avarice, gagnant honorablement sa vie sans gains déshonnêtes. Il peut boire un peu de vin pour sa santé; mais il faut qu'il n'ait été marié qu'une fois [5]. Sa famille doit être grave comme lui; ses fils doivent être soumis, respec-

---

c'est que Clément Romain (*Ep. ad Cor. I*, 44) paraît faire allusion à II Tim., IV, 6 (ἀνάλυσις dans le sens de mort). Les autres ressemblances d'expressions entre l'épître de Clément et nos trois épîtres viennent sans doute de ce que les deux auteurs puisèrent au même répertoire, c'est-à-dire dans le langage favori de l'Église romaine.

1. V. *Saint Paul*, LI-LII.
2. « In ordinatione ecclesiasticæ disciplinæ sanctificatæ sunt. » Canon de Muratori, lignes 61-62.
3. I Tim., III; Tit., I. L'évêque est qualifié θεοῦ οἰκονόμος. Tit., I, 7.
4. I Tim., IV, 12; Tit., II, 7-8.
5. Cf. *Saint Paul*, p. 244.

tueux, à l'abri de tout soupçon de mœurs dissolues. Si quelqu'un ne sait pas présider à sa propre famille, comment pourrait-il gouverner l'Église de Dieu? Orthodoxe avant tout, attaché à la vraie foi, ennemi juré de l'erreur; qu'il prêche, qu'il enseigne. Il ne faut prendre pour de telles fonctions ni un néophyte, de peur que cette élévation trop prompte ne l'égare, ni un homme capable d'un accès de colère, ni une personne exerçant une profession décriée. Même les infidèles doivent respecter l'évêque et n'avoir rien à dire contre lui.

Les diacres ne sont pas assujettis à une moindre perfection que les évêques[1] : sérieux, incapables de duplicité, buvant peu de vin, adonnés à quelque métier convenable, qu'ils gardent le mystère de la foi en une conscience pure. Que leurs femmes de même soient graves, incapables d'une médisance, sobres, fidèles en tout. Qu'ils n'aient été mariés qu'une fois; qu'ils gouvernent bien leurs enfants et leurs maisons. Pour des fonctions aussi difficiles, une épreuve est nécessaire; on n'y doit être élevé qu'après un essai préalable et une sorte de noviciat.

Les veuves[2] sont un ordre dans l'Église. Qu'elles remplissent avant tout leurs devoirs de famille, si

---

1. I Tim., III.
2. I Tim., v. Cf. les *Apôtres*, p. 124.

elles en ont à remplir. La vraie veuve, solitaire, passe sa vie en veilles saintes, en prières. Quant à la veuve consolée, qui vit dans les plaisirs, elle est morte aux yeux de l'Église. Ces intéressantes mais fragiles personnes étaient assujetties à une sorte de règle; elles avaient une supérieure; chaque Église, à côté de son diacre, avait sa veuve, chargée de veiller sur les veuves plus jeunes et d'exercer une sorte de diaconie féminine. L'auteur des fausses épîtres à Timothée et à Tite veut que la veuve ainsi élue[1] n'ait pas moins de soixante ans, qu'elle n'ait été qu'une fois mariée, qu'elle soit recommandable par ses bonnes œuvres, par la manière dont elle a élevé ses enfants, par le zèle qu'elle a mis à exercer l'hospitalité, à laver les pieds des saints. Les jeunes veuves doivent être écartées de telles fonctions; car, au bout de quelque temps donné à Christ, leur nouvel époux, ces étourdies lui sont infidèles, ne pensent plus qu'à se remarier, passent leur vie dans l'oisiveté, allant de maison en maison, curieuses, éventées, bavardes, parfois inconvenantes en leurs discours. « Je veux donc que les jeunes veuves se marient, qu'elles aient des enfants, qu'elles soient maîtresses de maison, qu'elles ne donnent aucune prise à la médisance; car

---

1. I Tim., v, 9 et suiv.

il en est déjà qui se sont égarées à la suite de Satan. » Les veuves sans ressources sont à la charge de l'Église; celles qui ont des parents doivent être nourries par eux.

On voit combien l'Église était déjà une société complète. Chaque classe de personnes y avait sa fonction, représentait un membre du corps social; tous y avaient un devoir, ne fût-ce que celui de faire admirer par sa conduite vertueuse la force des préceptes de Jésus. On comptait surtout pour cela sur les esclaves[1]. On leur disait que personne ne pouvait plus qu'eux faire honneur à la doctrine nouvelle. On leur recommandait, si leur maître était païen, de redoubler de respect envers lui, pour éviter qu'on ne blasphémât le nom de Dieu et la foi qu'ils professaient. Quant à ceux qui avaient un maître fidèle, on leur conseillait d'éviter les familiarités qu'ils pouvaient se permettre sous prétexte de confraternité et de servir d'autant mieux. D'émancipation, naturellement, il n'est jamais question. — Les vieillards[2] doivent être sobres, dignes, orthodoxes; les vieilles femmes, vouées à un extérieur religieux et reconnaissables à leur costume de sainteté, doivent éviter la médisance, l'ivrognerie; elles sont comme des

1. I Tim., vi, 1 et suiv.; Tit., ii, 9, 10.
2. Tit., ii, 1 et suiv.

catéchistes et ont pour mission d'enseigner aux jeunes à aimer leur mari et leurs enfants, à être modestes, bonnes femmes de ménage, soumises à leurs époux, « pour que la parole de Dieu ne soit pas blasphémée ». Les jeunes gens seront purs, réservés, dociles.

Quant aux femmes mariées[1], leur part est humble, mais belle encore.

Qu'elles aient une tenue convenable, pleine de pudeur, demandant leur parure non aux tresses de cheveux, à l'or, aux perles, aux vêtements précieux, mais, comme il convient à des personnes qui font profession de piété, aux bonnes œuvres. Que la femme écoute l'instruction en silence et avec une entière soumission. Je ne permets pas à la femme d'enseigner, ni d'avoir de l'autorité sur l'homme; son lot, c'est le silence. Adam, en effet, a été créé le premier, puis ce fut le tour d'Ève. Et ce n'est pas Adam qui a été séduit; c'est la femme qui, s'étant laissé séduire, commit la prévarication. Ce qui la sauvera, c'est d'avoir des enfants, si elle persévère en même temps dans la foi, la charité, la sainteté, la modestie.

Tous se montreront sujets soumis[2], obéissants, doux, inoffensifs, ennemis des révolutions, intéressés à la paix publique, qui seule peut leur permettre de

---

1. I Tim., ii, 9 et suiv.
2. Tit., iii, 1.

mener leur pieuse vie[1]. Que la persécution ne les étonne pas ; elle est l'état naturel du chrétien[2]. Le chrétien doit être l'inverse du païen[3]. L'homme qui ne suit que les penchants de la nature est esclave de ses désirs, entraîné par la volupté, méchant, envieux, haineux et haïssable. La transformation qui fait d'un homme un élu est le fruit non de ses mérites, mais de la miséricorde de Jésus-Christ et de l'efficacité de ses sacrements.

Tel est ce petit livre, déjà tout catholique, vrai type de l'esprit ecclésiastique, qui a été pendant dix-sept siècles le manuel du clergé, l'Évangile des séminaires, la règle de la politique des âmes telle que la pratique l'Église. Le fond de cet esprit, c'est la piété. La piété est l'âme du prêtre, le secret de sa résignation et de son autorité[4]. Mais le prêtre pieux a des droits ; il a le droit de réprimander, de corriger, avec respect sans doute quand il s'agit de vieillards, mais toujours avec fermeté. « Prêche la parole, insiste à propos, hors de propos, gronde, censure, exhorte avec patience et doctrine[5]. » Simple en sa

---

1. I Tim., ii, 2-3.
2. II Tim., iii, 12 ; iv, 3-4.
3. Tit., iii, 3 et suiv. Cf. II Tim., ii, 19-24.
4. I Tim., v et vi ; II Tim., iv, 5.
5. II Tim., iv, 2.

vie, ne demandant que deux choses, la nourriture et le vêtement[1], « l'homme de Dieu[2] », comme l'appelle notre auteur, sera un maître austère, souvent un directeur impérieux[3]. « Ne reprends pas le vieillard, mais exhorte-le comme un père ; exhorte les jeunes gens comme des frères, les femmes âgées comme des mères, les femmes jeunes comme des sœurs, en toute pureté[4]. » On sent dès lors que la société chrétienne ne sera pas une société libre. L'individu y sera surveillé, censuré ; il n'aura pas le droit de dire à son concitoyen : « Que vous importent ma conduite et ma croyance ? Je ne vous fais aucun tort. » Le fidèle soutiendra qu'en croyant autrement que lui, on lui fait un tort et qu'il a le droit de protester. Conception tout à fait illibérale, et contre laquelle les princes, les laïques, se révolteront à bon droit. « Évite l'hérétique, après un premier et un second avertissement[5]. » Quoi de moins conforme aux maximes d'un homme bien élevé ? L'hérétique a son opinion, comme vous avez la vôtre ;

---

1. I Tim., vi, 7 et suiv., 17-19.
2. I Tim., vi, 11 ; II Tim., iii, 17. Cf. II Petri, i, 21. L'expression est empruntée à l'hébreu.
3. I Tim., v, 20 ; II Tim., ii, 24-26 ; Tit., iii, 10.
4. I Tim., v, 1-2, 17-19.
5. Tit., iii, 10.

c'est peut-être lui qui a raison. La politesse veut même qu'en sa présence vous affectiez de le croire. Le monde n'est pas un couvent, et les prétendus avantages de moralité qu'on obtient par la censure et la délation entraînent des inconvénients bien plus considérables que ceux qu'on avait cru éviter.

L'orthodoxie[1], dans les Épîtres à Tite et Timothée, n'a pas fait moins de progrès que l'épiscopat. Déjà il existe une règle de foi, un centre catholique, qui exclut comme des branches mortes ce qui ne reçoit pas la vie du tronc principal. L'hérétique est un coupable, un être dangereux qu'il faut fuir. Il a tous les vices, il est capable de tous les crimes; les actes qui sont louables chez le prêtre chrétien, tels que la recherche de la direction des femmes, certaines façons de faire le siége des intérieurs, sont chez lui des attentats[2]. Les hérétiques que l'auteur a en vue paraissent être des esséens, des elkasaïtes, des sectaires judéo-chrétiens, préoccupés de généalogies d'éons, s'imposant des abstinences, de rigoureuses distinctions entre les choses pures et impures, condamnant le mariage[3], et néan-

---

1. Ἡ ὑγιαίνουσα διδασκαλία (latinisme pour *sana doctrina*).
2. I Tim., I, 4, 6, 7, 20; VI, 3-5, 20-21; II Tim., II, 14-16, 23, 25-26; III, 1-9; IV, 3 et suiv.; Tit., I, 10-16; III, 9-11.
3. I Tim., I, 4, 6, 7; IV, 3-4, 7; II Tim., III, 1-9.

moins grands séducteurs de femmes, qu'ils prennent en leur offrant, avec l'appât des voluptés, de faciles manières d'expier leurs péchés[1]. On se sent bien près du gnosticisme et du montanisme. La proposition que la résurrection est déjà un fait accompli[2], fait penser à Marcion. Les expressions sur la divinité de Jésus-Christ gagnent en force, quoique enveloppées encore d'un certain embarras[3].

Ce qui domine tout, c'est un admirable bon sens pratique. L'ardent piétiste qui a composé ces lettres ne s'égare pas un moment dans les sentiers dangereux du quiétisme. Il répète jusqu'à la fatigue que la femme n'a le droit de se livrer à la vie spirituelle que quand elle n'a pas de devoirs de famille à remplir ; que le devoir principal de la femme, c'est la génération et l'éducation des enfants ; que c'est un égarement de prétendre servir l'Église, quand on n'est pas complétement en règle avec sa maison[4]. La piété que prêche notre auteur est d'ailleurs une piété toute spirituelle ; elle réside dans le sentiment les pratiques corporelles[5], les abstinences, par

---

1. II Tim., III, 6. Comp. Irénée, I, XIII, 3, 6 ; Epiph. XXVI, 11.
2. II Tim., II, 18. Cf. Tertullien, *Adv. Marc.*, V, 10 (cf. *De resurr. carnis*, 19) ; Epiph., hær. XLII, 3.
3. Tit., II, 13 ; III, 4, 6.
4. I Tim., II, 15 ; v, 9 et suiv.
5. Σωματικὴ γυμνασία. I Tim., IV, 8.

exemple, comptent pour peu de chose. On sent l'influence de saint Paul, une sorte de sobriété dans le mysticisme et, au travers des plus étranges aberrations de la foi au surnaturel, un grand fond de droiture et de sincérité.

La composition des épîtres à Timothée et à Tite coïncida vraisemblablement avec ce qu'on peut appeler l'édition des épîtres de Paul. Ces lettres avaient été jusque-là éparses, chaque Église gardant celles qui lui étaient adressées; plusieurs s'étaient déjà perdues. Vers le temps où nous sommes, il s'en fit un recueil[1], dans le corps duquel on inséra les trois petits écrits que l'on regardait comme un complément nécessaire de l'œuvre de Paul. L'édition dut se faire à Rome[2]. L'ordre établi par ces premiers éditeurs fut toujours conservé dans la suite. On fit deux catégories : les lettres adressées à des Églises et les lettres adressées à des particuliers[3]. Dans chacune de ces catégories, on rangea les pièces par ordre de longueur[4],

---

1. II Petri, III, 15-16.
2. C'est ce qu'on peut conclure de l'Épître aux Romains. Nous croyons avoir montré que cette épître fut adressée à plusieurs Églises (*Saint Paul*, p. LXIII et suiv.), et que l'exemplaire qui servit de type aux éditeurs fut l'exemplaire envoyé aux Romains.
3. Canon de Muratori, lignes 58 et suiv.
4. C'est la méthode orientale de classement; comparez le Coran, la Mischna.

en se guidant d'après la stichométrie [1]. Certains exemplaires continrent bientôt l'Épître aux Hébreux. La place de cette épître hors de tout rang, à la fin du volume, suffirait pour prouver qu'elle fut adjointe tardivement au corps des écrits de saint Paul.

1. V. Laurent, *Neutest. Studien,* p. 43 et suiv.; comp. Graux, dans la *Revue de philologie,* avril 1879, p. 105, 106, 119, 120.

CHAPITRE VII.

FAUX ÉCRITS APOSTOLIQUES. — LA BIBLE CHRÉTIENNE.

Le monde, cependant, s'obstinait à durer. Il fallait la dose inépuisable de patience, d'abnégation, de douceur, qui faisait le fond de tout chrétien pour ne pas désespérer en voyant le tardif accomplissement des prophéties de Jésus. Les années s'écoulaient, et la grande auréole boréale au centre de laquelle on croyait que le Fils de l'homme ferait sa réapparition ne commençait pas à poindre dans les nues. On se fatiguait à chercher la cause de ce temps d'arrêt[1]. Quelques-uns se décourageaient, d'autres murmuraient. Luc, dans son Évangile, annonçait encore que la revanche aurait lieu « bientôt[2] », que la longanimité de Dieu allait avoir son terme, qu'à force de prier nuit et jour sous le coup de la persé-

1. Τὸ κατέχον εἰς τὸ ἀποκαλυφθῆναι αὐτὸν ἐν τῷ ἑαυτοῦ καιρῷ. II Thess., II, 6.
2. Ἐν τάχει.

cution, les élus finiraient par obtenir justice, comme une veuve qui triomphe de la négligence d'un juge inique à force d'importunité[1]. On commençait néanmoins à se lasser. La génération qui ne devait pas disparaître tout entière avant l'apparition du Christ glorieux était, sans aucune exception possible, descendue au tombeau. Plus de cinquante ans s'étaient passés depuis les événements qui ne devaient précéder que de peu l'accomplissement des prophéties de Jésus[2]. Toutes les villes d'Israël avaient depuis longtemps entendu la prédication chrétienne[3]. Les gens malveillants en tiraient l'occasion de railleries[4]. Les bons esprits répondaient que la première règle du vrai croyant était de ne pas supputer les dates[5]. « Il viendra comme un voleur, quand on y pensera le moins[6], » disaient les sages : « Il viendra en son temps[7], » dit l'auteur des épîtres à Timothée, et, en attendant, ce bon et pratique pasteur donnait des

---

1. Luc, XVIII, 1 et suiv. Cf Apoc., VI, 9-11.
2. Εὐθέως. Matth., XXIV, 29. Ce mot n'est plus dans Luc, XXI, 25. Luc admet des καιροὶ ἐθνῶν entre la ruine de Jérusalem et les catastrophes finales ; mais ces καιροί ne peuvent être bien longs. Cf. Apoc., XI, 2.
3. Matth., X, 23.
4. II Petri, III, 3 et suiv.
5. *Act.*, I, 6.
6. Matth., XXIV, 43 ; Luc, XII, 39 ; I Thess., V, 2.
7. Καιροῖς ἰδίοις. I Tim., VI, 14-15.

règles qui, étant admise l'idée d'une prochaine fin du monde, n'avaient pas beaucoup de sens. On aspirait à sortir du provisoire où ceux qui croyaient à toute heure voir le Messie apparaître au ciel fussent toujours restés enchaînés.

C'est alors qu'un pieux écrivain eut l'idée, pour faire taire ces doutes, de répandre dans les cercles de croyants une épître censée de Pierre. On venait de voir les Églises de Paul recueillir l'œuvre de leur maître et y faire des additions importantes. Il semble qu'un chrétien de Rome, appartenant au groupe qui voulait à tout prix réconcilier Pierre et Paul, désira augmenter l'héritage littéraire, fort mince, de l'apôtre galiléen. Il circulait déjà une épître sous le nom du chef des apôtres[1]. En s'appuyant sur ce petit écrit et en y mêlant des phrases empruntées de divers côtés, on eut une prétendue « seconde épître de Pierre », qu'on espéra faire circuler sur le même pied que la première[2].

On ne négligea rien, en composant la seconde épître, pour l'égaler à la première en autorité[3]. L'auteur, pendant qu'il rédigeait ce petit ouvrage, avait certainement sur sa table le billet qu'on possédait de

---

1. Voyez *l'Antechrist*, ch. v.
2. II Petri, III, 1.
3. II Petri, III, 1.

l'apôtre Jude, et, supposant sans doute ce morceau peu connu, il ne se fit pas scrupule de le faire passer presque tout entier dans son écrit[1]. Il était pénétré des épîtres de saint Paul, dont il possédait l'édition complète[2]. Il fait aussi usage de l'Apocalypse d'Esdras ou de Baruch[3]. Il ne s'interdit pas de prêter à Pierre des expressions, des allusions directes aux faits et même aux textes évangéliques, ainsi qu'une allégation expresse des épîtres de Paul[4], qui sûrement ne trouvèrent jamais place dans les dictées de Céphas. Rassurer les fidèles sur les longs retards de l'avènement messianique, montrer Pierre et Paul d'accord sur ce mystère fondamental de la foi chrétienne, combattre les erreurs du gnosticisme naissant[5], voilà le but de notre pieux faussaire. Son ouvrage trouva dans plusieurs Églises un accueil favorable ; il suscita cependant des protestations, que l'adoption d'un canon orthodoxe ne fit taire que bien tard[6].

1. II Petri, ch. II surtout.
2. II Petri, III, 15-16.
3. Comp. II Petri, I, 19 et IV Esdr., XII, 42. Notez aussi II Petri, II, 4, 9.
4. II Petri, I, 14, 16-18 ; III, 2, 15. Le passage I, 14, fait allusion à quelque légende analogue à celle qui se lit dans Jean, XXI, 18 et suiv.
5. Ch. II. L'auteur applique aux gnostiques les tirades de Jude contre les mal pensants.
6. Eusèbe, *H. E.*, III, III, 4 ; XXV, 3 ; VI, XIV, 1 ; XXV, 8 ; saint

L'enseignement de ce docteur est digne, du reste, de l'âge apostolique par sa pureté et son élévation. L'élu devient « participant de la nature divine », en renonçant à la corruption du monde. Patience, sobriété, piété, charité fraternelle, horreur pour l'hérésie, attendre, attendre, toujours attendre, voilà la vie du chrétien.

Je vous ai donc écrit cette seconde épître, mes bien-aimés, comme la première, afin de réveiller vos bons sentiments, et pour que vous vous rappeliez les paroles des prophètes, les préceptes de vos apôtres, sachant bien que, à l'approche des derniers jours, viendront des railleurs, se conduisant selon leurs propres convoitises, qui diront : « Eh bien, qu'est devenue la promesse de son avènement? Depuis que nos pères sont morts, tout continue de rouler comme par le passé! ». Ils oublient que, de même qu'il y eut autrefois des cieux et une terre tirés de l'eau, qui périrent par l'eau, de même le ciel et la terre d'à présent sont réservés pour le feu [1], qui s'allumera au jour du jugement et de la destruction des impies. N'oubliez pas, mes très-chers, qu'un jour devant le Seigneur est comme mille

---

Jérome, *De viris illustr.*, 1 : « a plerisque ejus esse negatur. » Une simple lecture suffit à un homme attentif pour en voir le caractère apocryphe. La maladresse du faussaire se trahit à la façon dont il copie l'épître de Jude, à l'affectation avec laquelle il insiste sur l'authenticité de sa lettre, à la manière dont il parle de Paul (III, 16), à une foule de particularités insolites dans une lettre apostolique (par exemple, III, 2).

1. Sur le déluge de feu, comp. Méliton, *De veritate*, p. 50-51, Cureton. Cf. *les Évangiles*, p. 170.

années, et que mille années sont comme un jour[1]. Le Seigneur n'est pas en retard pour l'exécution de sa promesse, ainsi que certains le croient; mais il use envers vous de longanimité, voulant que personne ne périsse et que tous arrivent à repentance. Le jour du Seigneur viendra comme un voleur; alors les cieux s'en iront en morceaux avec fracas, les éléments embrasés seront dissous, la terre et tout ce qu'elle enferme sera consumée. Avec quelle piété, quelle circonspection devons-nous attendre et hâter la venue de ce jour de Dieu, où, après l'anéantissement de l'univers, nous espérons, conformément à sa promesse, des cieux nouveaux et une terre nouvelle, dans lesquels la justice habitera! C'est pourquoi, mes très-chers, pleins de cette attente, faites en sorte qu'il vous trouve en paix, sans tache et sans reproche, et considérez la patience qu'y met Notre-Seigneur comme un bonheur pour nous; de même que notre cher frère Paul, selon la sagesse qui lui a été donnée, vous l'a aussi écrit, dans toutes les épîtres où il parle de ces sortes de choses, épîtres dans lesquelles il y a certains passages difficiles à comprendre, que les ignorants et les esprits mobiles torturent, comme du reste les autres Écritures, pour leur propre perdition. Vous voilà informés, mes très-chers; soyez donc sur vos gardes, de peur que, entraînés avec tant d'autres par les séductions de ces misérables, vous ne veniez à tomber de votre ferme assise [2].

Avec « la deuxième Épître de Pierre », fut fermé, cent ans environ après la mort de Jésus, le cycle

---

1. Comp. Ps. xc, 4.
2. II Petri, III, 1 et suiv.

d'écrits qu'on appela plus tard le Nouveau Testament, par opposition à l'Ancien. Cette seconde Bible, dont Jésus fut l'inspirateur, bien qu'il ne s'y trouve pas une ligne de lui, était loin d'offrir un canon arrêté; beaucoup d'opuscules, plus ou moins pseudépigraphes, étaient admis des uns, repoussés des autres. Les écrits nouveaux étaient encore peu répandus, inégalement lus [1]. La liste n'en était pas tenue pour close, et nous verrons divers ouvrages, tels que *le Pasteur* d'Hermas, prendre place à côté des écrits déjà consacrés, sur un pied d'égalité. Néanmoins l'idée d'une révélation nouvelle était déjà pleinement acceptée. Dans la prétendue « deuxième Épître de Pierre », les épîtres de saint Paul sont placées parmi les « Écritures [2] », et ce n'était pas la première fois qu'une telle expression était employée [3]. Le christianisme avait ainsi son livre sacré, recueil admirable qui devait faire sa fortune dans les siècles

---

1. Ainsi l'auteur des *Actes,* disciple de Paul, ne connaît pas les épîtres de Paul. L'auteur des épîtres à Timothée et à Tite ne connaît pas les *Actes.* Luc ne connaît pas Matthieu, et l'auteur des écrits johanniques semble faire abstraction de tous les autres écrits du Nouveau Testament.

2. II Petri, III, 16

3. Epist. Barn., 4 (passage qui peut cependant se rapporter à IV Esdr., VIII, 3). V. *Vie de Jésus,* p. LV, note. Cf. I Tim., V, 18. Théophile d'Antioche, le Canon de Muratori, Irénée nous présentent l'idée d'un second canon clairement arrêtée.

éloignés où, le souvenir direct des origines étant perdu, les religions ne valent plus que par leurs textes écrits.

Il va sans dire que la Bible juive gardait toute son autorité et continuait d'être tenue pour la révélation directe de Dieu. C'était ce vieux canon et les écrits apocryphes qu'on y avait annexés (tels que le livre d'Hénoch, l'Assomption de Moïse, etc.), qu'on envisageait avant tout comme le recueil de la parole divine. On n'y touchait plus, tandis que, pour les écrits nouveaux, on ne s'interdisait ni les additions, ni les suppressions, ni les remaniements arbitraires[1]. Nul ne se faisait scrupule de prêter aux apôtres et à Christ lui-même des paroles et des écrits qu'on jugeait bons, utiles, dignes de cette sainte origine[2]. S'ils n'avaient pas dit ces belles choses, ils avaient pu les dire, et cela suffisait. Un usage ecclésiastique poussait à ces sortes de fraudes, et les rendait presque nécessaires; c'était l'usage des lectures dans les églises[3]. La lecture des écrits apostoliques et prophétiques devait occuper, dans les réunions, tout le temps que ne prenaient pas les mystères et

---

1. Denys de Cor., dans Eusèbe, *H. E.*, IV, XXIII, 12; Origène, *Comment. in Matth.*, XIX, 19.
2. Cf. I Thess., II, 2; III, 17.
3. Justin, *Apol. I*, 67, μέχρις ἐγχωρεῖ.

les sacrements. Les prophètes hébreux et les écrits authentiques des apôtres étaient vite épuisés; il fallait du nouveau. Pour fournir aux besoins sans cesse renaissants de cette lecture, on accueillait avec empressement tout écrit édifiant, qui se présentait avec la plus légère apparence d'apostolicité ou avec un air de famille même fort éloigné avec les écrits des prophètes anciens.

Le christianisme avait ainsi accompli le premier devoir d'une religion, qui est d'introduire dans le monde un nouveau livre sacré. Une seconde Bible était ajoutée à l'ancienne, bien inférieure comme beauté classique, mais douée d'une plus grande efficacité pour convertir le monde. La vieille langue hébraïque, instrument aristocratique si merveilleux pour exprimer la poésie, les sentiments de l'âme, la passion, était morte depuis des siècles. Le patois moitié araméen de la Palestine, ce grec populaire que la conquête macédonienne introduisit en Orient, et que les traducteurs alexandrins de la Bible élevèrent à la hauteur d'une langue sacrée, ne pouvaient servir d'organes à des chefs-d'œuvre littéraires; mais, à défaut de génie, la nouvelle Bible eut la bonté; à défaut d'écrivains, elle eut des hommes pleins de Jésus, qui nous rendirent son esprit. Le Nouveau Testament a introduit dans le monde une idée nouvelle, celle de la beauté populaire. C'est, en tout cas, le livre qui a séché le plus de larmes, amélioré le plus de cœurs.

On ne peut parler d'une manière générale du style du Nouveau Testament, puisque les écrits du Nouveau Testament se partagent entre quatre ou cinq styles différents[1]. Tous ces morceaux ont pourtant quelque chose de commun, et ce quelque chose est justement ce qui a fait leur force et leur succès. Ils sont écrits en grec et conçus en sémitique. Ces tours absolus, roides, sans nuances, — cette langue où tout est blanc ou noir, soleil ou ténèbres, — qui, pour dire : « J'aime mieux Jacob qu'Ésaü », dit : « J'aime Jacob, je hais Ésaü », ont séduit le monde par leur âpre grandeur. Nos races n'étaient pas habituées à cette ampleur orientale, à ces énergiques partis pris, à cette façon de procéder tout d'une pièce et comme par bonds. Elles ont été conquises et comme écrasées; aujourd'hui encore, ce style est la grande force du christianisme, ce qui fascine les âmes et les gagne à Jésus.

Le canon des livres de l'Ancien Testament admis

---

1. Au point de vue du style, on peut faire cinq catégories dans les écrits du Nouveau Testament : 1° Marc, Matthieu, Apocalypse; 2° Luc et les *Actes*; 3° Épîtres authentiques de Paul, épître aux Hébreux, Ire de Pierre; 4° Jacques, Jude, IIe de Pierre, épîtres à Tite et à Timothée; 5° l'Évangile et les épîtres johanniques.

des chrétiens était, naturellement, pour les ouvrages essentiels, le même que celui des juifs [1]. Les chrétiens étrangers à l'hébreu lisaient ces anciens écrits dans la version alexandrine, dite des Septante, qu'ils révéraient presque à l'égal du texte hébreu. Quand la version grecque ajoute des développements au texte, ce qui lui arrive pour Esther et Daniel, ces additions étaient acceptées. Moins sévèrement gardé que le canon juif, le canon chrétien admettait, en outre, ces livres, comme Judith, comme Tobie, comme Baruch, comme l'Apocalypse d'Esdras, comme l'Assomption de Moïse, comme Hénoch, comme le Psautier de Salomon [2], que les rabbins juifs exclurent du volume sacré et même détruisirent systématiquement. En revanche, des livres comme Job, le Cantique, les Proverbes, et surtout l'Ecclésiaste [3], à cause de leur caractère hardi ou tout à fait profane, étaient très-peu lus de gens qui voulaient avant tout être édifiés. Les divers livres des Macchabées furent

---

1. Voyez *les Évangiles*, ch. II.
2. Canons et stichométries dans Credner, *Gesch. des neut. Kan.*, p. 239 et suiv.; Clem. Rom., *Epist. I,* 17 (en comp. Photius, cod. CXXVI). On a aussi des traces d'une prophétie apocryphe d'Ézéchiel et de plusieurs autres. Clem. Rom., *l. c.*; Stichom. de Nicéph., Credner, p. 244.
3. L'Ecclésiaste est cité dans le *Pasteur,* mand. VII, init., mais seulement pour sa conclusion orthodoxe.

conservés bien plutôt comme des livres instructifs ou pieux que comme des sources d'inspiration véritable[1].

L'Ancien Testament, tiraillé en sens divers, et interprété avec toute la latitude que permet un texte dénué de voyelles, était l'arsenal des arguments de l'apologétique chrétienne et de la polémique juive. Ces disputes avaient lieu le plus souvent en grec. Les versions alexandrines y servaient[2], mais devenaient de jour en jour plus insuffisantes. Les avantages que les chrétiens en tiraient les rendaient suspectes aux juifs; il se répandit des mots censés prophétiques où de vieux sages annonçaient tout le mal qui sortirait un jour de ces versions maudites. On compara le jour où fut faite le version des Septante à celui où fut fondu le veau d'or; on prétendit même que ce jour-là fut suivi de trois jours de ténèbres[3]. Les chrétiens, au contraire, admettaient les légendes qui présentaient cette version comme miraculeusement révélée[4]. Rabbi Aquiba et son école avaient

---

1. Saint Jérôme, præf. in Prov.; saint Aug., *De civ. Dei*, XVIII, 36, *De doctr. christ.*, II, 13; *Contra Gaud.*, II, 38.

2. Justin, *Dial.*, 68, 71, 84.

3. Massékelh *Sépher Thora*, I, 8 (Kirchheim). Massékelh *Soferim*, I, 7; Megillath Taanith, fin.

4. Justin, *Apol. I*, 31; *Oratio ad Græc.*, 13; Irénée, *Adv. hær.*, III, XXI, 2.

introduit ce principe absurde que rien dans la Bible n'est insignifiant, que toute lettre a été écrite avec intention et influe sur le sens [1]. Dès lors les traducteurs alexandrins, qui avaient traduit humainement et en philologues, non en cabbalistes, semblaient ne pouvoir servir aux controverses du temps. On incidentait sur des particularités grammaticales sans portée; on voulut des traductions de la Bible qui rendissent chaque mot hébreu ou plutôt chaque racine hébraïque par un mot grec, dût la traduction ainsi faite n'offrir aucun sens.

Aquila fut le plus célèbre de ces nouveaux traducteurs, voués à une littéralité insensée [2]. Son

---

1. V. les Évangiles, p. 515-516.
2. Voyez ci-dessus, p. 28-30; Épiph., De mensuris, 2, 14, 15 (comp. l'abrégé attribué à Épiphane, De LXX interpretibus); Irénée, III, xxi, 1; Origène, Epist. ad Afric., 2; Eusèbe, H. E., V, 8; Demonstr. evang., VII, 1; saint Jérôme, Epist. ad Pammach., Opp. IV, 2ᵉ part., p. 255; De viris ill., c. 54; Præf. in Job; Epist. 125 ad Damasum, Opp. II, 567; Epist. 138 ad Marc., II, 707; Epist. 24 (74) ad Marc., IV, 2ᵉ part. p. 64; ad Algas., quæst. 10; In Ezech., III; In Is., VIII, XIII, XLIX; Philastre, 142; saint Augustin, De civ. Dei, XV, 23; Novelles, CXLVI, 1; Synopse dite d'Athan., Opp., t. II, p. 203; Chron. d'Alex., à l'an 132; Talm. de Jér., Megilla, I, 11, fol. 71 c; Schemoth rabba, sect. 30; Schalscheleth hakkabbala, fol. 28, c. II. L'identification d'Aquila et d'Onkelos est inadmissible, nonobstant l'argument que l'on tire de Talm. de Bab., Megilla, 3 a, et Talm. de Jér., Megilla, I, 11, comparés entre eux. Cf. Vayyikra rabba, sect. 33; Buxtorf, Lex.

travail était daté de l'an XII d'Adrien[1]. Quoique simple prosélyte[2], il avait peut-être été élève d'Aquiba[3], et, en effet, son exégèse est le pendant exact de la casuistique du rabbin. A chaque mot hébreu répond un mot grec, même quand il résulte des absurdités de cette superposition[4].

Talm., col. 1241. On semble les avoir confondus systématiquement (*Hist. des lang. sémit.*, III, 1, 2, note 1). Cf. Massékéth *Semahoth*, VIII; les *Evangiles*, p. 228, note 3.

1. Epiph., *De mensuris*, 13. Épiphane avait dû prendre ce chiffre dans quelque manuscrit d'Aquila.

2. Irénée, *l. c.*; Eusèbe et Jérôme, *l. c.*, surtout *In Is.*, VIII, 14. Quelquefois cependant saint Jérôme l'appelle *judæum*. Le Talmud en fait un prosélyte. Talm. de Jér., *Megilla*, 71 c; *Kidduschin*, 59 a. Dans Massékéth *Semahoth*, VIII, et dans Talm. de Bab., *Aboda zara*, 2 a, Aquila joue en effet le rôle d'un riche prosélyte. Cependant l'exégèse d'Aquila est en accord si parfait avec les principes de Rabbi Aquiba, qu'il faut qu'Aquila ait été nourri dans les écoles juives. Un prosélyte, gagné à la synagogue de la façon que prétend Épiphane (*De mens.*, 14, 15, v. ci-dessus, p. 28-30), n'eût pas pris une place aussi marquée dans un monde aussi particulier.

3. Talm. de Jér., *Hagiga*, II, 1; *Kidduschin*, I, 1, fol. 59 a; saint Jérôme, *In Is.*, III, 14; XIII.

4. Ainsi את est toujours rendu par σύν, et, au premier verset de la Génèse, Dieu crée σὺν τὸν οὐρανὸν καὶ σὺν τὴν γῆν. Cf. *Bereschith rabba*, I, où l'on prétend que, selon Aquiba, cet *et* de Gen., I, 1, veut dire qu'il s'agit là des cieux et de la terre avec ce qui est dedans. Cf. *les Évangiles*, p. 515-516; saint Jérôme, *ad Pammach.*, l. c.; *In Is.*, XLIX; *In Jerem.*, XX, XXXI; *In Ezech.*, III, où *secunda editio* équivaut à δευτέρωσις (Novelles, pass. précité), et non à « seconde édition ». Voyez ci-après,

La traduction d'Aquila fut bientôt connue des chrétiens et les contraria fort. Habitués à tirer leurs textes des Septante, ils voyaient dans cette nouvelle traduction un renversement de leurs méthodes et de toute leur apologétique. Un passage surtout les troublait. Les Églises voulaient à tout prix lire l'annonce prophétique de la naissance virginale de Jésus dans un passage d'Isaïe (vii, 14), qui signifie tout autre chose, mais où le mot παρθένος, employé pour l'hébreu *alma* et désignant la mère du symbolique *Immanouël* (Dieu avec nous), avait quelque chose de singulier. Ce petit échafaudage était renversé par Aquila, qui pour *alma* mettait νεᾶνις[1]. On prétendit que c'était là de sa part une pure méchanceté; on inventa tout un système de pieuses calomnies, pour expliquer comment, ayant été chrétien, il avait appris l'hébreu et s'était livré à cet immense travail uniquement pour contredire les Septante et pour faire disparaître les passages démonstratifs de la messianité de Jésus[2].

Les juifs, au contraire, charmés de l'apparente

---

p. 243, note 2. Une traduction est à sa manière une δευτέρωσις, une *mischna*.

1. Justin, *Dial.*, 43, 67 et suiv., 71, 77 et suiv.; Irénée, *Adv. hær.*, III, xxi, 1.

2. Épiphane, *De mens.*, 14, 15.

exactitude de la version nouvelle, la préférèrent hautement à celle des Septante[1]. Les ébionites ou nazaréens en firent également un usage fréquent. La façon dont Aquila avait rendu le passage d'Isaïe leur servait à prouver, contre les exaltés des Églises grecques, que Jésus était simplement fils de Joseph[2].

Aquila, du reste, ne fut pas le seul à traduire l'hébreu selon la méthode de Rabbi Aquiba. La version grecque de l'Ecclésiaste qui fait partie de la Vulgate grecque offre la particularité essentielle que Rabbi Aquiba fit adopter aux traducteurs de son école[3], et pourtant cette version n'est pas d'Aquila[4].

1. Origène, *Ad Afric.*, l. c.; saint Augustin, *De civ. Dei*, l. c.; saint Jérôme, *In Is.*, VIII, et *In Ezech.*, III; Novelles, *l. c.*; Talm. de Jér., *Megilla*, I, 11, et Azariah de Rossi, *Meor énaïm*, VI, ch. 45.

2. Irénée, *l. c.* Cf. saint Jérôme, *In Is.*, VIII. Voir les fragments conservés de la version d'Aquila dans Montfaucon, *Hexapl.*, et dans Dathe, *Opuscula*.

3. La particule את y est rendue par σύν (II, 17; III, 17; VIII, 8, 15, 17, etc. Cf. Graetz, *Koh.*, p. 174 et suiv.). L'Apocalypse d'Esdras (VI, 59, *cum seculo* = σὺν τὸν αἰῶνα) offre un exemple de cette singularité, et ce n'est pas une des moindres raisons qui font croire que cette apocalypse a été composée en hébreu. La traduction grecque en aurait été faite vers le temps d'Aquila.

4. Une version différente de celle-là figurait, dans les Hexaples d'Origène, sous le nom d'Aquila.

CHAPITRE VIII.

LE MILLÉNARISME. — PAPIAS.

Les tendances les plus diverses se manifestaient dans l'Église de Jésus, montrant l'étonnante fécondité de la jeune conscience qui se produisait au sein de l'humanité, mais en même temps créant pour l'institution naissante un immense danger. Des milliers de bras écartelaient pour ainsi dire la religion nouvelle, les uns ne voulant pas qu'elle sortît du cercle juif, les autres cherchant à rompre tout lien entre elle et le judaïsme, qui l'avait engendrée. La réapparition de Jésus et l'idée du règne de mille ans, couronnement des apocalypses juives, étaient les deux questions où se remarquaient le mieux ces deux esprits contraires. Les gnostiques et, jusqu'à un certain point, l'auteur de l'Évangile johannique ne pensent plus au dogme fondamental du premier siècle. La fin du monde ne les préoccupe guère; elle est reléguée sur un arrière-plan, où elle n'a presque aucun sens. Il s'en fallait pourtant que ces grands rêves fussent oubliés de tous. En Asie Mineure, le plus grand nombre des chrétiens en vivaient et ne voulaient pas qu'on cherchât ailleurs le vrai de la pensée de Jésus. A deux pas de l'école où s'élaboraient, ce semble, les écrits johanniques, un homme qui peut avoir eu des relations avec les auteurs de ces écrits travaillait dans un ordre d'idées entièrement différent ou, pour mieux dire, tout à fait opposé.

Nous voulons parler de Papias, évêque d'Hiérapolis[1], la personnalité la plus frappante d'un temps où deux chrétiens pouvaient encore différer l'un de l'autre à un point dont nous n'avons plus d'idée. On a souvent supposé que Papias fut disciple et auditeur de Jean[2]. C'est là sûrement une erreur. Papias n'a vu aucun

---

1. Irénée, V, xxxiii, 3-4; Eusèbe, III, xxxvi, 2; xxxix entier; saint Jérôme, *De viris ill.*, 18; cf. Epist. 28 et 29 (52, 53); *Chron.*, p. 162, 163, Schœne. Le nom de Papias est fréquent en Asie Mineure, et en particulier à Hiérapolis. Le Bas, *Inscr.*, III, 1690; Wagener, *Inscr.*, p. 19. V. *Saint Paul*, p. 364, note 1; Gebh. et Harn., *Patres apost.*, I, 2ᵉ partie, p. 103-104, note.

2. Eusèbe, *Hist. eccl.*, III, xxxix, 2, rectifiant Irénée et sa propre *Chronique*. Voir *les Évangiles*, p. 424, note 2. Ses relations avec Polycarpe (Irénée, *l. c.*) n'ont pas plus de solidité; elles ne reposent que sur une induction d'Irénée.

apôtre ; il appartient à la troisième génération chrétienne ; il consulta ceux qui avaient vu les apôtres. C'était un homme soigneux, connaissant à fond les Écritures, chercheur à sa manière. Recueillir avec zèle et, à certains égards, avec critique les paroles de Jésus, commenter ces paroles au sens le plus littéral, les classer méthodiquement par ordre de matières, rassembler en un mot les traditions de l'âge apostolique déjà disparu, ce fut son œuvre. Il institua pour cela une vaste enquête, qu'il conduisit selon quelques-unes des règles qu'eût prescrites un sain jugement. Mécontent des petits livres que l'on présentait comme le tableau exact de la vie de Jésus, il crut pouvoir mieux faire et prétendit donner l'idée même de l'enseignement de Jésus. Il ne voulait croire que les renseignements originaux. Aussi passa-t-il sa vie à interroger ceux qui pouvaient savoir quelque chose de la tradition primitive.

Je n'étais pas, disait-il dans sa préface, comme la plupart, qui se laissent prendre au flux de paroles ; je n'aimais que ceux qui enseignent des choses vraies. Plein de défiance pour les préceptes bizarres qu'on fait circuler, je ne voulais connaître que ceux qui ont été confiés par le Seigneur à la foi de ses disciples et qui proviennent de la vérité elle-même. Si, par exemple, je rencontrais quelqu'un qui avait suivi les anciens, je le questionnais sur les discours des anciens. Que disait André ? Que disait Pierre ? Que disaient

Philippe, Thomas, Jacques, Jean, Matthieu ou tel autre des disciples du Seigneur? [J'y joignais] ce que disent Aristion et *Presbytéros Joannes*, disciples [des disciples] du Seigneur. Car je ne pensais pas que tous les livres pussent m'apporter autant de profit que les données recueillies de la tradition vivante et permanente [1].

Aucun apôtre, en effet, n'existait plus depuis longtemps quand Papias conçut ce projet; mais il y avait des personnes qui avaient encore connu des membres du cénacle primitif. Les filles de Philippe, parvenues à l'extrême vieillesse et l'esprit un peu égaré, avaient rempli Hiérapolis de leurs récits merveilleux. Papias les avait vues. A Éphèse et à Smyrne, *Presbytéros Joannes* et Aristion se prétendaient également dépositaires de précieuses traditions, qu'ils disaient, à ce qu'il semble, tenir de l'apôtre Jean. Papias n'était pas de l'école qui se rattachait à Jean et d'où sortit, dit-on, le quatrième Évangile. Il est probable cependant qu'il connut Aristion et *Presbytéros* [2]. Son livre était composé en grande

---

1. Dans Eus., *H. E.*, III, XXXIX, 3 et 4.
2. Eus., *H. E.*, III, XXXIX, 4, 7, 14; Irénée, V, XXXIII, 3-4. Le passage de Papias cité par Eusèbe n'implique pas, au premier coup d'œil, que Papias ait eu des rapports personnels avec Aristion et le *Presbytéros*. Mais Eusèbe, pour adopter cette interprétation, avait l'ensemble de l'ouvrage, où Aristion et *Presbytéros Joannes* étaient fréquemment allégués et où il pouvait y avoir des preuves

partie de citations empruntées aux conversations de ces deux personnages [1], qui étaient évidemment à ses yeux les meilleurs représentants de la chaîne apostolique et de l'authentique doctrine de Jésus. Inutile d'ajouter que le judéo-chrétien Papias ne mentionne ni directement ni indirectement l'apôtre saint Paul.

Cette tentative de reconstruire l'enseignement de Jésus par la seule tradition orale, cent ans après sa mort, eût été un paradoxe, si Papias se fût interdit l'usage des textes écrits. Sa méthode, à cet égard, ne fut pas aussi exclusive qu'il semble le dire dans la préface. Tout en préférant la tradition orale, et bien que n'accordant à aucun des textes en circulation une valeur absolue, il lut les Évangiles dont les copies tombèrent sous sa main. Certes, il est fâcheux que nous ne puissions juger par nous-mêmes de l'état de ses connaissances à cet égard. Mais l'œil d'Eusèbe paraît avoir été ici fort sagace. Eusèbe a lu la plume à la main, selon sa méthode ordinaire, l'ouvrage de Papias, pour y relever les citations d'écrits canoni-

---

de ces relations plus fortes que dans le passage cité. Irénée appelle les disciples qui étaient dépositaires de la tradition de Jean du nom de *presbyteri*. On suppose que, sous cette expression, se cache plus d'une fois le nom de Papias. *Patres apost.*, de Gebh. et Harn., I, II, p. 106, 113-114.

1. Les citations de *Presbytéros Joannes* étaient amenées par ces mots : Καὶ τοῦτο ὁ πρεσβύτερος ἔλεγε.

ques. Il n'y a trouvé mentionnés que deux de nos Évangiles, celui de Marc et celui de Matthieu. Sur Marc, Papias rapportait un curieux jugement du *Presbytéros* et les allégations par lesquelles ce dernier traditionniste croyait excuser le désordre et le caractère fragmentaire de la rédaction dudit évangéliste[1]. Quant à l'Évangile dit de Matthieu, Papias le regardait comme une traduction libre et médiocrement fidèle de l'ouvrage composé en hébreu par l'apôtre de ce nom. Il l'estimait surtout à cause des paroles authentiques de Jésus qu'on y trouvait. Eusèbe rencontra de plus dans Papias une anecdote qui faisait partie de l'Évangile selon les Hébreux; mais il n'est pas sûr que l'évêque d'Hiérapolis l'eût prise dans cet Évangile[2].

Ainsi, cet homme si instruit, si au courant des Écritures[3], qui avait fréquenté, dit-on, les disciples de Jean et tenait d'eux des paroles de Jésus[4], ne con-

---

1. Il est difficile de distinguer, dans ce passage, ce qui est du *Presbytéros* et ce qui est de Papias. Ce qui suit Οὔτε γάρ peut être de Papias.

2. Eus., *H. E.*, III, xxxix, 16. C'est probablement cette phrase d'Eusèbe qui a fait croire à Vartan Vartabed que Papias était l'auteur de l'anecdote de la femme adultère. V. *Vie de Jésus*, 13ᵉ édit. et suiv, p. 501, note 2; *Journal asiatique*, févr.-mars 1867, p. 168.

3. Ἀνὴρ τὰ πάντα ὅτι μάλιστα λογιώτατος, καὶ τῆς γραφῆς εἰδήμων. Eus., *H. E.*, III, xxxvi, 2 (voir l'édition de Heinichen).

4. Irénée, V, xxxiii, 3-4. Pour achever la singularité, le dis-

naissait pas encore l'Évangile de Jean, ouvrage qui naquit, ce semble, à quelques lieues de la ville même qu'il habitait[1]. Certainement, si Eusèbe en eût découvert des traces dans les écrits de l'évêque d'Hiérapolis, il le dirait, comme il nous dit qu'il y a trouvé des citations de la première épître johannique. Ce qui est singulier, en effet, c'est que Papias, qui ne connaît pas l'Évangile de Jean, connaît l'épître supposée de Jean[2], qui est, en quelque sorte, une pièce destinée à préparer l'Évangile. Peut-être les faussaires lui communiquèrent-ils la lettre, mais non encore l'Évangile, pour lequel ils craignaient sa sévère critique. Peut-être y eut-il un intervalle entre la composition de l'épître johannique et celle de l'Évangile. On ne touche jamais à cette question des écrits attribués à Jean sans tomber dans les contradictions et les anomalies.

De cet ensemble de consciencieuses recherches,

---

cours de Jésus qui serait ainsi parvenu à Papias de la bouche de Jean ou plutôt de ses disciples est, par le messianisme tout matériel qu'il respire, en flagrante contradiction avec l'Évangile dit de Jean.

1. Le passage copié par Thomasius dans un manuscrit de la reine Christine, au Vatican, et relevé par M. Aberle, est sans aucune valeur. V. *Zeitschrift für wiss. Theol.*, 1865, p. 77 et suiv.; Gebh. et Harn., *Patres apost.*, I, 2ᵉ part., p. 101-103.

2. Eus., *H. E.*, III, xxxix, 16. Eusèbe parle de citations directes (κεχρῆται μαρτυρίαις), et non d'allusions.

Papias composa cinq livres qu'il intitula : *Exégèses* ou « Expositions des paroles du Seigneur »[1], et qu'il regarda sûrement comme la parfaite image des enseignements de Jésus. La disparition de cet écrit est la plus regrettable perte qui ait été faite dans le champ de la primitive littérature chrétienne. Un grand nombre des difficultés qui nous arrêtent dans cette obscure histoire seraient sans doute levées, si nous possédions le livre de Papias. C'est probablement pour cela que nous ne l'avons plus. L'ouvrage de Papias était écrit à un point de vue si personnel, qu'il devint un scandale pour l'orthodoxie. Les quatre Évangiles prirent une autorité exclusive de toute autre. Dans cinquante ans, on trouvera des raisons mystiques pour prouver qu'il devait y en avoir quatre et qu'il ne pouvait y en avoir que quatre. Un auteur qui déclarait avoir tenu peu de compte de ces textes sacramentels ne pouvait rester en faveur.

Papias, d'ailleurs, malgré ses apparences de critique difficile, était d'une crédulité extrême. Il ajoutait aux Évangiles des choses qui, n'étant pas cou-

---

[1]. Λογίων κυριακῶν ἐξηγήσεις. Les fragments ont été recueillis par Grabe, Routh, Münter, Pitra, et plus récemment par MM. de Gebhart et Harnack, *Patr. apost.*, I, 2º partie, p. 87 et suiv., Leipzig, 1878. Plusieurs des passages qu'Irénée rapporte d'après les *Presbyteri* venaient de Papias. Gebh. et Harn., p. 105-114.

vertes par l'autorité de l'inspiration, semblaient choquantes et absurdes. Auprès de son merveilleux, allant jusqu'à l'extravagance, Marc lui-même, avec sa lourde thaumaturgie, paraissait sobre. Les enseignements et les paraboles qu'il prêtait à Jésus étaient bizarres. L'ensemble avait cet air de fable[1] que les récits des Évangiles, au moins ceux des trois premiers, savent si bien éviter. Les miracles qu'il prêtait à Philippe, sur l'autorité de vieilles filles à demi folles, dépassaient la mesure; ceux qu'il attribuait à Justus Barsabbas étaient en dehors de la tradition; il racontait la mort de Jean[2] et surtout la mort de Judas[3], d'une façon dont personne n'avait entendu parler. Il n'y avait pas jusqu'aux rêveries gnostiques où il ne semblât verser parfois, au moins quand il prétendait que Dieu avait donné le gouvernement de la terre à des anges, qui s'étaient mal acquittés de leur devoir[4].

Mais ce qui contribua surtout à perdre Papias dans

---

1. Μυθικώτερα.

2. Passage conservé par Georges Hamartolus. Cf. l'Antechrist, p. 562-563; les Évang., p. 434, note 2; Gebh. et Harn., p. 96 et suiv.

3. OEcumenius, In Act., I, 18; Théophylacte, In Matth., XXVII, 5, V. Vie de Jésus (13ᵉ édit. et suiv.), p. 454; Gebh. et Harn., p. 93 et suiv.

4. Passage cité par André de Césarée, In Apoc., XII, 7 (ch. 34); Gebh. et Harn., p. 94.

l'opinion orthodoxe, ce fut un millénarisme effréné. Son tort était de prendre l'Apocalypse de l'an 68 dans le sens où l'avait entendue son auteur. Il admettait, avec le voyant de Patmos, que, après la première résurrection des morts, il y aurait un règne corporel du Christ sur la terre, devant durer mille ans[1]. Voici ce qu'il faisait dire à Jésus, conformément à une tradition transmise par les *presbyteri*[2] :

Il viendra des jours où naîtront des vignes, dont chacune contiendra dix mille ceps, et dans chaque cep il y aura dix mille bras, et dans chaque bras dix mille rejetons, et dans chaque rejeton dix mille grains, et chaque grain pressé donnera vingt-cinq mille muids de vin. Et, quand un des saints saisira une des grappes, une autre criera : « Je suis meilleure, prends-moi ; bénis Dieu à mon sujet. » De même, chaque grain de froment produira dix mille épis, et chaque épi donnera dix mille grains, et chaque grain dix mille livres de farine. Il en sera de même pour les arbres fruitiers, pour les graines, pour les herbes, selon leurs propriétés particulières. Et tous les animaux, usant pour nourriture des simples fruits de la terre, seront pacifiques, bienveillants les uns pour les autres, soumis et respectueux envers l'homme.

---

1. Cérinthe était dans les mêmes idées. Voir les passages de Caïus et de Denys d'Alexandrie, dans Eus., *H. E.*, III, xxviii, 2-5. Cf. *les Évangiles*, 418 et suiv.

2. Irénée, V, xxxiii, 3-4 (trad. arménienne, dans *Spicil. Sol.*, I, p. 1-3).

On ajoutait que Judas refusa de croire à ces belles choses et fut, à partir du jour où il entendit son maître parler ainsi, à demi incrédule [1].

Papias n'usait pas non plus, dans le choix des paroles de Jésus, d'un discernement bien rigoureux, quand il attribuait au Christ des paroles qui paraissent avoir traîné dans les apocalypses juives, et se lisent en particulier dans l'Apocalypse de Baruch [2]. Son livre prouvait contre la thèse qui lui était si chère, et montrait quel service rendaient les Évangiles écrits, en arrêtant la dégradation des paroles traditionnelles de Jésus. Déjà les idées montanistes apparaissaient avec leur matérialisme naïf. Comme certains gnostiques, Papias ne conçoit pas la parfaite innocence de la vie sans l'abstinence de la chair des animaux. Le bon sens relatif des rêves galiléens a disparu pour faire

---

1. Irénée, V, xxxiii, 4.
2. V. *les Évangiles*, p. 521-522. La coïncidence est évidente entre le morceau sur les vignes messianiques, prêté à Jésus par Papias, et le morceau de l'Apocalypse de Baruch, xxix, 5. Mais Papias n'a pas copié pseudo-Baruch. Son morceau est plus développé et plus original que celui de pseudo-Baruch. Tout cela venait probablement d'apocalypses écloses dans la crise de 68, 69, 70, apocalypses que plusieurs attribuaient à Jésus et dont les discours apocalyptiques, Matth., xxiv, Marc, xiii, sont des formes écourtées. V. *l'Antechrist*, p. 293 et suiv. Comparez aussi *Hénoch*, x, 19, et diverses chimères rabbiniques, dans Gebhardt et Harnack, *Patres apost.*, I, 2ᵉ partie, p. 88-89.

place aux énormités du haut Orient. On vise à l'impossible, à une sorte de douceur subversive de l'humanité, comme celle que l'Inde seule a pu, au prix de son anéantissement politique, réaliser dans la vie.

L'Église orthodoxe aperçut très-vite le danger de ces chimères; le *millenium* surtout devint pour tout chrétien sensé un véritable objet d'antipathie. Ne pas prêter à Jésus et aux apôtres une opinion qui, chaque jour, devenait une absurdité de plus en plus évidente; écarter du seuil du christianisme cette colossale objection que l'idée dominante de ses fondateurs fut un rêve manifeste, devint la perpétuelle préoccupation des esprits qui, comme Origène, Denys d'Alexandrie, Eusèbe et les Pères hellénistes, ne virent dans la doctrine de Jésus qu'une philosophie révélée. On chercha tous les moyens possibles pour se débarrasser de l'Apocalypse[1]. Quant à Papias, qui, de tous les écrivains ecclésiastiques, était le plus fortement pénétré de la pensée primitive, sa fidélité à la tradition lui devint funeste. On s'efforça de le faire oublier; on cessa de le copier; les curieux seuls le lurent. Eusèbe, tout en ayant pour lui du respect, le déclare sans

---

1. *Vie de Jésus*, p. 293, note 3; *l'Antechrist*, 374-375, note, 460-464.

façon un petit esprit, un homme sans jugement[1].

Le tort de Papias fut d'être trop conservateur. A force d'être ami de la tradition, il parut arriéré. Le progrès du christianisme devait faire de lui un homme incommode, un témoin à supprimer. De son temps, il répondit sûrement à l'état de bien des esprits. Les millénaires le tinrent pour leur principale autorité[2]. Irénée l'estime hautement, le place immédiatement après les apôtres, sur le même pied que Polycarpe, et l'appelle, d'un nom fort bien approprié à son caractère, « un homme ancien[3] ». Le discours sur les vignes du royaume de Dieu paraît à l'évêque de Lyon beau et authentique. Irénée admet ces rêves d'un idéalisme concret, dans ce qu'ils ont de plus grossier[4]. Justin n'y est pas étranger[5]; Tertullien[6] et Commodien[7] dépassent en maté-

---

1. Σφόδρα γάρ τοι σμικρὸς ὢν τὸν νοῦν, ὡς ἂν ἐκ τῶν αὐτοῦ λόγων τεκμηράμενον εἰπεῖν, φαίνεται.

2. Eus., *H. E.*, III, xxxix, 13.

3. Ἀρχαῖος ἀνήρ.

4. Livre V, ch. xxxii-xxxvi. Ces chapitres sont supprimés dans la plupart des manuscrits. Voir *Hist. litt. de la Fr.*, I, p. 346; comp. II, p. 141-142.

5. *Dial.*, 80, 81.

6. Tertullien, *In Marc.*, III, 24; *De resurr. carnis*, 25; *De monog.*, 10.

7. Commodien, *Instr.*, ch. 43, 44, 45, 80; décret de Gélase, dans Labbe, *Conc.*, IV, col. 1265.

rialisme Papias lui-même. Saint Hippolyte [1], Méthodius [2], Népos, évêque d'Arsinoé en Égypte [3], Victorin de Pettau [4], Lactance [5], les apollinaristes [6], saint Ambroise [7], Sulpice-Sévère [8], ou si l'on veut saint Martin, sont à cet égard de la vieille tradition. Jusqu'au ve siècle, des fidèles très-authentiquement chrétiens soutiennent encore [9] que, après la venue de l'Antechrist et la ruine de toutes les nations, il y aura

---

1. Dans Photius, cod. CCII.
2. *Conv. dec. virg.*, IX, p. 698 (*Bibl. max. Patr.*, Lugd., III).
3. Eus., *H. E.*, VII, 24, 25; saint Fulg., *Pro fide cathol.*, c. 2; Théodoret, III, 6.
4. Saint Jérôme, *In Ezech.*, XXXVI. Dans l'ouvrage que nous avons sous le nom de Victorin, le millénarisme est plutôt combattu.
5. *Instit.*, l. VII, c. 14, 19, 20, 24, 25, 26.
6. Saint Jérôme, *In Is.*, l. XVIII, proœm.; *In Ezech.*, XXXVI; *De viris ill.*, 18; saint Basile, Epist. 263; saint Grég. de Naz., Or., XXII, 13; Epist. 101, 102; *Conc.* de Labbe, III, col. 838, 842; décret de Gelase, dans *Conc.*, t, IV, col. 1265.
7. *Enarr. in Psalm.*, I, c. 54; *De fide resurr.*, II, 59.
8. Dial. II, c. 16.
9. Origène, *De princ.*, II, c. 11; *In Matth.*, t. XVII, 35; Epiph., hær. LXVII, 36; Saint Augustin, *De civ. Dei*, XX, 7, 9; Sermon CCLIX, 2; saint Jérôme, *In Is.*, LIII, LIV, LX; proœm. in l. XVIII; *In Jer.*, XXXI; *In Ezech.*, XXXVI, XXXVIII; *In Zach.*, XIV; *In Matth.*, XIX; Epist. ad Hedib., quæst. 2; Jules Hilarion, dans *Bibl. Patr.* de Gallandi, t. VIII, p. 238; Philastre, c. 19; Marius Victorinus, dans Maï, *Script. vet.*, III, 2e part., p. 39. Pour l'épigraphie et la liturgie, voir Le Blant, *Inscr. chrét. de la Gaule*, II, p. 84 et suiv.

une première résurrection pour les seuls justes ; que ceux qui seront alors sur la terre, bons et méchants, seront conservés en vie, les bons pour obéir aux justes ressuscités comme à leurs princes, les méchants pour leur être assujettis. Une Jérusalem, toute d'or, de cyprès et de cèdre, rebâtie par les nations, qui viendront, conduites par leurs rois, travailler à relever ses murailles, — un temple restauré et devenu le centre du monde, — des tas de victimes autour de l'autel, — les portes de la ville ouvertes nuit et jour pour recevoir les tributs des peuples, — les pèlerins arrivant à leur rang, selon qu'il leur sera permis de venir toutes les semaines, tous les mois ou tous les ans, — les saints, les patriarches et les prophètes passant mille ans, au milieu d'un sabbat perpétuel, dans un parfait contentement avec le Christ, qui leur rendra au centuple ce qu'ils ont quitté pour lui, — voilà le paradis essentiellement juif, que plusieurs rêvaient encore du temps de saint Jérôme et de saint Augustin. L'orthodoxie combattait ces idées ; cependant, elles étaient exprimées dans un si grand nombre de passages des Pères, que l'on n'en fit jamais une hérésie strictement qualifiée. Saint Épiphane, rigoureux inquisiteur, qui cherche tous les moyens d'enrichir son catalogue d'hérésies en faisant deux et trois sectes avec une seule, n'a pas de chapitre spécial pour les millénaires. Il lui eût fallu, pour être conséquent, chasser préalablement l'Apocalypse du Canon. Or, malgré les plus ingénieux efforts des Pères grecs, on n'y put jamais réussir.

Il y avait, du reste, des degrés dans le matérialisme de ces naïfs croyants. Les uns, comme saint Irénée, ne voyaient dans la première résurrection qu'un commencement d'incorruption, un moyen de s'accoutumer à la vue de Dieu, un âge durant lequel les saints jouiraient de la conversation, de la compagnie des anges, et s'exerceraient avec eux dans les choses spirituelles. D'autres rêvaient un grossier paradis de buveurs et de mangeurs. Ils prétendaient que les saints passeraient ce temps dans des festins tout charnels; que, durant ce règne du Messie, il naîtrait des enfants[1]; que les seigneurs de ce monde nouveau rouleraient sur l'or et les pierres précieuses, toutes les créatures obéissant sur un signe à leur moindre désir.

Les idées de l'infini, de l'immortalité de l'âme, étaient si absentes de ces rêves juifs[2], que mille ans semblaient devoir suffire aux plus exigeants. Il eût

---

1. Jésus combattait déjà cette conception. Marc, XII, 25; Matth., XXII, 30; Luc, XX, 35.

2. L'éternité absolue des êtres n'entre pas non plus dans l'idée des sectes hindoues (*Journ. des Sav.*, nov. 1878).

fallu être bien avide de vie pour ne pas être, au bout de ce temps, « rassasié de jours » ! A nos yeux, un paradis de mille ans serait peu de chose, puisque chaque année nous rapprocherait du terme où tout s'évanouirait. Les dernières années qui précéderaient le néant nous paraîtraient un enfer, et la perspective de l'an 999 suffirait pour empoisonner le bonheur des années qui auraient précédé. Mais il ne faut pas demander de logique aux solutions que l'homme imagine pour sortir de l'intolérable destinée qui lui est échue. Invinciblement porté à croire au juste, et jeté dans un monde qui est l'injustice même, ayant besoin de l'éternité pour ses revendications, et brusquement arrêté par le fossé de la mort, que voulez-vous qu'il fasse ? Il s'accroche au cercueil, il rend la chair à l'os décharné, la vie au cerveau plein de pourriture, la lumière à l'œil éteint ; il imagine des chimères dont il rirait chez un enfant, pour ne pas avouer que Dieu a pu se moquer de sa création jusqu'à lui imposer le fardeau du devoir sans compensation.

CHAPITRE IX.

COMMENCEMENT DU GNOSTICISME.

Le christianisme était à ce moment un enfant nouveau-né. Au sortir des langes, une singulière maladie, une sorte de croup des plus dangereux, fut sur le point de l'étouffer. Le principe de cette maladie était en partie interne, en partie externe. A quelques égards, l'enfant en avait apporté le germe en naissant. Le mal cependant vint en grande partie du dehors; le milieu malsain où vivait la jeune Église lui causa une espèce d'empoisonnement, auquel elle faillit succomber.

A mesure que l'Église devenait plus nombreuse et qu'une hiérarchie arrivait à se dessiner, la docilité et l'abnégation du fidèle commencèrent à n'être pas sans mérite. Marcher comme une brebis perdue dans les rangs pressés du troupeau paraissait fastidieux; on voulait sortir de la foule, avoir sa règle à part; la loi commune paraissait quelque chose de peu distingué. De toutes parts, il se forma dans l'Église des petites aristocraties, qui faillirent déchirer la tunique inconsutile du Christ. Deux de ces aristocraties se dessinèrent avec une rare originalité. L'une d'elles, une aristocratie de piété, fut le montanisme. L'autre, une aristocraties de science, fut le gnosticisme.

Cette dernière se manifesta la première en date. A des esprits initiés aux subtilités philosophiques du temps, les idées et le régime de l'Église devaient sembler quelque chose d'assez humble. La moyenne de bon sens relatif où se tenait l'orthodoxie ne convenait pas à tous. Les raffinés prétendaient avoir sur les dogmes et la vie de Jésus des sens plus élevés que le vulgaire, qui prenait simplement les choses et s'abandonnait sans raisonner à la direction des pasteurs. On chercha du sublime dans des enseignements qui voulaient être reçus avec la gaieté de l'âme pure et embrassés avec la simplicité de la foi [1].

Jésus et ses disciples immédiats avaient tout à fait négligé la partie de l'esprit humain qui désire savoir ; ils ne firent aucune part à la connaissance ; ils ne s'adressèrent qu'au cœur et à l'imagination. La cosmologie, la psychologie et même la haute spé-

---

1. Irénée, *Adv. hær.*, I, proœm., 1.

culation théologique furent pour eux une page blanche, et peut-être eurent-ils raison. Le christianisme ne venait satisfaire aucune vaine curiosité; il venait consoler ceux qui souffrent, toucher les fibres du sens moral, mettre l'homme pieux en rapport, non avec un éon ou un *logos* abstrait, mais avec un Père céleste, plein d'indulgence, auteur de toutes les harmonies et de toutes les joies de l'univers. Le christianisme primitif n'eut, de la sorte, ni science, ni philosophie. Saint Paul, surtout vers la fin de sa vie, sent déjà le besoin d'une théologie spéculative; il se rapproche de Philon[1], qui, cent ans auparavant, avait essayé de donner au judaïsme une tournure rationaliste. Les Églises d'Asie Mineure, vers le même temps, se lançaient dans une sorte de cabbale, qui rattachait le rôle de Jésus à une ontologie chimérique et à une série indéfinie d'avatars[2]. L'école d'où sortit le quatrième Évangile éprouva de même le besoin d'expliquer les faits miraculeux de la Galilée par une théologie. Jésus fut le *logos* divin fait chair; l'idée toute juive de l'apparition future du Messie se vit remplacée par la théorie du Paraclet. Cérinthe obéit à une tendance analogue. A Alexandrie, cette soif

---

1. V. *l'Antechrist*, ch. iv.
2. Col., ii, 18; I Tim., i, 4; vi, 20. Cf. I Cor., i, 24, 30; ii, 6.

de métaphysique se montra encore plus prononcée, et produisit des résultats bizarres, qu'il est temps maintenant d'étudier.

Là, en effet, du mélange de toutes les théologies et de toutes les cosmogonies s'était formé un composé indigeste et malsain, traversé souvent par des éclairs de génie, une doctrine qui avait la prétention de trouver la formule de l'absolu et se donnait le nom ambitieux de *gnosis*, « science parfaite ». L'initié à cette doctrine chimérique s'appelait *gnosticos*, « savant accompli [1] ». Alexandrie était alors, après Rome, le lieu du monde où la crise de l'esprit humain était la plus vive. La légèreté, l'éclectisme superficiel y produisaient les effets les plus imprévus [2]. Tout se brouillait dans ces cerveaux à la fois étourdis et fantasques. Grâce à un charlatanisme souvent inconscient, les plus graves problèmes de la vie devenaient de vrais escamotages; on résolvait toutes les questions du monde et de Dieu en jonglant avec des mots et par des formules creuses; on se dispensait de science réelle avec des tours de passe-passe. Il faut se rappeler que les grandes institutions scientifiques fondées par les Ptolémées avaient disparu ou étaient tombées dans une complète décadence. Le seul guide qui

---

1. I Tim., VI, 20.
2. Voir la lettre d'Adrien, ci-après, p. 188-190.

puisse empêcher l'homme de déraisonner, la science sérieuse, n'existait presque plus.

La philosophie existait encore, cherchait même à se relever; mais les bons esprits étaient rares. Le platonisme avait pris le dessus, en Égypte et en Syrie, sur tous les autres systèmes de la Grèce, et c'était un malheur; car le platonisme n'est sans danger que quand on lui donne pour correctif une forte éducation scientifique. Il n'y avait plus de connaisseurs assez délicats pour sentir l'art merveilleux des *Dialogues* de Platon; la plupart prenaient lourdement ces charmantes fantaisies philosophiques. Une telle discipline, plus satisfaisante pour l'imagination que pour la raison, devait plaire à l'Orient. Le germe de mysticisme qu'elle renfermait fit sa fortune auprès de races auxquelles le rationalisme pur ne convenait pas. Le christianisme suivit la mode universelle. Déjà Philon avait cherché à faire du platonisme la philosophie du judaïsme; tous ceux des Pères de l'Église qui auront quelque valeur seront de même platoniciens.

Pour s'accommoder à cette fusion contre nature, le génie de la Grèce, si sain, si clair, dut faire beaucoup de sacrifices. Des philosophes vont croire à l'extase, au miracle, à des rapports surnaturels entre l'homme et Dieu. Platon devient un théosophe et un mystagogue; la théurgie est prise au sérieux; l'esprit scientifique disparaît tout à fait; les habitudes d'esprit qu'entretenaient les mystères prennent le dessus. Dans ces petits comités religieux d'Éleusis et de Thrace, où l'on se jetait de la poudre aux yeux pour s'imaginer que l'on savait ce qu'il est impossible de savoir, on proclamait déjà que le corps est la prison de l'âme, que le monde réel est une déchéance du monde divin; on partageait les enseignements en ésotériques et exotériques, les hommes en spirituels, animaux et matériels. L'habitude de revêtir les enseignements de la forme mythique, à la manière de Platon, d'expliquer allégoriquement les vieux textes, à la manière de Philon, devenait générale. Le bonheur suprême était d'être initié à de prétendus secrets, à une *gnosis* supérieure. Ces idées d'une chimérique aristocratie intellectuelle gagnaient chaque jour du terrain; on s'imaginait la vérité comme un privilége réservé à un petit nombre d'adeptes. Chaque maître devenait un charlatan, cherchant à grossir sa clientèle en lui vendant le secret de l'absolu.

Le champ de propagande de la *gnosis* et celui du christianisme étaient, à Alexandrie, fort voisins l'un de l'autre. Gnostiques et chrétiens se ressemblaient par l'ardent désir de pénétrer le mystère religieux sans la science positive, à laquelle ils étaient également étrangers. Ainsi leur sublime s'amalgama. D'une part, les gnostiques, dans leur prétention de tout embrasser, et habitués qu'ils étaient à regarder les dieux des nations comme des éons divins, bien inférieurs au Dieu suprême, voulaient connaître le christianisme, prenaient Jésus avec enthousiasme comme un éon incarné à mettre à côté de tant d'autres, et lui faisaient une belle place dans leurs formules de philosophie de l'histoire. D'une autre part, les chrétiens qui avaient quelques besoins intellectuels, et qui voulaient rattacher l'Évangile à une philosophie, trouvaient dans la métaphysique obscure des gnostiques ce qu'il leur fallait. Il se passa dès lors quelque chose de tout à fait analogue à ce qui est arrivé il y a environ cinquante ans, quand on vit une certaine philosophie, qui avait pour programme, comme le gnosticisme, de tout comprendre et de tout expliquer, adopter le christianisme et se proclamer chrétienne en un sens supérieur, et qu'on vit en même temps les théologiens catholiques et protestants, désireux de ne point paraître étrangers au siècle, adopter une foule d'idées philosophiques qu'ils croyaient compatibles avec leur théologie.

Les Pères de l'Église veulent absolument que toute cette végétation empoisonnée ait eu son principe dans les sectes samaritaines issues de Simon de Gitton[1]. Effectivement Simon paraît avoir déjà présenté la plupart des traits qui caractérisent le gnosticisme. *La Grande Exposition*, qui sans doute n'a pas été écrite par lui, mais qui peut être du moins un tableau de ses doctrines, est un livre tout gnostique[2]. Ses continuateurs, Ménandre, Cléobius et Dosithée, semblent avoir été dans les mêmes idées[3]. Ménandre est systématiquement présenté par les écrivains catholiques comme le père de tous les grands gnostiques du temps d'Adrien[4]. — S'il fallait en croire Plotin, au contraire, le gnosticisme n'aurait qu'une seule origine, la philosophie de Platon travestie et défigurée[5]. De telles explications paraissent tout à

---

1. Voir *les Apôtres*, p. 273 et suiv. Irénée, I, xxiii; Épiph., hær. xxiii, 2; xxvii, 1; *Philos.*, l. VI; Eus., *H. E.*, IV, ch. vii; saint Cyrille de Jér., *Catéch.*, vi, 14-16, et xv, 5. Cf. Hégésippe, dans Eus., *H. E.*, IV, xxii, 5; Homélies pseudo-clém., ii, 22 et suiv. Les simoniens eurent une existence durable : Justin, *Apol. I*, 26; Orig., *Contre Celse*, I, 57. Les ménandriens préoccupaient encore les orthodoxes au ive siècle. Zénob de Klag, dans *Journ. asiat.*, nov.-déc. 1863, p. 418, ou Langlois, *Coll. des hist. de l'Arm.*, I, p. 340.

2. Voir *les Apôtres*, p. 267 et suiv.

3. Voir *les Évangiles*, p. 450 et suiv.

4. Irénée, I, xxiii, 2; xxiv, 1; xxvii, 1; II, præf.; III, præf.; iv, 3; IV, xxxiii, 3; Épiph., xxiii, 1; xxiv, 1.

5. Plotin, *Ennéades*, II, ix, 6. L'auteur des *Philosophumena* est en somme du même avis, quand il rapporte chacune des sectes gnostiques à un philosophe grec.

fait insuffisantes pour rendre compte d'un fait aussi complexe. Il y eut des gnostiques chrétiens, juifs, samaritains; mais il y eut aussi des gnostiques non chrétiens. Plotin, écrivant un livre entier contre les gnostiques [1], ne croit pas un moment avoir affaire à une secte chrétienne. Les systèmes des gnostiques samaritains, ceux de Basilide, de Valentin, de Saturnin, offrent de telles analogies entre eux, qu'il faut y supposer un fond commun. Or ces chefs de secte ne paraissent pas s'être fait d'emprunts les uns aux autres. Ils puisèrent donc à un fond antérieur, dont Philon, Apollos, saint Paul, quand il écrivait l'*Épître aux Colossiens*, s'étaient déjà faits les tributaires, et dont la cabbale juive paraît procéder également [2].

Démêler tout ce qui contribua pour quelque chose à la formation de cette singulière philosophie religieuse est une tâche impossible. Le néoplatonisme, tissu de poétiques songes, les idées qu'on se faisait, d'après des traditions apocryphes, sur le pythagorisme, donnaient déjà les modèles d'une philosophie mythique, confinant à la religion. Vers le temps même où Basilide, Valentin, Saturnin développaient leurs rêveries, un des rhéteurs pensionnés d'Adrien,

---

1. *Ennéades*, II, ix entier.
2. Rabbi Siméon ben Azaï (première moitié du iie siècle) est déjà un cabbaliste. Mischna, *Hagiga*, 2. Voir *les Évangiles*, p. 16.

Philon de Byblos, présentait les vieilles théogonies de la Phénicie, mêlées, ce semble, de cabbale hébraïque, sous la forme de généalogies divines fort analogues à celles des premiers gnostiques. La religion égyptienne, très-florissante encore, avec ses cérémonies mystérieuses et ses symboles frappants, les mystères grecs et le polythéisme classique, interprétés dans un sens allégorique, l'orphisme et ses vides formules, le brahmanisme devenu une théorie d'émanations sans fin, le bouddhisme[1], opprimé par le rêve des existences expiatoires et par ses myriades de bouddhas, le dualisme persan, si contagieux, et auquel le messianisme et le millénarisme juifs devaient peut-être leur première existence, paraissaient tour à tour des dogmes profonds et séduisants à des imaginations affolées d'espérances et de terreurs. L'Inde et surtout le bouddhisme étaient connus à Alexandrie[2]. On leur empruntait la métempsychose, la façon d'envisager la vie comme l'emprisonnement de l'âme dans un corps, la théorie des délivrances successives[3]. *Gnosticos* n'a-t-il pas le

---

1. V. *Vie de Jésus,* p. 102.

2. Clém. d'Alex., *Strom*, I, 15 ; VI, 4. Voir Weber, *Indische Skizzen,* p. 63 et suiv., 91 et suiv.

3. Plotin (*Ennéades*, II, IX, 6), par suite d'une exagération systématique, ne veut voir en tout cela que des emprunts faits à Platon.

même sens que *Bouddha*, « celui qui sait »? A la Perse, on prenait le dogme des deux principes indépendants l'un de l'autre, l'identification de la matière et du mal, la croyance que les passions qui corrompent l'âme sont des émanations des corps, la division du monde en ministères ou administrations confiées à des génies[1]. Le judaïsme et le christianisme se mêlaient à ce galimatias : plus d'un fidèle de Jésus s'imaginait pouvoir greffer l'Évangile sur une théologie amphigourique, ayant l'air de dire quelque chose, sans rien expliquer en réalité; plus d'un israélite préludait déjà aux folies de la cabbale, qui n'est à vrai dire que le gnosticisme des juifs[2].

L'Église d'Alexandrie, comme nous l'avons dit, fut de bonne heure atteinte par ces chimères. Philon et Platon avaient déjà beaucoup de lecteurs parmi les fidèles instruits. Plusieurs entraient dans l'Église imbus de philosophie, et trouvaient l'enseignement chrétien maigre et pauvre; la Bible juive leur paraissait plus faible encore. A l'imitation de Philon, ils n'y voyaient qu'allégorie. Ils appliquaient la même méthode à l'Évangile. Ils le refirent en quelque sorte.

1. Voir J. Darmesteter, *Haurvatât et Ameretât*, Paris, 1875; *l'Antechrist*, p. 362-363, note.

2. Sur le juif gnostique Elisa ben Abouyah *Aher*, voir *les Évangiles*, p. 535; Derenbourg, dans les *Mél. de l'École des hautes études*, 1878, p. 172-173.

Molle et non fixée, la matière évangélique se prêtait encore aux transformations. Toutes les particularités de la vie de Jésus recouvrirent, selon ces évangélistes nouveaux, quelque chose de sublime; tous les miracles devinrent symboliques; les folies de la *ghematria* juive furent relevées et aggravées [1]. Comme Cérinthe, les nouveaux docteurs traitaient l'Ancien Testament de révélation secondaire, et ne comprenaient pas que le christianisme conservât un lien quelconque avec la religion de ce dieu particulier, Jéhovah, qui n'est en rien l'être absolu. Y avait-il une meilleure preuve de la faiblesse de ce Dieu que l'état de ruine et d'abandon où il laissait sa ville, Jérusalem [2]? Jésus certes, disaient-ils, sut voir plus loin et plus haut que les fondateurs du judaïsme; mais ses apôtres ne le comprirent pas; les textes qui prétendent représenter sa doctrine sont altérés. La gnose seule, grâce à une tradition secrète, est en possession de la vérité. Un vaste système d'émanations successives renferme tout le secret de la philosophie et de l'histoire. Le christianisme, qui est l'acte le plus récent de la tragédie que joue l'univers, est l'œuvre de l'éon *Christos,* qui, par son union intime avec l'homme Jésus, a sauvé ce qui est sauvable dans l'humanité.

1. Irénée, I, III, 3; VIII, 2, 4; XIV, 6; II, ch. XX et suiv.
2. Irénée, IV, IV, 1.

Le christianisme de ces sectaires était, on le voit, celui que nous avons trouvé chez Cérinthe et chez les ébionites. Leur Évangile était conforme à l'Évangile hébreu[1]. Ils racontaient la scène du baptême de Jésus comme elle était rapportée dans cet Évangile, et croyaient, avec tous les docètes, que Jésus n'avait eu d'un homme que l'apparence[2]. Les récits de Galilée leur semblaient un enfantillage, indigne de la divinité, et que l'on devait expliquer allégoriquement. L'homme Jésus pour ces sectaires n'était rien ; l'éon Christos était tout, et sa vie terrestre, loin d'être la base de la doctrine, n'était qu'une difficulté dont il fallait se débarrasser à tout prix.

Les idées des premiers chrétiens sur l'apparition messianique dans les nues, sur la résurrection, sur le jugement dernier, étaient aussi tenues pour arriérées. La résurrection se faisait pour chacun au moment où il devenait *gnosticos*[3]. Un certain relâchement des mœurs était la conséquence de ces idées faussement aristocratiques; le mysticisme a toujours été un danger moral; car il laisse trop facilement entendre que par l'initiation on est dispensé des devoirs ordinaires. « L'or, disaient ces faux chrétiens, peut traîner dans

---

1. Tertullien (Hippolyte?), *Præscr.*, c. 48; Épiph., xxvii, 6.
2. Saint Cyrille de Jér., *Catéch.*, iv, 9; vi, 14.
3. Comp. II Tim., ii, 18. Comp. Jean, iii, 18.

la boue sans se souiller[1]. » Ils souriaient quand on leur parlait des scrupules relatifs aux viandes immolées aux idoles; ils assistaient aux spectacles, aux jeux de gladiateurs; on les accusait de parler légèrement des crimes contre la pudeur et de dire : « A la chair ce qui est de la chair; à l'esprit ce qui est de l'esprit[2]. » Enfin ils exprimaient leur antipathie pour le martyre en termes qui devaient blesser profondément les vrais chrétiens[3]. Le Christ n'ayant pas souffert, à quoi bon souffrir pour lui[4]? « Le véritable témoignage à rendre à Dieu, disaient-ils, c'est de le connaître tel qu'il est; confesser Dieu par sa mort est un acte de suicide[5]. » Selon eux, les martyrs avaient presque toujours tort; les peines qu'ils souffraient étaient le juste châtiment de crimes qui auraient mérité la mort et qui étaient restés cachés. Loin de se plaindre, ils devaient bénir la loi, qui transformait en acte d'héroïsme le supplice qu'ils enduraient justement. Que s'il y avait quelques cas rares

1. Irénée, I, vi, 2.
2. Irénée, I, vi, 3.
3. Clém. d'Alex., *Strom.*, IV, 4, 9; Irénée, I, xxiv, 6; III, xviii, 5; Agrippa Castor, dans Eus., *H. E.*, IV, vii, 7; VI, xxxviii; Tertullien, *Scorp.*, 15; Epiph., xix, 1; xxiv, 4; liv, 1; Pseudo-Tert., hær. 1; Philastre, hær. 32, 38.
4. Philastre, *l. c.*
5. Clém. d'Alex., *Strom.*, IV, 4; Irénée, III, xviii, 5; IV, xxxiii, 9.

de martyrs innocents, alors c'était l'analogue de ce qui arrive quand un enfant souffre; il n'en faut accuser que le sort[1].

Les sources de la piété n'étaient cependant point taries par un rationalisme orgueilleux, qui d'ordinaire s'affranchit des pratiques matérielles. Une liturgie entourée de secret[2] offrait aux fidèles de ces singulières Églises les consolations sacramentelles avec abondance; la vie devenait comme un mystère dont tous les actes étaient sacrés. Le baptême avait beaucoup de solennité et rappelait le culte de Mithra. La formule prononcée par l'initiateur était en hébreu[3], et après l'immersion venaient des onctions de baume, qui furent plus tard adoptées par l'Église[4]. L'extrême-onction pour les mourants était aussi administrée d'une façon qui devait faire une vive impression et que l'Église catholique a imitée. Le culte chez ces sectaires était, comme le dogme lui-même, plus éloigné de la simplicité juive que dans

---

1. Passage de Basilide, conservé par Clément d'Alexandrie, *Strom.*, IV, 12.

2. Irénée, I, ch. xxi.

3. Βασεμαχαμοσσηβααιανορα..., où l'on déchiffre clairement : בשם הכמות, « Au nom de Hachamoth ». Irénée ne comprend déjà plus cette formule. Cf. Lucien, *Alex.*, 13.

4. Épitaphe gnostique, dans *Corpus inscr. græc.*, n° 9595ᵃ, t. IV, p. 594-595.

les Églises de Pierre et de Paul. Les gnostiques admettaient plusieurs rites païens, des chants, des hymnes, des images du Christ, soit peintes, soit sculptées [1].

Sous ce rapport, leur influence dans l'histoire du christianisme fut de premier ordre. Ils constituèrent le pont par lequel une foule de pratiques païennes entrèrent dans l'Église. Ils jouèrent dans la propagande chrétienne un rôle capital. C'est par le gnosticisme que le christianisme se proclama d'abord comme une religion nouvelle, destinée à durer, ayant un culte, des sacrements, pouvant produire un art. C'est par le gnosticisme que l'Église fit sa jonction avec les mystères antiques et s'appropria ce qu'ils avaient de satisfaisant pour le peuple. C'est grâce à lui que, au IVe siècle, le monde put passer du paganisme au christianisme sans s'en apercevoir et surtout sans se douter qu'il se faisait juif. L'éclectisme et l'ingratitude de l'Église catholique se montrent ici d'une façon admirable. Tout en repoussant les chimères des gnostiques et en les anathématisant, l'orthodoxie reçut d'eux une foule d'heureuses idées de dévotion populaire. Du théurgique l'Église fit le sacramentel. Ses fêtes, ses sacrements, son art, vinrent pour une grande partie des sectes qu'elle condamnait.

---

1. Irénée, I, xxv, 6.

Le christianisme pur n'a laissé aucun objet matériel; la première archéologie chrétienne est gnostique[1]. La vie, dans ces petites sectes libres et inventives, se montrait désordonnée mais puissante. Leur métaphysique elle-même s'imposa dans une large mesure; la foi fut obligée de se faire raisonneuse. A côté de l'église, il y eut désormais l'école; à côté de l'ancien, il y eut le docteur.

Quelques hommes de rare talent, d'ailleurs, se faisant les organes de ces doctrines jusque-là sans autorité, les tirèrent de l'état de spéculations individuelles où elles auraient pu rester indéfiniment, et les élevèrent à la hauteur d'un véritable événement dans l'histoire de l'humanité[2].

---

1. Matter, *Hist. crit. du gnost.*, II, p. 489 et suiv., et planches; Garrucci, *Dissert. archeol.*, vol. II, p. 73.

2. Pour la chronologie de ces sectaires, voir Clém. d'Alex. *Strom.*, VII, 17. Cf. Pseudo-Tertullien (Hippolyte?), *Præscr.*, c. 48. La gnose combattue dans les épîtres à Tite et à Timothée est la première gnose antérieure à Valentin et à Basilide. Elle se présente aux yeux de l'auteur comme essentiellement judaïque (essénienne), I Tim., i, 4, 7, 17; ii, 5; iv, 3, 4; vi, 6; II Tim., ii, 18; iii, 1-7; Tit., i, 10, 11, 14, 15; ii, 13; iii, 9. Il en faut dire autant de la gnose combattue dans l'Épître aux Colossiens.

CHAPITRE X.

BASILIDE, VALENTIN, SATURNIN, CARPOCRATE.

Basilide[1], qui semble être venu de Syrie demeurer en basse Égypte, à Alexandrie et dans les nomes environnants, fut le premier de ces dogmatiseurs étranges, auxquels on hésite par moments à donner le nom de chrétiens. Il fut, dit-on, disciple de

---

1. Justin, *Dial.*, 35; Hégésippe, dans Eus., *H. E.*, IV, XXII, 5; Irénée, I, ch. 22, 23, 24; Canon de Muratori, ligne 83; Clément d'Alex., *Strom.*, I, 21; II, 3, 20; III, 1; IV, 12, 25, 26; VI, 6; VII, 17; *Excerpta ex Theod.*, parmi les ouvr. de Clém. d'Alex.; Tertull., *Præscr.*, 46 (appendice, qui paraît être un opuscule d'Hippolyte); Origène, *In Jer.*, hom. x, 5; *In Matth. comment. series*, 28; *In Luc.*, hom. 1; *Philosoph.*, VII, 20-27; X, 14; saint Cyprien, Epist. 75; Eusèbe, *H. E.*, IV, 7; *Chron.*, ann. 133; Épiphane, XXIII, 1, 7, et XXIV; XXV, 4; XXVI, 2; XXXII, 3, 4; saint Jérôme, *In Lucif.*, 8; *In Matth.*, prol.; *In Tit.*, prol.; Epist. 53 (29); *In Jov.*, II, sub fin.; *De viris ill.*, c. 21; *Contra Vigil.*, 2; Théodoret, *Hæret. fab.*, I, 2, 4; Dispute d'Archelaüs, dans Zacagni, *Collectanea monum. vet.*, p. 101; Philastre, c. 32; Pseudo-Augustin, *De hær.*, 4.

Ménandre, et paraît avoir eu deux enseignements : l'un, destiné aux initiés, se tenait dans les régions d'une métaphysique abstraite, plus analogue à celle d'Aristote qu'à la doctrine de Christ[1] ; l'autre était une sorte de mythologie, fondée, comme la cabbale juive, sur des abstractions prises pour des réalités. La métaphysique de Basilide, par sa grandeur maladive, rappelle celle de Hegel. Elle devait beaucoup à la cosmologie stoïcienne. La vie universelle est le développement d'une *panspermie* ; de même que la semence contient le tronc, les racines, les fleurs, les fruits de la plante future, de même le devenir de l'univers n'est qu'une évolution. La filiation[2] est le secret de toute chose; l'espèce est fille du genre et n'en est que l'épanouissement. La somme des aspirations des créatures s'exerce dans le sens du bien. Le progrès s'opère par « l'esprit limitrophe[3] », qui,

---

1. *Philos.*, VII, 14. Les *Philosophumena* (livre VII) sont presque le seul document qui nous ait conservé cet enseignement. Quelques membres épars s'en retrouvent pourtant dans Clément d'Alexandrie. L'auteur des *Philosophumena* a sans doute fait cette analyse sur les ouvrages originaux de Basilide. On ne saurait ni repousser son témoignage, ni s'en servir pour réduire à néant ce qu'Irénée, Épiphane et les autres Pères de l'Église, Clément d'Alexandrie lui-même, nous disent des mythes religieux de Basilide.

2. Υἱότης.

3. Μεθόριον πνεῦμα.

ayant un pied en quelque sorte dans le monde idéal et un autre dans le monde matériel, fait circuler l'idée dans la matière et l'élève sans cesse. Une sorte de gémissement universel de la nature, un sentiment mélancolique de l'univers appelle le repos final, qui consistera en une inconscience générale [1] des individus au sein de Dieu et dans l'extinction absolue de tout désir. « La bonne nouvelle » du progrès a été portée au monde par Jésus, fils de Marie. Déjà, avant lui, une élite de païens et de juifs avait fait triompher l'élément pneumatique sur l'élément somatique; mais Jésus a su accomplir d'une manière complète la séparation des deux éléments, si bien qu'il n'est resté chez lui que l'élément pneumatique. De la sorte, la mort n'a eu rien à prendre en lui. Tous les hommes doivent l'imiter et atteindre au même but. Ils y arrivent en accueillant d'un cœur empressé « la bonne nouvelle », c'est-à-dire la gnose transcendante [2].

Pour rendre ces idées plus accessibles, Basilide leur donna une forme cosmogonique, analogue à celles qui étaient familières aux religions de la Phénicie, de la Perse et de l'Assyrie. C'était une sorte d'épopée divine, ayant pour héros les attributs divins

---

1. Ἡ μεγάλη ἄγνοια. Voir *Philos.*, VII, 27.
2. Εὐαγγέλιόν ἐστι κατ' αὐτοὺς ἡ τῶν ὑπερκοσμίων γνῶσις. *Phil.*, VII, 27.

personnifiés[1], et dont les divers épisodes représentaient la lutte du bien et du mal. Le bien est le dieu suprême, ineffable, perdu en lui-même. Son nom est *Abraxas*. Cet être éternel se développe en sept perfections, qui forment avec l'Être lui-même la divine *ogdoade*. Les sept perfections, *Noûs, Logos, Sophia*, etc., en s'accouplant, ont produit les ordres d'anges inférieurs (éons, mondes)[2], au nombre de trois cent soixante-cinq. Ce nombre est celui que donnent les lettres du mot *abraxas*, additionnées selon leur valeur numérique.

Les anges du dernier ciel, dont le prince est Jéhovah, ont créé la terre, qui est le plus médiocre des mondes, le plus souillé de matière, sur le modèle fourni par Sophia, mais sous l'empire de nécessités qui en font un composé de bien et de mal. Jéhovah et les démiurges se sont partagé le gouvernement de ce monde, et se sont distribué entre eux les provinces

---

1. Ce procédé est l'essence même de la mythologie persane. Se rappeler toute la théorie des *Amschaspands*. Voir J. Darmesteter, *Haurvatât et Ameretât*, Paris, 1875 ; *Ormazd et Ahriman*, Paris, 1877, p. 38 et suiv. Comparez les *Sephiroth* de la Cabbale. C'est ainsi que des attributs ou des fonctions de Jéhovah sont devenus des anges chez les musulmans (רצון = رضوان).

2. Αἰών = *seculum* = phén. *oulom* = hébr., *olam* = arab., *álem (rabb el-âlémîn)*, équivalent de *sebaoth*. Cf. Hebr. ı, 2 ; xı, 3 ; I Tim., ı, 17.

et les peuples¹. Ce sont les dieux locaux des différents pays. Jéhovah a choisi les Juifs ; c'est un dieu envahisseur, conquérant. La Loi, son ouvrage, est un mélange de vues matérielles et de vues spirituelles. Les autres dieux locaux ont dû se coaliser contre ce voisin agressif, qui, en dépit du partage convenu, a voulu soumettre toutes les nations à la sienne.

Pour mettre fin à cette guerre des dieux, le Dieu suprême a envoyé le prince des éons, *Noûs*, son premier fils, avec mission de tirer les hommes de la puissance des anges démiurges. *Noûs* ne s'est pas précisément incarné. Au moment du baptême, *Noûs* s'est attaché la personne de l'homme Jésus et ne l'a quittée qu'au moment de la Passion. Selon certains disciples de Basilide, une substitution se fit à ce dernier moment, et Simon de Cyrène fut crucifié en place de Jésus². Les persécutions auxquelles Jésus et les apôtres furent en butte de la part des Juifs venaient de la colère de Jéhovah, qui, voyant son règne menacé, faisait un dernier effort pour conjurer les dangers de l'avenir.

La place que Basilide attribue à Jésus dans l'économie de l'histoire du monde ne diffère pas essen-

---

1. Comp. Celse, dans Orig., V, 25.
2. Voir *les Évangiles*, p. 421-422, 461-462 ; ci-après, p. 173.

tiellement de celle qui lui est attribuée dans l'Épître aux Colossiens et dans l'Évangile pseudo-johannique. Basilide savait quelques mots d'hébreu [1], et avait sûrement appris son christianisme des ébionites. Il donnait pour son maître un prétendu Glaucias, interprète de saint Pierre [2]. Il se servait du Nouveau Testament, tel à peu près que le consentement général l'avait fait, excluant certains livres, en particulier les Épîtres aux Hébreux, à Tite, à Timothée, admettant l'Évangile de Jean [3]. Il écrivit vingt-quatre livres d'expositions allégoriques sur l'Évangile [4], sans que l'on puisse dire de quels textes au juste il se servait. A l'exemple de toutes les sectes qui entouraient l'Église orthodoxe et la suçaient en quelque sorte, Basilide fabriqua des livres apocryphes, des traditions ésotériques attribuées à Matthias [5], des révélations prêtées à des personnages chimériques, Barcabban et Barcoph, des prophéties de Cham. Comme Valentin, il

---

1. Le nom de *Kavlakav*, qu'il donnait au Christ, vient d'Isaïe, XXVIII, 10. Cf. *Philosoph.*, V, 8.

2. Clém. d'Alex., *Strom.*, VII, 17.

3. *Philos.*, VII, 22, 27.

4. Eus., *H. E.*, IV, 7, d'après Agrippa Castor; Clém. d'Alex., *Strom.*, IV, 12; Origène, *In Luc.*, hom. I, XXIX, XXXI; Dispute d'Archélaüs, p. 104. Cf. *Spicilége* de Grabe, et *Zeitschrift für Kirchengeschichte* de Brieger, t. Ier, p. 542 et suiv.

5. Hilgenfeld en a recueilli les débris. *Nov. Test. extra Can. rec.*, IV, p. 50 et suiv. Cf. la *Zeitschrift* précitée, p. 539 et suiv.

paraît avoir composé des psaumes ou cantiques sacrés[1]. Enfin, outre le commentaire sur les Évangiles reçus qu'il avait rédigé, il y avait un Évangile, analogue à celui des Hébreux, des Égyptiens, des ébionites, peu différent de Matthieu, qui portait le nom de Basilide[2]. Son fils Isidore continua son enseignement, commenta ses prophètes apocryphes, développa ses mythes[3]. Les chrétiens faibles se laissaient facilement séduire à ces rêveries. Un écrivain ecclésiastique docte et estimé, Agrippa Castor, s'en fit, dès l'apparition même, l'ardent adversaire[4].

La théurgie est d'ordinaire la compagne des intempérances religieuses. Les basilidiens n'inventèrent pas, mais ils adoptèrent les vertus magiques du mot *abraxas*[5]. On leur reprocha aussi une morale fort relâchée. Il est certain que, quand on attache tant d'importance à des formules métaphysiques, la simple et bonne morale paraît chose humble et presque indif-

1. Passages d'Origène, discutés dans Hesse, *Muratori'sche Fragment*, p. 292.
2. Clém. d'Alex., *Strom.*, III, 1 ; Origène, hom. I *in Luc.*; Epiph., XXIV, 5; Saint Ambroise, *In Luc.*, I, 2.
3. Voir des fragments de lui dans Clém. d'Alex., *Strom.*, II, 20; III, 1 ; VI, 6.
4. Eusèbe, *H. E.*, IV, VII, 8; saint Jérôme, *De viris ill.*, 21.
5. La question des pierres dites basilidiennes sera traitée dans notre VIIe livre. V. Matter, *Hist. crit. du gnost.*, planches.

férente. L'homme devenu parfait par la gnose peut tout se permettre. Il semble que Basilide ne disait pas cela[1]; mais on le lui fit dire, et cela était jusqu'à un certain point la conséquence de sa théosophie. Le mot qu'on lui prêta : « Les hommes, c'est nous; les autres ne sont que porcs et chiens[2] », n'était de même que la traduction brutale du mot plus acceptable : « Je parle pour un sur mille[3]. » Les goûts de mystère qu'avait la secte, son habitude de fuir le jour et de se cacher aux yeux de la foule, le silence qu'on exigeait des adeptes, donnaient lieu à ces bruits. Il se mêlait à tout cela beaucoup de calomnies. Ainsi on accusa Basilide d'avoir soutenu, comme tous les gnostiques[4], qu'on pouvait sans crime renoncer en apparence aux croyances pour lesquelles on était persécuté, se prêter aux actes, indifférents par eux-mêmes, que la loi civile exigeait, aller même jusqu'à maudire Christ, à condition de distinguer dans son esprit entre l'éon *Noûs* et l'homme Jésus. Or nous possédons le texte original

---

1. Clém. d'Alex., *Strom.*, III, 1.
2. Epiph., XXIV, 5.
3. Irénée, I, XXIV, 6.
4. Irénée, I, XXIV, 6; Tertullien, *Scorpiace*, 1 et suiv , 15; *Adv. Val.*, 30; Orig., *In Matth. comm. series*, § 38; Epiph., XXIV, 4. Cf. saint Jérôme, *Contra Vigil.*, c. 3.

de Basilide¹, et nous y trouvons une critique du martyre bien plus modérée que celle qui lui était prêtée par ses adversaires. Il est vrai que, n'accordant aucune importance au Jésus réel, les gnostiques n'avaient pas de raison de mourir pour lui. Ce n'étaient en tout que des demi-chrétiens². Peut-être les superstitions qui sortirent de la secte basilidienne ne furent-elles pas la faute de Basilide. Quelques-unes de ses maximes étaient fort belles. Son style, d'après les morceaux que nous possédons de lui, paraît avoir été obscur et prétentieux.

Valentin lui fut assurément supérieur. Quelque chose de triste, une morne et glaciale résignation fait du système de Basilide une sorte de mauvais rêve. Valentin pénètre tout d'amour et de miséricorde. La rédemption du Christ a pour lui un sens de joie; sa doctrine fut une consolation pour plusieurs, et de vrais chrétiens l'adoptèrent ou du moins l'admirèrent.

Ce célèbre illuminé³, né, à ce qu'il semble, dans

---

1. Clément d'Alexandrie, *Strom.*, IV, ch. XII.
2. Irénée, I, XXIV, 6; Epiph., XXIV, 5.
3. Justin, *Dial.*, 35 (cf. Tertullien, *In Val.*, 5); Hégésippe, dans Eusèbe, *H. E.*, IV, XXII, 5; Canon de Muratori, ligne 80; Irénée, proœm., I et II entiers; III, 2, 3, 4, 11, 15, 19; IV, proœm.; Clément d'Alex., *Strom.*, II, 3, 8, 20; III, 7; IV, 13; VI, 6 : VII, 17; Plotin, *Enn.*, II, XX entier (cf. Porphyre, *Vie de*

la basse Égypte, se forma dans les écoles d'Alexandrie et y tint son premier enseignement. Chypre, à ce qu'il paraît, le vit aussi dogmatiser [1]. Ses ennemis mêmes lui accordent du génie, un vaste savoir, une rare éloquence. Gagné par les grandes séductions du christianisme et attaché à l'Église, mais nourri de Platon et plein des souvenirs de l'érudition profane, il ne se contenta pas de la nourriture spirituelle que les pasteurs donnaient aux simples ; il voulut quelque chose de plus relevé. Il conçut une sorte de rationalisme chrétien, un système général du monde, où le christianisme aurait une place de premier ordre, mais ne serait pas tout. Éclairé, tolérant, il admettait une révélation pour les

---

Plotin, 16) ; *Philosophumena*, VI, 21-37 ; Origène, *In Ezech.*, hom. III ; *Contre Celse*, II, 27. Tertullien, *Adv. Valentinianos; Præscr.*, 7, 30, 33 ; *De resurr. carn.*, 2 ; *Excerpta ex scriptis Theodoti*, à la suite des ouvr. de Clém. d'Alex.; Eusèbe, *Chron.*, année 141 ; saint Cyrille de Jér., catéch. VI, 17-19 ; saint Jér., *In Os.*, x ; Épiphane, hær. XXXI ; XLII, 12 ; Théodoret, I, 7 ; Philastre, c. 38 ; Pseudo-Augustin, *De hær.*, hær. XI ; Photius, cod. CCXXX. Comp. lettres pseudo-ignatiennes, surtout *Ad. Magn.*, 8 ; *Pistis sophia*, publiée par Schwartze (cf. *Comptes rendus de l'Acad. des inscript.*, 1872, p. 333 et suiv.) ; autres traités gnostiques, en copte, encore inédits, *Comptes rendus*, ibid., p. 350-352, note ; Dulaurier, *Fragm. des révél. de S. Barth.*, Paris, 1835.

1. Philastre, *l. c.* Cf Lipsius, *Die Quellen der œlt. Ketz.*, p. 256-258.

païens comme pour les Juifs[1]. Une foule de choses dans l'enseignement de l'Église lui paraissaient grossières, inadmissibles aux yeux d'un esprit cultivé. Il appelait les orthodoxes « galiléens », non sans une nuance d'ironie[2]. Avec presque tous les gnostiques, il niait la résurrection des corps, ou plutôt soutenait que, en ce qui concerne les parfaits, la résurrection est accomplie[3], qu'elle consiste dans la connaissance de la vérité, l'âme seule pouvant être sauvée[4].

Si Valentin se fût borné à nourrir intérieurement ces pensées, à en causer avec ses amis, à ne fréquenter l'Église que dans la mesure où cela répondait à ses sentiments, sa situation eût été tout à fait correcte. Mais il voulait plus : il voulait, avec ses idées, avoir de l'importance dans l'Église, et il avait tort ; car l'ordre de spéculation où il se complaisait n'était pas celui que l'Église devait encourager. Le but de l'Église était l'amélioration des mœurs et la diminution des souffrances du peuple, non la science,

1. Clém. d'Alex., *Strom.*, VI, 6.
2. Fragm. dans Photius, cod. ccxxx, p. 273, Bekker.
3. Tertullien, *Præscr.*, 33 ; *De resurr. carnis*, 2, 19 ; Pseudo-Aug., hær. 11.
4. C'est la doctrine que paraît combattre *II Clem.*, 9 : Ἡ σάρξ οὐ κρίνεται οὐδὲ ἀνίσταται. Cf. Hermas, Sim. v, 7 ; *Acta Theclæ*, 14 ; Justin, *Dial.*, 80 ; Irénée, I, xxiii, 4 ; II, xxxi, 1 ; V, xxxi, 1.

ni la philosophie. Valentin aurait dû se contenter d'être un philosophe. Loin de là, il cherchait, comme les ecclésiastiques, à capter des disciples. Quand il s'était insinué dans la confiance de quelqu'un, il lui proposait diverses questions pour lui montrer l'absurdité de l'orthodoxie. Il essayait en même temps de lui persuader qu'il y avait mieux que cela ; cette vérité supérieure, il l'exposait avec mystère. Si on lui faisait des objections, il laissait tomber la discussion d'un air qui signifiait: «Vous ne serez jamais qu'un simple fidèle[1].» Ses disciples se montraient également insaisissables[2]. Quand on leur adressait des questions, ils fronçaient le sourcil, contractaient leur visage, se dérobaient en disant : « O profondeur ! » Pressés, ils affirmaient, à travers mille ambiguïtés, la foi commune, puis revenaient sur leurs aveux, déroutaient l'adversaire et s'échappaient en disant : « Vous n'y entendez rien [3]. »

Déjà l'essence du catholicisme était de ne souffrir aucune aristocratie, pas plus celle de la philosophie hautaine que celle de la sainteté prétentieuse. La position de Valentin était très-fausse. Pour se

1. Irénée, III, 15; Tertullien, *In Val.*, c. 1.
2. Δυσμαθής, c'est l'épithète que leur donne le simple et bon Hermas. Sim. ix, 22.
3. Tertullien, *l. c.*

faire accepter du peuple, il conformait ses discours
à ceux de l'Église; mais les évêques étaient en
garde et l'excluaient. Les simples fidèles se laissaient
prendre; ils murmuraient même de ce que les évêques chassaient de la communion de si bons catholiques[1]. Sympathie inutile! car déjà l'épiscopat avait
enserré l'Église de toutes parts. Valentin restait ainsi
à l'état de prétendant malheureux au ministère pastoral. Il écrivit des lettres, des homélies, des hymnes
d'un ton moral élevé. Les morceaux conservés de
lui[2] ont de la force et de l'éclat; mais la phraséologie en est bizarre[3]. Cela ressemble à la manie
qu'avaient les saint-simoniens de bâtir de grandes
théories en langage abstrait pour exprimer des
réalités presque mesquines; son système général
n'avait pas cette apparence de bon sens qui fait
réussir dans la foule. L'Évangile prétendu de Jean,
avec ses combinaisons beaucoup plus simples de
Logos et de Paraclet, était appelé à de bien autres
succès.

---

1. Irénée, I, proœm.; III, 15, 19; IV, proœm.; Tertullien, *In Val.*, 1.

2. Clément d'Alexandrie, *Strom.*, II, 8, 20; III, 7; IV, 13. Les questions critiques relatives à la *Pistis Sophia* seront traitées dans notre VIIe livre.

3. Voir surtout le fragment dans Clém. d'Alex., *Strom.*, IV, 13.

Valentin part, comme tous les gnostiques, d'une métaphysique dont le principe fondamental est que Dieu se manifeste par des émanations successives, dont le monde est la plus humble. Le monde est une œuvre trop imparfaite pour un ouvrier infini ; c'est la copie misérable d'un modèle divin. Au commencement est l'Abîme (*Bythos*) inaccessible, insondable, nommé aussi *Proarché*, *Propator*. Le Silence (*Sigé*) est son éternelle compagne. Après des siècles de solitude et de contemplation muette de son être, l'Abîme veut enfin se produire au dehors et engendre de sa compagne un premier couple, une *syzygie*, *Noûs* ou *Monogénès* et *Aléthia* (Vérité) ; ceux-ci engendrent *Logos* et *Zoé*, qui engendrent à leur tour *Anthropos* et *Ecclesia*[1]. Avec le couple primordial, ces trois syzygies forment l'ogdoade et, avec d'autres syzygies émanées de *Logos* et *Zoé*, d'*Anthropos* et *Ecclesia*, le *plérome* divin, la plénitude de la divinité, désormais consciente d'elle-même[2]. Ces couples déchoient de la perfection à mesure qu'ils s'éloignent de la source première ; en même temps, l'amour de la perfection, le regret,

---

1. Comparez la triade hermétique : « Dieu, le monde et l'homme. » *Asclepios*, 6.
2. Voir ci-dessus, p. 55-57, la façon dont tous ces termes sont groupés dans l'Évangile dit de Jean.

le désir de revenir à leur principe s'éveillent en eux. *Sophia* surtout fait une tentative hardie pour embrasser *Bythos* invisible, qui ne se révèle que par son *Monogène* (fils unique). Elle va s'exténuant, s'étendant sans cesse pour embrasser l'invisible ; entraînée par la douceur de son amour, elle est sur le point d'être absorbée en *Bythos*, d'être anéantie. Le plérome tout entier est dans la confusion. Pour rétablir l'harmonie, *Noûs* ou *Monogène* engendre *Christos* et *Pneuma*, qui pacifient les éons et font régner entre eux l'égalité. Alors, par reconnaissance pour *Bythos*, qui les a pacifiés, les éons mettent en commun ce qu'ils ont de plus parfait, et en forment l'éon Jésus, le premier-né de la création, comme Monogène avait été le premier-né de l'émanation. Jésus devient ainsi dans le monde inférieur ce que *Christos* avait été dans le plérome divin.

Par suite des ardeurs de sa passion insensée, *Sophia* avait produit à elle seule une sorte d'avorton hermaphrodite et sans conscience, Hakamoth [1], appelée aussi *Sophia Prunicos* ou *Prunice*, qui, chassée du plérome, s'agitait dans le vide et la nuit. Touché de pitié pour cet être malheureux, Christos, appuyé sur *Stavros* (la croix), lui vient en aide, donne à l'éon

---

1. Mot hébreu, *Hacmoth*, « la Sagesse », Prov., XIV, 1.

manqué une forme déterminée et la conscience; mais il ne lui donne pas la science, et *Hakamoth*, repoussée encore du plérome, est rejetée dans les espaces. Livrée à toute la violence de ses désirs[1], elle enfante d'une part l'âme du monde et toutes les substances psychiques, de l'autre la matière. Les angoisses alternaient chez elle avec l'espérance. Tantôt elle redoutait son anéantissement; d'autres fois les souvenirs de son passé perdu la ravissaient. Ses larmes fournirent l'élément humide, son sourire fut la lumière, sa tristesse fut la matière opaque. Enfin l'éon Jésus vint la sauver, et, dans son ravissement, la pauvre délivrée enfanta l'élément pneumatique, le troisième des éléments qui constituent le monde. *Hakamoth* ou *Prunice* ne se repose pas néanmoins; l'agitation est son essence; il y a en elle comme un travail de Dieu; produire est la loi de son être; elle souffre d'un éternel flux de sang. La part mauvaise de son activité se concentre dans les démons; l'autre partie,

---

[1]. Προύνικος veut dire lascif. C'est une forme de Πόθος, le Désir, ou *Apason* (phén. = hébr. *hepson*), des cosmogonies asiatiques. Cf. Celse, dans Orig., VI, 34. Les gnostiques identifiaient Prunice avec l'hémorroïsse de l'Évangile, et c'est là probablement l'origine de la Véronique. V. Maury, *Croy. et lég.*, p. 333 et suiv. Rapprochez la statue élevée par l'hémorroïsse (Eus., *H. E.*, VII, 84) des portraits de Jésus que prétendaient posséder les carpocratiens. Irén., I, xxv, 6; Épiph., xxvii, 6. Cf. Macarius Magnès, p. 4 de l'édit. Blondel; Pitra, *Spicil. Sol.*, I, p. 332, 333.

réunie à la matière, met en celle-ci le germe d'un feu qui la dévorera un jour.

Avec l'élément psychique, Hakamoth crée le Démiurge, qu lui sert d'instrument pour organiser le reste des êtres. Le Démiurge crée les sept mondes et l'homme dans le dernier des mondes. Mais, ô surprise! voilà que dans l'homme se révèle un principe supérieur et tout divin; c'est l'élément pneumatique, que Hakamoth avait mis par mégarde en son ouvrage. Le créateur est jaloux de sa propre créature; il lui tend un piége (la défense de manger le fruit paradisiaque); l'homme y tombe. Il serait perdu à jamais sans l'affection que lui porte sa mère Hakamoth. La rédemption de chaque monde s'est faite par un sauveur spécial. Le sauveur de l'homme a été l'éon Jésus, revêtu du principe pneumatique par Hakamoth, du principe psychique par le Démiurge, du principe matériel par Marie, — identifié enfin à *Christos,* qui, le jour de son baptême, descendit en lui sous forme de colombe, et ne le quitta qu'après la condamnation de Pilate. Le principe pneumatique persévéra en Jésus jusqu'à l'agonie de la croix. Le principe psychique et le principe matériel seuls souffrirent; ils s'élevèrent au ciel par l'Ascension. Avant Jésus, il y a eu des gnostiques; mais Jésus est venu les réunir, en former une Église par le Saint-Esprit. L'Église ne se compose ni des corps, ni des âmes; elle se compose des esprits; les gnostiques seuls la constituent. A la fin du monde, la matière sera dévorée par le feu intérieur qu'elle recèle; le Christ régnera à la place du Démiurge, et Hakamoth fera définitivement son entrée dans le plérome, désormais pacifié.

Les hommes se partagent, par leur nature même et indépendamment de leurs efforts, en trois catégories, selon que l'élément matériel, l'élément psychique ou animal, et l'élément pneumatique dominent en eux. Les hommes matériels, voués irrévocablement aux œuvres de la chair, sont les païens; les hommes psychiques sont les simples fidèles, le commun des chrétiens; ils peuvent, en vertu de leur essence intermédiaire, s'élever ou déchoir, se perdre dans la matière ou se confondre dans l'esprit. Les hommes pneumatiques sont les gnostiques, qu'ils soient chrétiens, ou qu'ils aient été juifs comme les prophètes, ou païens comme les sages de la Grèce. Les pneumatiques seront un jour réunis au plérome[1]. Les matériels mourront tout entiers; les psychiques seront damnés ou sauvés selon leurs œuvres. Le culte extérieur est un symbole, bon pour les psy-

---

1. Fragm. d'une homélie de Valentin, dans Clém. d'Alex., *Strom.*, IV, 13.

chiques, tout à fait inutile aux contemplateurs purs. Éternelle erreur des sectes mystiques, plaçant l'initiation à leurs chimères au-dessus des bonnes actions, qu'elles affectent de laisser aux simples! Là est la raison pour laquelle toute gnose arrive, quoi qu'elle fasse, à l'indifférence des œuvres, au dédain de la vertu pratique, c'est-à-dire à l'immoralité.

Il y a sûrement quelque chose de grand dans ces mythes étranges. Quand il s'agit de l'infini, de choses qu'on ne peut savoir que partiellement et à la dérobée, qu'on ne peut exprimer sans les fausser, le pathos même a son charme; on s'y plaît, comme à ces poésies un peu malsaines, dont on blâme le goût, mais qu'on ne peut se défendre d'aimer. L'histoire du monde, conçue comme l'agitation d'un embryon qui cherche la vie, qui atteint péniblement la conscience, qui trouble tout par ses agitations, ces agitations elles-mêmes devenant la cause du progrès et aboutissant à la pleine réalisation des vagues instincts de l'idéal, voilà des images peu éloignées de celles que nous choisissons par moments pour exprimer nos vues sur le développement de l'infini. Mais tout cela était inconciliable avec le christianisme. Cette métaphysique de rêveurs, cette morale de solitaires, cet orgueil brahmanique, qui aurait ramené, si on l'avait laissé faire, le régime des castes, eussent tué l'Église, si l'Église n'eût pris les devants. Ce n'est pas sans raison que l'orthodoxie gardait une position moyenne entre les nazaréens, qui ne voyaient en Jésus que le côté de la nature humaine, et les gnostiques, qui ne voyaient que le côté de la nature divine. Valentin se moquait de l'éclectisme naïf qui portait l'Église à vouloir accoupler deux éléments contraires [1]. L'Église avait raison. Entre la foi réglée et la libre pensée, il n'y a pas de milieu. Qui n'admet point l'autorité se met hors de l'Église, et doit se faire philosophe. « Ils parlent comme l'Église, dit Irénée [2]; mais ils pensent autrement. » Triste jeu ! Par les mêmes raisons que Basilide, Valentin fut amené à l'hypocrisie et à la fraude. Pour se dégager de la chaîne apostolique, il prétendit se rattacher à des traditions secrètes, à un enseignement ésotérique que Jésus n'aurait communiqué qu'aux plus spiritualistes de ses disciples. Valentin disait avoir reçu cette doctrine cachée d'un prétendu Théodadès ou Théodas, disciple de saint Paul [3]. C'est ce qu'il appelait, ce semble, l'Évangile de la vérité [4]. L'Évangile de Valentin se rapprochait

---

1. Fragm. dans Photius, cod. ccxxx.
2. *Adv. hær.*, I, proœm., 2. Cf. I, VIII, 1 ; IX, 4.
3. Clém. d'Alex., *Strom.*, VII, 17.
4. Irénée, III, 11 ; Tertullien (ut fertur), *Præscr.*, 49.

beaucoup, en tout cas, de celui des ébionites[1]. La durée de la période des apparitions de Jésus ressuscité y était portée à dix-huit mois[2].

Ces efforts désespérés pour accommoder en Jésus le Dieu et l'homme tenaient à des difficultés inhérentes à la nature du christianisme. En effet, le travail qui agitait la conscience chrétienne en Égypte se produisait aussi en Syrie. Le gnosticisme faisait son apparition à Antioche presque en même temps qu'à Alexandrie. Saturnin[3] ou Satornile[4], qui fut, dit-on, élève de Ménandre, comme Basilide[5], émit des idées analogues à celles de ce dernier, et encore plus fortement empreintes du dualisme persan. Le plérome et la matière, Bythos et Satan, sont les deux pôles de l'univers. Le royaume du bien et le royaume du mal ont des confins où ils se mêlent. C'est vers

---

1. Valentin connaissait, ce semble, le quatrième Évangile. *Philos.*, VI, 35.

2. V. *les Apôtres*, p. 36, note 2.

3. Justin, *Dial.*, 35 ; Hégésippe, dans Eus., *H. E.*, IV, xxii, 5 ; Irénée, I, xxiii, xxviii, 1 ; *Philosophumena*, VII, 3, 28 ; Tertullien, *Præscr.*, 46 ; Eusèbe, *H. E.*, IV, 7 ; Épiphane, xxiii ; Théodoret, I, 2. Pseudo-Augustin, hær. 3.

4. Cette seconde forme est commune dans les inscriptions. *Arch. des miss.*, 3ᵉ série, III, p. 236.

5. Épiph., xxiii, 1 ; xxiv, 1. Il faut se défier ici du parti pris par les Pères de faire sortir tout le gnosticisme de Simon le Magicien.

ces confins qu'est né le monde, œuvre des sept derniers éons ou démiurges, égarés sur les terres de Satan. Ces éons (Jéhovah est l'un d'eux) se partagent le gouvernement de leur œuvre et s'approprient chacun une planète. Ils ne connaissent pas l'inaccessible Bythos; mais Bythos leur est favorable, se révèle à eux par un rayon de sa beauté, puis se cache à leur admiration. L'image divine les hante sans cesse, et c'est d'après cette image qu'ils créent l'homme.

L'homme sorti de la main des démiurges n'était que matière. Il rampait à terre comme un ver et n'avait point de part à l'intelligence. Une étincelle venue du plérome lui porte la vraie vie. Il pense, il se dresse sur ses pieds. Satan alors est rempli de colère, et ne songe qu'à opposer à cet homme régénéré, œuvre mixte des démiurges et de Dieu, un homme sorti de lui tout entier. A côté de l'humanité divine, il y a désormais l'humanité satanique. Pour comble de malheur, les démiurges se révoltent contre Dieu, et séparent la création du principe supérieur où elle doit puiser la vie. L'étincelle divine ne circule plus du plérome à l'humanité, de l'humanité au plérome. L'homme est voué au mal et à l'erreur. Christ le sauve, en supprimant l'action du dieu des Juifs; mais a lutte des hommes du bien et des hommes du mal continue. Les hommes du bien sont les gnostiques ; l'âme est tout en eux, et, par conséquent, ils vivent éternellement. Le corps, au contraire, ne saurait ressusciter ; il est condamné à périr. Ce qui propage le corps propage l'empire de Satan ; le mariage, par conséquent, est une œuvre mauvaise. Il affaiblit le principe divin dans l'homme, en subdivisant ce principe à l'infini.

Toutes ces sectes, on le voit, se trouvaient dans une égale incapacité de donner à la morale une assise sérieuse. Elles évitaient même difficilement l'écueil des débauches secrètes et les accusations d'infamie. Sur ce terrain glissant, Alexandrie ne sut pas s'arrêter. Il était dans la destinée de cette ville extraordinaire de voir, à son époque la plus brillante, toutes les maladies du temps éclater dans son sein avec toute leur énergie. Carpocrate y tira les conséquences d'une philosophie malsaine, qui portait dans tous les ordres les exagérations d'un supernaturalisme intempérant, ballottait l'homme de l'ascétisme à l'immoralité, le laissant rarement dans le juste milieu de la raison. Carpocrate et son fils Épiphane [1]

---

1. Hégésippe, dans Eus., IV, xxii, 5 ; Origène, *Contre Celse*, V, 62 ; Irénée, I, 6, 25, 28 ; Clém. d'Alex., *Strom.*, III, 2, 4 ; Tertullien, *De anima*, 23, 35 ; *Præscr.*, 48 ; *Philosophumena*, VII, 32 ; Eusèbe, *H. E.*, IV, vii, 9 (cf. II, xiii, 7) ; Épiphane,

ne reculèrent devant aucun des excès du mysticisme sensuel, proclamant l'indifférence des actes, la communauté des femmes, la sainteté de toutes les perversions, comme des manières de délivrer l'esprit de la chair. Cette délivrance de l'homme spirituel, qui arrache l'âme aux méchants démiurges pour la réunir au Dieu suprême, a été l'œuvre des sages, Pythagore, Platon, Aristote, Jésus, etc. On adorait les statues de ces sages, on les couronnait, on leur offrait de l'encens, même des sacrifices. Jésus, fils de Joseph, avait été, selon Carpocrate, l'homme le plus juste de son temps. Après avoir pratiqué le judaïsme, il en reconnut la vanité, et c'est par cet acte de dédain qu'il mérita la délivrance. Il n'est nullement interdit d'aspirer à l'égaler et même à le surpasser en sainteté. Sa résurrection est une impossibilité; son âme seule a été reçue au ciel; son corps est resté sur la terre. Les apôtres Pierre, Paul et les autres ne furent pas inférieurs à Jésus. Mais, si on pouvait arriver à un plus parfait mépris pour le monde des démiurges, c'est-à-dire pour la réalité, on les surpasserait. Ce pouvoir, les carpocratiens prétendaient l'exercer par des opérations magiques, des philtres, des maléfices. Il est clair que ce n'étaient

xxvi, 2, 3; xxvii; xxx, 14; xxxii, 3; Théodoret, I, 5; Philastre. 35; Pseudo-Aug., hær. vii.

pas là de vrais membres de l'Église de Jésus. Ces sectaires se donnaient néanmoins le nom de chrétiens, et les orthodoxes en étaient désolés[1]. Il se passait, en effet, dans leurs conventicules, des abominations du genre de celles que les calomniateurs des chrétiens reprochaient aux fidèles, et cette usurpation de nom servait à enraciner dans la foule les plus déplorables préjugés[2].

Loin de montrer la moindre complaisance envers ces coupables mystères[3], l'Église n'avait pour eux que de l'horreur. Elle y appliqua les plus forts anathèmes qu'elle put trouver dans ses textes sacrés. On se rappela ce qui est dit contre les nicolaïtes au début de l'Apocalypse[4]. Le nom de nicolaïtes, dans l'intention du voyant de Patmos, désigne probablement les partisans de saint Paul; en tout cas, une telle désignation n'a rien de commun avec le diacre Nicolas, l'un des Sept de l'Église primitive de Jérusalem. Mais cette fausse identification s'accrédita de bonne heure. On mit sur le compte du pré-

---

1. Justin, *Apol. I*, 4, 26; *Dial.*, 35. Justin, sans affirmer leurs infamies, n'est pas fâché d'y laisser croire : οὐ γινώσκομεν.

2. Irénée, Clément, Eusèbe, Épiphane, *l. c.* Cf. Justin, *Apol. I*, 26, 27; Tertullien, *Apol.*, 7; Minucius Felix, *Oct.*, 9 et suiv.; Eusèbe, *H. E.*, IV, vii; V, 1, 14.

3. I Tim., i, 7; iv, 3. — I Tim., iv, 4-6, semble viser Saturnin

4. Voir *l'Antechrist*, p. 363, 365.

tendu hérésiarque de honteuses histoires fort analogues à celles qu'on se racontait sur les carpocratiens[1]. Beaucoup d'aberrations se produisaient de toutes parts. Il n'y avait pas de paradoxe qui n'eût ses défenseurs. Il se trouvait des gens pour prendre la défense de Caïn, d'Esaü, de Coré, des Sodomites, de Judas lui-même. Jéhovah était le mal, un tyran plein de haine; il avait été bien de braver ses lois. C'étaient là des espèces de paradoxes littéraires, de même que, il y a trente ou quarante ans, la mode était de présenter les criminels comme des héros, parce qu'on les supposait en révolte contre un ordre social mauvais. Il y eut un Évangile de Judas. On disait pour l'excuse de ce dernier qu'il avait trahi Jésus à bonne intention, parce qu'il avait découvert que son maître voulait ruiner la vérité. On expliquait aussi la conduite du traître par un motif d'intérêt pour l'humanité. Les puissances du monde (c'est-à-dire Satan et ses suppôts) voulaient arrêter l'œuvre du salut en empêchant que Jésus mourût. Judas, qui savait

---

1. Irénée, I, 26, 31; III, 11; Clém. d'Alex., *Strom.*, II, 20; III, 4; Tertullien, *Præscr.*, 33, 47; *De bapt.*, 1; *Constit. apost.*, VI, 8; Victorin de Pettau, dans *Bibl. Patr.*, Paris, I, p. 571; Eusèbe, *H. E.*, III, 29; Épiphane, hær. xxv, xxvi, xxxviii, 2; Théodoret, I, 15; III, 1; Pseudo-Aug., hær. v, viii; Philastre, 33; Pseudo-Ignace interpolé, *ad Trall.* et *ad Philad.*; Cassien, *Coll.*, xviii, 16; Prædestinatus, c. 4, 18.

qu'il était avantageux que Jésus expirât sur la croix, rompît le charme, en le livrant à ses ennemis. Il fut ainsi le pneumatique le plus pur. On appelait ces singuliers chrétiens caïnites [1]. Ils enseignaient, comme Carpocrate, que, pour être sauvé, il faut avoir fait toute sorte d'actions et, en quelque manière, épuisé toutes les expériences de la vie ; ils mettaient, dit-on, la perfection de l'homme éclairé à commettre hardiment les œuvres les plus ténébreuses. Chaque action a un ange qui y préside ; ils invoquaient cet ange en la faisant. Leurs livres étaient dignes de leurs mœurs. Ils avaient l'Évangile de Judas et quelques autres écrits, faits pour exhorter à détruire l'œuvre du Créateur, un livre, en particulier, intitulé *l'Ascension de saint Paul*, où il paraît qu'ils avaient mis des abominations.

C'étaient là des aberrations sans portée véritable, et que certainement les gnostiques sérieux repoussaient aussi bien que les orthodoxes. Ce qu'il y avait de réellement grave, c'était la destruction du christianisme qui était au fond de toutes ces spéculations. On supprimait en réalité le Jésus vivant ; on ne laissait qu'un Jésus fantôme sans efficacité pour la conversion

---

[1]. Irénée et autres passages cités ci-dessus, p. 182, note. Cf. Clément d'Alex., *Strom.*, VII, 17 ; Chabouillet, *Catal. des camées de la Bibl. imp.*, p. 286, 288.

du cœur. On remplaçait l'effort moral par une prétendue science; on mettait le rêve à la place des réalités chrétiennes; chacun se donnait le droit de se tailler à sa guise un christianisme de fantaisie dans les dogmes et les livres antérieurs. Ce n'était plus le christianisme; c'était un parasite étranger qui cherchait à se faire passer pour une branche de l'arbre de vie. Jésus n'était plus un fait sans analogue; il était une des apparitions de l'esprit divin [1]. Le docétisme, réduisant à l'apparence toute la vie humaine de Jésus, était le fond de toutes ces erreurs. Modéré encore chez Basilide et Valentin [2], il est absolu chez Saturnin [3], et, chez Marcion, nous le verrons réduire toute la carrière mondaine du Sauveur à une pure apparition.

L'orthodoxie saura résister à ces dangereuses imaginations [4], tout en se laissant entraîner parfois à ce qu'elles avaient de séducteur [5]. Des Évangiles se

1. Cette doctrine des Christs successifs se trouve déjà chez les elkasaïtes. *Philos.*, X, 29.

2. Irénée, III, XVI, 1; *Philos.*, VI, 35; VII, 26, 27; Clém. d'Alex., *Strom.*, III, 7; Tertullien, *Adv. Valent.*, c. 27; Theodoret, *Hæret. fab.*, I, 7.

3. Irénée, I, XXIV, 2. Cf. Irénée, III, X, 4; XI, 1, 3, 7; XVI, 1; IV, XXXIII, 5; V, 1, 2; Clém. d'Alex., *Strom.*, VII, 17; *Philosoph.*, VIII, 11; Eusèbe, *H. E.*, VI, 12.

4. I Joh., I, 1; IV, 1 et suiv.; II Joh., 7; Pseudo-Ign., *ad Trall.*, 10; *ad Smyrn.*, 2, 4, 5; et Polycarpe, 7.

5. Notez le singulier passage Pseudo-Ign., *ad Eph.*, 19.

répandaient, profondément empreints des idées nouvelles. L' « Évangile de Pierre » était l'expression du pur docétisme. L' « Évangile selon les Égyptiens » était un remaniement, fait selon les idées de la théosophie alexandrine de l' « Évangile selon les Hébreux [1] ». L'union des sexes y était condamnée. « Le Seigneur, interrogé par Salomé quand arrivera son règne, répondit : « Quand vous foulerez aux pieds » le vêtement de la pudeur, quand deux feront un, » quand ce qui est extérieur sera semblable à ce qui » est intérieur, et que le mâle uni à la femelle ne sera » ni mâle ni femelle [2]. » Interprétées selon les règles du vocabulaire de Philon, ces singulières paroles signifient que, au terme de l'humanité, le corps sera spiritualisé et rentrera dans l'âme, si bien que l'homme ne sera plus qu'un pur esprit. Les « tuniques de peau » dont Dieu couvrit Adam deviendront alors inutiles ; l'innocence première régnera de nouveau.

1. Voyez *les Évangiles*, p. 112. On le confond quelquefois avec l'Évangile de Basilide.
2. Clém. d'Alex., *Strom.*, III, 6, 9, 13 ; prétendue IIe épître de Clément Romain, ch. 12.

CHAPITRE XI.

DERNIÈRE RÉVOLTE DES JUIFS.

Après un séjour de deux ans à Rome, Adrien se fatigua du repos et se mit de nouveau à rêver de voyages. Il visita d'abord la Mauritanie, puis se dirigea pour la seconde fois vers la Grèce et l'Orient[1]. Athènes le retint près d'un an; il consacra les édifices dont il avait, dans son premier voyage, ordonné la construction; la Grèce fut en fête et vécut de lui. Les souvenirs classiques revivaient de toutes parts; Adrien les fixait par des monuments, par des cippes, fondait des temples, des chaires, des bibliothèques. Le vieux monde, avant de mourir, faisait son pèleri-

1. Eusèbe, *Chron.*, p. 166-167, Schœne. Cf. Greppo, *Mém. sur les voy. de l'emp. Adrien*, Paris, 1842, p. 181 et suiv., et Noël Desvergers, *Biogr. génér.*, art. *Adrien*; Clinton, *Fasti rom.*, I, aux années 129-31. Cf. Eckhel, VI, p. 489 et suiv.; Waddington, *Inscr. gr. et lat. de Syrie*, n° 2585; Vogüé, *Inscr. sémit. de Syrie*, Palmyre, n° 16.

nage à ses lieux d'origine et semblait célébrer ses dernières panégyries. L'empereur présidait, comme un pontife, à ces solennités inoffensives, qui n'amusaient plus guère que les têtes creuses et les oisifs.

L'auguste voyageur reprit ensuite sa course à travers l'Orient, visita l'Arménie, l'Asie Mineure, la Syrie, la Judée. A s'en tenir aux dehors, il était partout accueilli comme une providence. Des monnayages faits exprès [1] lui souhaitaient la bienvenue dans chaque province [2]. On a ceux de Judée. Hélas! quel mensonge! Au-dessous de la légende ADVENTVI AVG. IVDAEAE, on voit l'empereur, dans une noble et digne attitude, recevant avec bonté la Judée, qui lui présente ses fils. L'empereur a déjà la belle et douce mine philosophique des Antonins et semble la personnification de la civilisation calme morigénant le fanatisme. Des enfants vont au-devant de lui, portant des palmes. Au milieu, un autel païen et un taureau symbolisent la réconciliation religieuse;

1. Ces monnayages, portant S. C., semblent faits à Rome; peut-être un atelier monétaire portatif suivait-il l'empereur.
2. Voir la série des ADVENTVI dans Eckhel, Cohen et Greppo. Ces monnaies portent P. P., et sont par conséquent postérieures à l'an 129-130, où Adrien prit le titre de *pater patriæ*. V. Noël Desvergers, *l. c.*; Eckhel, VI, 481 et suiv., 515 et suiv. L'inscription 268 de Guérin (*Voy. en Tun.*, II, p. 75) ne saurait modifier les résultats acquis (cf. n° 269). Les pièces avec P. P. sont toutes de la fin du règne [Longpérier].

la Judée, une patère à la main, semble participer au sacrifice qui s'apprête[1]. Voilà comment l'optimisme officiel renseigne les souverains. Au fond, l'opposition de l'Orient et de l'Occident ne faisait que s'accentuer de plus en plus, et des signes certains ne permettaient pas à l'empereur d'en douter. Son éclectisme bienveillant était parfois singulièrement ébranlé.

De Syrie, Adrien se rendit en Égypte par Petra. Son mécontentement, sa mauvaise humeur contre les Orientaux augmentaient à chaque pas. L'Égypte avait été peu auparavant fort troublée. La renaissance des vieux cultes, qui s'opérait de tous les côtés, y amena quelque fermentation. Il y avait très-longtemps qu'on n'avait vu un Apis; on commençait à oublier ces vieilles chimères, quand tout à coup une clameur s'éleva : on avait trouvé l'animal miraculeux; on se l'arrachait, tout le monde voulait l'avoir[2]. Le christianisme lui-même n'avait pas en Égypte une tenue aussi sévère qu'ailleurs; il s'y mêlait beaucoup de superstitions païennes. Adrien s'amusa de toutes ces folies. Une jolie lettre, qu'il écrivit vers ce temps à son beau-frère Servien, nous a été conservée[3] :

1. Eckhel, VI, p. 495-496; Cohen, n°s 606-610; Madden, p. 212-213.
2. Spartien, *Adrien*, 12. C'est peut-être l'Apis dont le sarcophage est au Sérapéum de Memphis, abandonné à moitié chemin de la *cella* où il devait reposer.
3. Vopiscus, *Saturninus*, 8. Vopiscus l'avait prise dans Phlé-

« Cette Égypte que tu me vantais, mon cher Servien, je l'ai trouvée légère, suspendue à un fil, voltigeant à chaque souffle de la mode. Là, ceux qui adorent Sérapis sont en même temps chrétiens, et ceux qui se disent évêques du Christ sont dévots à Sérapis. Pas un président de synagogue juive, pas un samaritain, pas un prêtre chrétien qui ne cumule ses fonctions avec celles d'astrologue, de devin, de charlatan. Le patriarche lui-même[1], quand il vient en Égypte, est forcé par les uns à adorer Sérapis, par les autres à adorer le Christ. Engeance séditieuse, vaine, impertinente ! Ville opulente, riche, productrice, où personne ne vit oisif[2] ! Les uns soufflent le verre, les autres fabriquent le papier, d'autres sont teinturiers. Tous professent quelque métier et l'exercent. Les goutteux trouvent de quoi faire ; les myopes ont à s'employer ; les aveugles ne sont pas sans occupation ; les manchots même ne restent point oisifs. Leur dieu unique, c'est l'argent[3]. Voilà la divinité que chrétiens, juifs, gens de toute sorte adorent. On regrette de trouver si peu de mœurs dans une ville digne assurément, par sa production et sa grandeur, d'être la ca-

---

gon. J'ai suivi l'édition de Peter. Il est inconcevable qu'on ait élevé des doutes contre l'authenticité d'un pareil morceau, d'un style si fin, qui porte si bien le cachet de son auteur, et que personne n'avait intérêt à fabriquer. Comment, d'ailleurs, si la pièce était une fraude chrétienne (!!), eût-elle fait illusion à Phlégon, le secrétaire d'Adrien ? Comment les chrétiens eussent-ils pu introduire leur fraude dans les recueils, essentiellement païens, de Phlégon et de l'*Histoire Auguste* ?

1. Probablement l'*ab-beth-din* juif, qu'Adrien avait pu voir en Palestine

2. Il s'agit d'Alexandrie.

3. Lisez *nummus*, au lieu de *nullus*.

pitale de l'Égypte. Je lui ai tout accordé, je lui ai rendu ses anciens priviléges, j'en ai ajouté de nouveaux; je les ai forcés à me remercier, pendant que j'étais là; mais à peine étais-je parti, qu'ils se sont mis à jaser sur mon fils Verus[1] et à dire sur Antinoüs[2] ce que tu sais, je crois. Pour toute vengeance, je leur souhaite de manger à perpétuité leurs poulets, fécondés d'une façon qui n'est pas belle à dire. Je t'ai fait passer les verres *allassontes* [aux couleurs changeantes], que le prêtre du temple m'a offerts; ils sont spécialement dédiés à toi et à ma sœur. Fais-les servir aux dîners des jours de fête; veille cependant à ce que notre Africanus ne se laisse pas aller à en faire trop usage.»

D'Égypte, Adrien revint en Syrie[3]. Il trouva des dispositions mauvaises. On s'enhardissait. Antioche le reçut mal[4]; il regagna Athènes, où il était adoré. Là, il apprit de graves événements. Les juifs en appe-

1. L'adoption officielle de Verus n'avait pas encore eu lieu; mais, en famille, Adrien pouvait appeler Verus son fils, par suite d'engagements secrets que Servien devait connaître. Spartien, *Ælius*, 3. Le rapprochement avec Antinoüs confirme cette explication.

2. Les manuscrits portent *Antoninus*.

3. On pourrait être tenté de rapporter à cette époque les fragments de papyrus du Louvre, n° 68, et du Musée britannique, n° 43 (*Not. et extr.*, XVIII, 2ᵉ partie, p. 383 et suiv.; *Greek papyri of the Brit. Mus.*, p. 69 et suiv.). Je crois cependant que ce document se rapporte plutôt aux affaires juives sous Caligula. Notez καισαρ Και[ς]..., et les mots ὅσαι Ἰουδαῖοι, Ἕλληνες, Κλαυδιανός, καισαριανοί, ἀπὸ σκηνῆς, εὔχας, etc.

4. Spartien, *Adr.*, 14.

laient pour la troisième fois aux armes¹. L'accès de folie furieuse de l'an 117 semblait recommencer. Israël répugnait plus vivement que jamais à la police romaine. Tout malfaiteur en révolte contre l'autorité était un saint, tout brigand devenait un patriote. Arrêter les voleurs paraissait une trahison : « Vinaigre, fils de vin, dit un rabbin à un juif qui avait pour fonction de rechercher les malfaiteurs, pourquoi dénonces-tu le peuple de Dieu? » Élie rencontre ce bon gendarme et lui conseille également d'abandonner au plus tôt son odieux métier².

Il semble que de son côté l'autorité romaine eut

---

1. Dion Cassius, LXIX, 12-14; Spartien, *Adr.*, 14; saint Justin, *Apol. I,* 31; *Dial.,* 1; Tertullien *Contra Jud.,* 15; Eusèbe, *H. E.,* IV, 6 (d'après Ariston de Pella; comp. Moïse de Khorène, II, 60); *Chron.,* p. 166-169, Schœne (Syncelle, parall.); saint Jérôme, *In Dan.,* IX, 27; *In Zach.,* VIII, XI; *In Joël,* I; *In Jerem.,* XXXI; *In Ezech.,* V, XXIV; *In Is.,* II, VI; *Apol. in Ruf.,* III, 31; *De viris ill.,* 21; Jean Chrys., *In Jud.,* orat. V, 11; Chron. d'Alexandrie, à l'an 119; Orose, VII, 13; *Chronicon samaritanum,* ou *Liber Josué* (édit. Juynboll), c. 47; Mischna, *Taanith,* IV, 6, 7, 8; *Aboda zara,* I, 8; Talm. de Jér., *Taanith,* IV, 8, fol. 68 d, 69 a; Talm. de Bab., *Gittin,* 57 a, b; *Taanith,* 29 a; *Sanhédrin,* 97 b; Midrasch *Eka,* II, 1, 2; *Tanhouma,* 67 c; *Séder olam,* c. 30. Sur la date, voyez Marquardt, *Rœm. Staatsverwalt.,* I, p. 262; Eckhel, VI, 482; Saulcy, *Numism. de la Palest.,* p. 83. Inscr. dans Renier, *Inscr. rom. de l'Alg.,* n° 2320.

2. Talm. de Jér., *Maaseroth,* III, 8; Talm. de Bab., *Baba metsia,* 84 a. Cf. Derenbourg, dans les *Mélanges de l'Ec. des hautes études,* 1878, p. 168 et suiv.

plus d'un tort. L'administration d'Adrien devenait chaque jour moins tolérante envers les sectes orientales, dont l'empereur se moquait. Plusieurs légistes pensaient que la circoncision était, comme la castration[1], un sévice punissable[2]. Elle fut interdite[3]. Les cas où ceux qui avaient pratiqué l'épispasme étaient forcés par les fanatiques à se faire circoncire de nouveau[4] pouvaient surtout donner lieu à des poursuites. Jusqu'à quel point la justice impériale s'avança-t-elle dans cette voie fâcheuse et contraire à la liberté de conscience ? Nous l'ignorons. Adrien n'était certes pas l'homme des excès. Dans la tradition juive, tout l'odieux de ces mesures pèse sur Tineius Rufus[5], qui était alors légat propré-

---

1. Suétone, *Dom.*, 7; Dion Cassius, LXVII, 2 ; Eusèbe, *Chron.*, an 2 de Dom.; Martial, IX, 7 et 9 ; Philostrate, *Apoll.*, VI, 42; Ammien Marcellin, XVIII, 4; Saint Justin, *Apol. I*, 29.

2. Les Romains s'y montrèrent toujours très-contraires en Orient. Bardésane, dans Cureton, *Spic. syr.*, p. 30.

3. *Vetabantur mutilare genitalia.* Spartien, *Adr.*, 14. Cf. Spart., *Sev.*, 17. Ce qui porte à prendre ce passage à la lettre et comme impliquant une loi formelle, c'est qu'Antonin permit aux Juifs de circoncire leurs fils : *Circumcidere Judœis filios suos tantum rescripto Divi Pii permittitur* (Modestin, *De sicariis*, Dig., XLVIII, VIII, 11). Cela suppose une loi antérieure qui défendait de circoncire qui que ce fût.

4. Talm. de Jér., *Schabbath*, XIX, 2 ; Bereschith rabba, XLI, fin; Talm. de Bab., *Jebamoth*, 72 a.

5. Ce nom complet nous est donné par la *Chronique* d'Eusèbe

teur de la province de Judée[1], et dont les mécontents changèrent le nom en *Tyrannus Rufus* [2].

Ces tracasseries, auxquelles il était facile d'échapper dans les cas qui seuls importaient aux familles pieuses, savoir les cas relatifs à la circoncision des enfants, ne furent pas la principale cause de la guerre. Ce qui réellement mit les armes aux mains des Israélites, ce fut l'horreur que leur causait la transformation de Jérusalem ou, en d'autres termes, les progrès de la construction d'Ælia Capi-

---

(dans l'*Histoire ecclésiastique*, il y a simplement Ῥοῦφος). Saint Jérôme et le Syncelle ont lu Τίννιος; le manuscrit sur lequel a travaillé le traducteur arménien portait Τικινίου. Saint Jérôme, *In Zach.*, VIII (Opp., III, 1753, Mart.), nomme ce personnage *T. Annius Rufi filius*. Borghesi (Opp., IV, p. 167; VIII, 189 et suiv., 581) a tranché la question en faveur de la forme Tineius, et il retrouve notre personnage dans une inscription de Marini, *Fr. Arv.*, p. 664, note 101. La *gens Tineia* eut de l'importance (Marini, *Arv.*, 653; Borghesi, VIII, 189 et suiv.; Waddington, *Fastes*, 248 et suiv.; Médailles, dans Noris, *De epoch. Syromaced.*, p. 399). On trouve un T. Turranius Rufus dans une inscription latine de Dalmatie, n° 2874 du *Corpus;* cf. n° 2840. Le célèbre Rufin d'Aquilée s'appelait *Tyrannius Rufinus*.

1. Sur ces légats propréteurs, qui avaient succédé aux procurateurs, voir *Corpus inscr. gr.*, n°s 4029, 4544, 4616, en tenant compte des corrections de M. Waddington.

2. Les talmudistes ont confondu les mesures vexatoires et celles qui suivirent la guerre. Mais il résulte de l'inscription de Dalmatie, n° 2830 (*Corpus inscr. lat.*, III, 1re partie, p. 368) que Tineius Rufus ne fut pas légat de Judée après la guerre.

tolina. La vue d'une ville païenne s'élevant sur les ruines de la ville sainte, l'emplacement du temple profané, ces sacrifices païens, ces théâtres élevés avec les pierres mêmes de l'édifice vénéré, ces étrangers habitant la ville que Dieu avait aimée, tout cela leur paraissait le comble du sacrilége et du défi [1].

Loin de vouloir rentrer dans cette nouvelle Jérusalem profane, ils la fuyaient comme une abomination. Le sud de la Judée, au contraire, était plus que jamais une terre juive. Il s'y était formé une foule de gros bourgs, pouvant se défendre, grâce à la disposition des maisons, lesquelles étaient serrées en masse compacte sur le sommet des collines. Béther était devenu pour les Israélites de ces parages comme une seconde ville sainte, un équivalent de Sion [2]. Les fanatiques se procurèrent des armes par un singulier stratagème. Ils devaient fournir aux Romains une certaine quantité d'ustensiles de guerre; ils les fabriquaient mal exprès pour qu'on les refusât et que ces armes rebutées restassent à leur disposition. Ils faisaient, à défaut de fortifications apparentes, d'immenses souterrains; les défenses de Béther étaient

1. Dion Cassius, LXIX, 12; Chronique d'Alexandrie, à l'an 119; Eusèbe, *Démonstr. évang.*, VIII, 3, p. 406.
2. Voir *les Évangiles*, ch. II.

complétées par des ouvrages avancés en pierraille. Ce qui restait de Juifs en Égypte et en Libye accourait pour grossir la masse des révoltés[1].

Il faut rendre cette justice aux parties éclairées de la nation qu'elles restèrent en dehors d'un mouvement qui supposait une prodigieuse ignorance du monde et un complet aveuglement. En général, les pharisiens se montrèrent défiants, réservés. Beaucoup de docteurs s'enfuirent en Galilée[2], d'autres en Grèce[3], pour éviter l'orage qui s'approchait. Plusieurs ne cachaient pas leur fidélité à l'empire, lui attribuaient même une sorte de légitimité[4]. Rabbi Josué ben Hanania paraît avoir agi jusqu'à son extrême vieillesse dans le sens de la conciliation; après lui, disent les talmudistes, se perdirent le conseil et la prudence[5]. On vit dans cette circonstance ce qui s'était toujours vu depuis plus de cent ans : le peuple, facile à duper au moindre souffle d'espérances messianiques, allait en avant malgré les docteurs; ceux-ci ne pensaient qu'à leur casuistique, et, s'ils mouraient, ce n'était pas en combattant, c'était pour se défendre de manquer à la Loi.

1. Syncelle, 660, Bonn.
2. Tosiphta *Kélim*, c. XII; Derenbourg, *Palest.*, 421, 429.
3. Justin, *Dial.*, 1.
4. Talm. de Bab., *Aboda zara*, 18 *a*.
5. Talm. de Bab., *Sota*, 49 *b*; Bereschith rabba, c. 64.

Les chrétiens résistèrent encore mieux à la tentation. Bien que la révolte pût flatter les passions de quelques-uns d'entre eux contre l'empire romain, une défiance instinctive à l'égard de tout ce qui venait du fanatique Israël les arrêta sur la pente dangereuse. Le parti des chrétiens était déjà pris. La forme de leur résistance à l'empire était non la révolte, mais le martyre. Ils étaient assez nombreux en Judée; à la différence des Juifs orthodoxes, ils pouvaient même se permettre d'habiter dans Ælia. Naturellement les Juifs cherchèrent à entraîner ces quasi-compatriotes; mais les disciples de Jésus étaient déjà bien loin de la politique terrestre. Jésus avait enterré pour toujours les espérances d'un patriotisme et d'un messianisme matériels. Le règne d'Adrien était loin d'être défavorable aux Églises. Elles ne bougèrent pas[1]. Il se trouva même des voix pour prédire aux Juifs les conséquences de leur obstination et l'extermination qui les attendait[2].

Toutes les révoltes juives s'étaient rattachées plus ou moins à des espérances messianiques; mais jamais on n'avait encore vu un personnage se donner pour

---

1. Justin, *Apol. I*, 31; Eusèbe, *Chron.*, à l'année 17 d'Adrien; Orose. VII, 13.

2. καθάπερ που καὶ πρὸ τοῦ πολέμου αὐτοῖς προεδείχθη. Dion Cassius, LXIX, 14.

le Messie. C'est ce qu'on vit cette fois. Sans doute sous l'influence des idées chrétiennes, et à l'imitation de Jésus, un personnage se donna pour l'envoyé céleste tant attendu, et réussit à séduire le peuple. L'histoire de cet étrange épisode ne nous apparaît qu'à travers une pénombre. Les Juifs, qui seuls auraient pu nous dire quels furent la pensée intime et le mobile secret des agitateurs, ne nous ont livré à cet égard que des images confuses, comme les souvenirs d'un homme qui a traversé la démence. Il n'y avait plus de Josèphe. Barcochébas, comme l'appellent les chrétiens, reste un problème insoluble et sur lequel l'imagination elle-même ne peut s'exercer avec aucune chance de toucher la vérité.

Le nom de son père ou de l'endroit où il était né [1] était Coziba, et on ne l'appelait jamais que « le fils de Coziba » (*Bar* ou *Ben-Coziba* [2]). Son vrai nom propre est inconnu [3]. Peut-être ses partisans furent-ils amenés à dissimuler exprès son nom et celui de sa

---

1. M. Derenbourg croit qu'il s'agit d'Ecdippa. *Mél. de l'École des hautes études,* 1878, p. 157 et suiv.

2. Les livres talmudiques l'appellent toujours ainsi, ce qui suffit pour écarter l'idée que le nom de *Bar-Coziba* ait été inventé comme un sobriquet malveillant.

3. C'est par suite de fausses hypothèses numismatiques qu'on a prétendu qu'il s'appelait Siméon. V. l'appendice I, à la fin du volume.

famille, dans l'intérêt de son rôle messianique. Il était, ce semble, neveu de R. Éléazar de Modin, agadiste de grande renommée, qui avait beaucoup vécu avec R. Gamaliel II et ses compagnons[1]. On se demande si les souvenirs des Macchabées, encore vivants à Modin et consacrés par un superbe monument, n'excitèrent point chez Bar-Coziba l'héroïsme patriotique. Son courage paraît devoir être mis hors de doute; mais la pénurie de renseignements historiques ne permet pas d'en dire davantage. Y eut-il chez lui du sérieux, de l'enthousiasme religieux, du fanatisme? Fut-il un messianiste attardé mais sincère? Ou bien ne faut-il voir en ce personnage équivoque qu'un charlatan, un imitateur à contre-sens de Jésus, un grossier imposteur, un scélérat même, comme le veulent Eusèbe[2] et saint Jérôme[3]? Nous l'ignorons. La seule circonstance qu'on puisse faire valoir en sa faveur, c'est qu'il obtint l'adhésion du principal docteur juif de l'époque, de celui qui, par ses habitudes d'esprit, devait être le plus éloigné des chimères d'un imposteur: nous voulons parler de Rabbi Aquiba.

1. Midrasch *Eka,* II, 2 (Derenbourg, p. 424).
2. *Hist. eccl.,* IV, VI, 2.
3. *In Ruf.,* III, 31, conçu d'après Isaïe, XI, 4. La jonglerie mise par saint Jérôme à la charge de Bar-Coziba revient souvent dans les traditions de l'Orient. *Chron. Samarit.,* c. 47, p. 239.

Rabbi Aquiba était depuis des années la première autorité des Juifs. On le comparait à Esdras et même à Moïse. En général, les docteurs étaient peu portés vers les agitateurs populaires. Occupés de leurs discussions, ils plaçaient dans l'observation de la Loi toute la destinée d'Israël ; les rêves messianiques se bornaient pour eux à l'idéal mosaïque réalisé par de scrupuleux dévots. Comment Aquiba put-il engager le peuple dont il avait la confiance à un véritable acte de folie? Peut-être son origine populaire et sa tendance démocratique à contredire la tradition sadducéenne contribuèrent-elles à l'égarer. Peut-être aussi l'absurdité de son exégèse lui enleva-t-elle toute rectitude pratique. Ce n'est jamais impunément qu'on joue avec le bon sens et qu'on met les ressorts de l'esprit à l'épreuve, au risque de les casser. Le fait, en tout cas, paraît certain. Quoiqu'on ait peine à le concevoir, Aquiba reconnut la messianité de Bar-Coziba. Il lui donna en quelque sorte l'investiture devant le peuple, en lui remettant solennellement le bâton de commandement et en lui tenant l'étrier, quand il monta sur le cheval de guerre pour inaugurer son règne de Messie. Ce nom de Bar-Coziba était malheureux; il prêtait à des allusions fâcheuses [1].

1. La racine *kzb*, dans toutes les langues sémitiques, veut dire « mentir ».

Regardant celui qui le portait comme le sauveur prédestiné d'Israël, Aquiba lui fit, dit-on, l'application du verset *Nombres*, XXIV, 17 : « Une étoile (*kokab*) s'élèvera de Jacob », verset auquel on prêtait un sens messianique. Le nom de *Bar-Coziba* se trouva de la sorte changé en *Bar-kokaba*[1], « le fils de l'étoile[2] ».

Bar-Coziba, ainsi reconnu par l'homme qui, sans titre officiel il est vrai, mais en vertu d'une sorte d'acceptation générale, passait pour le guide religieux du peuple israélite, devint le chef de la révolution[3], et la guerre fut décidée. Les Romains négligèrent d'abord ces folles agitations. Béther, dans une position écartée, loin des grandes routes, attirait peu leur attention; mais, lorsque le mouvement eut envahi toute la Judée, et que les Juifs commencèrent partout à former des groupes menaçants, il fallut ouvrir les yeux. Les attaques, les embuscades contre la force romaine se multipliaient et devenaient meurtrières. En outre, le mouvement, comme il arriva en 68

---

1. Midrasch *Eka*, II, 1, 2; Talm. de Jér., *Taanith*, IV, 7, 8 (68 *d*). Derenbourg, p. 423 et suiv.

2. C'est le nom par lequel il est désigné chez les chrétiens et aussi chez les auteurs juifs du moyen âge. V. Carmoly, *Itinéraires*, p. 252, 253. Je ne sais ce que veut dire l'épithète ὁ μονογενής que lui donne le Syncelle (p. 660), à moins qu'elle n'ait un sens messianique.

3. Ὁ τῆς ἀποστάσεως ἀρχηγέτης. Saint Justin.

et en 117, tendait à se communiquer à tout l'Orient. Les brigands arabes, voisins du Jourdain et de la mer Morte, rendus à l'anarchie par la destruction du royaume nabatéen de Petra, entrevirent la perspective du pillage de la Syrie et de l'Égypte. L'ébranlement était général[1]. Ceux qui avaient pratiqué l'épispasme, pour échapper à la capitation, se soumirent de nouveau à une opération douloureuse pour ne pas être exclus des espérances d'Israël[2]. Quelques-uns croyaient les temps messianiques si bien venus, qu'ils se regardaient comme autorisés à prononcer le nom de *Jéhovah* tel qu'il est écrit[3].

Pendant qu'Adrien fut en Égypte et en Syrie, les conjurés dissimulèrent; mais, dès qu'il fut parti pour Athènes, la révolte éclata. On fit, à ce qu'il semble, courir le bruit que l'empereur était malade et atteint de la lèpre[4]. Ælia, avec sa colonie romaine, était

---

1. Πάσης ὡς εἰπεῖν κινουμένης ἐπὶ τούτῳ τῆς οἰκουμένης. Dion Cassius. Moïse de Khorène (II, 60), d'après Ariston de Pella (?), prétend que le signal donné par Bar-Coziba eut du retentissement dans tout l'Orient.

2. Voir ci-dessus, p. 192.

3. Derenbourg, dans les *Mélanges* précités, p. 158-160.

4. Moïse de Khorène, II, 60 (détail censé pris dans Ariston de Pella); mais Moïse ne connaît probablement Ariston que par Eusèbe, *H. E.*, IV, 6; ce qu'il y ajoute n'a guère de valeur, sauf pourtant ce qui concerne Ardachès.

fortement gardée[1]; la *Legio Decima Fretensis* continuait d'y tenir garnison[2]; sans doute la route entre Ælia et Césarée, ville qui était le centre de la domination romaine[3], demeura libre également. Ælia, de la sorte, ne fut jamais cernée par l'insurrection. Le maintien des communications était facile, grâce à une ceinture de colonies établies à l'ouest et au nord de la ville[4], et surtout grâce aux places de Nicopolis, de Lydda, assurées aux Romains.

Il est donc probable que la révolte, dans sa marche vers le nord, ne dépassa pas Béther, et qu'elle n'atteignit pas Jérusalem[5]. Mais tous les bourgs de Judée, qui n'avaient pas de garnison, proclamèrent l'indépendance d'Israël. Béther, en particulier[6],

---

1. Voir l'appendice i, à la fin de ce volume.

2. *Comptes rendus de l'Académie des inscriptions*, 1872, p. 158 et suiv.

3. Carmoly, *Itin.*, p. 253-254.

4. Kulonié à l'ouest (bien connue) et une autre *Kulondia*, au nord de Jérusalem, près de Rama. Guérin, *Judée*, I, 393; III, 6.

5. Il est hors de doute, en tout cas, que la guerre ne sortit pas du sud de la Palestine. Voir Midrasch *Eka*, i, 15; ii, 3 (postes établis contre les fuyards au nord de Jérusalem; cf. Neubauer, *Géographie du Talmud*, p. 115). La géographie que M. Grætz donne de cette campagne (IV, p. 156 et suiv. 458 et suiv.) est tout arbitraire.

6. Sur le site de Béther, voir *les Évangiles*, p. 26 et suiv.; Derenbourg, *Mél.* précités, p. 160-165.

devint une sorte de petite capitale, une Jérusalem en expectative, à côté de la grande, qu'on espérait bientôt conquérir. La situation de Béther était des plus fortes. C'était une tête de ligne, commandant toutes les vallées du pays insurgé, et rendue presque imprenable par d'énormes travaux dont les restes se voient encore aujourd'hui [1].

Le premier soin des insurgés fut la question monétaire. Un des supplices des juifs fidèles était d'être obligés de manier une monnaie sur laquelle se trouvaient l'effigie de l'empereur et des images idolâtriques. Pour les offrandes religieuses, en particulier, on recherchait soit les pièces des princes asmonéens, encore courantes dans le pays [2], soit celles de la première révolte, qui elle-même avait imité le monnayage asmonéen. L'insurrection nouvelle était trop pauvre et trop mal outillée pour émettre des types nouveaux. Elle se contenta de retirer de la circulation les pièces au type des Flavius et de Trajan, et de les surfrapper de types orthodoxes [3], que le peuple connaissait et qui avaient

1. Clermont-Ganneau, renseignement oral.
2. Passages cités dans *l'Antechrist*, p. 274, note 4. Il faut se rappeler que, dans l'antiquité, la démonétisation n'avait pas lieu comme de nos jours. On se servait habituellement de pièces qui avaient plusieurs siècles d'ancienneté.
3. Cf. Talmud de Babylone, *Aboda zara*, 52 *b*.

pour lui un sens national. Quelques anciens coins furent peut-être retrouvés et facilitèrent l'opération. On choisit surtout pour cette contrefaçon les belles pièces de Simon Macchabée, le premier prince juif qui eût battu monnaie[1]. Par leur ère, qui était celle « de la liberté d'Israël » ou « de Jérusalem », ces pièces semblaient faites exprès pour la circonstance. Mieux appropriées encore étaient celles où l'on voyait le temple surmonté d'une étoile et celles qui présentaient dans le champ la simple image des deux trompettes destinées, selon la Loi[2], à convoquer Israël à la guerre sainte[3]. La surfrappe fut faite grossièrement, et, dans un grand nombre de pièces, le type romain primitif est encore visible. Cette monnaie s'appela « l'argent de Coziba » ou « l'argent de la révolte ». Comme elle était en partie fictive, elle perdit plus tard beaucoup de sa valeur[4].

La guerre fut longue et terrible. Elle dura plus de

---

1. Voir l'appendice I à la fin du volume. Ces contrefaçons de types affectionnés du public n'étaient pas rares dans l'antiquité (monnaies de Philippe, légende CONOB). On en a eu des exemples jusqu'à ces derniers temps en Orient (colonnates de Marie-Thérèse).

2. Nombres, x, 1 et suiv.

3. Cf. Saulcy, *Num. jud.*, pl. x-xv, et dans *Rev. numism.*, 1864 et 1865; Madden, *Jewish coinage*, p. 203 et suiv. (cf. p. 161 et suiv.) Voir *l'Antechrist*, p. 273-274, et ci-après, appendice I, 547 et suiv.

4. Passages cités dans *l'Antechrist*, p. 274, note 4.

deux ans; les meilleurs généraux paraissent s'y être usés. Tineius Rufus, se voyant débordé, demanda du secours; son collègue Publicius Marcellus, légat de Syrie, accourut[1]; tous deux échouèrent. Il fallut, pour écraser la révolte, faire venir de son commandement, en Bretagne, le premier capitaine du temps, Sextus Julius Severus[2]. Celui-ci fut revêtu du titre de légat de la province de Judée, à la place de Tineius Rufus[3]. Quintus Lollius Urbicus le seconda en qualité de légat d'Adrien[4].

1. Inscr. d'Ancyre, n°⁵ 4033, 4034 du *Corpus* grec. Ne pas confondre Tiberius Severus de ces inscriptions avec Sextus Julius Severus dont il va être question. Borghesi, Opp., IV, p. 150, 165 et suiv.; VIII, p. 580-584; Waddington, dans *Mém. de l'Acad. des inscript.*, XXVI, première partie, p. 218 et suiv.; *Fastes des prov. asiat.*, p. 247 et suiv.; Hübner, dans *Rhein. Mus.*, nouv. série, XII, 58; *Corpus* latin, Dalm., n°ˢ 2732 et 2830. Un autre Julius Severus, propréteur de Palestine, *Corp. inscr. gr.*, n°ˢ 4029, 4030 (Borghesi, III, 148 et suiv.).

2. Inscript. de Dalmatie, n° 2830 du *Corpus inscript. lat.*, t. III, première partie; de Bretagne, n° 275 du tome VII (Borghesi, IV, 166). Cf. Mommsen, *Inscript. R. N.*, n° 2559, 1ʳᵉ col., ligne 34.

3. Inscript. n° 2830, précitée.

4. *Legatus imp. Hadriani in expeditione Judaïca, qua donatus est hasta pura, corona aurea.* Renier, *Inscr. rom. de l'Alg.*, n°ˢ 2319, 2320. *Corp. inscr. lat.*, VII, n°ˢ 1041, 1125 et p. 192. Sur Sextus Attius Sénécion, qui prit aussi part à la guerre, voir *Corp. inscr. lat.*, t. VI, part. 1, n° 3505; mais il ne résulte pas de là, comme on l'a dit, que des corps gétules aient pris part à la guerre.

Les révoltés ne se montraient jamais en rase campagne ; mais ils étaient maîtres des hauteurs; ils y élevaient des fortifications et creusaient entre leurs bourgs crénelés des chemins couverts, des communications souterraines, éclairées d'en haut par des soupiraux, qui y donnaient l'air et le jour. Ces couloirs secrets leur servaient de refuge, quand ils étaient refoulés, et leur permettaient d'aller défendre un autre point. Pauvre race ! Chassée de son sol, elle semblait vouloir s'enfoncer dans ses entrailles plutôt que de le quitter ou de le laisser profaner. Cette guerre de taupes fut extrêmement meurtrière. Le fanatisme atteignait en intensité celui de 70. Julius Severus n'osa nulle part en venir à un engagement avec ses adversaires ; voyant leur nombre et leur désespoir, il craignait d'exposer les lourdes masses romaines aux dangers d'une guerre de barricades et de mamelons fortifiés. Il attaquait les rebelles séparément ; grâce au nombre de ses soldats et à l'habileté de ses lieutenants, il réussissait presque toujours à les affamer et à les cerner dans leurs tranchées.

Bar-Coziba, acculé à l'impossible, devenait chaque jour plus violent. Sa domination était celle d'un roi[1]. Il ravageait tout le pays aux alentours.

---

1. *Séder olam*, 30.

Quant à son rôle de Messie, il paraît que, pour le soutenir, il ne reculait pas devant de grossières impostures[1]. Le refus des chrétiens de reconnaître son caractère messianique et de faire cause commune avec lui l'irritait. Il en vint contre eux aux plus cruelles persécutions. La messianité de Jésus était la négation de la sienne et un capital obstacle à ses plans. Ceux qui refusaient de renier et de blasphémer le nom de Jésus étaient mis à mort, flagellés, torturés[2]. Juda, qui semble avoir été alors évêque de Jérusalem, peut avoir été du nombre des victimes[3]. L'indifférence politique des chrétiens, leur fidélité loyale à l'empire devaient être prises par les exaltés comme des manques de patriotisme. Il paraît, du reste, que les juifs sensés témoignaient aussi avec franchise leur mécontentement. Un jour qu'Aquiba, à la vue de Bar-Coziba, s'écriait : « Voilà le Messie ! » — « Aquiba, lui répondit Rabbi Johanan ben Torta, l'herbe aura poussé entre tes mâchoires avant que vienne le fils de David[4]. »

Rome, comme toujours, finissait par avoir raison. Chaque centre de résistance tombait à son

---

1. Saint Jérôme, *In Ruf.*, II, 8. Cf. ci-dessus, p. 198, note 3.
2. Saint Justin. V. ci-après, p. 303.
3. Eusèbe, *H. E.*, IV, v, 3.
4. Talm. de Jérusalem, *Taanith*, iv, 8, fol. 68 d.

tour. Cinquante des forteresses improvisées [1] que les révoltés s'étaient bâties, neuf cent cinquante-cinq bourgs [2] furent pris et ruinés [3]. Beth-Rimmon, sur la frontière d'Idumée, garda le souvenir d'une affreuse tuerie de fugitifs. Le siége de Béther fut particulièrement long et difficile. On alla jusqu'aux dernières extrémités de la faim et de la soif [4]. Bar-Coziba y périt sans qu'on sache rien des circonstances de sa mort [5].

Le massacre fut horrible. Cent quatre-vingt mille Juifs furent tués dans les diverses rencontres. Le nombre de ceux qui périrent par la faim, le feu,

1. Φρούρια, Dion Cassius.
2. Κῶμαι.
3. Talm. de Bab., *Gittin*, 57 *a*; *Tanhouma*, 67 *c*.
4. Les fables de l'*aratum templum* furent répétées à propos de Béther. V. ci-dessus, p. 22, note 1.
5. La date de la fin de la guerre (135) est donnée par Eusèbe (*H. E.*) d'après Ariston de Pella. Cette date est confirmée par les inscriptions (note de A. Darmesteter, dans Derenbourg, *Pal.*, p. 415-416, note) et par le *Séder olam*, 30 (Ewald, *Gesch. des V. I.*, VII, p. 365, note 2; Derenbourg, p. 413, note 1). V. Tillemont, *Emp.*, II, Adr., note 9. — Pour la durée de la guerre, la tradition juive donne deux ans et demi ou trois ans et demi (ce dernier chiffre suspect; on a modelé le siége de Béther sur celui de Jérusalem). Saint Jérôme (*In Dan.*, IX) donne aussi trois ans et demi d'après la tradition des juifs; mais, dans sa Chronique, il ne donne que deux ou trois ans. Les monnaies supposent seulement que la troisième année de liberté fut commencée (de Saulcy, dans *Revue num.*, 1865, p. 29 et suiv.). Des doutes s'élèvent, d'ailleurs, contre les arguments tirés des monnaies. V. ci-dessus, p. 204, et appendice I, p. 547 et suiv.

la maladie, ne se put calculer[1]. On égorgea de sang-froid les femmes, les enfants. La Judée devint à la lettre un désert[2]; les loups et les hyènes entraient dans les maisons avec des hurlements. Beaucoup de villes du Darom furent ruinées pour toujours[3], et l'aspect désolé qu'offre aujourd'hui le pays est encore le signe vivant de la catastrophe arrivée il y a dix-sept siècles et demi.

L'armée romaine aussi avait été fortement éprouvée[4]. Adrien, écrivant d'Athènes au sénat, ne se sert pas du préambule ordinaire aux empereurs: *Si vos liberique vestri valetis, bene est; ego quidem et exercitus valemus.* Severus fut récompensé comme il le méritait de cette campagne si bien conduite. Le sénat, sur la proposition d'Adrien, lui décerna les ornements triomphaux; il fut élevé à la dignité de légat de Syrie[5]. L'armée de Judée fut comblée de récompenses[6].

---

1. Dion Cassius, et *Gittin*, 57 a.

2. Justin, *Apol. I*, 47, 53; *Dialog.*, 16, 52; Talm. de Jér., *Péah*, VII, 1.

3. Midrasch sur *Ekà*, II, 2; Talm. de Jér., *Taanith*, IV, 8.

4. Fronton, *De bello parthico*, p. 200 de l'édition d'Angelo Maï (1823).

5. *Corpus inscript. lat.*, Dalm., n° 2830.

6. Greppo, p. 92, 181 et suiv., 189; fait de Lollius Urbicus (Borghesi, *Œuvr.*, VIII, p. 581). La pièce EXERCITUS JUDAÏCUS, citée par Charles Patin (Eckhel, VI, p. 496), n'a jamais été retrouvée authentique [Longpérier].

L'empereur reçut la salutation impériale pour la seconde fois[1].

Ce qu'on ne tua pas fut vendu au même prix que les chevaux à la foire annuelle du Térébinthe, près d'Hébron. C'était l'endroit où Abraham était censé avoir campé quand il reçut la visite des trois personnages divins. Le champ de foire, délimité par une enceinte rectangulaire soignée, existe encore[2]. Un souvenir funeste s'attacha désormais pour les Juifs à cet endroit, jusque-là sacré à leurs yeux. Ils ne parlèrent plus de la foire du Térébinthe qu'avec horreur. Ceux qui ne trouvèrent pas d'acheteurs à cet endroit furent menés à Gaza, et là exposés en vente à une autre foire qu'Adrien y avait établie. Quant aux malheureux dont on ne put se défaire en Palestine, on les transporta en Égypte; beaucoup firent naufrage; d'autres moururent de faim; d'autres furent tués par les Égyptiens, qui n'avaient pas oublié les atrocités commises par les Juifs en ces mêmes parages, dix-huit ans auparavant[3]. Deux frères qui continuaient encore la résistance à Kafar-

---

1. Henzen, n° 5457; Borghesi, *Œuvr.*, VIII, p. 580.
2. V. *Mission de Phénicie*, p. 800-802; Itinéraire de Bordeaux, p. 20, Tobler.
3. Saint Jérôme, *In Jerem.*, XXXI, 15; *In Zach.*, XI, 5; Chron. d'Alex., à l'an 119; Eusèbe, *Démonstr. évang.*, V, 9; Sozom., *H. E.*, II, 4.

Kharouba¹ furent anéantis avec leurs partisans².

Les souterrains de la Judée, cependant, contenaient encore une foule de malheureux, qui n'osaient sortir, de peur de trouver la mort. Leur vie était horrible; chaque bruit insolite leur paraissait l'approche de l'ennemi; affolés, ils se précipitaient et s'écrasaient alors les uns les autres. Ils n'avaient pour apaiser leur faim que les cadavres de leurs proches, et ils en mangeaient³. Il semble que l'autorité romaine empêcha dans certains cas l'enterrement des cadavres, pour rendre l'impression du châtiment encore plus forte⁴. La Judée était comme un vaste charnier. Les malheureux qui réussissaient à gagner le désert s'estimaient favorisés de Dieu.

Certes, tous n'avaient pas mérité ces châtiments sévères⁵. Cette fois, comme il arrive trop souvent, les

---

1. Probablement l'Oryba de Josèphe, *Ant.*, XIV, 1, 4, du côté de l'Arabie.

2. Talm. de Jér., *Taanith,* iv, 8; Midrasch *Eka,* ii, 2, p. 71 c.

3. Talm. de Bab., *Schabbath,* 60 a; Talm. de Jér., *Schabbath,* vi, 2, fol. 8 a; Midrasch *Eka,* i, 15.

4. Talm. de Jérus., *Taanith,* iv, 8, fol. 69 a; Talm. de Bab., *Berakoth,* 48 b; *Taanith,* 31 a; Midrasch *Eka,* i, 13, 11, 2. Comp. Denys de Telmahar, *Chron.*, édit. Tullberg, p. 153; Graetz, IV, p. 179 et suiv., 465 et suiv. C'est à tort qu'on fait ici le rapprochement du livre de Tobie. Voir ci-après, appendice ii, à la fin du volume.

5. Les récits talmudiques sont loin d'être favorables à Bar-Coziba. Talm. de Bab., *Gittin,* 57 a

sages payèrent pour les fous. Une nation est une solidarité; l'individu qui n'a contribué en rien aux fautes de ses compatriotes, qui même en a gémi, n'en est pas moins puni que les autres. Le premier devoir d'une communauté est de tenir en bride ses éléments absurdes. Or la pensée de se retirer de la grande confédération méditerranéenne que Rome avait créée était l'absurdité même. Autant le juif doux et pacifique, qui ne demandait que la liberté de méditer sur la Loi, est digne des sympathies de l'histoire, autant nos principes nous obligent à être sévères pour un Bar-Coziba, précipitant sa patrie dans un abîme de maux, pour un Aquiba, appuyant de son autorité les folies populaires. Le respect est dû à quiconque verse son sang pour une cause qu'il croit bonne; mais l'approbation ne lui est pas due pour cela. Les fanatiques d'Israël ne combattaient pas pour la liberté; ils combattaient pour la théocratie, pour la liberté de vexer les païens, d'exterminer tout ce qui leur semblait le mal[1]. L'idéal qu'ils poursuivaient eût été un état insupportable, analogue pour l'intolérance à la triste époque asmonéenne; c'eût été le règne des zélotes, radicaux de la pire espèce; c'eût été le massacre des infidèles, la terreur. Tous

---

1. Apoc. de Baruch, 64 et 66.

les libéraux du IIe siècle en jugèrent de la sorte. Un homme fort intelligent, appartenant comme les Juifs à une race noble et vaincue, l'antiquaire Pausanias, s'exprime ainsi: « De mon temps régna cet Adrien, qui montra tant de respect envers tous les dieux et eut si fort à cœur le bonheur de ses sujets. Il n'entreprit aucune guerre sans y être forcé. Quant aux Hébreux voisins de la Syrie, c'est parce qu'ils s'étaient révoltés qu'il les dompta[1]. »

1. Ἑβραίους τοὺς ὑπὲρ Σύρων ἐχειρώσατο ἀποστάντας. Pausan., I, v, 5. Comp. Appien, *Bell. syr.*, 50.

CHAPITRE XII.

DISPARITION DE LA NATIONALITÉ JUIVE.

Une vraie persécution contre le judaïsme fut la conséquence immédiate de cette folle rébellion[1]. Un tribut plus fort encore que le *fiscus judaicus*, imposé par Vespasien, pesa sur tous les juifs[2]. L'exercice des pratiques les plus essentielles de la religion mosaïque, la circoncision, l'observation du sabbat et des fêtes, de simples usages en apparence insignifiants, furent interdits sous peine de mort[3]. Le seul fait

---

1. C'est la période que la tradition juive appelle « l'époque de la persécution » ou « du danger ». Elle s'étend jusqu'à la mort d'Adrien. Grætz, IV, p. 464 et suiv.
2. Appien, *Bell. syr.*, 50.
3. Grætz, *Gesch. der Juden*, IV, p. 169 et suiv., note 17; Derenbourg, *Palest. d'après les Thalm.*, p. 430, 431; Talm. de Bab., *Berakoth*, 61 b; *Ioma*, 11 a; *Baba bathra*, 60 b; Talm. de Jér., *Hagiga*, II, 77 b; Bereschith rabba, c. 82; *Chron. samaritaine*, c. 47; *Constit. apost.*, VI, ch. 24 et 25. Ces actes de persécution sont encore attribués à *Tyrannus Rufus*, mais sans

d'enseigner la Loi était poursuivi. Des juifs renégats, devenus espions, traquaient les fidèles qui se réunissaient dans les lieux les plus secrets pour étudier le code sacré[1]; on était réduit à le lire sur les toits. Les docteurs se virent poursuivis avec acharnement. L'ordination rabbinique entraînait pour celui qui confirmait et pour celui qui était confirmé la peine capitale[2]. Il y eut beaucoup de martyrs en Judée et en Galilée; être juif fut un crime dans toute la Syrie[3]. A cette occasion furent, ce semble, exécutés les deux frères Julianus et Pappus, restés célèbres dans la tradition juive pour avoir préféré la mort à une apparente violation de la loi commise en

doute abusivement (voir ci-dessus, p. 192, note 2). C'est par erreur que Spartien (*Adrien*, 14) met l'interdiction de la circoncision parmi les causes de la guerre; cette interdiction en fut l'effet.

1. Talm. de Jér., *Hagiga*, II, 1; Talm. de Babylone, *Hagiga*, 15 *a* et *b*; Midrasch sur *Ruth*, III, 13; sur *Koh.*, VII, 8. Cf. Derenbourg, *Mél.*, 168 et suiv., 172-173.

2. Talm. de Bab., *Aboda zara*, 8 *b*, 17 *b*, 18 *a*; *Sanhédrin*, 13 *b*. Cf. Derenbourg, *ibid.*, p. 167 et suiv.

3. Derenbourg, *Palest.*, p. 424, 436; *Sifré* sur *Deutéron.*, § 307; Talm. de Bab., *Aboda zara*, 17 *b*, 18 *a*; *Berakoth*, 61 *b*; Sanhédrin, 12 *a*, 14 *a*; *Chulin*, 123 *a*; Midrasch *Eka*, II, 2; Midrasch sur *Prov.*, I, 13; sur *Ps.* IX et XVI; sur *Cant.*, II, 7; Grætz, IV, 175-177, 464-465; Midrasch des dix martyrs, dans Jellinek, *Beth hammidrasch*, 1ʳᵉ partie, p. 64-72, 6ᵐᵉ partie, p. 19-55 et p. XVII-XIX; et dans *Annuario della soc. ital. per gli studi orient.*, 2ᵉ année, p. 169-192; publié aussi par Mœbius, Leipzig, 1854.

public. On leur offrit de l'eau dans un verre coloré, pour qu'il fût permis de croire qu'ils avaient bu du vin de païen; ils refusèrent[1].

C'est vers cette époque qu'on voit les écoles de casuistes le plus préoccupées des préceptes qu'on peut enfreindre pour éviter la mort et de ceux pour lesquels on doit souffrir le martyre. Les docteurs admettent généralement que, en temps de persécution, on peut renoncer à toutes les observances et s'en tenir à trois interdictions, l'idolâtrie, la fornication (c'est-à-dire les unions prohibées) et le meurtre[2]. On mit en avant ce principe assez sensé : « Résister aux ordres de l'empereur, c'est un suicide[3]. » Il fut admis que les pratiques du culte pouvaient être dissimulées; au lieu de célébrer la circoncision des enfants avec fracas, on se contenta de l'annoncer par le bruit des moulins à bras[4]. On faisait remarquer, d'ailleurs, que, d'après *Lévitique*, XVIII, 5,

---

1. Talm. de Jér., *Sanhédrin*, III, 5; *Megilla*, I, 6; *Taanith*, II, 13; *Schebiit*, IV, 2; Talm. de Bab., *Taanith*, 18 *b*; *Pesahim*, 50 *a*; Megillath Taanith, 12 adar, et scholies; Bereschith rabba, ch. 64; Sifra sur *Lévit.*, XXVI, 19.

2. Talm. de Jérus., *Schebiit*, IV, 2; *Sanhédrin*, III, 6; Talm. de Bab., *Sanhédrin*, 77 *a*; Maimonide, *Hilkoth yesodé hattora*, ch. V, §§ 1 et 2.

3. Bereschith rabba, c. 84.

4. Derenbourg, *Mél.*, p. 170 et suiv.

l'observation de la Loi produit la vie ; que, par conséquent, celui qui meurt pour la Loi est responsable de sa mort; que, placé entre deux préceptes, observer la Loi, conserver sa vie, l'homme doit obéir au second, qui est le plus impérieux, au moins quand la mort est certaine; de même que, dans une maladie grave, on peut prendre des remèdes où entrent des substances impures[1]. Un point sur lequel on s'entendit également fut qu'il faut endurer la mort plutôt que de violer le moindre commandement en public[2]. On fut d'accord enfin pour mettre le devoir d'enseigner au-dessus de toutes les obligations[3]. C'est à Lydda qu'on voit surtout ces questions agitées[4]. Cette ville eut, en effet, des martyrs célèbres, qu'on appela « les tués de Lydda[5] ».

Ce qui rendait singulièrement cruelle la situation de ces martyrs, c'était ce grand doute sur la Providence qui obsède le juif dès qu'il n'est plus prospère

---

1. Talm. de Bab., *Sanhédrin*, 74 *a*; *Aboda zara*, 27 *b*, 54 *a*, etc.
2. Talm. de Jér., *Sanhédrin*, III, 5.
3. Talm. de Bab., *Kidduschin*, 40 *b* ; Sifra sur *Deutér.*, XI, 13; Midrasch sur *Cant.*, II, 14.
4. Talm. de Jér., *Schebiith*, IV, 2; Grætz, *Gesch.*, IV, p. 170 et suiv. 463 et suiv.; Derenbourg, *Pal.*, p. 426, note 2.
5. Talm. de Babylone, *Baba bathra*, 10 *b;* Midrasch *Koh.*, IX, 10; Sifra sur *Lévit.*, XXVI, 19 (Derenbourg, p. 422-423). On les identifie d'ordinaire avec Julianus et Pappus.

et triomphant. Le chrétien, suspendu tout entier à la vie future, n'est jamais plus assuré de sa foi que quand il est persécuté. Le martyr juif n'a pas les mêmes clartés. « Où est maintenant votre Dieu? » est la question ironique qu'il croit toujours entendre sortir de la bouche des païens[1]. Jusqu'à son dernier moment, R. Ismaël ben Elischa ne cessa de combattre les pensées qui s'élevaient dans son âme et dans celle de ses compagnons contre la justice divine. « As-tu encore confiance en ton Dieu ? » lui demanda-t-on. — « Quand même il me tuerait, j'espérerais en lui[2], » répondit Ismaël, se servant d'un mot de Job mal interprété[3].

Aquiba, depuis longtemps prisonnier, ne cessait pas, malgré sa captivité, d'être en relation avec ses disciples. « Préparez-vous à la mort; d'affreux jours viennent, » était le mot qu'il avait toujours à la bouche[4]. Quelques enseignements intimes, dont le secret fut livré aux Romains, le firent exécuter. On l'écorcha, dit-on, avec des crochets de fer rougis au feu. Pendant qu'on le mettait en pièces, il criait obstinément : « Jéhovah est notre Dieu!

---

1. Comp. Ps. xxii, 9.
2. Légende des dix martyrs, p. 180 (trad. ital.).
3. Job, xiii, 15.
4. Talm. de Bab., *Chulin,* 123 *a.*

Jéhovah est le Dieu unique! » Il traîna sur le mot
« unique » (éhad) jusqu'à ce qu'il expirât. Une voix
céleste se fit entendre : « Heureux Aquiba, qui est
mort en prononçant le mot « unique [1]! »

Israël n'arrivait aux idées de l'immortalité que
tardivement et par des expériences successives. Le
martyre imposait cette croyance par une sorte de
nécessité [2]. Comment prétendre que ces observateurs
scrupuleux de la Loi, qui mouraient pour elle, avaient
ici-bas leur récompense? La réponse qui suffisait
pour des cas comme celui de Job et de Tobie [3] ne
suffisait plus ici. Comment parler de longue vie
heureuse [4] pour des héros expirant dans une mort
atroce? Dieu était donc injuste, ou bien les saints
ainsi tourmentés étaient de grands coupables. On
vit des martyrs au moyen âge embrasser cette der-

1. Talm. de Babyl., *Berakoth*, 61 *b; Jebamoth*, 108 *b;
Sanhédrin*, 12 *a;* Talm. de Jér., *Berakoth*, ix, 7; *Jebamoth*,
xii, 12; calendrier juif, 5 de tisri.

2. Dans *Pesahim*, 50 *a*, la première place dans le ciel est
pour les martyrs, tels que Julianus et Pappus. Le récit de la mort
d'Aquiba, dans *Berakoth* babéli, comparé au même récit dans
Berakoth ierouschalmi (passage parallèle), montre bien le progrès
des idées.

3. Voir Talm. de Bab., *Berakoth*, 60 *b,* les efforts puérils pour
prouver que tout ce qui arrive est bon et juste.

4. « Sepelierunt eum cum gaudio. » *Tobie*, xvi, 16 (latin). —
Θάψον με καλῶς, même livre, xiv, 10 (grec).

nière thèse avec une sorte de désespoir[1], et, quand on les conduisait au supplice, soutenir qu'ils l'avaient mérité, qu'ils avaient commis toute sorte de crimes. Mais un tel paradoxe devait être rare. Le règne de mille ans réservé aux martyrs fut la première solution qu'on essaya pour ce redoutable problème. Puis il fut reçu que les ascensions au ciel en esprit, les apocalypses, la contemplation des secrets sublimes de la Cabbale étaient la récompense des martyrs[2]. A mesure que l'esprit apocalyptique se perdait, la *tikva*, c'est-à-dire l'invincible confiance de l'homme en la justice de Dieu, prenait des formes analogues au paradis permanent des chrétiens. Jamais cependant cette foi ne fut chez les israélites un dogme absolu; il n'y en avait pas trace en la Thora; or comment supposer que Dieu eût privé exprès les saints antiques d'un dogme aussi fondamental?

Toute espérance de voir se relever le temple fut désormais perdue. Même la consolation d'habiter

---

1. Comparez l'idée analogue des gnostiques; ci-dessus, p. 153-154.

2. Cela se voit bien dans les traditions sur le martyre et l'ascension d'Isaïe, dans le fait d'Aquiba, supposé créateur de la Cabbale, dans les légendes des dix martyrs, etc. Voir Jellinek, *Beth hammidrasch*, VIme partie, p. XVII-XIX, XXXVII-XXXVIII. Comp. Cantique d'Azarias, v. 63.

près des lieux saints, il fallut y renoncer. L'espèce de culte que le peuple juif avait voué à la terre qu'il croyait lui avoir été donnée par Dieu fut le mal que l'autorité romaine voulut guérir à tout prix, pour couper à l'avenir la racine des guerres judaïques. Un édit chassa les juifs de Jérusalem, ainsi que des environs, sous peine de mort. La vue même de Jérusalem leur fut refusée[1]. Un seul jour par an, à l'anniversaire de la prise de la ville, ils obtenaient l'autorisation de venir pleurer sur les ruines du temple, et oindre d'huile une pierre percée qu'ils regardaient comme marquant le saint des saints[2]; encore cette permission était-elle fort chèrement achetée[3]. « Ce jour-là, dit saint Jérôme, tu pourrais voir une foule lugubre, un peuple misérable, sans

---

1. Justin, *Apol. I*, 47, 53; *Dialog.*, 16, 92; Celse, dans Orig., VIII, 69; Tertullien, *Adv. Jud.*, 13; *Apol.*, 16 et 21; Eusèbe, *H. E.*, IV, vi (Moïse de Khor., II, 60); *Chron.*, année 19 d'Adrien; *Démonstr. évang.*, II, 38; VI, 18; VIII, sub fin.; *In Psalm.*, p. 267, 382, Montf.; *Théophanie*, 9; Grég. de Naz., orat. xii, p. 202; saint Jérôme, *In Soph.*, ii, *In Is.*, vi; *In Dan.*, ix; Jean Chrys., *In Jud.*, v, 11; Sulpice Sev., II, 46; Orose, VII, 13; saint Hilaire, *In Psalm.*, lviii, § 12. Cf. Midrasch *Eka*, ii, 2; Grætz, IV, p. 462-463.

2. Pèl. de Bordeaux, p. 17 (Tobler), *lapis pertusus*, peut-être la *Sakhra*.

3. Origène, *In Josue*, hom xvii, p. 438, Delarue; saint Jérôme, *In Soph.*, i, 15 et suiv.; *In Jerem.*, xviii, xx, xxx; Pèl. de Bordeaux, *l. c.*; saint Grég. de Naz., *l. c.*

qu'il réussisse à obtenir la pitié, s'assembler, s'approcher. Des femmes décrépites, des vieillards en haillons... Tous pleurent. Et voilà que, pendant que les larmes inondent leurs joues, qu'ils lèvent leurs bras livides et tordent leurs cheveux épars, le soldat s'approche et leur demande de payer pour avoir le droit de pleurer encore un peu[1]. » Le reste de la Judée fut aussi interdit aux israélites, moins rigoureusement cependant; car certaines localités, telles que Lydda, conservèrent toujours leurs juiveries[2].

Les Samaritains, qui n'avaient pas pris part à la révolte, n'en souffrirent guère moins que les Juifs[3]. Le Garizim eut, comme le Moria, son temple de Jupiter[4]; l'interdiction de la circoncision les atteignit

---

1. *In Soph.*, l. c. L'ordre d'expulsion avait été renouvelé par Constantin (Eutychius, *Ann.*, I, 466). Durant le IIIe siècle, il était presque tombé en désuétude. Grætz, IV, p. 462-463; Derenbourg, *Mél.*, p. 166-167.

2. V. ci-dessus, p. 217, et ci-après, p. 240.

3. *Livre de Josué*, ch. XLVII (édit. Juynboll); *Chron. d'Aboulfath*, p. LXV-LXVI, 113 (édit. Vilmar).

4. Eckhel, III, 433, 435, 438; Photius, cod. CCXLII, p. 345, Bekker; *Livre de Josué*, l. c. (voir Bargès, *les Samaritains*, p. 99 et suiv.). Pour attribuer ce temple à Adrien, on n'a que la faible autorité du *Livre de Josué*. Peut-être date-t-il du commencement du règne d'Antonin. Les monnaies portant l'image du temple peuvent être postérieures. Eckhel, *l. c*; Saulcy, *Num. de la Pal.*, p. 247. Voir l'inscription donnée par Cotovic (*Itin. hieros.*, p. 342).

dans le libre exercice de leur culte, et la mémoire de Bar-Coziba paraît avoir été chez eux couverte de malédictions[1].

La construction d'*Ælia* Capitolina continua plus activement que jamais. On fit tout pour effacer le souvenir d'un passé plein de menaces. Le vieux nom de *Jérusalem* fut presque oublié. *Ælia* le remplaça dans tout l'Orient; cent cinquante ans plus tard, *Jérusalem* était un nom de géographie ancienne, que personne ne connaissait plus[2]. La ville se remplit d'édifices profanes : forums, bains, temples, théâtres, tétranymphées, etc.[3]. Les statues furent prodiguées de tous les côtés. L'esprit subtil des juifs y chercha des intentions railleuses, que certainement les ingénieurs d'Adrien n'eurent pas. Ainsi, au-dessus de

---

[1]. Passages de saint Justin, précités.

[2]. Concile de Nicée, canon 7; Conc. de Jérus., en 536, Labbe, V, p. 275; Itin. d'Antonin, carte de Peutinger, Onomastique d'Eusèbe et de saint Jérôme. Les premières monnaies musulmanes portent encore ايليا *Ælia* (Saulcy, p. 188-189; Madden, p. 230-231). Cf. saint Jean Chrys., *Adv. Jud.*, orat v, 3; Bède(?), au mot *Jérus.*; Eusèbe, *H. E.*, VI, xxii, 1; VII, v, 1; *De martyr. Palæst.*, c. xi; Adamnan, *De locis sanctis*, I, 21 ; Eutychius, *Ann.*, I, 354-355; charte d'Omar dans Modjir-eddin, *Hist. de Jérus.*, p. 36 et suiv., édit. Sauvaire, p. 224 et suiv., édit. du Caire; Férazdak, p. 40 (93), Boucher; *Zeitschrift der d. m. G.*, 1879, p. 216.

[3]. Chronique d'Alex., à l'an 119. Un reste de ces grandes constructions est probablement la porte à triple baie appelée l'arc de l'*Ecce homo* (τρικάμαρον de la Chronique d'Alexandrie).

la porte qui menait à Bethléem, était une sculpture en marbre où l'on croyait distinguer un porc; et l'on voyait là une sanglante ironie contre le peuple vaincu[1]. On oubliait que le sanglier était un emblème romain et figurait sur les étendards des légions. Le périmètre de la ville changea légèrement du côté du sud, et devint à peu près ce qu'il est aujourd'hui. Le mont Sion resta en dehors de l'enceinte et se couvrit de jardins potagers. Les parties de la ville qui ne se rebâtirent pas offraient des masses de pierres disloquées, qui servirent de carrière pour les constructions nouvelles[2]. Les substructions du temple d'Hérode (le *harâm* actuel) excitaient l'étonnement par leur solidité; les chrétiens prétendirent de bonne heure que ces assises colossales ne seraient disjointes qu'à la venue de l'Antechrist[3].

Sur l'emplacement du temple, comme nous l'avons déjà dit, s'éleva le temple de Jupiter Capitolin. Bacchus, Sérapis, Astarté, les Dioscures[4] y

---

[1]. Saint Jérôme, addition à la *Chronique* d'Eusèbe, à l'année 20 d'Adrien.

[2]. Eusèbe, *Démonstr. évang.*, V, 13; VII, 13; VIII, 3 (p. 406-407); Epiphane, *De mensuris*, 14; saint Cyrille de Jér., *Catech.*, xv, 15; xvi, p. 184; saint Hilaire, *In Psalm.*, cxxxi.

[3]. Saint Cyrille de Jér., xv, 15.

[4]. Tous ces dieux figurent, avec Jupiter Capitolin, sur le monnaies d'Ælia.

étaient associés au dieu principal. Les statues de l'empereur furent, comme d'ordinaire, prodiguées[1] ; l'une d'elles au moins était équestre[2]. Les statues de Jupiter, de Vénus se dressèrent également près du Golgotha[3]. Quand, plus tard, la topographie sacrée des chrétiens se fixa, on fut très-scandalisé de cette proximité, et l'on crut à un outrage[4]. On s'imagina de même que l'empereur avait eu l'intention de profaner Bethléem en y installant le culte d'Adonis[5].

Antonin, Marc-Aurèle et Verus s'occupèrent d'embellir la ville et d'améliorer les routes qui y conduisaient[6]. Ces travaux publics irritaient les vrais juifs. « Les œuvres de cette nation sont tout de même admirables, disait un jour R. Juda bar Ilaï à deux de ses amis qui étaient assis avec lui. Ils éta-

---

[1]. Il y eut des fonctionnaires *ad divi Hadriani statuas curandas*. Inscript. de Tarragone, *Corpus inscr. lat.*, Esp. n° 4230.

[2]. Saint Jean Chrys., *in Jud.*, v, 11 ; saint Jérôme, *in Is.*, II, 8 ; *in Matth.*, XXIV, 15 ; Pél. de Bord., p. 17, Tobler ; Sulpice Sévère, II, 45. Comp. Pausanias, I, XVIII, 5.

[3]. Eusèbe, *Vita Const.*, III, 26, 28 ; Sozomène, II, 1 ; saint Jérôme, Epist. 43 (49) ad Paulinum, 3 ; saint Paulin, Epist. 11, ad Severum.

[4]. Eusèbe, saint Jérôme, Paulin de Nole, Sulpice Sévère (*loc. cit.*) prétendent qu'Adrien aurait cherché à cacher l'entrée du saint Sépulcre et à faire disparaître le Golgotha. Rien de plus gratuit qu'une telle supposition.

[5]. Saint Jérôme, *l. c.*

[6]. *Corpus inscr. lat.*, vol. III, part. I, Syr. Palæst., n°⁹ 116, 117.

blissent des forums, construisent des ponts, élèvent des thermes. — Grand mérite ! répondit Siméon ben Jochaï ; c'est pour leur utilité qu'ils font tout cela : les forums pour y mettre des lupanars ; les bains pour s'amuser ; les ponts pour en toucher le péage [1]. » La haine de la vie grecque, toujours vive chez le juif [2], était redoublée par la vue d'un renouvellement matériel qui en paraissait le triomphe éclatant.

Ainsi finit la dernière tentative du peuple juif pour rester une nation possédant une ville et un territoire déterminés. C'est avec pleine raison que la guerre de Bar-Coziba est appelée, dans le Talmud, « la guerre de l'extermination ». Des mouvements graves et comme des reprises de l'incendie se produisirent encore dans les premières années d'Antonin [3] ; ils furent facilement réprimés. A partir de ce moment, Israël n'a plus de patrie et commence la vie errante qui, durant des siècles, va le désigner à l'étonnement du monde [4]. Dans l'empire romain, la situation civile du juif fut perdue sans retour.

1. Talm. de Bab., *Schabbath*, 33 b.
2. I Macch., 1, 15 ; II Macch., iv, 9, 32.
3. Jules Capitolin, *Ant. Pius*, 5.
4. Celse (dans Origène, *Contre Celse*, VIII, 69), Tertullien (*Apol.*, 16) en font déjà la remarque. Comp. Eusèbe, *Theoph.*, 9 ; *Test. de 12 patr.*, Lévi, 15, 16 ; Mara fils de Sérapion, dans Cureton, *Spicil. syr.*, p. 73-74.

Si la Palestine avait voulu, elle fût devenue une province comme la Syrie; son sort n'eût été ni meilleur ni pire que celui des autres provinces. Au Ier siècle, plusieurs juifs étaient arrivés à des rôles d'une importance extraordinaire. Désormais cela ne se verra plus; il semble que les juifs aient disparu sous terre; on n'entend plus parler d'eux que comme de mendiants réfugiés dans la banlieue de Rome, assis aux portes d'Aricie, assaillant les voitures et s'accrochant aux roues pour obtenir quelque chose de la pitié du voyageur[1]. Ils sont un troupeau de *raïas*, ayant il est vrai leur statut et leur magistrat personnel[2], mais hors du droit commun, ne faisant point partie de l'État, quelque chose d'analogue à ce que sont en Europe les Ziganes. Il n'y eut plus un seul juif riche, notable, considéré, frayant avec les gens du monde. Les grandes fortunes juives ne reparurent qu'au VIe siècle, surtout chez les Visigoths d'Espagne[3], par suite des fausses idées répandues par

---

1. Scholies sur Juvénal, IV, 117-118. Cf. Juv., III, 14; VI, 542.
2. Origène, *Ad. Afr.*, c. 13; *De princ.*, IV, 1; Celse, dans Origène, V, 25-41; *Constit. apost.*, VI, 24, 25. Voir *les Évangiles*, p. 22-23, 481-482. Sous les empereurs chrétiens, cette indépendance à la façon de *raïas* ne fit que se développer, comme on le voit surtout par le code Théodosien, l. XVI, tit. VII, et par Épiphane, hær. XXX, 4, 6, 11. Cf. Tillemont, *Hist. des Emp.*, I, p. 59 et suiv.; Grætz, *Gesch. der Juden*, IV, p. 476 et suiv.
3. Voir surtout les Actes des Conciles de Tolède.

le christianisme sur l'usure et le commerce. Le juif devint alors, et fut pendant une grande partie du moyen âge, un personnage nécessaire, sans lequel le monde ne pouvait accomplir les transactions les plus simples. Le libéralisme moderne devait seul mettre un terme à cette situation exceptionnelle. Le décret de l'Assemblée constituante de 1791 les refit membres d'une nation et citoyens.

Dans ce monde brûlé par une sorte de feu volcanique intérieur, il y avait des oasis. Quelques survivants du sadducéisme, traités d'apostats par leurs coreligionnaires, gardaient au milieu de ces rêves mystiques la saine philosophie de l'Ecclésiaste[1]. Les juifs des provinces soumises aux Arsacides vivaient assez heureux et observaient la Loi sans trouble. On peut placer dans ces provinces, par exemple en Adiabène, la composition d'un livre charmant, dont la date est incertaine[2] et qui ne fut traduit en grec

---

1. C'étaient, paraît-il, ceux qu'on appelait masbothéens (voir les Évang., p. 450, surtout le passage des Const.), si ce nom dérive, comme on peut le croire, de Jérém., III, 6, 8, 11, et signifie « l'Apostasie d'Israël ».

2. Voir l'appendice II à la fin du volume. Les premières traces du vre de Tobie se trouvent dans l'épître attribuée à Polycarpe, ch. x; dans l'homélie connue sous le nom de 2ᵐᵉ Épître de Clément Romain, ch. XVI (comp. Tobie, XII, 8-9); dans Clément d'Alexandrie, Strom., I, XXI, p. 142; II, XXIII, p. 181, et dans le Midrasch rabba sur Genèse, XXVIII, 22 (IIIᵉ siècle).

que vers la fin du IIᵉ siècle. C'était un petit roman plein de fraîcheur, comme les juifs excellaient à en faire, l'idylle par excellence de la piété juive et des joies du foyer [1].

Un certain Tobia [2], fils de Tobiel, originaire du pays de Cadès de Nephtali [3], est amené captif à Ninive par Salmanasar [4]. Dès son enfance, il avait été

---

1. Nul doute que le livre de Tobie n'ait été composé en hébreu. Des particularités de la traduction grecque le prouvent : par exemple, IV, 14, confusion sur מנחה ; IX, 6, contre-sens sur את ; surtout IV, 17, בקבר pour בקרב. Cet original est perdu ; mais on en possède une traduction grecque (celle qui fait partie de la Bible orthodoxe), laquelle paraît serrer de près l'original. Les autres textes, chaldaïques, grecs, latins, syriaques, hébreux (modernes) sont des remaniements ou des imitations. V. Fritzsche, *Libri apocr. Vet. Test.*, p. XVI et suiv., 108 et suiv.; Neubauer, *the Book of Tobit*, Oxford, 1878. Nos citations se rapportent au texte orthodoxe, le seul qui représente l'original. Le texte chaldéen découvert par M. Neubauer suit les fautes de la traduction grecque. Ainsi, ch. I, il admet la ville de *Thisbé*. Voir l'appendice II, à la fin de ce volume.

2. Τωβίτ semble une faute du traducteur (ה pris pour ת), faute commise avec intention peut-être, afin que le père et le fils n'eussent pas le même nom.

3. Les textes grecs portent Κυδίως ou Κυδίων. Je lis Κυδίσων. Voir Jos., *Ant.*, IX, XI, 1 (cf. *B. J.*, IV, II, 3). Le rapprochement de Ἄσωρα = Ἀσσήρ, de Tob., I, 2, se trouve dans Josèphe, *l. c.* et dans II Rois, XV, 29. — Ἐκ Θίσβης est une mauvaise traduction de מתושבי.

4. ΕΝΕΜΕΣΣΑΡΟΥ est une faute des copistes grecs pour ΣΑΛΜΑΝΑΣΑΡΟΥ.

un modèle de sagesse. Loin de participer à l'idolâtrie des tribus du Nord, il allait régulièrement à Jérusalem, seul endroit choisi par Dieu pour le culte, et il y offrait la dîme aux prêtres descendants d'Aaron, selon les règles du *Teruma* et du *Maaser schéni*. Il était charitable, aumônieux, aimable à tous, s'abstenait de manger le pain des païens; en récompense de quoi Dieu lui procura la faveur de Salmanasar, qui le fit son pourvoyeur. Salmanasar étant mort, Sennachérib, revenu furieux de son expédition contre Jérusalem, se mit à sévir contre les juifs; leurs cadavres gisaient sans sépulture de tous les côtés; on les voyait en tas hors des murs de Ninive. Tobie allait furtivement et les enterrait. Le roi, surpris de la disparition des corps, demande ce qu'ils sont devenus. Tobie est poursuivi, se cache, perd ses biens. L'assassinat de Sennachérib le sauve. Il continue son œuvre pie d'enterrer les israélites trouvés morts. Ses voisins se moquent de lui. « Où sera ta récompense? » lui disent-ils. Un soir, il revient accablé de fatigue; ne pouvant rentrer chez lui à cause de l'état d'impureté où l'a mis le contact des cadavres, il se jette au pied d'un mur, dans la cour de sa maison, et s'endort; un accident le rend aveugle. Voilà donc le problème posé comme dans le livre de Job, et avec la même vivacité : un juste non-seulement mal récompensé de sa justice, mais frappé par suite de sa vertu même ; un acte de vertu suivi d'un malheur qui en est la conséquence. Comment prétendre après cela que le serviteur de Jéhovah touche toujours le prix de sa fidélité ? « Où sont tes aumônes? où sont tes bonnes actions? lui dit sa femme. Comme on voit bien le profit que tu en as retiré ! »

Tobie persiste dans l'affirmation du vrai israélite : « Dieu est juste et bon. » Poussant l'héroïsme jusqu'à se calomnier pour justifier Dieu, il proclame qu'il a mérité son sort, d'abord à cause de ses péchés et des manquements qu'il a commis par ignorance, puis à cause des péchés de ses pères. C'est parce que les ancêtres de la génération actuelle ont été coupables que cette génération est dispersée, honnie. Tobie ne demande qu'une faveur, c'est de mourir tout de suite, « pour redevenir terre [1] et passer au lieu éternel [2] ».

Or, le même jour, à Ecbatane, une autre créature affligée demandait aussi à Dieu la mort. C'était

---

1. Ὅπως ἀπολυθῶ καὶ γένωμαι γῆ. Ch. III, 6.
2. Εἰς τὸν αἰώνιον τόπον. *Ibid.* Τόπος à ici le sens de *loculus*, tombeau. (Voir *Mission de Phén.*, p. 346, 347.) Τόπος αἰώνιος est l'équivalent de בית עולם, *domus æterna*, « tombeau ». Si on entend τόπος αἰώνιος du repos éternel au paradis, le discours de Tobie, surtout les mots λυσιτελεῖ μοι ἀποθανεῖν ἢ ζῆν n'ont plus de sens. Le verset du texte latin, II, 18, est une interpolation.

Sara, fille de Raguel, qui, sept fois mariée, et bien qu'absolument pure, avait vu ses sept maris étranglés, la nuit même des noces, par le méchant démon *Aëschmadaëva*[1], qui, jaloux d'elle, tue ceux qui vont la toucher. Ces deux prières sont présentées à la même heure au trône de Dieu par Raphaël, un des sept anges qui ont le droit de pénétrer jusqu'au sanctuaire de la gloire divine pour y porter les prières des saints. Dieu exauce la supplication de ces deux justes éprouvés, et charge Raphaël[2] de réparer le mal.

On sait la charmante idylle qui suit. C'est à bon droit qu'elle a pris place parmi les fables consacrées qui, reproduites sous toutes les formes, ne lassent jamais. La moralité douce, l'esprit de famille, la piété filiale, l'amour et l'union éternelle des époux, la charité pour le pauvre, le dévouement à Israël n'ont jamais été exprimés en traits plus aimables. Bienveillance pour tous, stricte honnêteté, tempérance, grand soin de ne pas faire à autrui ce qu'on ne voudrait pas se voir fait à soi-même[3], attention à

---

1. Le démon de la concupiscence dans l'Avesta. Voir *Vie de Jésus*, p. 272.
2. L'ange guérisseur. *Rapha* veut dire guérir.
3. Ch. IV, 15. Cf. Matth., VII, 12; Luc, VI, 31; Clém. d'Alex., *Strom.*, II, 23; *Const. apost.*, I, 1. Cette maxime était en quelque sorte de droit commun. Comp. Philon, dans Eus., *Præp.*

choisir sa compagnie et à ne fréquenter que des gens de bien, esprit d'ordre, régularité en affaires, judicieux arrangements de famille, voilà cette excellente morale juive, qui n'est pas précisément la morale du gentilhomme ni de l'homme du monde, mais qui est devenue le code de la bourgeoisie chrétienne en ce qu'elle a de meilleur. Rien de plus loin de l'avarice. Ce même Tobie, qui vit dans la domesticité des persécuteurs de ses coreligionnaires, parce que la place est avantageuse, a pour principe que le bonheur consiste dans la modicité de la fortune, jointe à la justice; il sait supporter gaiement la pauvreté, et proclame que la joie est de donner, non de thésauriser [1].

C'est surtout l'idée du mariage qui se montre ici particulièrement chaste, sensée, délicate [2]. Le juif, toujours le souvenir fixé sur ses ancêtres, les prophètes et les patriarches, et assuré que sa race

---

évang., VIII, 7; Isocrate, *Nicoclès*, 49, 64; Sentences de Sextus, n° 169; Lampride, *Alex. Sévère*, 51; Talm., de Bab., *Schabbath*, 31 *a;* Sifra sur *Lévit.*, XIX, 18; Pseudo-Jonathan, sur le même passage. Cf. *Monatsberichte* de l'Acad. de Berlin, 1876, p. 604.

1. Ch. XII, 8.
2. Le texte latin (VI, 17-22; VIII, 4 et suiv.) présente des idées d'un piétisme bien plus exalté, surtout en ce qui concerne les trois jours de chasteté préalable et l'assertion absolue que le mariage n'a pour but que la perpétuité de la race.

possédera la terre[1], ne se marie qu'à une juive de bonne maison, apparentée à des gens honorables et connus pour tels. La beauté est loin d'être chose indifférente[2]; mais il faut consulter avant tout les lois et les usages, les convenances de famille, pour que la fortune ne change pas de main[3]. L'homme et la femme sont réservés l'un pour l'autre de toute éternité[4]. Les mariages fondés sur l'amour sensuel tournent mal. Au contraire, l'union fondée sur un sentiment vrai est l'agglutination de deux âmes[5]; elle est bénie de Dieu, quand elle est sanctifiée par la prière des deux amants, et devient ensuite une amitié pleine de charme, surtout quand l'homme garde sur sa compagne la supériorité morale qui lui appartient de droit[6]. Vieillir ensemble, être enterrés dans le même tombeau, laisser ses enfants bien mariés, voir ses petits-fils et peut-être les fils de ceux-ci, que faut-il de plus pour le bonheur?

L'auteur, séparé de la composition du livre de Job par près de mille ans, n'a pas au fond une

---

1. Ch. iv, 12.
2. Ch. vi, 11.
3. Ch. iv, 19; vi, 11, 12, 16, 19; viii, 12, 13; xiv, 13.
4. Ch. vi, 17.
5. Οὐ διὰ πορνείαν... ἀλλὰ ἐπ' ἀληθείας...... viii, 7. Cf. vi, 17.
6. Ch. ii, 11 et suiv.

idée de plus que l'auteur du vieux livre hébreu.
Tout finit pour le mieux, puisque Tobie meurt
à cent soixante-huit ans, n'ayant éprouvé que des
joies depuis ses épreuves, qu'il est enterré honorablement, et que sa femme repose à côté de lui[1].
Son fils meurt à cent vingt-sept ans, en possession de la fortune de ses beaux-parents et de la
sienne propre. Avant de mourir, il apprend que
Ninive est prise, et il se réjouit de cette bonne
nouvelle[2]. Voir le châtiment des ennemis d'Israël,
quoi de plus doux!

Dieu apparaît ainsi comme un père qui châtie un
fils qu'il aime, et puis a pitié de lui[3]. Quand le
juste souffre, c'est une punition de ses fautes ou de
celles de ses pères. Mais, s'il s'humilie et s'il prie,
Dieu lui pardonne et le rétablit dans un état prospère[4]. Pécher, c'est donc être ennemi de soi-même;
la charité empêche de mourir[5]; l'aumône sauve[6].

Ce qui est arrivé à Tobie arrivera à Israël. Après

---

1. Ch. xiv.
2. Dernier verset.
3. Ch. vi, 14; xiii, 1 et suiv.
4. C'est exactement la théorie d'Élihou (discours interpolé dans Job.)
5. Ch. iv, 10; xii, 9, 10; xiv, 9; ἵνα σοὶ καλῶς ᾖ.
6. Δικαιοσύνη ῥύεται. Le mot צדקה, « justice », a, dans l'hébreu moderne, le sens d'aumône. Cf. Matth., vi, 1, etc.

l'avoir châtié, Dieu réparera ses désastres [1]. Le temple sera rebâti, mais non tel qu'il était. Puis toute la dispersion sera rendue à la patrie. Israël, ainsi réuni, rebâtira Jérusalem et le temple avec toute la magnificence prédite par les prophètes, et cette fois pour l'éternité [2]. Ce sera une ville de saphir et d'émeraude; ses murs et ses tours seront d'or pur; ses places sembleront des mosaïques de béryl et d'escarboucle; ses rues diront *Alleluia* [3]. Tous les peuples se convertiront au vrai Dieu et enfouiront leurs idoles. Heureux alors ceux qui auront aimé Jérusalem et compati à ses souffrances!

Ce petit livre jouit, dès qu'il fut traduit, d'une grande vogue chez les chrétiens. Plus d'un trait était de nature à choquer certaines délicatesses; le livre était, à quelques égards, trop juif; certains endroits pouvaient être touchés d'une manière plus édifiante encore. De là une série de remaniements, d'où naquit la variété des textes grecs et latins. Le der-

---

1. Ch. xiii, 5 et suiv.; xiv, 4 et suiv. L'auteur, mettant la prophétie dans la bouche d'un captif de Salmanasar, parle naturellement au futur de la destruction de Jérusalem par Nabuchodonosor. Toute cette partie manque dans le chaldéen de M. Neubauer.

2. Ch. xiv, 4 et suiv.

3. Ch. xiii, 16 et suiv. Comp. *Apocal.*, ch. xxi, et Isaïe, liv, 12.

nier de ces remaniements, celui de saint Jérôme, fait avec un remarquable sentiment littéraire, a donné au livre la forme qu'il présente dans le texte latin de la Vulgate. Les gaucheries, les maladresses de l'original ont disparu. Il est résulté de ces corrections un vrai petit chef-d'œuvre, que tous les siècles suivants ont lu et admiré.

Le peuple juif n'a point d'égal, quand il s'agit de donner l'accent et le charme à un idéal de justice et de vertus domestiques. La Thora est le premier livre du monde, envisagé comme livre de piété ; mais c'était un code impraticable [1]. Aucune société n'aurait pu y vivre, et, en défendant une nationalité fondée sur de tels principes, les juifs du temps de Bar-Gioras et de Bar-Coziba défendaient une utopie. L'histoire a pour eux la sympathie qu'elle doit à tous les vaincus ; mais combien le pacifique chrétien, combien l'auteur du livre de Tobie, trouvant tout simple qu'on ne se révolte pas contre Salmanasar, étaient bien plus dans la tradition d'Israël !

1. Origène, *De princ.*, IV, 1 et suiv.

CHAPITRE XIII

LE TALMUD.

La Loi, en effet, avec la tranquillité d'âme qu'elle donnait, était comme un calmant, qui ramenait vite la sérénité dans l'âme troublée d'Israël. Il semble que les juiveries de l'Occident ne souffrirent pas beaucoup des folies de leurs coreligionnaires d'Orient[1]. Même en Orient, les israélites paisibles n'avaient pas participé à la lutte, et se réconcilièrent bientôt avec les vainqueurs. Quelques-uns osaient penser que le ciel était favorable aux Romains[2], et qu'après tout la Loi, bien observée dans l'intérieur de la famille, donnait toujours aux Juifs une raison de vivre. L'ordre se rétablit donc en Syrie plus tôt qu'on n'aurait pu le croire. Les fugitifs de Judée se portèrent, soit vers l'orient, à Palmyre, en Babylo-

1. Voir *Philosoph.*, IX, 12.
2. Talm. de Bab., *Aboda zara*, 18 a.

nie [1], soit au sud, vers l'Iémen, soit en Galilée. Ce dernier pays surtout reçut de l'émigration une impulsion nouvelle, et devint pour des siècles encore une terre presque exclusivement juive [2].

Après l'extermination de l'an 67, la Galilée avait été quelque temps perdue pour le judaïsme. Peut-être la révolte de l'an 117 fut-elle cause qu'on y transporta le *beth-dîn* [3]. Après la défaite de Bar-Coziba, la population chassée du sud s'y réfugia en masse et repeupla les villages. Le *beth-dîn* devint alors définitivement galiléen. C'est d'abord à Ouscha, puis dans les villages voisins de Séphoris, à Schefaram [4], à Beth-Schearim [5] et à Séphoris même, que résida ce tribunal ; puis il s'établit à Tibériade [6], et n'en bougea plus jusqu'à la conquête musulmane. Pendant que le Darom était presque oublié et que ses écoles déclinaient, que

1. *Journal asiat.*, mars-avril 1869, p. 373 et suiv.
2. Voir Epiphane, hær. xxx, 3, 4, 11, 12. Les traces de ce dernier règne du judaïsme en Galilée sont très-visibles aujourd'hui. Les synagogues, les tombes, les inscriptions juives se rencontrent à chaque pas. V. *Mission de Phénicie*, p. 750 et suiv.; *Journal asiatique*, août-sept. 1876, p. 273 et suiv.
3. V. *les Évangiles*, p. 530 et suiv.
4. Aujourd'hui *Schefa-Amr*. Neubauer, *Géogr. du Talmud*, p. 198-199.
5. Aujourd'hui probablement *Schayéra*. *Ibid.*, p. 200. Sephoris est Safurié près de Nazareth.
6. Talm. de Bab., *Rosch hasch-schana*, 31 b. Cf. Midrasch sur *Cant.*, II, 5.

Lydda même tombait dans la misère[1], l'ignorance, et perdait le privilége de fixer l'embolisme[2], la Galilée devint le centre du judaïsme. Meïron, Safat, Gischala, Alma, Casioun, Kafr-Baram, Kafr-Nabarta, Ammouka, furent les localités principales de ce développement nouveau et se remplirent de monuments juifs. Ces monuments, révérés presque tous au moyen âge comme des tombeaux de prophètes[3], se voient encore, au milieu du pays redevenu pour la quatrième ou cinquième fois désert et désolé[4]. Tibériade fut en quelque sorte la capitale de ce royaume de dispute et de subtilité, où s'épuisa la dernière activité originale du peuple juif.

Dans ce tranquille pays, en effet, rendu à sa vie favorite, vie retirée, studieuse, vie de famille et de synagogue, Israël renonça définitivement à sa chimère terrestre[5], et chercha le royaume de Dieu, non comme Jésus dans l'idéal, mais dans la rigoureuse

---

1. Midrasch *Esther*, I, 2.
2. Talm. de Jérusalem, *Sanhédrin*, I, 2; Talm. de Bab., *Pesahim*, 62 b.
3. Cf. Carmoly, *Itin. de la terre sainte* (Brux., 1847).
4. *Mission de Phénicie*, l. c.
5. Les calamités que souffrirent les Juifs sous Septime Sévère ne vinrent pas d'une révolte de leur part, mais de mesures qui s'étendirent à toute la Syrie. Spartien, *Septime Sévère*, 14, 15, 16, 17; Saint Jérôme, *Chron.*, an 5 de Caracalla; Orose, VII, 17; Talm. de Bab., *Sota*, vers la fin; *Mission de Phénicie*, p. 776. La

observation de la Loi. Le prosélytisme disparaît désormais à peu près du sein du peuple, qui l'avait le plus ardemment pratiqué. Une loi d'Antonin mit fin aux mesures restrictives d'Adrien et permit aux juifs de circoncire leurs enfants ; mais le jurisconsulte Modestin faisait remarquer que cette permission s'appliquait à leurs enfants seuls, et laissait sous le coup de la peine capitale celui qui pratiquerait cette opération sur un non-juif [1]. Seuls quelques frénétiques, les sicaires, continuaient leurs guets-apens religieux et mettaient les malheureux qu'ils avaient pu surprendre en demeure de choisir entre la circoncision et le poignard [2]. La masse resta étrangère à ces aberrations. Elle renonça à l'héroïsme, et se rendit le martyre inutile par ces habiles distinctions entre les préceptes que l'on peut transgresser afin de sauver sa vie et ceux pour lesquels il faut souffrir la mort. De là un singulier spectacle : le judaïsme,

---

révolte de 389 se rapporte à une tout autre situation historique. Théophane, p. 33; Cedrenus, p. 299, Paris.

1. Digeste, *de Sicariis*, XLVIII, VIII, 11 : « Circumcidere Judæis filios suos tantum rescripto Divi Pii permittitur; in non ejusdem religionis qui hoc fecerit, castrantis pœna irrogatur. » Comparez, dans le passage d'Origène précité, Ἰουδαίοις μόνοις. Voir aussi Spartien, *Sept. Sév.*, 17; Lampride, *Alex. Sév.*, 22.

2. *Philosophumena*, IX, 26; Origène, *Contre Celse*, II, 13; *ad Afric.*, 14; Digeste, passage cité.

qui avait été la source du martyre dans le monde, en laisse désormais le monopole aux chrétiens[1], si bien qu'on vit même, dans certaines persécutions, des chrétiens se faire passer pour juifs afin de jouir des immunités du judaïsme[2]. Le judaïsme n'eut de martyrs que pendant qu'il fut révolutionnaire; dès qu'il renonça à la politique, il se calma tout à fait, et se contenta de cette tolérance, confinant à l'indépendance, qu'on lui accordait[3]. Le christianisme, au contraire, qui ne s'occupa jamais de politique, compta des martyrs jusqu'au moment où il devint triomphant et persécuteur à son tour.

Ce que fit le peuple juif durant ce long repos, ce fut le Talmud. Les anciens docteurs avaient enseigné la Loi sans aucun ordre logique, uniquement selon les cas qui se présentaient. Puis on avait suivi, dans l'enseignement, l'ordre des livres du Pentateuque[4]. Avec Rabbi Aquiba, une distribution nouvelle s'in-

---

1. Justin, *Dial.*, 39. Cf. Celse, dans Origène, *Contre Celse*, V, 25-41.
2. Eusèbe, *H. E.*, VI, xii, 1; *Actes de saint Pione*, § 13.
3. Digeste, *de Decurionibus*, L, ii, 3 (loi de Septime Sévère, en tenant compte de Spart., *Sév.*, 17); *Philosophum.*, IX, 12 (fait de Calliste); Lampride, *Alex. Sév.*, 22 (*Judæis privilegia reservavit*). Cf. Origène, *Ad Afric.*, 14 ; *De princ.*, IV, c. 1; Epiph., hær. xxx. Voir ci-dessus, p. 227.
4. C'est l'origine des recueils *Mekhilta* sur l'Exode, *Sifré* sur les Nombres et le Deutéronome, *Sifra* sur le Lévitique.

troduisit, une sorte de classification par ordre de matières, impliquant des divisions et des subdivisions comme celles d'un *Corpus juris*. Ainsi, à côté de la Thora, se forma un second code, la *Mischna*[1]. On cessa de prendre l'Écriture pour base, et, à vrai dire, avec le goût des interprétations arbitraires qui s'était introduit, l'Écriture était devenue presque inutile. Il ne s'agissait plus réellement de bien comprendre la volonté du législateur ; il s'agissait de trouver à tout prix dans la Bible des arguments pour les décisions traditionnelles, des versets aux-

---

[1]. *Mischna* répond à peu près à « leçons orales », « reproduction de choses sues par cœur » (en chaldéen, *matnita*, d'où *tanaïm*, « docteurs mischniques »), en opposition avec *mikra*, « texte écrit pour la lecture publique ». Comparez chez les musulmans *korân* et *sunna*. C'est par une légère confusion que les Grecs ont rendu *mischna* par δευτέρωσις. Saint Épiphane, hær. xv, xxxiii, 9 ; anaceph., p. 1146 ; saint Jérôme, *In Is.*, viii, 14 ; x, 1 ; xxix, 20 ; cf. Opp. t. III, p. 90, 525 ; IV, p. 207, Martianay ; saint Augustin, *Contra adv. legis et proph.*, II, 1 ; saint Maxime, Opp. Dionys. Areop., II, 160 (Anvers, 1634). Saint Épiphane l'interprète très-bien παραδόσεις τῶν πρεσβυτέρων. Novelles, cxlvi, 1 : *secunda editio*. Saint Jérôme, *De viris ill.*, 18, fait δευτέρωσις synonyme de παράδοσις. Voy. ci-dessus, p. 120, note 3. C'est à tort qu'on a cru pouvoir conclure de certains passages du Talmud (Grætz, IV, 419 et suiv., 494 et suiv.) que la Mischna ne dut être écrite que longtemps après sa rédaction. Le vrai sens de ces passages est qu'on doit enseigner la Mischna, et non la lire d'une façon sacramentelle, tandis que la Bible doit être récitée avec le texte sous les yeux, même par celui qui la sait par cœur.

quels on pût rattacher les préceptes reçus. Il est dans la destinée des religions que le livre sacré soit toujours ainsi étouffé par le commentaire. Ce ne sont pas seulement les livres sacrés qui forment les religions; ce sont les circonstances, c'est la force des choses, impliquant mille besoins auxquels l'auteur primitif n'avait pu songer. La coïncidence entre les livres sacrés et l'état religieux d'une époque n'est donc jamais parfaite; l'habit ne va que médiocrement à la taille; le commentateur et le traditionniste viennent alors et procèdent au rajustage. C'est ainsi que, au lieu d'étudier le livre sacré en lui-même, on trouve mieux, à partir d'une certaine époque, de le lire dans les codes qui en ont été tirés ou plutôt qu'on a su y adapter [1].

L'essai pour codifier la loi orale juive se fit de plusieurs côtés à la fois. Nous ne possédons plus la Mischna de Rabbi Aquiba, ni tant d'autres qui ont existé [2]. La Mischna de Juda le Saint, rédigée soixante ans plus tard, a fait oublier celles qui

---

1. Vers la fin du moyen âge, les théologiens scolastiques en étaient arrivés à ne presque plus lire la Bible, les jurisconsultes à ne presque plus lire les sources du droit. Du reste, le Talmud lui-même se vit négligé pour les traités plus méthodiques de Maimonide et des autres canonistes juifs.

2. Épiphane, xv, xxxiii, 9; Talm. de Bab., *Horaioth*, 13 *b*. Grætz, IV, 55 et suiv., 430, 431.

l'avaient précédée; mais Juda le Saint n'inventa pas toutes les divisions, tous les titres. Plusieurs des traités de sa compilation étaient complétement rédigés avant lui[1]. Après Aquiba, du reste, les écoles originales disparaissent. Les docteurs, désormais pleins de respect pour des prédécesseurs qui leur paraissaient entourés de l'auréole du martyre, n'essayent plus de méthodes nouvelles; ce sont de simples compilateurs.

Ainsi, en même temps que les chrétiens, les juifs se firent une nouvelle Bible, qui rejeta un peu dans l'ombre la première. La Mischna fut leur Évangile, leur Nouveau Testament. Du livre juif au livre chrétien la distance est énorme. C'est un des phénomènes les plus extraordinaires de l'histoire que l'apparition simultanée, dans la même race, du Talmud et de l'Évangile, d'un petit chef-d'œuvre d'élégance, de légèreté, de finesse morale, et d'un lourd monument de pédanterie, de misérable casuistique et de formalisme religieux[2]. Ces deux jumeaux sont assurément les deux créatures les plus dissemblables qui soient jamais sorties du sein d'une même mère. Quelque chose de barbare et d'inintelligible, un mépris désolant de la langue et de la forme, un manque absolu de distinction, de talent,

---

1. Ainsi *Eduioth, Middoth, Tamid* et *Joma*.
2. Μάχαι νομικαί (Tit., III, 9).

font du Talmud un des livres les plus repoussants qui existent. On y sent les conséquences désastreuses de la plus grande faute que le peuple juif ait commise, qui fut de tourner le dos à la discipline grecque, source de toute culture classique. Cette rupture avec la raison même mit Israël dans un déplorable isolement. Lire un livre étranger fut un crime [1]. La littérature grecque parut un jeu, un ornement de femme, un amusement que dédaigne l'homme préoccupé de la Loi, une science d'enfant qu'on doit enseigner à son fils « à l'heure qui n'est ni le jour ni la nuit [2] », puisqu'il est dit de la Thora : « Tu l'étudieras jour et nuit [3]. » La Thora fut ainsi considérée comme renfermant toute philosophie, toute science, comme dispensant de toute autre étude. Le christianisme fut moins exclusif et admit dans son sein une large part de la tradition hellénique. Séparé de cette grande source de vie, Israël tomba dans un état de pauvreté, ou plutôt d'aberration intellectuelle, d'où il ne sortit que par l'influence de la philosophie dite arabe, c'est-

---

1. Aquiba, dans Talm. de Bab., *Sanhédrin*, 90 *a*. Cf. Origène, *Contre Celse,* II, 34.

2. Mischna, *Sota,* IX, 14: Talm. de Bab., *Baba kama,* 82 *b; Sota,* 49 *b; Menachoth,* 64 *b,* 99 *b;* Talm. de Jér., *Péah,* I, 1, fol. 3 *a.* Cf. Masséket *Séfer Thora,* I, 8 (édit. Kirchheim).

3. Josué. I, 8.

à-dire sous l'action d'un rayon de lumière grecque singulièrement réfracté.

Certes, il y a dans ce fatras du Talmud des maximes excellentes, plus d'une perle précieuse, du genre de celles que Jésus idéalisa en les adoptant et que les évangélistes divinisèrent en les écrivant. Au point de vue de la conservation de l'individualité du peuple juif, le talmudisme fut un parti héroïque et comme on en trouverait à peine un autre dans l'histoire d'une race. Le peuple juif, dispersé d'un bout à l'autre du monde, n'avait plus d'autre nationalité que la Thora; pour maintenir cet ensemble épars, sans clergé, sans évêques, sans pape, sans ville sainte, sans collége théologique central, il fallait une chaîne de fer; or rien ne lie plus que des devoirs communs. Le juif portant toute sa religion avec lui, n'ayant besoin, pour son culte, ni de temples, ni de clergé, eut une incomparable liberté dans ses émigrations jusqu'au bout du monde. Son idéalisme absolu le rendit indifférent aux choses matérielles; la fidélité au souvenir de sa race, la profession de foi (le *schema*) et la pratique de la Loi lui suffisent. Quand on assiste à une cérémonie dans une synagogue, au premier coup d'œil, tout paraît moderne, emprunté, banal. Jamais les juifs n'ont recherché, dans la construction de leurs lieux de prière, un style d'architecture qui leur fût propre. Les ministres du culte, avec leur rabat, leur tricorne et leur étole, ressemblent à des curés; la prédication est calquée sur la chaire catholique; les lampes, les fauteuils, tout le mobilier sont achetés au magasin même qui fournit la paroisse voisine [1]. Le chant et la musique n'ont rien qui remonte au delà du XVe siècle. Même certaines parties du culte sont des imitations du culte catholique. L'originalité, l'antiquité éclatent tout à coup avec la profession de foi : « Écoute, Israël; Adonaï, notre dieu, est unique; saint est son nom. » Cette proclamation opiniâtre, ce cri persistant, qui a fini par l'emporter et convertir le monde, est tout le judaïsme. Ce peuple a fondé Dieu, et jamais peuple pourtant ne s'est moins occupé de disputer sur Dieu.

Un trait de grand sens, en effet, fut d'avoir choisi pour base de la communion religieuse la pratique et non les dogmes. Le chrétien tient au chrétien par une même croyance; le juif tient au juif par les mêmes

---

[1]. C'est pour cela qu'il n'y a pas d'archéologie juive. Au moyen âge, les juifs faisaient exécuter leurs ustensiles religieux par les orfèvres du pays qu'ils habitaient. *Comptes rendus de l'Acad. des inscr.*, 1878, p. 174-175; *Coll. de M. Strauss*, p. VIII, etc.; *Mission de Phénicie*, p. 786. Le costume que portent les juifs en certains pays, loin d'être national, a été presque toujours à l'origine une robe d'ignominie qui leur fut imposée, et à laquelle ils ont fini par s'attacher.

observances. En faisant porter l'union des âmes sur des vérités de l'ordre métaphysique, le christianisme prépara la voie à des schismes sans fin ; en réduisant la profession de foi au *schema*, c'est-à-dire à l'affirmation de l'unité divine et au lien extérieur du rituel, le judaïsme écarta de son sein les disputes théologiques. L'excommunication chez les juifs a eu, en général, pour cause des actes, non des opinions. La Cabbale resta toujours une spéculation libre ; elle ne devint jamais une croyance obligatoire ; l'immortalité de l'âme ne fut envisagée que comme une consolante espérance ; et, quant aux pratiques religieuses, on avouait sans peine qu'elles seraient abolies aux temps messianiques, lorsque les principes israélites seraient universellement adoptés. Même les croyances qui concernent le Messie, un docteur célèbre a pu les révoquer en doute, et le Talmud enregistre son opinion sans la blâmer [1]. Cela était très-judicieux. Être obligé de croire à quelque chose est un vrai non-sens, tandis que le plus grand rigorisme extérieur peut s'allier à une entière liberté de penser. Telle est la cause de cette indépendance philosophique qui, durant le moyen âge et jusqu'à nos jours, a régné dans le judaïsme.

---

1. Talm. de Bab., *Sanhédrin*, 99 *a*.

Des docteurs éminents, des oracles de la synagogue, tels que Maimonide, Mendelssohn, furent de purs rationalistes. Un livre comme les *Iccarim* (Principes fondamentaux) de Joseph Albo, proclamant que la religion et la prophétie sont un symbolisme destiné à l'amélioration morale de l'homme, que la révélation n'est qu'une façon de présenter les opérations internes de la raison, que toutes les lois divines peuvent être modifiées, que les peines et les récompenses individuelles de la vie future ne sont que des images, un tel livre, dis-je, arrivant à la célébrité et n'encourant aucun anathème, voilà un fait dont il n'y a d'exemple dans aucune autre religion. Et la piété n'en souffrait pas. Ces gens sans espérance d'une vie future enduraient le martyre avec un courage admirable, mouraient en s'accusant de crimes imaginaires pour que leur supplice ne fût pas une objection trop forte contre la justice de Dieu.

De graves inconvénients compensèrent les avantages de cette discipline sévère à laquelle Israël se soumit pour garder l'unité de sa race. Le ritualisme réunit les coreligionnaires entre eux ; mais il les sépare du reste du monde et les condamne à une vie séquestrée. Les chaînes du Talmud firent celles du *Ghetto*. Le peuple juif, jusque-là si peu superstitieux, devint le type apparent de la superstition [1] ; les plaisanteries de Jésus sur les pharisiens furent justifiées. La littérature, pendant des siècles, roula principalement sur des questions de sacristie et d'abattoir. La seconde Bible devint une prison où le nouveau judaïsme continua sa triste vie de reclusion jusqu'à nos jours. Renfermé dans cette encyclopédie malsaine, l'esprit juif s'aiguisa jusqu'à la fausseté. Le Talmud devint pour les israélites une sorte d'*Organon*, inférieur de tout point à celui des Grecs. Les docteurs juifs eurent la même prétention que les juristes, qui prétendirent au xvie siècle trouver toute une culture intellectuelle dans le droit romain. De notre temps, ce vaste recueil, qui sert encore de base à l'éducation juive en Hongrie, en Pologne, peut être considéré comme la source des principaux défauts qu'on remarque parfois chez les juifs de ces pays. La croyance que les études talmudiques suppléent aux autres et rendent apte à toute chose est la grande cause de cette présomption, de cette subtilité, de ce manque de culture générale, qui souvent annulent chez l'israélite de précieuses qualités.

L'esprit juif est doué d'une extrême puissance. On l'a forcé à délirer en le resserrant durant des siècles dans un cercle d'idées étroit et stérile. L'ac-

---

1. Épître à Diognète, 4.

tivité qu'il y a déployée a été la même que s'il eût labouré un sol large et fécond; or le résultat d'un travail opiniâtre, appliqué à une matière ingrate et sèche, c'est la subtilité. Vouloir tout trouver dans un texte, c'est s'obliger à des tours de force puérils. Quand on en a épuisé le sens naturel, on cherche les sens mystiques, puis on se met à compter les lettres, à les supputer comme des chiffres, etc. Les chimères de la Cabbale et du Notarikon ont été la dernière conséquence de cet esprit d'exactitude à outrance et de servile ponctualité. Il y avait, dans un pareil entassement de disputes sur la meilleure manière d'accomplir la Loi, la preuve d'une foi religieuse bien ardente. Qu'il nous soit permis de l'ajouter, il y avait aussi une sorte de jeu d'esprit, un amusement. Des hommes ingénieux et actifs, condamnés à une vie sédentaire, chassés des lieux publics et de la société générale du temps, demandaient aux combinaisons de la dialectique, appliquées à des textes légaux, une manière de tromper leur ennui. Même encore de nos jours, dans les pays où les israélites vivent exclusivement entre eux, le Talmud est, si on peut le dire, leur grand divertissement. Les réunions qu'ils forment pour en éclaircir les difficultés, pour discuter des cas obscurs ou imaginaires, leur semblent des parties de plaisir. Ces subtilités, selon nous fastidieuses, ont paru et paraissent encore à des milliers d'hommes la plus attachante des applications de l'esprit humain.

A partir de ce moment, Israël a tous les défauts des hommes solitaires ; il est morose, malveillant. Jusque-là, l'esprit de Hillel n'avait pas complétement disparu ; quelques portes au moins de la synagogue avaient été ouvertes au converti. Maintenant on ne veut plus de prosélyte. Israël prétend avoir la loi vraie, la loi unique, et en même temps il prétend que cette loi n'est que pour lui. Celui qui cherche à s'agréger au peuple de Dieu est repoussé avec injure. Certes il était bien d'y mettre de la discrétion et d'avertir le néophyte des dangers et des inconvénients qui l'attendaient [1]. Mais on ne s'arrêta pas là : tout prosélyte fut bientôt envisagé comme un traître, comme un transfuge qui ne ferait que traverser le judaïsme pour passer aux chrétiens. On proclama que les prosélytes étaient une lèpre pour Israël [2], et que la défiance jusqu'à la vingt-quatrième génération était tout ce que méritaient ces importuns [3]. La sage distinction que faisaient, au point de vue des céré-

---

1. Talm. de Bab., *Jebamoth*, 47 *a*; *Kidduschin*, 70 *b*; Masséket *Gérim*, init. (édit. Kirchheim).
2. Talm. de Bab., *Jebam.*, 47 *b* ; *Kidduschin*, 70 *b*.
3. Jalkout *Ruth*, fol. 163 *d*.

monies, les juifs du 1ᵉʳ siècle[1] et les agadistes s'inspirant d'Isaïe et de Jérémie, cette grande concession que le précepte de la circoncision, par exemple, ne regarde que les descendants d'Abraham, tout cela fut oublié. Dès lors, la propagande se trouvait interdite, et le « seulement » de la loi d'Antonin[2] devenait superflu; car il était évident que le monde grec et romain ne se résignerait pas à une vieille pratique africaine, hygiénique à l'origine, mais messéante en nos climats, et qui, pour les juifs eux-mêmes, n'était plus que gênante et dénuée de sens.

Les mœurs souffrirent un peu de tant d'atteintes portées à la nature. Sans renfermer aucun mauvais conseil, et même tout en insistant étrangement sur les précautions d'une pudeur timide[3], le Talmud parle trop souvent de sujets lubriques, il suppose chez ses rédacteurs une imagination assez excitée[4]. Au IIIᵉ, au IVᵉ siècle[5], les mœurs juives, surtout celles des patriarches et des docteurs, sont présentées

---

1. Le marchand Ananie, Jos., *Ant.*, XX, IV, 3.
2. Voir ci-dessus, p. 241.
3. Talm. de Bab., *Berakoth*, 61 a.
4. Voir, par exemple, l'onirocritique de Talm. de Bab., *Berakoth*, 56 b.
5. Voir Épiphane, hær. XXX, 4 et suiv.; saint Jérôme, *In Is.*, III; Jean Chrys., *In Jud.*, hom. I, 2, en tenant compte de la partialité de ces écrivains.

comme tout à fait relâchées. Mais c'est la raison
surtout qui, dans cet Israël décrépit, se montre affaiblie. Le surnaturel est prodigué d'une façon insensée.
Le miracle paraît chose si simple, qu'un *hallel*, une
prière spéciale y est consacrée, comme à l'événement
le plus ordinaire de la vie[1]. Jamais peuple, après
une période d'activité extraordinaire, ne traversa un
aussi effroyable abaissement.

Une petite secte, enfermée dans de nombreuses
prescriptions qui l'empêchent de vivre de la vie de
tous, est par sa nature insociable. Elle est nécessairement haïe et devient facilement haineuse. Dans une
large société, pénétrée par de grands principes libéraux, comme est la civilisation moderne, et comme fut
à quelques égards la civilisation arabe de la première moitié du moyen âge, cela n'a pas de graves
inconvénients. Mais, dans une société comme le moyen
âge chrétien et comme l'Orient de nos jours, cela
produit des flots accumulés d'antipathies et de dé-
dains réciproques. Étranger partout, sans patrie,
sans autre intérêt que ceux de sa secte, le juif talmudiste a souvent été un fléau pour les pays où le sort
l'a porté. Qu'on songe au juif d'Orient et des côtes
barbaresques, plein de rancune quand il est persé-

---

1. Talm. de Bab., *Berakoth*, 56 *a*.

cuté, arrogant et insolent dès qu'il se sent protégé. Les nobles efforts des israélites européens pour améliorer l'état moral de leurs frères d'Orient sont eux-mêmes la meilleure preuve de l'infériorité de ces derniers. Sans doute la détestable organisation sociale de l'Orient est la première cause du mal; mais l'esprit du judaïsme exclusif y est aussi pour beaucoup. Le régime du ghetto est toujours funeste. Or, je le répète, les pratiques du pharisaïsme et du talmudisme faisaient de ce régime de reclusion l'état naturel du peuple juif. Le ghetto a été pour le juif moins une contrainte venant du dehors qu'une conséquence de l'esprit talmudique. Toute race y aurait péri, et la façon dont le peuple juif a résisté à ce genre de vie délétère prouve éminemment la force de sa constitution morale.

Il n'est pas d'esprit élevé qui ne doive éprouver une haute sympathie pour une race dont le rôle en ce monde a été si extraordinaire, qu'on ne peut en aucune façon concevoir ce qu'eût été l'histoire de l'espèce humaine si un hasard eût arrêté les destinées de cette petite tribu. Dans le jugement de la crise terrible que traverse le peuple juif vers le commencement de notre ère, crise qui amène, d'une part, la fondation du christianisme, de l'autre, la ruine de Jérusalem et le talmudisme, bien des injustices sont à réformer.

Les couleurs sous lesquelles les pharisiens sont représentés dans les Évangiles ont été un peu chargées; les évangélistes paraissent écrire sous l'impression des ruptures violentes qui se produisirent entre les juifs et les chrétiens vers l'époque du siége de Titus. Dans les Actes des apôtres, dans tout ce que nous savons de l'Église de Jérusalem et du rôle de Jacques, frère du Seigneur, les pharisiens ont un rôle sensiblement différent de celui qu'ils jouent dans les discours que les synoptiques prêtent à Jésus. On ne peut néanmoins s'empêcher d'être décidément avec Hillel, avec Jésus, avec saint Paul, contre Schammaï, avec les agadistes contre les halakistes. C'est l'agada (la prédication populaire) et non la halaka (l'étude de la Loi) qui a conquis le monde. Certainement le judaïsme fermé, résistant, serré dans la double haie de la Loi et du Talmud, qui survit à la destruction du temple, est grand et imposant encore. Il a rendu à l'esprit humain un service de premier ordre; il a sauvé de la destruction la Bible hébraïque, que probablement les chrétiens auraient laissée se perdre. Le judaïsme dispersé a donné au monde des hommes excellents, des caractères de la plus grande élévation morale et philosophique; à diverses reprises, il a été pour la civilisation un précieux auxiliaire. Cependant ce n'est plus là le grand judaïsme fécond, portant en ses flancs le salut du monde, que nous offre l'époque de Jésus et des apôtres ; c'est la vieillesse respectable d'un homme qui une fois a tenu dans sa main le sort de l'humanité, et qui vit ensuite de longues années obscures, toujours digne d'estime, mais désormais n'ayant plus de rôle providentiel.

Saint Paul, Philon, l'auteur des vers sibyllins et des vers attribués à Phocylide étaient donc dans le vrai quand, tout en maintenant le fond du judaïsme, ils en rejetaient les pratiques. Ces pratiques auraient rendu les conversions impossibles. Ces pratiques, scrupuleusement conservées par la plus grande partie de la nation, ont été et sont encore un véritable malheur pour elle et pour les pays où elle vit en grand nombre. Les prophètes, avec leurs larges aspirations, et non la Loi, avec ses strictes observances, renfermaient l'avenir du peuple hébreu. Jésus sort des prophètes et non de la Loi. Le Talmud, au contraire, c'est le culte de la Loi poussé jusqu'à la superstition. Après avoir fait une guerre acharnée à toutes les idolâtries, Israël y substitua un fétichisme : le fétichisme de la Thora.

CHAPITRE XIV.

LA HAINE DES JUIFS ET DES CHRÉTIENS.

La catastrophe juive de l'an 134 fut presque aussi utile aux chrétiens que l'avait été celle de l'an 70. Ce fut le triomphe définitif des idées de Paul. Aux yeux des chrétiens, le mosaïsme dut paraître abrogé sans retour ; la foi seule et les mérites de la mort de Jésus, voilà ce qui resta debout. Adrien, en empêchant une restauration juive de Jérusalem, rendit au christianisme un service signalé [1]. Ælia, peuplée, comme toutes les colonies, de vétérans et de gens simples de provenances diverses, ne fut pas une ville fanatique ; ce fut, au contraire, un milieu disposé à recevoir le christianisme. En général, les colonies avaient une tendance à adopter les idées religieuses des pays où ils étaient transportés [2]. Em-

[1]. Sulpice Sévère, II, 31.
[2]. Se rappeler l'exemple des Samaritains (II Rois, xvii, 26 et suiv.). Comp. Celse, dans Origène, V, 25.

brasser le judaïsme, on n'y pouvait songer ; le christianisme, au contraire, accueillait tout le monde. Durant ses trois mille ans d'histoire, Jérusalem n'a eu que ces deux cents ans, d'Adrien à Constantin, où la libre vie humaine se soit épanouie dans son sein. Les cultes idolâtres établis sur les ruines du culte juif adoptèrent complaisamment plus d'une pratique juive. La piscine Probatique continua d'être un lieu de guérison, même pour les païens, et de faire des miracles comme au temps des apôtres et de Jésus, au nom du grand Dieu impersonnel[1]. Les chrétiens, de leur côté, continuaient, sans exciter chez les bons vétérans qui formaient la colonie autre chose qu'une pieuse admiration, leurs cures merveilleuses au moyen de l'huile et des lotions sacrées[2]. Les traditions de cette Église de Jérusalem se distinguaient par un caractère spécial de superstition et de thaumaturgie grossière[3]. Les lieux saints, en particulier la caverne et la crèche de Bethléem,

---

1. Pied votif de Pompéia Lucilia, trouvé à Béthesda (piscine Probatique), au Louvre (Salle judaïque, n° 9), *Journal de l'instr. publ.*, oct. 1868 ; *Comptes rendus de l'Acad.*, 1868, p. 332-334 ; *Compte rendu de la Société de numism.*, IV (1873), p. 1 et 2 ; *Catalogue* de M. Héron de Villefosse, p. 17-18.

2. Épiphane, *De mens.*, 15 ; Eusèbe, *H. E.*, V, XII ; VI IX ; X, XI.

3. Eusèbe, *H. E.*, l. c.

étaient montrés, même aux païens[1]. Les voyages à ces lieux sanctifiés par Jésus et les apôtres commencent dès les premières années du IIIe siècle[2], et remplacent les anciens pèlerinages au temple de Jéhovah. Quand saint Paul mène une députation de ses Églises à Jérusalem, c'est au temple qu'il les mène; sûrement, dans son idéalisme, il ne songea ni au Golgotha ni à Bethléem. Maintenant, au contraire, c'est la vie de Jésus que l'on cherche à retrouver, c'est une topographie évangélique que l'on crée. On connaissait l'emplacement du temple, et, à côté de cet emplacement, on révérait la stèle de Jacques, frère du Seigneur et martyr[3].

Les chrétiens recueillirent ainsi les fruits de leur sage conduite pendant l'insurrection de Bar-Coziba. Ils avaient souffert pour Rome, leur persécutrice[4]. Ils trouvèrent, au moins en Syrie, le prix d'une fidélité

---

1. Origène, *Contre Celse*, I, 51.

2. Eusèbe, *H. E.*, VI, XI, 2; saint Cyprien, *Épist.*, 75. Cf. Eusèbe, *Démonst. évang.*, VI, 18; VII, 2; Itinéraire de Bordeaux; saint Cyrille de Jér., *Catéch.*, XVII, 16; saint Jérôme, *Epist. ad Marc.*, 17 (44) *a*, Opp., IV, 2e part., p. 545 et suiv.

3. Hégésippe, dans Eus., *H. E.*, II, XXXIII, 18. La stèle pouvait se trouver sur la pente occidentale du val de Cédron, hors du grand mur de soutènement, au lieu qui est aujourd'hui couvert de tombes musulmanes.

4. Μὴ βουλομένους κατὰ Ῥωμαίων συμμαχεῖν. Eus., *Chron.*, à l'année 17 d'Adrien.

qui avait été bien méritoire. Pendant que les juifs étaient punis de leur ignorance et de leur aveuglement, l'Église de Jésus, fidèle à l'esprit de son maître et indifférente comme lui à la politique, se développait paisiblement en Judée et dans les pays voisins. L'expulsion qui frappait les juifs atteignit les chrétiens circoncis et pratiquant la Loi[1], mais non les chrétiens incirconcis, pratiquant seulement les préceptes de Noé. Cette dernière circonstance établissait une telle différence pour toute la vie que c'était par elle et non par la foi ou l'incrédulité à l'égard de Jésus que les hommes se classaient. Les chrétiens hellénistes formèrent un groupe dans Ælia, sous la présidence d'un certain Marcus. Jusque-là, ce qu'on appelait l'Église de Jérusalem n'avait eu aucun prêtre qui ne fût circoncis ; bien plus, par condescendance pour le vieux noyau juif, presque tous les fidèles de cette Église joignaient l'observation de la Loi à la foi en Jésus[2]. Désormais l'Église de Jérusalem est uniquement hellénique ; ses évêques sont tous des *Grecs*, comme l'on disait[3]. Mais cette

---

1. Sulp. Sévère, II, 31 ; Orose, VII, 13. (V. Bernays, *Ueber die Chron. des Sulp. Sev.*, p. 58, note 77.)

2. Sulp. Sév., II, 31.

3. Eusèbe, *H. E.*, IV, v, vi, 4 ; V, xii ; *Chron.*, aux années 5 [7] et 18 [20] d'Adr.; 23 d'Ant.; *Démonst. évang.*, III, 5,

seconde Église n'hérita pas de l'importance de l'ancienne. Subordonnée hiérarchiquement à Césarée [1], elle n'occupa dans l'Église universelle de Jésus qu'un rang relativement humble, et on n'entendit parler de nouveau de l'Église de Jérusalem que deux cents ans plus tard.

La controverse avec les juifs devenait, en ces contrées, un objet capital. Les chrétiens jugeaient ces derniers bien plus difficiles à convertir que les païens[2]. On les accusait de subtilité, de mauvaise foi dans les disputes. On prétendait que, décidés d'avance à prendre le controversiste en défaut, ils ne s'attachaient qu'à des minuties, à de petites inexactitudes, dont ils triomphaient à leur aise[3]. Ce qu'on leur disait de la vie de Jésus les irritait, et c'est sans doute l'antipathie que leur inspiraient les récits sur la naissance virginale du prétendu messie qui leur inspira la fable du soldat Panthère et de la fille de joie qui, selon eux, auraient été les vrais auteurs

---

p. 124; Épiph., hær. LXVI, 20; Cyrille de Jér., catéch. XIV, 15; Sulp. Sév., II, ch. 31.

1. Eus., *H. E.*, V, XXIII, 2. Le métropolitain de Césarée préside les conciles de Palestine. Le canon 7 du concile de Nicée fit les deux Églises autocéphales.

2. Préf. de Celsus à la traduction du dialogue *Jason et Papiscus*, dans les Œuvres de saint Cyprien, p. 565, Rigault.

3. Justin, *Dial.*, 115.

d'une naissance qu'on avouait irrégulière[1]. Les raisonnements tirés des Écritures ne les touchaient pas davantage. Ils s'impatientaient de s'entendre opposer certains passages où il semble qu'il est question de Dieu au pluriel. Le trait de la Genèse : « Faisons l'homme à notre image... » avait en particulier le privilége de les agacer. Un joli agada fut créé pour parer à cette objection : « Quand Dieu dictait le Pentateuque à Moïse, et qu'il fut arrivé au mot *naasé*, « faisons », Moïse étonné refusa d'écrire, et fit à l'Éternel de graves reproches de ce qu'il portait ainsi au monothéisme un coup mortel. L'Éternel maintint sa rédaction, en disant : « Que celui qui veut se tromper se trompe[2] ! » Les juifs admirent généralement que, partout où il y a, dans la Bible, un passage favorable à la pluralité des personnes divines, Dieu, par une providence spéciale, a disposé les choses de façon que la réfutation se trouve à côté[3].

L'essentiel pour les chrétiens était de montrer

---

1. V. *les Évangiles*, p. 189-190. La première trace de cette fable est peut-être dans Mischna, *Jebamoth*, IV, 13 (dire de Ben-Azaï [commencement du IIe siècle], qui dit l'avoir lu dans un livre de *iouhasin*). Cette fable est restée traditionnelle chez les juifs jusqu'aux temps modernes. V. le *Toledoth Iéschou*, écrit récent.

2. Bereschith rabba, ch. 8.

3. Bereschith rabba, c. 8; Talm. de Jér., *Berakoth*, IX, 1, fol. 12 d. Voir Talm. de Bab., *Sanhédrin*, 38 b, en comp. Justin, *Dial.*, 25, 64.

que Jésus avait accompli tous les textes des prophètes et des psaumes que l'on croyait s'appliquer au Messie. Rien n'égale l'arbitraire avec lequel l'application messianique se faisait. L'exégèse des chrétiens était la même que celle du Talmud et des *Midraschim*; c'était la négation même du sens historique. Les textes étaient découpés comme une matière morte. Chaque phrase, séparée de son contexte, était appliquée sans scrupule à la préoccupation dominante du moment. Déjà les évangélistes de seconde main, surtout le faux Matthieu, avaient cherché des raisons prophétiques à tous les faits de la vie de Jésus [1]. On alla bien plus loin. Non-seulement les exégètes chrétiens torturèrent la version des Septante pour en tirer ce qui allait à leur thèse, et chargèrent d'injures les nouveaux traducteurs, qui affaiblissaient les arguments qu'on obtenait de ce côté [2]; mais ils faussèrent quelques passages. On introduisit le bois de la croix dans le psaume XCVI (verset 10), où il n'avait jamais figuré [3], la descente aux enfers dans Jéré-

---

1. Voir, par exemple, Matth., II, 23; IV, 14. Comparez, en général, les ἵνα πληρωθῇ de Matthieu et le *Dialogue avec Tryphon* de saint Justin.

2. Surtout en ce qui concerne le passage d'Isaïe, VII, 14, et érém., XI, 19.

3. Saint Justin, *Dial.*, 73; Tertullien, *Adv. Jud.*, 10; *Adv. Marc.*, III, 19. Saint Cyprien, Arnobe, Lactance, saint Ambroise,

mie[1], et, quand les juifs se récriaient, protestant qu'on ne trouvait rien de semblable dans leur texte, on leur disait qu'ils avaient mutilé leur texte par méchanceté pure et mauvaise foi[2], que, par exemple, ils avaient retranché du livre d'Isaïe le récit où ce prophète est scié avec une scie de bois, parce que ce passage rappelait trop bien le crime qu'ils avaient commis contre Jésus[3]. Rien ne coûte à une apologétique convaincue et passionnée. On fit appel à des registres officiels du recensement de Quirinius, qui n'avaient jamais existé[4], à un prétendu rapport de Pilate à Tibère, qu'on avait fabriqué[5].

La forme du dialogue parut commode pour le but qu'on se proposait dans ces controverses. Un

saint Augustin, saint Léon, saint Grégoire le Grand insistent sur cet argument.

1. Justin, *Dial.*, 72. V. *l'Antechrist*, p. 58, note 4.
2. Justin, *Dial.*, 67, 71, 72, 73, 120.
3. Justin, *Dial.*, 120. Cf. Hebr., xi, 37. Cette tradition apocryphe se trouve dans Tertullien, *De pat.*, 14; *Scorp.*, 8; Commodien, *Carm. apol.*, v. 508; *Asc. d'Is.*, v, 1 et suiv., xi, 41; Origène, *Hom. i in Is.*, 5; *Comm. in Matth.*, t. X, 18; *In Matth. comm. series*, 28; *Epist. ad Afric.*, 9; baraïetha, dans Talm. de Bab., *Jebamoth*, 49 b (dire de Ben-Azaï, qui dit l'avoir lu dans un livre de *iouhasin*); *Sanhédrin*, 103 b; Talm. de Jér., *Sanhédrin*, x, 2 (fol. 28 c).
4. Justin, *Apol. I*, 34. Cf. Tertullien, *Adv. Marc.*, IV, 7, 19.
5. Justin, *Apol. I*, 35. Cf. *Acta Pilati*, dans Tisch., *Evang. apocrypha*.

certain Ariston de Pella, le même sans doute que celui à qui Eusèbe a emprunté le récit de la guerre juive sous Adrien[1], écrivit une dispute qui était censée avoir lieu entre Jason, juif converti au christianisme, et Papiscus, juif d'Alexandrie, obstiné dans sa vieille foi[2]. La bataille se livrait comme toujours avec des textes bibliques ; Jason prouvait que tous les passages messianiques s'étaient accomplis en Jésus. Les admirateurs du livre prétendaient que l'argumentation hébraïque de Jason était si forte et son éloquence si douce, que l'on ne pouvait y résister. Papiscus, en effet, sur la fin du dialogue, éclairé au dedans du cœur par l'infusion du Saint-Esprit, reconnaissait la vérité du christianisme et demandait le baptême à Jason[3]. L'approbation toutefois ne

1. Ce récit devait être distinct du dialogue. En effet, Eusèbe allègue le récit et ne place pas le dialogue parmi les écrits des Pères apostoliques. Ce que dit Moïse de Khorène (II, 60) porte aussi à considérer l'histoire d'Ariston comme un ouvrage à part.
2. Saint Maxime, *Scholies sur Denys l'Aréop., De myst. theol.,* c. I. Ce que dit Maxime sur l'attribution que Clément d'Alexandrie, dans ses *Hypotyposes,* aurait faite de l'ouvrage à saint Luc, est bien singulier. Eusèbe, dans les extraits qu'il donne des Hypotyposes sur les écrits apostoliques, en aurait fait la remarque. Ce que dit la *Chronique d'Alexandrie* (à l'année 134) d'un apologiste nommé *Ariston* peut se rapporter à notre personnage. Cependant il semble qu'il s'agit plutôt là d'*Aristide.*
3. Préface de Celsus à la traduction latine [perdue] de l'ouvrage, *Œuvres de saint Cyprien,* p. 565.

fut pas unanime. L'auteur parut par trop naïf ; on trouva qu'il se livrait sur l'Écriture à des jeux qui touchaient au ridicule. Celse en fit des gorges chaudes. Origène ne le défend qu'avec embarras, avouant que c'est un des livres les moins considérables qui aient été faits pour la défense de la religion, et reconnaissant qu'il est plutôt propre à instruire les simples qu'à satisfaire les doctes [1]. Eusèbe et saint Jérôme le sacrifient tout à fait [2]. On négligea de le copier, et il se perdit.

Un autre livre assez médiocre [3], qui parut en Judée, nous a conservé l'écho de tous ces déchirements. L'auteur prit pour forme de son écrit des testaments ou plutôt des recommandations qu'il met dans la bouche des douze patriarches, fils de Jacob. La langue de l'original est ce grec semé d'hébraïsmes qui est la langue de la plupart des écrits du Nouveau Testament. Les citations sont faites d'après la version des Septante [4]. L'auteur était né juif ; mais il appar-

---

1. Origène, *Contre Celse*, IV, 52.
2. Eusèbe n'en parle pas. Saint Jérôme l'omet dans le *Catalogue des écrivains ecclésiastiques*, et ne le cite qu'indirectement, *Quæst. hebr. in Gen.*, Opp. III, p. 305 ; *In Gal.*, III. Saint Maxime, au VIIe siècle, lisait encore l'ouvrage ; Photius, au IXe siècle, ne le connaît plus.
3. *Test. des douze patr.*, Nepht., 6. L'hypothèse d'un écrit juif, interpolé par un chrétien, nous paraît inadmissible.
4. Ainsi δασύποδες, Aser, 2 ; ἀρχιμάγειρος, Jos., 2.

tenait au parti de Paul, car il parle du grand apôtre sur le ton de l'enthousiasme [1], et il se montre on ne peut plus sévère pour ses anciens coreligionnaires, qu'il accuse de félonie et de trahison [2]. On trouve dans l'ouvrage des traces de presque tous les écrits du Nouveau Testament ; les deux Bibles sont comprises sous la dénomination commune de « livres saints [3] » ; le livre d'Hénoch [4] est cité comme inspiré avec une entière confiance. On ne parla jamais de la divinité de Jésus en termes plus magnifiques [5]. C'est pour avoir tué Jésus et nié sa résurrection que les juifs sont captifs, dispersés dans le monde entier [6], livrés à l'influence des démons et de Satan. Depuis leur apostasie, l'esprit de Dieu a passé aux païens. Israël sera recueilli de la dispersion, mais pour avoir la honte de venir s'agréger tardivement aux gentils convertis.

Une vision frappante exprime les sentiments de

---

1. Benj., 11.

2. Lévi, 14.

3. Benj., 11. Son principal Évangile est Matthieu : Lévi, 15, 16, 18 ; Benj., 9 ; Aser, 7. Il connaît aussi Luc : Lévi, 4, 18. Virginité de Marie, Jos., 19. Il se servait du livre des Jubilés (*Jahrbücher* d'Ewald, III, 90 et suiv.).

4. V. *Vie de Jésus*, p. 40, note.

5. Siméon, 6, 7 ; Lévi, 2, 4 ; Juda, 22, 24 ; Zab., 9 ; Dan, 5 ; Nephtali, 8 ; Aser, 10 ; Benjamin, 10.

6. Lévi, 14, 15 et 16.

l'auteur à l'égard de son ancien peuple. Nephtali raconte qu'un jour il se vit en songe assis avec ses frères et son père au bord de la mer de Iabné ; là, ils aperçurent un navire voguant à l'aventure. Le navire était chargé de momies ; il n'avait ni équipage ni commandant, son nom était : *La Nef de Jacob.* La famille patriarcale y monte ; mais bientôt une tempête affreuse s'élève ; le père qui tenait les gouvernails disparaît comme un fantôme ; Joseph se sauve sur le mât ; les autres s'échappent sur dix planches, Lévi et Juda sur la même. Les naufragés sont dispersés de tous les côtés. Mais Lévi, revêtu d'un sac, prie le Seigneur ; la tempête s'apaise alors, la barque atteint la terre au milieu d'un calme profond ; les naufragés retrouvent leur père Jacob, et la joie est unanime [1].

La prétention de l'auteur des Testaments des douze patriarches avait été d'enrichir la liste des écrits contenus dans le Canon sacré ; son livre est du même ordre que le pseudo-Daniel, le pseudo-Esdras, le pseudo-Baruch, le pseudo-Hénoch. La réussite cependant ne fut pas la même. Par le ton déclamatoire et l'emphatique banalité, par une sévérité outrée contre les plaisirs de l'amour et contre le luxe des femmes [2],

---

1. Nephtali, 6. Cf. Lévi, 17.
2. Voir surtout Ruben, 3-6.

par de pressantes objurgations contre les juifs [1], le livre était fait pour édifier de pieux fidèles; mais le temps des grands succès en fait de fraudes canoniques était passé ; déjà une haie assez forte entourait le volume sacré et empêchait d'y insérer furtivement des compositions nouvelles. Le livre ne fut reçu que dans des fractions très-restreintes de l'Église [2]. Cependant, comme il était tout à fait chrétien et antijuif, il ne participa point à la réprobation dont l'Église grecque frappa la littérature juive apocryphe et judéo-chrétienne. On continua de le copier, et l'original grec se conserva en un bon nombre de manuscrits [3].

Un bien plus précieux défenseur que l'Église acquit vers le temps où nous sommes [4] fut le philosophe Justin, de Néapolis [5] en Samarie. Son père Priscus ou son grand-père Bacchius appartenaient sans doute à

---

1. Voir surtout Lévi, 14.
2. Origène, Homélie xv sur Josué, 3 ; Stichométrie de Nicéphore (Credner, p. 243). Les Arméniens du moyen âge l'admettaient parmi les livres deutéro-canoniques. Vartan Vartabed, dans *Journ. asiatique,* févr.-mars 1867, p. 193.
3. Il ne fut connu de l'Occident qu'au moyen âge par les soins de Robert Grosse-Tête, évêque de Lincoln. Matth. Paris, aux années 1242 et 1252.
4. Justin, *Apol. I,* 31; *Dial.,* 1; Épiphane, hær. XLVI, 1 (texte fautif); Eusèbe, *H. E.,* IV, VIII, 3; Zonaras, XI, 24; XII, 1.
5. L'ancienne Sichem, aujourd'hui Naplouse.

la colonie que Vespasien établit à Sichem et qui valut à cette ville le nom de Flavia Neapolis[1]. Sa famille était païenne[2] et lui donna une éducation hellénique assez soignée[3]. Justin avait plus de cœur et de besoins religieux que de facultés rationnelles. Il lut Platon, essaya les diverses écoles philosophiques de son temps, et, comme il arrive aux esprits ardents mais peu judicieux, il ne se satisfit d'aucune. Ce qu'il demandait à ces écoles, c'était l'impossible. Il voulait une solution complète de tous les problèmes que soulèvent l'univers et la conscience humaine. Le sincère aveu d'impuissance que lui faisaient ses divers maîtres le porta vers les disciples de Jésus. Il fut le premier chrétien par scepticisme, le premier qui embrassa le surnaturel, c'est-à-dire la négation de la raison, par mauvaise humeur contre la raison.

Il nous a raconté, avec trop d'art pour qu'on puisse regarder son récit comme une rigoureuse autobiographie[4], son voyage à travers les sectes, ses mécomptes, ses désillusions, le charme qu'exerça sur

---

1. Médailles; Spartien, *Sept. Sév.*, 9. Cf. Jos., *B. J.*, IV, viii, 1.
2. *Apol.* I, 1 et 53; *Dial.*, 10, 16, 27. — *Apol. II*, 15, et *Dial.*, 120, ne prouvent pas le contraire, pas plus qu'Épiph., hær, xlvi, 1.
3. *Dial.*, 1; *Apol.* I, 1, 2, 3, 5, 39, 59, 60. Cf. Otto, 2ᵉ édit., prol., p. lxiv et suiv. Il est vrai que plusieurs citations qu'il fait peuvent être de seconde main.
4. *Dial. cum Tryph.*, 2-8.

lui la révélation juive quand il la connut, la façon dont les prophètes le conduisirent à Christ. Ce qui le frappa surtout, ce fut la vue des mœurs des chrétiens et le spectacle de leur indomptable fermeté[1]. Les autres formes du judaïsme qu'il avait autour de lui, en particulier la secte de Simon le Magicien, ne lui inspirèrent que du dégoût[2]. Le tour philosophique que prenait déjà le christianisme le séduisit. Il conserva le costume des philosophes[3], ce *pallium* qui n'était qu'un indice de vie austère, vouée à l'ascétisme, et que beaucoup de chrétiens aimèrent à porter[4]. Sa conversion ne fut pas à ses yeux une rupture avec la philosophie. Il aimait à répéter que ce n'était qu'à partir de ce jour qu'il avait commencé à être vraiment philosophe, qu'il n'avait fait qu'abandonner les écrits de Platon pour ceux des prophètes, et la philosophie profane pour une philosophie nouvelle, la seule sûre, la seule qui donne à ceux qui la professent le repos et la paix[5].

---

1. *Apol. II*, 12.
2. *Apol. I*, 26, 56, *Apol. II*, 15 (?); *Dial.*, 120.
3. *Dial.* 1. Cf. Tertull., *In Val.*, c. 5; Eus., *H. E.*, IV, 8, 11, 15; saint Jérôme, *De viris ill.*, 23; Théodoret, I, 2; saint Maxime, sur Denys l'Aréop., *De div. nom.*, init.; Photius, cod. cxxv.
4. Tertull., *De pallio*; Eus., *H. E.*, VI, ix, 6; *De mart. Pal.*, c. 11. Cf. Épiph., xlvi, 1. Voir ci-dessus, p. 38-39.
5. *Dial.*, 8. Cf. Méliton, dans Eusèbe, IV, xxvi, 7; Ælius

L'attrait que Rome exerçait sur tous les sectaires se fit sentir à Justin. Peu après sa conversion, il partit pour la capitale du monde [1], et c'est là qu'il composera ces Apologies qui, à côté de celles de Quadratus et d'Aristide, furent la première manifestation du christianisme aux yeux du public initié à la philosophie. Son antipathie contre les juifs, allumée par le souvenir récent des violences de Bar-Coziba [2], lui inspirera un autre écrit, d'une exégèse aussi singulière que celle d'Ariston de Pella, et où l'erreur et l'injustice seront poussées peut-être encore plus loin.

Les rôles étaient, en effet, intervertis. Les païens, entrant en foule dans l'Église, y devenaient les plus nombreux. Les deux grandes attaches du culte nouveau avec le judaïsme, la pâque et le sabbat, étaient en train de se relâcher chaque jour. Tandis que, à l'époque de saint Paul, le chrétien qui n'observait pas la loi de Moïse était toléré à grand'peine, obligé à toute sorte de concessions humiliantes, c'est maintenant le chrétien judaïsant qu'on veut bien ne pas

---

Aristide, à la fin de son traité contre Platon, parle des chrétiens sous le nom de « philosophes ». Opp., II, p. 413, Dindorf. Cf. Lucien, *Peregr.*, 11, 13; Sozomène, III, ch. 16, surtout vers la fin; saint Augustin, *De civit. Dei*, XIX, 19.

1. Eusèbe, *H. E.*, IV, vi, 11.
2. *Apol. I*, 31.

exclure de l'Église. S'il est irréprochable dans sa foi en Jésus-Christ et dans l'obéisance aux commandements, s'il est persuadé de l'inutilité de la Loi, et s'il ne désire en observer une partie que par pieux souvenir, s'il ne trouble en rien ceux des gentils que Jésus-Christ a véritablement circoncis et retirés de l'erreur, s'il ne fait aucune propagande pour persuader à ces derniers de s'astreindre aux mêmes pratiques que lui, s'il ne présente jamais ces pratiques comme obligatoires et nécessaires au salut, il peut être sauvé. Voilà du moins ce que les esprits larges admettaient. Mais il y en avait d'autres qui n'osaient ni converser ni demeurer avec ceux qui observaient quelque chose de la Loi. « Pour moi, dit Justin, je crois que, quand une personne, par faiblesse d'esprit, veut garder ce qu'elle peut de la loi imposée aux juifs pour la dureté de leur cœur, qu'avec cela elle espère en Jésus-Christ, qu'elle est résolue de satisfaire à tous les devoirs éternels et naturels de justice et de piété, qu'elle ne fait pas difficulté de vivre avec les autres chrétiens sans les porter ni à se faire circoncire ni à observer le sabbat, je crois, dis-je, qu'on doit la recevoir et communier avec elle en toute chose. Mais, si quelques juifs, prétendant croire en Jésus-Christ, veulent obliger les fidèles gentils à observer la Loi, je les rejette absolument... Ceux qui, après avoir connu et confessé que Jésus est le Christ, abandonnent sa foi, à la persuasion de ces obstinés, pour passer à la loi de Moïse, quelle que soit la raison qui les y porte, il n'y a point de salut pour eux, si avant de mourir ils ne reconnaissent leur faute[1]. » Origène envisage les choses d'une manière analogue. Les Juifs qui se sont faits chrétiens ont par cela même, selon lui, abandonné la Loi. Les Juifs qui, tout en étant chrétiens, observent la Loi sont des ébionites, des sectaires; car ils accordent de la valeur à la circoncision et à des pratiques que Jésus a supprimées[2]. La logique s'accomplissait. Il était inévitable qu'une dualité, qui allait jusqu'à empêcher les chrétiens de manger ensemble, même le jour de Pâques, aboutît à un schisme complet.

A partir du milieu du IIe siècle, en effet, la haine entre les deux religions est scellée. Les tranquilles disciples de Jésus et les juifs exilés pour leur fanatisme terrestre deviennent chaque jour plus furieux les uns contre les autres. Selon les chrétiens, un peuple nouveau a été substitué à l'ancien[3]. Les juifs accusent les chrétiens d'apostasie, et leur font

---

1. Justin, *Dial.*, 47.
2. Origène, *Contre Celse*, II, 1, 3.
3. *Pasteur*, simil. IX, 30; Homélies pseudo-clém., VII, 6; VIII,

subir une vraie persécution [1] : « Ils nous traitent en ennemis, comme s'ils étaient en guerre avec nous, nous tuant, nous torturant, quand ils le peuvent, tout comme vous faites vous-mêmes, » dit Justin aux Romains [2]. Les femmes qui voulaient se convertir étaient fouettées dans les synagogues, accablées de coups de pierres [3]. Les juifs reprochaient aux chrétiens de ne plus partager les rages et les douleurs d'Israël. Les chrétiens commençaient à faire retomber sur l'ensemble de la nation juive un reproche que sûrement ni Pierre, ni Jacques, ni l'auteur de l'Apocalypse ne songeaient à lui adresser, celui d'avoir crucifié Jésus. La mort de Jésus avait été considérée jusque-là comme le crime de Pilate, des grands prêtres, de certains pharisiens, mais non comme le crime d'Israël tout entier. Maintenant les juifs apparaissent comme un peuple déicide, un peuple assassin des envoyés de Dieu, rebelle aux plus évidentes prophéties [4]. Les chrétiens font de la non-reconstruc-

---

15; *Recogn.*, I, 42, 50. Cf. Barn., 5, 7, 13, 14, 15; Clem. Rom., *Epist. I*, 29.

1. Διωγμός. Anonyme cité par Eusèbe, *H. E.*, V, XVI, 12.

2. Justin, *Apol. I*, 31; *Dial.*, 16, 47, 131; martyre de Polycarpe, 13 (ὡς ἔθος αὐτοῖς); *Philosoph.*, IX, 12.

3. Anonyme contre les cataphryges, dans Eusèbe, *H. E.*, V, XVI, 12.

4. Justin, *Dial.*, 48.

tion du temple une sorte de dogme, et regardent comme leurs plus mortels ennemis ceux qui prétendent infliger sur ce point un démenti à leurs prophéties[1]. Effectivement, le temple ne se releva que par Omar, c'est-à-dire à l'heure même où le christianisme fut à son tour vaincu à Jérusalem. Quand Omar voulut qu'on lui montrât la place sacrée, il la trouva convertie par les chrétiens en un dépôt d'ordures, par haine contre les juifs[2].

Les ébionites ou nazaréens, retirés pour la plupart au delà du Jourdain, ne partageaient pas naturellement ces sentiments. Ils étaient nombreux et gagnèrent de proche en proche Panéas, tout le pays des Nabatéens, le Hauran et Moab[3]. Ils restaient en rapports avec les juifs ; Aquiba et les plus célèbres docteurs furent connus d'eux ; Aquila était leur traducteur favori ; mais la façon dont il se trompaient sur le temps où ces deux maîtres fleurirent montre qu'ils n'avaient reçu qu'un écho vague de leur célébrité[4]. Les écrivains de l'Église catholique nous parlent, du

1. Tentatives sous Constantin et sous Julien. Jean Chrys., *In Jud.*, v, 1, 11 ; vi, 2 ; *Adv. opp. vit. mon.*, 1 ; *Contra jud. et gent.*, 16.
2. Modjir-eddin, p. 35, 42, édit. Sauvaire, et dans les *Fundgruben des Orients*, vol. V, p. 161.
3. Épiph., xxx, 18.
4. Saint Jérôme, *Ad Algas.*, quæst, 10 ; *In Is.*, viii, 14 ; xxix, 20 ; Épiph., hær., xv, xxxiii, 9. Cf. Grætz, V, p. 434.

reste, de deux sortes d'ébionites, les uns conservant toutes les idées des juifs et n'attribuant à Jésus qu'une naissance ordinaire, les autres réconciliés avec saint Paul, n'admettant la nécessité des observances que pour les Israélites de sang, et reconnaissant à Jésus une naissance surnaturelle comme celle qui est racontée dans le premier chapitre de Matthieu[1]. Les dogmes de l'école ébionite suivirent la même ligne de développement que ceux de l'Église catholique ; peu à peu, même de ce côté, Jésus tendait à s'élever au-dessus de l'humanité[2].

Quoique exclus de Jérusalem en qualité de circoncis, les ébionites d'Orient étaient censés toujours demeurer dans la ville sainte. Les ébionites du reste du monde conçoivent encore l'Église de Jérusalem telle qu'elle était du temps de Pierre et de Jacques, comme la capitale paisible de la chrétienté[3]. Jérusalem est l'universelle *kibla* du judéo-christianisme[4] ;

---

1. Διττοί Ἐβιωναῖοι. Origène, *Contre Celse,* V, 61, 65 ; *In Matth.,* t. XVI, 11 ; Eusèbe, *H. E.,* III, xxvii, 2, 3 ; Épiphane, hær, xxx, 3 ; saint Jérôme, *In Is.,* i, 12 ; ix, 1.

2. Comparez l'Évangile des nazaréens et celui des ébionites dans Hilgenfeld, *Nov. test. extra can. rec.,* IV, p. 38, etc.

3. Homélies pseudo-clémentines. V. ci-après, p. 328. C'était aussi, ce semble, le point de vue où se plaçait Hégésippe. Voir notre livre VII.

4. L'idée de se tourner vers Jérusalem pour la prière existait

les elkasaïtes qui observent cette *kibla* à la lettre ne font que symboliser les sentiments de tous. Mais une telle lutte contre l'évidence ne put durer longtemps. Bientôt le judéo-christianisme n'eut plus d'Église mère, et les traditions nazaréennes ou ébionites ne vécurent que chez les sectaires épars de la Syrie.

Haïs des juifs, presque étrangers aux Églises de saint Paul, les judéo-chrétiens s'amoindrirent de jour en jour. A l'inverse des autres Églises, toutes placées dans les grandes villes et participant de la civilisation générale, les judéo-chrétiens étaient épars dans des villages ignorés, où nul bruit du monde n'arrivait. L'épiscopat fut le fruit des grandes cités; ils n'eurent pas l'épiscopat. N'ayant ainsi aucune hiérarchie organisée, privés du lest de l'orthodoxie catholique, ballottés par tous les vents, ils se confondirent plus ou moins avec l'esséisme, l'elkasaïsme. Les croyances messianiques aboutirent, chez eux, à des théories d'anges sans fin. La théosophie et l'ascétisme des esséens firent oublier les mérites de Jésus; l'abstinence de la chair et les anciens préceptes des nazirs prirent une importance exagérée [1]. La littérature des

déjà dans l'ancien judaïsme. Psaume XXII, 2; I Rois, VIII, 44, 48; Daniel, VI, 11.

[1]. Épiphane, hær. XXIX et XXX. Épiphane avait vécu avec ces sectaires à Éleuthéropolis et en Chypre

ébionites, toute en hébreu, paraît avoir été faible. Seul leur vieil Évangile hébreu, ressemblant à Matthieu, conservait sa valeur. Les juifs convertis, qui ne connaissaient pas le grec[1], l'aimaient et en faisaient encore leur Évangile au IVe siècle. Leurs Actes des apôtres, au contraire, étaient plus ou moins frelatés. Les Voyages de Pierre[2], à peine indiqués dans les *Actes* canoniques, reçurent de leur imagination des développements excessifs. Ils y joignirent de misérables apocryphes attribués à des prophètes, à des apôtres, et où Jacques paraît avoir joué un rôle principal[3]. La haine de Paul respirait dans tous ces écrits, dont nous retrouverons à Rome les analogues écrits en grec.

Une aussi fausse position condamnait l'ébionisme à mourir. « Voulant tenir une position intermédiaire, dit avec esprit Épiphane[4], Ebion n'a rien été, et en lui s'est accomplie cette parole : « Peu s'en faut que je n'aie eu tous les malheurs, « mitoyen que je suis entre l'Église et la syna-

---

1. Eus., *H. E.*, III, xxv, 5.
2. Περίοδοι.
3. Épiph., hær. xxx, 6, 15, 16, 18, 23; Irénée, I, xxvi, 2; III, xi, 7; Eusèbe, *H. E.*, III, 27; VI, 27. Saint Jérôme, *In Matth.*, xxvii, 9. L'écrit de Jacques était intitulé Ἀναβαθμοὶ Ἰακώβου. Cf. *Journal asiat.*, févr.-mars 1867, p. 194.
4. Épiph., hær. xxx, 1.

« gogue [1] ». — « Pour avoir voulu, dit également saint Jérôme [2], être à la fois juifs et chrétiens, ils réussirent à n'être ni juifs ni chrétiens. » Ainsi se passa dans le christianisme naissant ce qui est arrivé dans presque tous les mouvements religieux. Les créateurs des mouvements de ce genre sont d'ordinaire absorbés et supprimés par ceux qui leur succèdent. Le premier siècle de l'hégire vit l'extermination des compagnons, des parents, des amis de Mahomet, de ceux en un mot qui prétendaient confisquer à leur profit la révolution dont ils étaient les auteurs. Dans le mouvement franciscain, les vrais disciples de François d'Assise se trouvèrent, au bout d'une génération, des hérétiques dangereux, poursuivis par l'orthodoxie et livrés par centaines au bûcher.

C'est que l'idée, dans ces premiers jours d'une activité créatrice, procède à pas de géant ; l'initiateur devient vite un rétrograde, un hérétique dans sa propre secte, un obstacle à son idée, qui veut marcher malgré lui, et qui souvent alors l'injurie, le tue. Il ne se meut plus, et tout se meut autour de lui. Les *ébionim*, pour qui avait été faite

[1]. Prov., v, 14, tourné en plaisanterie.
[2]. *Epist. ad August.*, 89 (74), IV, 2ᵉ part., col. 623, Mart.; 97 (76), *ibid.* col. 634.

la première béatitude (Heureux les *ébionim !*) sont maintenant pour l'Église un scandale; leur pure doctrine passe pour blasphème. Certes, les plaisanteries d'Origène [1], les injures d'Épiphane [2] contre les vrais fondateurs du christianisme ont quelque chose de choquant. D'un autre côté, il est bien sûr que les *ébionim* de Kokaba n'eussent pas transformé le monde. Si le christianisme fût resté une secte juive, il se fût fait un petit Talmud, n'eût jamais abandonné la Thora. Les parents de Jésus fussent devenus avec le temps une aristocratie religieuse intolérable et funeste à l'œuvre de Jésus. Comme presque tous les descendants des grands hommes, ils se fussent prétendus héritiers de son génie ou de sa sainteté; ils eussent traité avec dédain ceux que Jésus aurait tenus à bien meilleur titre pour sa famille spirituelle. Comme les héritiers de tel écrivain célèbre, ils eussent voulu garder pour eux ce qui avait été pensé et senti pour tous. L'humble Jésus fût devenu ainsi un principe de vanité au profit de quelques sots; les *desposyni* eussent été persuadés que c'était pour leur valoir des titres religieux et des honneurs de synagogue que leur arrière-grand-oncle avait prêché et avait

---

1. *De princ.*, IV, 22; *In Matth.*, t. XVI, 11. Cf. saint Jérôme, *In Is.*, I, 12.

2. Épiph., xxx, 17. Cf. saint Hilaire, *De trinitate*, VII, 3.

été crucifié. Jésus semblait craindre ce grave malentendu ; un jour, étendant la main vers ses disciples, il avait dit avec une parfaite vérité : « Voilà ma mère et mes frères. Quiconque fait la volonté de mon père qui est dans le ciel, celui-là est mon frère, ma sœur, ma mère [1]. »

L'ébionisme et le nazaréisme se continuèrent jusqu'au ve ou vi{e} siècle [2], dans les parties reculées de la Syrie, surtout dans la contrée au delà du Jourdain, refuge de toutes les sectes [3], ainsi que du côté d'Alep [4] et dans l'île de Chypre [5]. Persécuté par les empereurs orthodoxes, il disparut dans la tourmente de l'islam. En un sens, on peut dire aussi qu'il se continua par l'islam. Oui, l'islamisme est à beaucoup d'égards la prolongation ou plutôt la revanche du nazaréisme. Le christianisme, tel que les Grecs polythéistes et métaphysiciens l'avaient fait, ne pouvait convenir aux Syriens et aux Arabes, lesquels tenaient à séparer profondément Dieu de l'homme et avaient besoin d'une plus grande sim-

1. Matth., xii, 48-50.
2. Épiphane, hær. xxix, xxx ; saint Jérôme, *Epist. ad August.*, loc. cit.; *In Is.*, i, 12 ; viii, 14 ; ix, 1 ; xxix, 20. Cf. Eusèbe, *H. E.*, III, 27 ; saint Augustin, *In Crescon.*, ch. 31.
3. Waddington, *Inscr. gr. de Syrie*, n° 2558.
4. Épiph., hær. xxix, 7 ; saint Jérôme, *De viris ill.*, 3.
5. Épiph., hær. xxx, 18.

plicité religieuse. Les hérésies du IVe et du Ve siècle, ayant leur centre en Syrie, sont une espèce de protestation permanente contre les doctrines exagérées sur la trinité et l'incarnation que les Pères grecs avaient fait prévaloir. « Comment celui qui donne la vie serait-il devenu mortel ? se demandait Théodoret. Celui qui a souffert, c'est un homme que Dieu a pris parmi nous. Les souffrances appartiennent à l'homme, qui est passible. C'est la forme de l'esclave qui a souffert. » — « Je ne porte pas envie au Christ, qui est devenu dieu, disait Ibas d'Édesse ; car je peux devenir ce qu'il est devenu. » Et, le jour de Pâques, il osait s'exprimer ainsi : « Aujourd'hui, Jésus est devenu immortel[1]. » C'est la pure doctrine ébionite ou nazaréenne[2]. L'islamisme ne dit pas autre chose. Mahomet connut le christianisme par ces communautés ultra-jordaniques, opposées au concile de Nicée et aux conciles qui développèrent celui de Nicée. Les chrétiens sont pour lui des *nazaréens*[3]. Le docétisme des musulmans a sa racine dans les mêmes sectes[4].

1. Ms. syr. du Musée Brit., dans Martin, *le Pseudo-Synode d'Ephèse*, p. 31, 33, 34.

2. Voir *les Évangiles,* p. 49 et suiv.

3. *Nesara*, nom des chrétiens chez tous les peuples arabes et musulmans.

4. Voir surtout Épiphane, hær. xxx, 3. Cf. *les Évangiles,* p. 460 et suivantes.

Si l'islamisme substitue la *kibla* de la Mecque à celle de Jérusalem[1], il rend d'un autre côté les plus grands honneurs à l'emplacement du temple; la mosquée d'Omar s'élève sur la place souillée par les chrétiens. Omar travailla lui-même à enlever les ordures, et le monothéisme pur rebâtit sa forteresse sur le mont Moria[2]. On dit souvent que Mahomet fut un arien; cela n'est point exact. Mahomet fut un nazaréen, un judéo-chrétien. Le monothéisme sémitique reprit par lui ses droits et se vengea des complications mythologiques et polythéistes, que le génie grec avait introduites dans la théologie des premiers disciples de Jésus.

Il y eut un côté par lequel les ébionites hébreux eurent de l'importance dans le travail littéraire de l'Église universelle. L'étude de l'hébreu biblique, si négligée dans les Églises de Paul, continua de fleurir parmi eux. De leur sein ou du sein de sectes très-voisines sortirent les célèbres traducteurs, Sym-

---

1. Mahomet paraît avoir hésité pour la *kibla* entre Jérusalem, l'Orient et la Caaba de la Mecque.

2. Théophane, *Chronogr.*, p. 284, Paris; Eutychius, *Ann.*, II, p. 284 et suiv, 364, Oxford; Guillaume de Tyr, I, 2; VIII, 3; Modjir-eddin, p. 35, 42, édit. Sauvaire, et dans les *Fundgruben des Orients*, V, p. 161, 162. Il paraît qu'Abdelmélik, en bâtissant la mosquée, eut l'idée de l'opposer comme lieu de pèlerinage central à la Mecque.

maque, Théodotion. On présente ces personnages tantôt comme des ébionites, tantôt comme des samaritains, toujours comme des prosélytes, des transfuges, des hérétiques judaïsants[1]. Les controverses sur les prophéties messianiques, notamment sur l'*alma*, la prétendue vierge-mère d'Isaïe, ramenaient à l'étude du texte[2]. L'Évangile hébreu et son frère, légèrement adultéré, l'Évangile de Matthieu, avec ses légendes au début et ses généalogies, étaient un autre objet de polémique[3]. Symmaque surtout paraît avoir été dans ces Églises lointaines un docteur universellement respecté[4].

C'est dans des conditions peu différentes de celles qui viennent d'être décrites que se fit aussi, à ce qu'il semble, la version syriaque, dite *Peschito*, de l'Ancien Testament. Selon les uns, elle aurait eu

---

1. Irénée, III, xxi, 1 ; Eusèbe, *H. E.*, VI, 17 ; *Démonstr.*, VII, 1 ; Théodoret, *Hær. fab.*, II, 1, 2 ; saint Jérôme, *De viris ill.*, 54 ; Ép. 89 (74), *ad August.*; Præf. in Dan., in Esdram, in Job ; *In Habacuc*, iii ; *In Ruf.*, II, col. 423 et suiv., Mart. ; Épiph., *De mens.*, 16, 17 ; *Synopse* d'Athan., 77, Opp., II, p. 203 ; Assémani, *Bibl. or.*, II, 278 et suiv. ; III, 1re part., 17. Selon d'autres données, cependant (Épiph., *De mens.*, 17), Théodotion viendrait de l'école de Marcion.

2. Irénée, III, xxi, 1.

3. Eusèbe, *H. E.*, VI, 17 ; saint Jérôme, *De viris ill.*, 54 ; Pallade, *Hist. Laus.*, ch. 147.

4. Eusèbe, *H. E.*, VI, 17 ; saint Augustin, *In Cresconium*, I, 31 ; l'Ambrosiastre, *Comment. sur Gal.*, prologue, *init.*

des juifs pour auteurs; selon d'autres, des judéo-chrétiens; ce qu'il y a de certain, c'est que des juifs y collaborèrent, puisqu'elle vient directement de l'hébreu[1] et qu'elle offre de remarquables parallélismes avec les Targums. Cette version fut exécutée, selon toutes les apparences, à Édesse. Plus tard, quand le christianisme domina dans ces contrées, on traduisit les écrits du Nouveau Testament dans un dialecte tout à fait analogue à celui de l'ancienne *Peschito*.

Cette école d'hébraïsants chrétiens ne se prolongea pas au delà du IIe siècle. L'orthodoxie des Églises helléniques se montra toujours en défiance contre la *vérité hébraïque*; la piété n'inspirait pas le désir de la consulter; l'étude de l'hébreu était entourée pour un non-juif de difficultés presque insurmontables. Origène, Dorothée d'Antioche, saint Jérôme furent des exceptions. Même les juifs vivant dans les pays grecs ou latins négligeaient fort le vieux texte. Rabbi Meïr, obligé de se rendre en Asie, ne trouve pas chez les habitants un livre d'Esther en hébreu; il le leur écrit de mémoire, afin de pouvoir en faire lecture dans la synagogue, le jour de

---

1. Les traducteurs syriens eurent même entre les mains des originaux hébreux maintenant perdus, par exemple le texte hébreu de la Sagesse de Jésus, fils de Sirach (notez surtout XLIX, 11).

purim[1]. Il est certain que, sans les juifs d'Orient, le texte hébreu de la Bible se fût perdu. En nous conservant ce document inappréciable du vieux monde sémitique, les juifs ont rendu à l'esprit humain un service égal à celui qu'ont rendu les brahmanes en conservant les Védas.

1. Tosifta *Megilla,* ch. II.

CHAPITRE XV.

ANTONIN LE PIEUX.

Adrien rentra dans Rome, qu'il ne quitta plus, en l'an 135. La civilisation romaine venait d'exterminer un de ses plus dangereux ennemis, le judaïsme. Elle triomphait. De toutes parts, la paix, le respect des peuples, les barbares en apparence soumis, les maximes les plus douces de gouvernement introduites et pratiquées. Trajan avait eu définitivement raison de croire qu'on peut gouverner les hommes en les traitant avec civilité. L'idée de l'État, non-seulement tutélaire, mais bienveillant, s'enracinait fortement. La conduite privée d'Adrien donnait lieu à de graves reproches; son caractère se pervertissait, à mesure que sa santé s'altérait; mais les peuples ne s'en apercevaient pas. Une splendeur et un bien-être sans exemple, enveloppant tout comme d'une brillante auréole, dissimulaient les parties défectueuses de l'organisation sociale. A vrai dire, ces parties défectueuses étaient susceptibles d'être corrigées. La porte était ouverte à tous les progrès. La philosophie stoïcienne pénétrait la législation, y introduisait l'idée des droits de l'homme, de l'égalité civile, de l'uniformité d'administration provinciale. Les priviléges de l'aristocratie romaine disparaissaient de jour en jour. Les chefs de la société croyaient au progrès, y travaillaient. C'étaient des philosophes, des philanthropes, voulant sans utopie la plus grande application possible de la raison aux choses humaines. Cela valait bien mieux que la fanatique et inapplicable Thora, bonne tout au plus pour un très-petit peuple. On avait lieu d'être content de vivre, et, derrière cette belle génération d'hommes d'État, on en apercevait une autre plus sage, plus sérieuse, plus honnête encore.

Adrien s'amusait, et il en avait le droit. Son esprit curieux et actif rêvait toutes les chimères à la fois ; mais son jugement n'était pas assez sûr pour le préserver des fautes de goût. Il faisait construire, au pied des montagnes de Tibur, une villa qui était comme l'album de ses voyages et le pandæmonium de la célébrité. On eût dit la foire bruyante et un peu heurtée d'un monde près de mourir. Tout y était : du faux égyptien, du faux grec, le Lycée, l'Académie, le

Prytanée, le Pécile, le Canope, l'Alphée, la vallée de Tempé, les champs Élysées, le Tartare, des temples, des bibliothèques, des théâtres, un hippodrome, une naumachie, un gymnase, des thermes. Lieu étrange, attachant néanmoins ! Car c'est le dernier endroit où l'on se soit amusé, où des gens d'esprit se soient endormis au vain bruit de « l'Achéron avare ». A Rome, le grand souci du fantasque empereur était ce tombeau insensé, mausolée immense, où Babylone était vaincue, et qui, dépouillé de ses ornements, a été la citadelle de la Rome papale. Ses constructions couvraient le monde ; les athénées qu'il fondait, les encouragements qu'il prodiguait aux lettres, aux beaux-arts, les immunités qu'il accordait aux professeurs, réjouissaient le cœur de tous les lettrés[1]. Malheureusement la superstition, la bizarrerie, la cruauté, prenaient de plus en plus le dessus chez lui à mesure que ses forces physiques l'abandonnaient. Il s'était bâti un Élysée pour n'y pas croire, un enfer pour en rire, une salle des Philosophes pour railler les philosophes, un Canope pour montrer les impostures des prêtres et se rappeler les folles fêtes de l'Égypte, qui l'avaient tant fait rire. Maintenant tout lui paraissait creux et vide ; rien ne le soutenait plus.

[1]. Digeste, XXVII, tit. i, l. 6.

Peut-être faut-il attribuer aux caprices et aux désordres de ses derniers mois quelques martyres qui eurent lieu sous son règne, et dont on ne voit pas bien le motif. Télesphore était alors chef de l'Église de Rome; il mourut en confessant le Christ, et passa au nombre des gloires de la foi [1].

La mort du césar amateur fut triste et sans dignité; car aucun sentiment moral vraiment élevé ne l'animait. Le monde néanmoins perdit en lui un puissant soutien. Les juifs seuls triomphèrent des angoisses de ses derniers moments. Il fut d'usage chez eux de ne le nommer qu'en ajoutant après son nom : « Que Dieu lui broie la jambe [2] ! » Il aima sincèrement la civilisation, et comprit bien ce qu'elle pouvait être de son temps. La littérature et l'art antique finissent avec lui. Il fut le dernier empereur qui crut à la gloire [3], comme Ælius Verus fut le dernier homme

---

[1]. Irénée, III, III, 3. (La *Chronique* d'Eusèbe et toutes les chronologies pontificales placent le commencement de Hygin, successeur de Télesphore, vers 138 ou 139.) Les autres Actes de martyrs se rapportant à ce temps sont sans valeur. L'inscription de *Marius adolescens,* Boldetti, *Osserv.,* p. 233; Mabillon, *Iter ital.,* p. 138; Greppo, *Trois mém.,* p. 242, est fausse. Tout ce qu'on a fait pour donner de la solidité au martyre de saint Quirinus est entièrement gratuit. Les Actes de sainte Symphorose sont une imitation des Macchabées.

[2]. *Livre de Josué* (samaritain), ch. 48, et dans les Talmuds.

[3]. Marc-Aurèle, *Pensées,* X, 27. Cf. IX, 29.

qui sut goûter les plaisirs délicats [1]. Les choses humaines sont si frivoles, qu'il y faut faire une part au brillant, à l'éclat. Un monde ne tient pas sans cela; Louis XIV le savait; on a vécu, on vit encore de son soleil en cuivre doré. Adrien, à sa manière, marqua un sommet, après lequel commença une descente rapide. Certes Antonin et Marc-Aurèle le surpassèrent infiniment en vertu; mais sous eux le monde s'attriste, perd sa gaieté, s'encapuchonne, se fait chrétien [2]; la superstition augmente [3]. L'art d'Adrien, bien qu'il ait son ver rongeur, tient encore aux principes; c'est un art habile et savant; puis la décadence se produit avec une force irrésistible. La société antique s'aperçoit que tout est vain; or, le jour où l'on fait cette découverte, on est près de mourir. Les deux sages accomplis qui vont régner sont deux ascètes à leur manière. Lucius Verus, Faustine vont être les survivants déclassés de l'élégance antique. C'est vraiment à cette date que le monde dit adieu à la joie, traite les muses de séductrices, ne veut plus entendre parler que de ce qui entretient sa mélancolie, se change en un vaste hôpital.

1. Spartien, *Ælius*, 5.
2. *Homo tristis et integer*.......... *homo sanctus*....... *sanctus gravisque*..... *vir severissimus*..... Capitolin, *Ant. Pius*, 1, 4.
3. Capitolin, *Ant. Pius*, 3, 9.

Antonin fut un saint Louis pour le cœur et l'honnêteté, avec bien plus de jugement et de portée d'esprit. C'est le plus parfait souverain qui ait jamais régné. Il fut même supérieur à Marc-Aurèle, puisque les reproches de faiblesse qu'on peut adresser à ce dernier ne sauraient s'appliquer à lui[1]. Énumérer ses vertus, c'est énumérer les qualités dont l'homme accompli est susceptible. Tout le monde salua en lui une incarnation du mythique Numa Pompilius[2]. Ce fut le plus constitutionnel des souverains ; avec cela, simple, économe, tout occupé de bonnes œuvres[3] et de travaux publics, éloigné des excès, exempt de rhétorique et de toute affectation d'esprit. Par lui, la philosophie arriva vraiment au pouvoir ; les philosophes furent partout richement pensionnés[4] ; son entourage était déjà tout composé d'ascètes, et la direction générale de l'éducation de Marc-Aurèle fut son ouvrage[5].

Ainsi l'idéal du monde semblait atteint ; la sagesse

---

1. Il dissimula toujours ses douleurs privées. *Cum animi dolore compressit.* Capitolin, *Ant. Pius,* 3.

2. Capitolin, *Ant. Pius,* 13.

3. *Puellæ faustinianæ,* Capit., *Ant. Pius,* 8 ; médaille. *Pueri alimentarii,* inscriptions et médailles. Desjardins, *De tab. alim.,* p. 29 ; Duruy, *Hist. des Rom.,* IV, p. 435, note 1.

4. Capit., *Ant. Pius,* 11.

5. Capit., *Ant. Pius,* 10 ; Lucien, *Démonax,* 31.

régnait ; le monde, pendant vingt-trois ans, fut gouverné par un père [1]. L'affectation, le faux goût de la littérature tombaient ; on devenait simple [2] ; l'instruction publique fut l'objet d'une vive sollicitude [3]. Tout le monde s'améliorait ; des lois excellentes, surtout en faveur des esclaves, furent portées [4] ; le soulagement de ceux qui souffrent devenait le souci universel. Les prédicateurs de morale philosophique dépassaient même les succès de Dion Chrysostome [5] ; la recherche des applaudissements frivoles était l'écueil qu'ils avaient à éviter [6]. A la cruelle aristocratie romaine se substituait une aristocratie provinciale de gens honnêtes, voulant le bien. La force et la hauteur du monde antique se perdaient ; on devenait bon, doux, patient, humain. Comme il arrive toujours, les idées socialistes profitaient de cette largeur d'idées et faisaient leur apparition [7] ; mais le bon sens général et

1. Aur. Vict., *Epit.*, 15 ; Pausanias, VIII, XLIII, 5.
2. Voir, dans les *Pensées* de Marc-Aurèle, les nombreux passages où il met en opposition les rhéteurs du temps d'Adrien et les philosophes qui les ont remplacés. Lire, en particulier, tout le livre premier.
3. Digeste, XXVII, I, 6 ; Capitolin, *Ant.*, 11.
4. Institut., I, VIII, 2.
5. Arrien, *Dissert. Epict.*, III, XXIII, 19. Cf. Galien, *Therap. meth.*, XIII, 15 ; Orig., *Contre Celse*, III, 50.
6. Arrien, III, XXIII entier. Comp. I, XXI.
7. Lucien, *Epistolæ saturnales*, en entier.

la force de l'ordre établi les empêchaient de devenir un mal public.

La similitude de ces aspirations avec celles du christianisme était frappante. Mais une différence profonde séparait les deux écoles et devait les rendre ennemies. Par son espérance d'une prochaine fin du monde, par les vœux mal dissimulés qu'il formait pour la ruine de la société antique, le christianisme était, au sein de l'empire bienfaisant des Antonins, un démolisseur qu'il fallait combattre. Toujours pessimiste, intarissable en lugubres prophéties[1], le chrétien, loin de servir au progrès rationnel, s'en montrait dédaigneux. Les docteurs catholiques regardaient presque tous la guerre entre l'empire et l'Église comme nécessaire, comme le dernier acte de la lutte de Dieu et de Satan; ils affirmaient hardiment que la persécution durerait jusqu'à la fin des temps[2]. L'idée d'un empire chrétien, bien qu'elle se présente quelquefois à leur esprit[3], leur semble une contradiction et une impossibilité[4].

1. *Oracles sibyllins,* à chaque page. « Christiani, Samaritæ et quibus præsentia semper cum enormi libertate displiceant. » Vopiscus, *Saturnin,* 7. Voir aussi le *Philopatris,* en se rappelant que ce petit écrit est postérieur au temps où nous sommes.
2. Justin, *Dial.,* 39.
3. Voir ci-après, p. 308-309, 370, 457-458, 489.
4. Tertullien, *Apol.,* 21.

Pendant que le monde se reprenait à vivre, les juifs et les chrétiens s'obstinaient plus que jamais à vouloir qu'il fût à sa dernière heure. Nous avons vu le faux Baruch s'épuiser en annonces vagues. La sibylle judéo-chrétienne, pendant tout ce temps, ne cessait de tonner [1]. La splendeur toujours croissante de Rome était un sanglant outrage à la vérité divine, aux prophètes, aux saints. Aussi s'appliquait-on à nier effrontément la félicité du siècle. Tous les fléaux naturels, qui continuaient d'être assez nombreux [2], étaient présentés comme des signes d'une colère implacable [3]. Les tremblements de terre d'Asie, passés et actuels [4], étaient exploités dans le sens des

---

[1]. On peut rapporter à ces temps certains morceaux du paragraphe 3 du livre III de *Carmina sibyllina*. Minucius Felix, 11 : « Mundo cum sideribus suis minantur incendium. »

[2]. Les tremblements de terre et les fléaux naturels continuaient d'être très-fréquents, depuis l'effroyable tremblement de terre qui bouleversa Antioche et tout l'Amanus en 115. Voir Dion Cassius (Xiphilin), LXX, 4 ; LXXI, 32 ; Eusèbe, *Chron.*, ann. 6 et 11 d'Adr.; Spartien, *Adr.*, 21 ; Capitolin, *Ant. Pius*, 89; Aurelius Victor, *Epit.*, 16 ; Eutrope, VIII, 13 ; faux rescrit d'Antonin, dans Eus., *H. E.*, IV, 13 ; *Chron. Alex.*, an 128, etc.; Ælius Aristide, III, p. cxiii, cxlvi, édit. Dindorf; *Mém. de l'Acad. des inscr.*, nouv. série, t. XXVI, 1re partie, p. 242-245, 267-268; Tillemont, *Emp.*, II, Marc-Aurèle, art. 24; Antonin, art. 6; index, p. 623; *Mém.*, II, p. 383; *Corpus inscr. gr.*, n° 1404.

[3]. *Carm. sib.*, III, 334-338.

[4]. *Ibid.*, v. 341 et suiv., 471-473.

plus sinistres terreurs. Ces calamités, au dire des
fanatiques, n'avaient qu'une seule cause, la destruction du temple de Jérusalem [1]. Rome courtisane s'est
livrée à mille amants qui l'ont enivrée; à son tour, elle
sera esclave. L'Italie, ensanglantée de guerres civiles,
deviendra un repaire de bêtes féroces [2]. Les nouveaux prophètes employaient, pour exprimer la ruine
de Rome, presque les images mêmes qui avaient servi
au Voyant de 69 pour peindre sa sombre fureur [3].

Il était difficile à une société de supporter sans
réponse de telles attaques. Les livres sibyllins qui
les contenaient, ceux qu'on attribuait au prétendu
Hystaspe, et qui annonçaient la destruction de l'empire [4], furent condamnés par l'autorité romaine, et il
y eut peine de mort contre ceux qui les posséderaient
ou les liraient [5]. La recherche inquiète de l'avenir
était, à l'époque impériale, un délit; presque toujours, en effet, sous ces vaines curiosités se cachaient
le désir des révolutions et l'excitation à l'assassinat [6].

1. *Carm. sib.*, v. 328 et suiv.
2. *Ibid.*, v. 350-362; 464-469. Comp. IV, 145-149.
3. *Ibid.*, III, 324 et suiv.
4. Lactance, *Div. inst.*, VIII, 15.
5. Justin, *Apol. I*, 44. Celse place les sibyllistes à côté des sectes gnostiques les plus mal famées. Dans Orig., V, 61.
6. Capitolin, *Marc-Aurèle*, 13; Lucien, *Alexander*, 32; Tertullien, *Apol.*, 35. Cf. Spartien, *Adrien*, 2; Vopiscus, *Aurélien*, 19, 20; *Florien*, 16, 17.

Certes, il eût été digne du sage empereur qui introduisit tant de réformes pleines d'humanité de mépriser des intempérances d'imagination sans portée véritable, et d'abroger les dures lois que le despotisme romain faisait peser sur la liberté des cultes et la liberté d'association ; mais personne évidemment n'y pensa autour de lui, pas plus qu'autour de Marc-Aurèle. Le libre penseur peut seul être tout à fait tolérant ; or Antonin observait et maintenait scrupuleusement les cérémonies du culte romain[1]. La politique de ses prédécesseurs avait été constante à cet égard. Ils avaient vu dans le christianisme une secte secrète, antisociale, rêvant le renversement de l'empire ; comme tous les hommes attachés aux vieux principes romains, ils crurent à la nécessité de le réprimer. Il n'était pas besoin pour cela d'édits spéciaux : les lois contre les *cœtus illiciti,* les *illicita collegia,* étaient nombreuses. Les chrétiens tombaient de la manière la plus formelle sous le coup de ces lois. Il faut observer, d'abord, que le véritable esprit de liberté comme nous l'entendons n'était alors compris de personne, et que le christianisme, quand il fut le maître, ne le pratiqua pas mieux que les empereurs païens ; en second lieu,

---

[1]. Capitolin, *Ant. Pius,* 13; Pausanias, VIII, xliii, 5; Orelli, 844.

que l'abrogation de la loi des sociétés illicites eût probablement été, en effet, la ruine de l'empire, fondé essentiellement sur ce principe que l'État ne doit admettre en son sein aucune société différente de lui. Le principe était mauvais, selon nos idées ; il est bien certain, du moins, que c'était la pierre angulaire de la constitution romaine. On aurait cru les bases de l'empire ébranlées, si l'on se fût relâché de ces lois répressives, que l'on tenait pour des conditions essentielles de la solidité de l'État.

Les chrétiens semblèrent le comprendre. Loin d'en vouloir personnellement à Antonin, ils le regardèrent plutôt comme ayant adouci leur sort[1]. Un fait infiniment honorable pour ce souverain est que le principal avocat du christianisme osa s'adresser à lui avec une pleine confiance, pour obtenir le redressement d'une situation légale qu'il trouvait avec raison injuste et messéante en un règne si heureux[2]. On alla plus loin, et, sans doute dans les premières années de Marc-Aurèle, on fabriqua sous le nom d'Antonin différents rescrits censés adressés aux Larisséens, aux Thessaloniciens, aux Athéniens, à

---

1. Justin, *Apol. I,* init. ; Méliton (Eus., *H. E.,* IV, 26) ; Tertullien, *Apol.*, 5 ; Xiphilin, LXX, 3. Cf. Eusèbe, *H. E.,* VI, ch. XII, XIII, XXVI ; Orose, VII, 14 ; Sulp. Sév., II, 46.

2. Comparez le cri du cynique idéal d'Épictète : Ω Καῖσαρ, ἐν τῇ σῇ εἰρήνῃ, οἷα πάσχω. Arrien, III, XXII, 55.

tous les Grecs, aux états d'Asie, et tellement favorables à l'Église, que, si Antonin les eût réellement contre-signés, il eût été bien inconséquent en ne se faisant pas chrétien[1]. Ces pièces ne prouvent qu'une seule chose, l'opinion que les chrétiens avaient gardée de l'excellent empereur. Envers les juifs, qui ne menaçaient plus l'empire, Antonin se montra non moins bienveillant. Les lois défendant la circoncision, qui avaient été la conséquence de la révolte de Bar-Coziba, furent abrogées dans ce qu'elles avaient de vexatoire. Le juif put librement circoncire ses fils ; mais, s'il pratiquait l'opération sur un non-juif, sa peine était celle de la castration, c'est-à-dire la peine de mort[2]. Quant à la juridiction civile à l'intérieur de la communauté, elle paraît n'avoir été rendue aux Israélites que plus tard[3].

Telle était la rigueur de l'ordre légal établi, telle était l'effervescence populaire contre les chré-

1. Méliton, dans Eus., *H. E.*, IV, xxvi, 10. Une de ces pièces fausses nous a été conservée par Eusèbe (IV, ch. xiii). C'est une lettre prétendue de l'an 152, adressée au κοινὸν Ἀσίας. On l'a mise à la suite de la première apologie de saint Justin (§ 70). Peut-être la pièce à laquelle Méliton fait allusion était-elle d'une autre nature et authentique.

2. Digeste, XLVIII, viii, 11. Cf. Digeste, L, ii, 3, § 3 ; Paul, *Sent.*, V, xxii, § 3 et 4 ; Calendrier juif, 28 adar. Voir Grætz, IV, p. 185 et suiv., et ci-dessus, p. 241, 254.

3. Derenbourg, *Mél.*, p. 171, note 3.

tiens, que, même sous ce règne, on a le regret de trouver beaucoup de martyrs. Polycarpe et Justin sont les plus illustres; ils ne furent pas les seuls. L'Asie Mineure fut ensanglantée de meurtres juridiques très-nombreux, tous provoqués par des émeutes; nous verrons le montanisme[1] naître comme une hallucination de cette ivresse du martyre. A Rome, le livre du faux Hermas nous apparaîtra comme sortant d'un bain de sang[2]. La préoccupation du martyre, les questions relatives aux renégats ou à ceux qui avaient montré quelque faiblesse, remplissent le livre tout entier[3]. Justin[4] nous décrit à chaque page les chrétiens comme des victimes qui n'attendent que la mort; leur nom seul, comme du temps de Pline, est un crime. « Juifs et païens nous persécutent de tous les côtés; ils nous privent de nos biens et ne nous laissent la vie que quand ils ne peuvent nous l'ôter. On nous coupe la tête, on nous attache à des croix, on nous expose aux bêtes, on nous tourmente par les chaînes, par le feu, par les supplices les plus horribles. Mais plus on nous fait souffrir de maux, plus on voit se multiplier le nombre

1. Eusèbe, *H. E.*, IV, 12, 13.
2. Comp. *II Clem.*, 4, 5, 7, 10, 17.
3. Voir surtout Sim. IX, 28, etc.
4. Voir, par exemple, *Apol. I*, 39; *Dial.*, 39, 110, 131; *Apol. II*, 12. Comparez Lucien, *Peregr.*, 12, 13.

des fidèles. Le vigneron taille sa vigne pour la faire repousser, il en ôte les branches qui ont porté du fruit pour lui en faire jeter d'autres plus vigoureuses et plus fécondes ; il arrive la même chose au peuple de Dieu, qui est comme une vigne fertile, plantée de sa main et de celle de Notre-Seigneur Jésus-Christ[1]. »

1. Justin, *Dial.*, 110.

CHAPITRE XVI.

LES CHRÉTIENS ET L'OPINION PUBLIQUE.

Pour être juste, il faut se représenter les préjugés où vivait fatalement le public d'alors. On connaissait extrêmement mal le christianisme [1]. Le bas peuple n'aime pas qu'on se distingue, qu'on vive à part de lui, qu'on soit plus puritain que lui, qu'on s'abstienne de ses fêtes, de ses usages. Quand on se cache, il suppose toujours qu'on a quelque chose à cacher. De tout temps, les cultes secrets ont provoqué certaines calomnies, toujours les mêmes [2]. Le mystère dont ils s'entourent fait croire à des débauches contre nature, à des infanticides, à des incestes,

---

1. Justin, *Apol. II,* 3.
2. Cela se vit déjà, lors de la proscription des bacchanales. Tite-Live, XXXIX, 8. Voir la façon dont Lucien présente le culte d'Abonotique, *Alex.,* 39 et suiv. Les calomnies dont le culte juif était l'objet au moyen âge, et qui, dans certains pays, n'ont pas encore disparu, se rattachent au même ordre d'idées.

même à l'anthropophagie[1]. On est tenté d'y voir une camorre organisée contre les lois. La délation avait, d'ailleurs, dans le droit antique, malgré les efforts des bons empereurs, une importance qu'heureusement elle n'a plus[2]. De là un type de libelles en quelque sorte rédigés d'avance[3], et auxquels aucun chrétien n'échappait.

Tout était faux assurément dans ces rumeurs populaires; des faits mal compris semblaient pourtant y donner du corps. Certaines enquêtes avaient tourné au détriment des inculpés. Les apologistes ne le nient pas; le respect de la chose jugée les arrête[4]; mais ils rejettent le mal sur les sectes dissidentes, et ils demandent qu'on n'étende pas à tous le délit de quelques-uns. Les réunions nocturnes,

---

1. Juvénal, xv, 11 et suiv.
2. Rescrits de Trajan et d'Adrien; Justin, *Apol. I,* 7; Méliton, dans Eus., *H. E.,* IV, xxvi, 5.
3. Justin, *Apol. I,* 26; *Apol. II,* 12, 13, 14; *Dial.,* 10, 17, 108; Athénagore, 3; Minucius Félix, 9 (d'après Fronton), 10, 30, 31 (d'après Fronton); Tertullien, *Apol.,* 2, 4, 7, 8, 39; *Ad nationes,* I, 7, 16; *Ad uxorem,* II, 4; Lettre des Égl. de Lyon et de Vienne, dans Eus., *H. E.,* V, 1, 14, 26, 52; Apulée, *Métamorph.,* l. IX, p. 620-621, Ruhnkenius.
4. Justin, *Apol. I,* 7. Comparez le passage de Basilide sur le martyre, où il soutient que ceux qui souffrent ὅτι χριστιανοί πεφυκότες, auraient presque toujours mérité de souffrir ὡς ὁ μοιχός ἢ ὁ φονεύς (dans Clém. d'Alex., *Strom.,* IV, 12).

les signes de reconnaissance, certains symboles bizarres, tout ce qui tenait au mystère de l'eucharistie, les phrases sacramentelles sur la chair et le sang du Christ excitaient le soupçon. Ce pain que la femme chrétienne goûtait en cachette avant chaque repas devait paraître un philtre. Une foule de pratiques semblaient des indices du crime de magie, lequel était puni de mort[1]. L'habitude des fidèles de s'appeler entre eux frères et sœurs[2], et surtout le baiser sacré[3], le baiser de paix qui se donnait, sans distinction de sexe, au moment le plus solennel de l'assemblée, devaient provoquer les plus fâcheuses interprétations dans l'esprit d'un public incapable de comprendre cet âge d'or de pureté. L'idée de conciliabules où toutes les privautés, toutes les promiscuités étaient permises, sortait naturellement de pareils faits, dénaturés par la malveillance et le sarcasme[4].

L'accusation d'athéisme était encore plus redoutable[5]. Elle entraînait la peine de mort comme le

---

1. Minucius Felix, 8, 9; Tertullien, *Ad uxor.*, II, 4. Voir Le Blant, *Sur l'accusation de magie* (*Mém. de la Soc. des ant.*, t. XXXI).

2. Minucius Felix, 9; Athénagore, *Leg.*, 32. Les cyniques avaient la même habitude. Arrien, *Diss. Epict.*, III, XXII, 81.

3. Athénagore, *l. c.*; Clém. d'Alex., *Pœdag.*, III, 11, p. 110-111.

4. Celse, dans Orig., I, 1 et suiv.; III, 55. Cf. *Saint Paul*, p. 242.

5. Justin, *Apol. II*, 3; Athénagore, ch. 4 et suiv.; Actes de

parricide[1], et elle ameutait à la fois toutes les superstitions. L'aversion non dissimulée des chrétiens pour les temples, les statues, les autels, amenait sans cesse des incidents[2]. Il n'y avait pas un fléau, pas un tremblement de terre, dont on ne les rendît responsables[3]. Tous les sacriléges, les incendies de temples, leur étaient attribués[4]. Les chrétiens et les épicuriens étaient à cet égard confondus, et leur présence secrète dans une ville était un épouvantail, qu'on agitait pour soulever la foule[5]. Le bas peuple était ainsi le foyer de la haine contre les chrétiens. Ce que les actes authentiques des martyrs traitent avec le plus de mépris et comme le pire ennemi des saints, c'est la canaille des grandes cités. Les fidèles ne s'envisagent jamais comme des gens du peuple; ils semblent former dans les villes une petite bourgeoisie honnête[6], très-respectueuse pour l'autorité, très-disposée à s'entendre avec elle. Se défendre devant le peuple paraît aux évêques une honte;

saint Polycarpe, ci-après, p. 457; faux rescrit de Marc-Aurèle, à la suite de saint Justin.

1. Lucien, *Peregr.*, 24.
2. Orig., *Contre Celse*, VII, 62; VIII, 17 et suiv.
3. Eusèbe, IV, 13. Cf. Homél. pseudo-clém., VII, 9 et suiv.
4. Ælius Aristide, *Eleusinius*, I, p. 423, Dindorf.
5. Lucien, *Alexander*, 25.
6. Actes de Polycarpe et des martyrs de Lyon. Cf. Eusèbe, *H. E.*, III, 33; IV, 9.

c'est avec les autorités seules qu'ils veulent argumenter [1]. Comme on sent bien que, le jour où le gouvernement se relâchera de ses rigueurs, le christianisme et lui s'entendront vite! Comme il est visible que le christianisme sera enchanté d'être la religion du gouvernement!

Chose singulière! la seule partie de la société païenne avec laquelle les chrétiens eussent quelque analogie d'opinion était le groupe des épicuriens. Le nom d'athées était également attribué aux disciples de Jésus et à ceux d'Épicure. Ils avaient, en effet, pour trait commun de nier, par des raisons fort différentes il est vrai, le surnaturel puéril, les merveilles ridicules auxquelles croyait le peuple [2]. Les épicuriens y voyaient des supercheries de prêtres; les chrétiens des supercheries du démon. Ce qui aggravait le cas des chrétiens, c'est qu'on les supposait capables par leurs exorcismes de faire cesser les prodiges locaux et d'imposer silence aux oracles qui faisaient la fortune et la célébrité d'une ville, d'un pays [3].

1. *Martyre de Polyc.*, 10. Cf. Méliton, dans Eus., *H. E.*, IV, XXVI, 6.

2. Lucien, *Alex.*, 25, 38, 43, 44-45, 46, 47, 64; Ælius Aristide, II, p. 404 et suiv., Dindorf (Bernays, *Lucian und die Kyniker*, p. 38-39, 400 et suiv.). Κοινοὶ τῶν θεῶν πολέμιοι. Arist., I, 423.

3. Fait d'Astyrius à Panéas, Eus., *H. E.*, VII, 47; épisode du corps de saint Babylas à Daphné, sous Julien (Rufin, Sozom.,

Quand Alexandre d'Abonotique voit ses fraudes percées à jour : « Ce n'est pas surprenant, dit-il, le Pont est plein d'athées et de chrétiens ! » Cela effraye le peuple, et rend à l'imposteur un moment de popularité. Il brûle les livres d'Épicure, et il ordonne de lapider les partisans des deux sectes. Amastris, ville chrétienne[1] et épicurienne, lui était particulièrement odieuse. Au début de ses mystères, on criait : « S'il y a ici quelque athée, quelque chrétien, quelque épicurien, qu'il sorte ! » Lui-même disait : « A la porte les chrétiens ! » La foule répondait : « A la porte les épicuriens[2] ! » Le nom d'épicurien, dans les pays supertitieux, était synonyme de maudit. Comme celui de chrétien, il faisait courir risque de la vie, ou du moins mettait un homme au ban de la société[3].

Les chrétiens se servaient des arguments des libres penseurs, des incrédules, pour tourner en dérision les croyances populaires et combattre le fatalisme[4]. Les oracles étaient l'objet des raillé-

---

Théodoret). Cf. Arnobe, I, 45; Lactance, *De mort. persec.*, 10; Eusèbe, *Vita Const.*, II, 50-51.

1. Voir *les Évangiles*, p. 476.
2. Lucien, *Alex.*, 38.
3. *Ibid.*, §§ 45, 46, 47; Apulée, *Apol.*, entière. Voir surtout les fragments des traités d'Élien, sur la Providence et sur les Apparitions divines, fragm., 10, 89, édit. Hercher.
4. Voir, en particulier, Minucius Félix, Firmicus Maternus, Arnobe. Comp. le *Misopogon* de Julien, p. 89, 90, 95.

ries de tous les gens d'esprit et de bon sens; les chrétiens applaudissaient à ces persiflages[1]. Un fait curieux est celui de cet OEnomaüs de Gadare, philosophe cynique, qui, ayant été trompé par un faux oracle, se prit de mauvaise humeur et se vengea par un livre intitulé : *les Fourbes dévoilés*, où il ridiculisait agréablement comme une imposture la superstition dont un moment il avait été dupe. Ce livre fut accueilli avec empressement par les chrétiens et par les juifs. Eusèbe l'a inséré tout entier dans sa *Préparation évangélique*[2], et les juifs paraissent avoir mis l'auteur sur le même pied que Balaam, dans la classe des apologistes involontaires d'Israël et des apôtres parmi les païens[3].

Les chrétiens et les stoïciens, en réalité beaucoup plus ressemblants entre eux que les chrétiens et les épicuriens, ne sont jamais comparés, jamais confondus[4]. Les stoïciens n'affichaient pas de marques

1. Minucius Félix, 26 et suiv.
2. Eusèbe, *Præp. evang.*, V, 18-36; VI, 6, 7; *Chronique,* an 3 d'Adrien; Théodoret, *De cur. Græc. aff.*, serm. VI, p. 561, 562; X, p. 634; Tillemont, *Emp.*, II, p. 279; *Fragm. philos. græc.* (Mullach), II, p. 359 et suiv.
3. *Bereschith* rabba, ch. 65; *Schemoth* rabba, ch. 13; *Ruth* rabba, I, 8; Talm. de Bab., *Aboda zara,* 3 a; *Chagiga,* 15 b. Cf. Grætz, IV, p. 192, 469-470.
4. C'est bien plus tard que le *Manuel* d'Épictète fut adopté par les moines chrétiens.

de dédain pour le culte public. Le courage des martyrs chrétiens leur paraissait une folle obstination, une affectation d'héroïsme tragique, un parti pris de mourir, qui ne méritait que le blâme.[1]. Ces troupes d'affolés d'Asie, qui venaient demander la mort, les irritaient[2]. Ils les confondaient avec ces cyniques, vains et orgueilleux, qui recherchaient des morts théâtrales et se brûlaient vifs pour faire parler d'eux[3].

Certes il y avait plus d'une ressemblance extérieure entre le philosophe chrétien et le cynique : vêtement austère, perpétuelle déclamation contre le siècle, vie détachée, résistance ouverte aux autorités. Les cyniques, outre un costume analogue à celui des moines mendiants du moyen âge, avaient une certaine organisation, des novices, des supérieurs[4]. C'étaient des professeurs publics de vertu, des censeurs, des évêques, « des anges des dieux », à leur manière ; on leur attribuait une vocation pastorale,

---

1. Épictète (Arrien), *Dissert.*, IV, vii, 6 (comp. II, ix, 20-21); Marc-Aurèle, XI, 3 (voir cependant *les Apôtres*, p. 235). Comp. *moriendi contemptus*, Tacite, V, 5; Tertullien, *De spect.*, 1; *Ad nat.*, I, 17, 18; *De patientia*, 2; Min. Félix, 8; Épître à Diognète, 1; Lucien, *Peregr.*, 13 (voir ci-après, p. 465-466).

2. Tertullien, *Ad Scap.*, 5; Justin, *Apol. II*, 4.

3. Voir surtout la Mort de Peregrinus de Lucien. Ci-après, p. 464 et suiv.

4. Lucien, *Peregr.*, 15, 36, 44. Comparez τὰ τέλη τῶν κυνῶν (36) à οἱ ἐν τέλει χριστιανῶν (12), signifiant le clergé.

une mission du ciel pour prêcher et donner des conseils, mission exigeant le célibat et un parfait renoncement[1]. Chrétiens et cyniques excitaient chez les esprits modérés la même antipathie, à cause de leur commun mépris de la mort. Celse reproche à Jésus, comme Lucien reproche à Peregrinus, d'avoir répandu cette erreur funeste[2]. « Que deviendra la société, se disait-on, si cet esprit l'emporte, si les scélérats se mettent à ne plus craindre le supplice[3] ! » Mais l'immoralité, la grossière impudence des cyniques ne permettaient une telle confusion qu'à des observateurs bien superficiels. Rien de ce qu'on sait des cyniques n'autorise à croire qu'ils aient été autre chose que des poseurs et de vilaines gens[4].

Il n'est pas douteux que, dans un très-grand nombre de cas, la provocation ne soit venue des martyrs. Mais la société civile a tort de se laisser

---

1. Lire le très-curieux chapitre d'Épictète sur le parfait cynique (Arrien, *Diss.*, III, xxii; cf. IV, vii, 30 et suiv.). On croirait lire un traité chrétien sur le ministère pastoral, ou une lettre adressée, vers 1230, à un jeune clerc voulant se faire franciscain.

2. Celse, dans Orig., II, 38, 45, 73.

3. Lucien, *Peregr.*, 21, 23, 33. Comparez Celse, dans Origène, VIII, 48, 54; Min. Félix, 11, 12.

4. Le chapitre précité d'Arrien trace un idéal, qu'Épictète semble regarder comme impossible, et qui en tout cas n'était guère réalisé de son temps (§ 80). Il semble même qu'il se mêle à ce morceau une certaine ironie (§§ 85, 93, 99).

entraîner aux rigueurs, même envers ceux qui semblent les lui demander. L'atroce cruauté du code pénal romain va créer le *martyrologe*, source lui-même d'une vaste littérature légendaire, pleine d'invraisemblances et d'exagération. La critique, en dévoilant ce que les récits des Actes des martyrs ont d'insoutenable, est passée quelquefois à l'excès contraire. Les documents qui étaient d'abord présentés comme les pièces originales des procès des martyrs s'étant trouvés pour la plupart apocryphes; les textes des historiens proprement dits relatifs aux persécutions étant rares et courts; les recueils des lois romaines ne contenant presque rien sur la matière, il était naturel qu'on s'imposât la plus grande réserve. On put être tenté de croire que les persécutions furent en réalité peu de chose, que le nombre des martyrs ne fut pas considérable [1], et que tout le système ecclésiastique sur ce point n'est qu'une construction artificielle. Peu à peu la lumière s'est faite. Même dégagées des exagérations de la légende, les persécutions restent une des pages les plus sombres de l'histoire et la honte de l'ancienne civilisation.

Assurément, si nous étions réduits, pour connaître les persécutions, aux Actes des martyrs, le

---

1. Voir Origène, *Contre Celse*, III, 8.

scepticisme pourrait se donner une libre carrière. La composition des Actes des martyrs devint, à une certaine époque, un genre de littérature religieuse, pour lequel on consulta bien plus l'imagination et une certaine exaltation pieuse que des documents authentiques. Si l'on excepte la lettre relative à la mort de Polycarpe, celle qui contient le récit des souffrances des héros de Lyon, les Actes des martyrs d'Afrique et quelques autres récits empreints du caractère le plus sérieux, il faut avouer que les pièces de ce genre, qu'on a trop facilement qualifiées de sincères, ne sont que des romans pieux. Nous reconnaissons aussi que les historiens de l'empire, sur ce qui regarde les chrétiens comme sur tant d'autres points, sont singulièrement pauvres de détails. Les vrais documents concernant les persécutions que l'Église eut à souffrir sont les ouvrages qui composent la littérature chrétienne primitive. Ces ouvrages n'ont pas besoin d'être des auteurs auxquels on les attribue pour faire autorité dans une pareille question. Le goût pour les suppositions d'écrits de tout genre était si répandu à cette époque, qu'un très-grand nombre des livres qui nous ont été légués par les deux premiers siècles sont d'une attribution incertaine ; mais cela n'empêche pas que ces livres ne soient des miroirs exacts du temps où ils ont été composés. La première épître attribuée à saint Pierre, l'Apocalypse de saint Jean, le morceau qu'on appelle Épître de Barnabé, l'épître de Clément Romain, lors même qu'elle ne serait pas de lui, les épîtres totalement ou partiellement apocryphes de saint Ignace et de Polycarpe, les poëmes sibyllins qui appartiennent au Ier et au IIe siècle, toutes les pièces originales qui nous ont été conservées par Eusèbe sur les origines du montanisme, les controverses des gnostiques et des montanistes sur le martyre, le *Pasteur* d'Hermas, les Apologies d'Aristide, de Quadratus, de saint Justin, de Tatien, d'Athénagore, révèlent à chaque page un état violent, qui pèse sur la pensée de l'écrivain, l'obsède en quelque sorte et ne lui laisse aucune appréciation juste de la situation.

De Néron à Commode, sauf de courts intervalles, on dirait que le chrétien vit en ayant toujours devant les yeux la perspective du supplice. Le martyre est la base de l'apologétique chrétienne. A entendre les controversistes du temps, il est le signe de la vérité du christianisme. L'Église orthodoxe seule a des martyrs[1] ; les sectes dissidentes, par exemple les montanistes, font d'ardents efforts pour prouver

---

1. Origène, *Contre Celse*, II, 13.

qu'elles ne sont pas privées de ce criterium suprême de vérité. Les gnostiques sont mis au ban de toutes les Églises, surtout parce qu'ils professent l'inutilité du martyre. C'est qu'en effet la persécution était bien alors, comme le veut Tertullien [1], l'état naturel au chrétien. Les détails des Actes des martyrs peuvent être faux pour la plus grande partie; l'effroyable tableau qu'ils déroulent devant nous n'en fut pas moins une réalité. On s'est souvent fait de trompeuses images de cette lutte terrible, qui a entouré les origines chrétiennes d'une brillante auréole et imprimé aux plus beaux siècles de l'empire une hideuse tache de sang; on n'en a pas exagéré la gravité. Les persécutions ont été un élément de premier ordre dans la formation de cette grande association d'hommes qui la première fit triompher son droit contre les prétentions tyranniques de l'État.

On meurt en effet pour des opinions, non pour des certitudes, pour ce qu'on croit et non pour ce qu'on sait. Le savant qui a trouvé un théorème n'a pas besoin de mourir pour attester la vérité de ce théorème. Il donne sa démonstration, et cela suffit. Au contraire, dès qu'il s'agit de croyances, le grand signe et la plus efficace démonstration est de

---

1. *De fuga in persec.*, 8, 9.

mourir pour elles. Là est l'explication des succès extraordinaires qu'ont obtenus quelques-unes des tentatives religieuses de l'Orient. « Vous autres, Européens, vous n'entendrez jamais rien aux religions, me disait le plus intelligent des Asiatiques ; car vous n'en avez jamais vu se faire chez vous ; nous, au contraire, nous en voyons tous les jours se faire. J'étais là quand des gens hachés en morceaux, brûlés, enduraient pendant des journées des supplices horribles, dansaient, sautaient de joie de mourir pour un homme qu'ils n'avaient jamais connu (le Bâb), et c'étaient les hommes les plus considérables de la Perse. Moi, qui vous parle, j'étais obligé d'arrêter ma légende, qui courait en quelque sorte devant moi, d'empêcher les gens de se faire tuer pour moi..... » Le martyre ne prouve nullement la vérité d'une doctrine ; mais il prouve l'impression qu'elle fait sur les âmes, et c'est là tout ce qui importe pour le succès. Les plus belles conquêtes du christianisme, la conversion d'un Justin, d'un Tertullien furent amenées par le spectacle du courage des martyrs, de leur joie dans les supplices et de l'espèce de rage infernale qui poussait le monde à les persécuter.

CHAPITRE XVII.

LES SECTES A ROME. — LES *CÉRYGMES*. — LE ROMAN CHRÉTIEN.— RÉCONCILIATION DÉFINITIVE DE PIERRE ET DE PAUL.

Rome était au plus haut période de sa grandeur; son règne sur le monde semblait incontesté; aucun nuage ne se voyait à l'horizon. Loin de se ralentir, le mouvement qui portait les provinciaux, surtout de l'Orient, à venir s'y entasser, augmentait d'intensité. La population parlant grec était plus considérable qu'elle n'avait jamais été. Le *græculus* insinuant, bon à tous les métiers, chassait l'Italien de la domesticité des grandes maisons; la littérature latine baissait chaque jour; le grec devenait la langue littéraire, religieuse, philosophique des classes éclairées, comme il était la langue du petit peuple. L'importance de l'Église de Rome se mesurait à celle de la ville elle-même. Cette Église, toute grecque encore, avait sur les autres une supériorité incontestée. Hygin, son chef, obtenait le respect du monde chrétien tout entier. Rome était alors pour les provinces ce que Paris est en ses brillants jours, la ville de tous les contacts, de toutes les fécondations. Ce qui voulait se faire une place au soleil aspirait à y venir; rien n'était consacré que ce qui avait pris sa marque à cette universelle exposition des produits de l'univers entier.

Le gnosticisme, avec son ambition de faire la mode dans la prédication chrétienne, céda surtout à cette tendance. Aucune des écoles gnostiques ne naquit à Rome, mais presque toutes vinrent y échouer. Valentin fut le premier qui tenta l'aventure [1]. Cet audacieux sectaire peut avoir même eu l'idée de s'asseoir sur le siége épiscopal de la ville sans rivale. Il se montra avec toutes les apparences du catholicisme et prêcha dans le style bizarre qu'il avait inventé. Le succès fut médiocre; cette philosophie prétentieuse, cette curiosité inquiète scandalisèrent les fidèles. Hygin chassa le novateur de la chaire chrétienne. Dès lors l'Église romaine indiquait la tendance purement pratique qui devait toujours la distinguer, et se montrait prête à sacrifier lestement la science et le talent à l'édification.

---

1. Irénée, III, iv, 3; Eusèbe, *Chron.*, 3ᵉ ann. d'Ant.; Tertullien, *Præscr.*, 30 (cf. *In Val.*, 4); Épiphane, XXXI, 7.

Un autre docteur hétérodoxe, Cerdon[1], parut à Rome vers ce temps. Il était originaire de Syrie, et apportait des doctrines qui différaient peu de celles des gnostiques de ce pays. Ses façons de distinguer Dieu du créateur, de placer, au delà du Dieu père de Jésus, un autre Dieu inconnu, de présenter l'un de ces dieux comme juste, l'autre comme bon, parurent malsonnantes à bon droit. Cerdon trouvait le monde une œuvre aussi imparfaite que ce Jéhovah lui-même, à qui on l'attribuait, et qu'on présentait comme sujet aux passions de l'homme. Il rejetait tous les livres juifs en bloc, ainsi que les passages des écrits chrétiens d'où il résultait que Christos avait pu prendre une vraie chair. Cela était tout simple : la matière lui semblait une déchéance, un mal. La résurrection lui répugnait pour la même raison. L'Église le blâma ; il se soumit et rétracta ses opinions, puis se mit à dogmatiser de nouveau, soit en particulier, soit en public. De là une position des plus équivoques. Sa vie se passait à sortir de l'Église et à y rentrer, à faire pénitence de ses erreurs et à

---

1. Irénée, I, xxvii, 1, 2 ; III, iv, 3 ; *Philosoph.*, VII, 10, 37 ; X, 19 ; Tertullien, *In Marc.*, I, 2 ; *Præscr.*, 50 ; saint Cyprien, *Epist.*, 74 ; Eus., *H. E.*, IV, 11 ; *Chron.*, à l'année 140 ; Chron. d'Alex., à l'an 139 ; Épiph., hær. xli ; Théodoret, I, c. xxiv ; Philastre, c. xliv, xlv ; Pseudo-Aug., hær. 22 ; Pseudo-Tert., 16.

les soutenir de nouveau. L'unité de l'Église était trop forte à Rome pour que Cerdon pût songer à s'y former une congrégation à part, comme il l'eût certainement fait en Syrie. Il exerçait son influence sur quelques personnes isolées, que séduisaient l'apparente profondeur de son langage et des doctrines alors dans toute leur nouveauté. On cite en particulier parmi ses disciples un certain Lucain ou Lucien[1], sans parler du célèbre Marcion, qui, comme nous le verrons, sortit de lui.

Le gnosticisme abstrait d'Alexandrie et d'Antioche, se présentant sous la forme d'une philosophie téméraire, trouvait dans la capitale du monde peu de faveur. C'étaient les ébionites[2], les nazaréens, les elkasaïtes, les ossènes, toutes ces hérésies gnostiques aussi à leur manière, mais d'un gnosticisme modéré et judéo-chrétien dans ses affinités, c'étaient ces hérésies, dis-je, qui pullulaient à Rome, formaient la légende de Pierre et créaient l'avenir de cette grande Église. Les formules mystérieuses de l'elkasaïsme étaient usuelles dans leur sein, surtout pour la céré-

---

1. *Philosoph.*, VII, 39; Tertull., *Præscr.*, 51; *De resurr.*, 2; Épiph., hær. XLIII, 1; Orig. *Contre Celse*, II, 17.

2. Épiphane, XXX, 18, compte Rome et l'Asie parmi les lieux où intrigua Ébion, quoique le point de départ de ce mauvais génie fût la région au delà du Jourdain et de la mer Morte.

monie du baptême. Le néophyte, présenté au bord d'une rivière ou d'un bassin d'eau courante, prenait à témoin le ciel, la terre, l'eau et l'air de son ferme propos de ne plus pécher[1]. Pierre et Jacques étaient, pour ces sectaires originaires de Judée, les deux angles de l'Église de Jésus. Rome, nous l'avons souvent remarqué, fut toujours le foyer principal du judéo-christianisme. L'esprit nouveau, représenté par l'école de Paul, y était refréné par un esprit hautement conservateur. Malgré les efforts des hommes conciliants, l'apôtre des gentils avait ici encore des adversaires obstinés. Pierre et Paul se livraient leur dernière bataille, avant de se réconcilier définitivement au sein de l'Église universelle pour l'éternité.

La vie des deux apôtres commençait à devenir fort ignorée. Il y avait environ soixante-dix-sept ans qu'ils étaient morts ; tous ceux qui les avaient vus avaient disparu, la plupart sans laisser d'écrits. On avait la liberté entière de broder sur ce canevas vierge encore. Une vaste légende ébionite s'était formée à Rome et se fixa vers le temps où nous sommes arrivés. Les voyages et les prédications

---

1. *Contestatio Jacobi,* 2, 4, en tête des Homélies pseudo-clém. Cf. Hom xiv, 1, 3. Comp. Épiph., hérésie des ébionites, xxx, ch. 17; hérésie des ossènes, xix, ch. 1.

de Pierre en étaient l'objet principal. On y racontait les missions du chef des apôtres, principalement le long de la côte de la Phénicie, les conversions qu'il avait opérées, ses luttes, surtout contre le grand Antechrist qui était à cette époque le spectre de la conscience chrétienne, Simon de Gitton. Mais souvent, à mots couverts, sous ce nom abhorré se cachait un autre personnage : c'était le faux apôtre Paul, l'ennemi de la Loi, le destructeur de l'Église véritable [1]. L'Église véritable, c'était celle de Jérusalem, présidée par Jacques, frère du Seigneur. Aucun apostolat n'était valable, s'il ne pouvait montrer des lettres émanant de ce collége central. Paul n'en avait pas, c'était donc un intrus. Il était « l'homme ennemi », qui venait par derrière semer l'ivraie sur les pas du vrai semeur [2]. Aussi avec quelle force Pierre mettait à nu ses impostures, ses fausses allégations de révélations personnelles, son ascension

---

1. Cf. *les Apôtres*, p. 266 et suiv.; *Saint Paul*, p. 294 et suiv. Voir Homélie II, 17, 22 et suiv.; XVI, 15, 16; XVII, 17, 18, 19 (cf. Gal., II, 11). Il est hors de doute que Simon de Gitton a été un personnage réel et qu'il figure souvent pour son compte dans le roman pseudo-clémentin, tel que nous l'avons; mais les passages précités ne peuvent convenir uniquement à Simon de Gitton.

2. Matth., XIII, 24 et suiv. Cf. *Saint Paul*, p. 305. Épiphane, hær. XXX, 16, semble supposer des écrits ébionites où Paul était nommé par son nom.

au troisième ciel[1], sa prétention de savoir sur Jésus des choses que les auditeurs de l'Évangile n'avaient pas entendues, la manière exagérée dont lui ou ses disciples comprenaient la divinité de Jésus[2] ! A Antioche surtout, le triomphe de Pierre était complet. Simon avait réussi à détourner le peuple de cette ville de la vérité. Par une série d'habiles manœuvres, Pierre amène une des victimes des sortiléges de Simon, à qui le magicien avait donné sa propre figure, à s'aller montrer au peuple d'Antioche. Quel est l'étonnement des Antiochéniens, quand ils entendent celui qu'ils prennent pour le mage de Samarie se rétracter en ces termes : « J'ai menti sur Pierre; il est le vrai apôtre du prophète envoyé par Dieu pour le salut du monde. Les anges m'ont flagellé cette nuit pour l'avoir calomnié. Ne m'écoutez plus, si désormais je parle contre lui[3] ! » Naturellement, tout Antioche revient à Pierre et maudit son rival.

Le véritable apôtre continue ainsi ses voyages, suivant à la piste l'imposteur samaritain, et arrive sur ses pas dans la capitale de l'empire. Là l'imposteur re-

---

1. *Recogn.*, II, 65. Comparez aussi II Cor., XI, 14, à *Recogn.*, II, 18 ; le σκεῦος ἐκλογῆς de *Recogn.*, III, 49, à *Act.*, IX, 15, etc. Notez aussi *Acta Petri et Pauli*, §§ 63-66.
2. Homélies XVI, XVII, XVIII.
3. Homél. XX, 12-23.

double d'artifice, invente mille prestiges, s'empare de l'esprit de Néron. Il réussit même à passer dieu et à se faire adorer. Ses admirateurs lui élèvent des autels, et ces autels, selon l'auteur, on les montrait encore de son temps. Dans l'île du Tibre, en effet, était établi un collége du dieu sabin Semo Sancus ; là se trouvaient un grand nombre de cippes votifs SEMONI-DEO-SANCO, sur lesquels, avec un peu de complaisance, on croyait lire : SIMONI-DEO-SANCTO [1].

La lutte décisive devait avoir lieu en présence de l'empereur. Simon avait annoncé pour programme qu'il s'élèverait en l'air et y planerait comme un dieu. Il s'éleva en effet ; mais, sur un signe de Pierre, l'outre de ses sortiléges fut crevée ; il tomba honteusement et se brisa [2]. Un accident tout semblable était arrivé dans l'amphithéâtre du champ de Mars sous Néron. Un individu qui avait prétendu s'élever en l'air, à la façon d'Icare, était tombé sur l'angle de la loge de l'empereur ; celui-ci fut inondé de sang [3]. Peut-être aussi quelques faits réels de la vie du charlatan samaritain servirent-ils de base à ces contes. En tout cas, la déconvenue de l'imposteur était présentée

---

1. Voir *les Apôtres*, p. 275, note 1.
2. *Acta Petri et Pauli*, 70-77 ; *Constit. apost.*, VI, 9 ; Pseudo-Hégésippe, III, 2.
3. V. *l'Antechrist*, p. 419-420.

comme la grande gloire de Pierre; ce fut par là que ce dernier prit réellement possession de la ville éternelle. D'après la légende, sa mort suivit de près sa victoire; Néron, irrité de la mésaventure de son jongleur de prédilection, fit subir à l'apôtre le dernier supplice.

Telle est la légende qui, sortie vers l'an 125 des passions et des rancunes de la partie juive de l'Église de Rome, s'adoucit peu à peu et produisit, vers la fin du règne d'Adrien, l'ouvrage, en dix livres, intitulé « la Prédication de Pierre [1] » ou « les Voyages de Pierre ». On était arrivé, pour la rédaction, à couper la légende en trois parties. La « Prédication » contenait le récit de l'apostolat de Pierre en Judée [2]; les *Periodi* comprenaient les voyages de Pierre et ses controverses en Syrie et en Phénicie contre Simon [3]. Le séjour à Rome et les luttes devant l'empereur étaient le sujet des « Actes » de Pierre, autre com-

---

1. Κήρυγμα Πέτρου et Πέτρου περίοδοι. Cf. Lettre de Clément à Jacques, en tête des Homélies et des *Recogn.*, § 20; lettre de Pierre à Jacques et la *Contestatio* (en tête des Homélies). Comp. *Recogn.*, I, 17; III, 74, 75; V, 36; *Homélies*, I, 20.

2. Le *Cérygme* répondait aux trois premiers livres des *Récognitions*.

3. Comp. *Recogn.*, IV, init. et la suite. L'histoire des dernières transformations des deux premières parties de la légende de Pierre et la façon dont elles ont pris la forme d'un roman, attribué à Clément, seront exposées dans notre livre VII.

position qui forma en quelque sorte la suite du *Cérygme* et des *Périodes* [1]. Ces récits de voyages apostoliques, pleins de charme pour l'imagination chrétienne, donnèrent naissance à de nombreuses compositions, qui tournèrent de bonne heure au roman. On entremêlait le récit de sermons pieux; on faisait de Pierre le prédicateur de toutes les bonnes doctrines; la peinture de l'amour chaste venait vivifier et réchauffer le tableau; le roman chrétien était créé; aucune machine essentielle n'y a été ajoutée depuis.

Toute cette première littérature de *Cérygmes*, de *Périodes*, fut l'œuvre de sectaires ébionites, esséens et elkasaïtes [2]. Pierre, présenté comme le véritable apôtre des gentils, en était toujours le héros; Jacques y apparaissait comme le président invisible d'un cénacle rempli de l'esprit divin, séant à Jérusalem [3]. L'animosité contre Paul y était sensible [4]. Comme

---

1. Pseudo-Abdias, I, 6; Pseudo-Marcel, dans Fabr., *Codex apocr.*, p. 632 et suiv. Cf. Eusèbe, *H. E.*, II, 1 et 13; III, 3; *Constit. apost.*, VI, 7-9; Photius, cod. CXII-CXIII.

2. Épiph., XXX, 15.

3. Il ne faut tirer de là aucune conséquence pour la date de ces livres. Même après Adrien, et quand l'Église judéo-chrétienne de Jérusalem n'exista plus, on put présenter un tel tableau comme un idéal qui avait été réalisé dans l'âge apostolique.

4. Voir surtout Épître de Pierre à Jacques, en tête des Homélies pseudo-clém., ch. 2. Cf. *Recogn.*, I, 70, 71, 73; IV, 35; Homél. XI, 35. On montrera, au livre VII de cet ouvrage, que les

les esséens et les elkasaïtes d'Orient, ceux de Rome tenaient à posséder une littérature secrète, réservée aux initiés. On employait les fraudes les plus grossières pour donner à ces produits tardifs de l'inspiration chrétienne une autorité qu'ils ne méritaient pas.

La rédaction la plus ancienne des *Cérygmes* de Pierre s'est perdue. Nous ne possédons que deux pièces, qui formaient en quelque sorte l'introduction de l'ouvrage [1]. La première est une lettre par laquelle Pierre adresse à Jacques, « maître et évêque de la sainte Église », le livre de ses *Cérygmes,* et le prie de ne le communiquer à aucun païen, ni même à aucun juif sans épreuve préalable. Il faut, dit Pierre, imiter l'admirable politique des juifs, qui, malgré les diversités d'interprétation auxquelles donne lieu l'Écriture, ont su garder l'unité de la foi et de l'espérance. Le livre des *Cérygmes,* mis indiscrètement en circulation, engendrerait des schismes. Pierre ajoute :

Ce n'est pas comme prophète que je sais cela, mais parce que je vois déjà le commencement du mal. Quelques-

Homélies et les *Recognitiones* sont un remaniement des *Cérygmes* et des *Periodi* primitifs.

1. Ces deux pièces ont été conservées en tête du roman des *Reconnaissances,* écrit postérieurement (voir notre livre VII). Photius (cod. CXII-CXIII) a déjà bien vu qu'elles ne font pas partie de l'écrit pseudo-clémentin.

uns, en effet, de ceux qui sont d'origine païenne ont repoussé ma prédication, conforme à la Loi, et se sont attachés à l'enseignement, contraire à la Loi et frivole, de l'Homme ennemi[1]. De mon vivant, des gens ont osé essayer, par diverses interprétations, de fausser mes paroles dans le sens de la destruction de la Loi. A les entendre, ce serait là ma pensée, mais je n'aurais pas la franchise de le déclarer[2]. A Dieu ne plaise! ce serait blasphémer la loi de Dieu proclamée par Moïse, et dont Notre-Seigneur a attesté la durée éternelle en disant : « Le ciel et la terre passeront ; mais pas un iota, pas un trait de la Loi ne passera. » Voilà la vérité ; mais il y a des gens qui se croient autorisés, je ne sais comment, à exposer ma pensée, et qui prétendent interpréter les discours qu'ils ont entendus de moi plus pertinemment que moi-même. Ils s'en vont présentant à leurs catéchumènes comme mon opinion vraie des choses auxquelles je n'ai jamais songé. Si de mon vivant de tels mensonges se produisent, que n'osera-t-on pas faire après ma mort?

Jacques décide, en effet, qu'on ne communiquera le livre des *Cérygmes* qu'aux hommes mûrs et circoncis, aspirant au titre de docteur, qui auront été éprouvés au moins six ans. L'initiation se fera peu à peu, pour que, si les résultats d'une première expérience sont mauvais, on puisse s'arrêter.

1. Τινὲς γὰρ τῶν ἀπὸ ἐθνῶν τὸ δι'ἐμοῦ νόμιμον ἀπεδοκίμασαν κήρυγμα, τοῦ ἐχθροῦ ἀνθρώπου ἄνομόν τινα καὶ φλυαρώδη προσηκάμενοι διδασκαλίαν. Epist. Petri ad Jac., 2.

2. Allusion à l'affaire d'Antioche. Voir *Saint Paul*, p. 295 et suiv.

La communication doit se faire avec mystère, à l'endroit même où se confère le baptême, et avec les formules des promesses baptismales, selon le rit ossène ou elkasaïte. L'initié devra s'engager à être soumis à celui qui lui transmet les *Cérygmes*, à ne les transmettre à personne, à ne les copier, ni laisser copier. S'il arrive qu'un jour les livres qu'on lui donnera comme *Cérygmes* ne lui paraissent plus vrais, il les rendra à celui qui les lui aura donnés. Lorsqu'il partira pour des voyages, il les remettra « à son évêque, professant la même foi que lui, et partant des mêmes principes [1] ». En danger de mort, il fera de même, si ses fils ne sont pas encore capables de l'initiation ; quand ils en seront devenus dignes, l'évêque leur rendra les livres comme un dépôt paternel. Ce qu'il y a de plus singulier, c'est que le sectaire doit prévoir le cas où il changerait lui-même de religion et passerait au culte de quelque dieu inconnu. En ce cas, il faut qu'il jure [2] par son dieu éventuel et s'enlève même l'échappatoire de dire ensuite, pour établir la nullité de son serment, que ce

---

1. Τῷ ἐπισκόπῳ μου τῷ τὴν αὐτὴν ἔχοντι πίστιν καὶ ἀπὸ τῶν αὐτῶν ὁρμωμένῳ. Contestatio Jacobi, 3.

2. *Ibidem.*, 4. Comp. 1, 2. Le chrétien ossène ne jure pas ; il prend seulement la création à témoin ; mais, s'il passait au culte d'un autre dieu, il pourrait jurer. Comparez les réserves qu'on faisait pour les dieux inconnus. *Saint Paul*, 173 et suiv.

dieu n'existait pas. « Si je manque à mes engagements, doit ajouter le néophyte, que l'univers me soit ennemi, ainsi que l'éther, qui pénètre tout, et le dieu qui est au-dessus de tout, le meilleur, le plus grand des êtres. Et si je viens à connaître quelque autre dieu, je jure aussi, par ce dieu, que je tiendrai les engagements que je viens de prendre, soit que le dieu existe, soit qu'il n'existe pas. » En signe de société secrète, l'initiateur et l'initié prenaient ensuite le pain et le sel.

Ces bizarreries de sectaires peu éclairés fussent restées sans conséquence ailleurs qu'à Rome ; mais tout ce qui se rapportait à Pierre prenait dans la capitale du monde des proportions considérables. Malgré ses hérésies, le livre des *Cérygmes* avait pour les orthodoxes un grand intérêt. La primauté de Pierre y était proclamée. Saint Paul y était injurié ; mais quelques retouches pouvaient atténuer ce que de pareilles attaques avaient de choquant. Aussi plusieurs essais furent-ils faits pour diminuer les singularités du livre nouveau et l'adapter aux besoins des catholiques. Ces façons de remanier les livres dans le sens de la secte dont on faisait partie étaient à l'ordre du jour [1]. Peu à peu la force des choses

---

1. Contestatio Jac., 5.

s'imposait.; tous les hommes sensés voyaient qu'il n'y avait de salut pour l'œuvre de Jésus que dans la parfaite réconciliation des deux chefs de la prédication chrétienne. Paul conserva longtemps encore des ennemis acharnés, les nazaréens; il eut également des disciples exagérés, comme Marcion. En dehors de cette gauche et de cette droite obstinées, il se fit une fusion des masses modérées, qui, bien que devant leur christianisme à l'une des écoles et lui demeurant attachées, reconnurent pleinement le droit des autres à s'appeler chrétiens. Jacques, partisan d'un judaïsme absolu, fut sacrifié; quoiqu'il eût été le vrai chef des chrétiens de la circoncision, on lui préféra Pierre, qui s'était montré beaucoup moins blessant pour les disciples de Paul. Jacques ne garda de partisans fougueux que parmi les judéochrétiens [1].

Il est difficile de dire qui gagna le plus à cette réconciliation. Les concessions vinrent surtout du côté de Paul; tous les disciples de ce dernier admettaient Pierre sans difficulté, tandis que la plupart des chrétiens de Pierre repoussaient Paul. Mais les concessions viennent le plus souvent des forts. En réalité, chaque jour donnait la victoire à Paul. Chaque

---

1. Épiph., hær. xxx, 16.

gentil qui se convertissait faisait pencher la balance de son côté. Hors de Syrie, les judéo-chrétiens étaient comme noyés par le flot des nouveaux convertis. Les Églises de Paul prospéraient; elles avaient un bon sens, une sobriété d'esprit, des ressources pécuniaires que les autres n'avaient pas. Les Églises ébionites, au contraire, s'appauvrissaient tous les jours. L'argent des Églises de Paul passait à faire vivre des pauvres glorieux, incapables de rien gagner, mais qui possédaient la tradition vivante de l'esprit primitif. Ce qu'il y avait chez ces derniers de piété élevée, de sévérité de mœurs, les communautés de chrétiens d'origine païenne l'admiraient, l'imitaient, se l'assimilaient. Bientôt on arriva, pour les personnes les plus éminentes de l'Église de Rome, à ne plus pouvoir faire la distinction. L'esprit doux et conciliant, qui avait déjà été représenté par Clément Romain et saint Luc, prévalut. Le contrat de paix fut scellé. On convint, selon le système de l'auteur des *Actes*[1], que Pierre avait converti les prémices des gentils, que le premier il les avait déliés du joug de la Loi[2]. Il fut admis que Pierre et Paul avaient été les deux chefs, les deux fondateurs de l'Église de Rome. Pierre et Paul devinrent les deux moitiés

---

1. *Act.*, x, xv, 7.
2. *Act.*, xv, 7 et suiv.

d'un couple inséparable, deux luminaires comme le soleil et la lune. Ce que l'un a enseigné, l'autre l'a enseigné aussi ; ils ont toujours été d'accord, ils ont combattu les mêmes ennemis, ont été tous deux victimes des perfidies de Simon le Magicien ; à Rome, ils ont vécu comme deux frères ; l'Église de Rome est leur œuvre commune [1]. — La suprématie de cette Église fut de la sorte fondée pour des siècles [2].

Ainsi de la réconciliation des partis et de l'apaisement des luttes primitives sortit une grande unité, l'Église catholique, l'Église à la fois de Pierre et de Paul, étrangère aux rivalités qui avaient marqué le premier siècle du christianisme. C'étaient les Églises de Paul qui avaient montré le plus d'esprit de conciliation ; ce furent elles qui triomphèrent. Les ébionites obstinés restèrent dans le judaïsme et participèrent de son immobilité. — Rome fut le point où s'opéra cette grande transformation. Déjà la haute destinée chrétienne de cette ville extraordinaire s'écrivait en traits lumineux. La translation de la Pâque au jour de la résurrection, qui était en quelque sorte la proclamation de l'autonomie du christianisme, y était accomplie au moins dès le temps d'Adrien [3].

1. *Acta Petri et Pauli,* 5, 22, 26, 60, 72. Cf. II Petri, II, 9.
2. Irénée, III, III, 2.
3. Irénée, dans Eus., *H. E.*, V, XXIV, 14.

La fusion qui s'opérait entre les groupes s'opérait entre leurs écrits. On faisait l'échange des livres d'un bord à l'autre. Les écrits passaient de l'école judéo-chrétienne à l'école de Paul avec de légères modifications. Ce *Cérygme de Pierre*, si blessant dans sa première forme pour les disciples de Paul, devint le *Cérygme de Pierre et Paul*[1]. Pierre et Paul furent censés avoir voyagé de compagnie, navigué de conserve, prêché partout l'Évangile en parfaite concorde. L'Église de Corinthe, notamment, prétendit avoir été fondée à la fois par Pierre et par Paul[2]. Un assez gros embarras était ce personnage de Simon le Magicien, qui, dans les premières rédactions ébionites du *Cérygme* et des *Périodes de Pierre*, était Paul lui-même, désigné par un sobriquet injurieux. On conserva le nom de Simon dans le *Cérygme de Pierre et Paul*, en le ramenant à son sens propre. Comme le symbolisme du pamphlet ébionite n'était pas évident, Simon fut désormais le commun adversaire que Pierre

---

1. Le livre est perdu, M. Hilgenfeld (*Nov. test. extra Can. rec.*, IV, p. 52 et suiv.) a recueilli les mentions qui en sont faites par Clément d'Alexandrie, Origène, l'auteur du Sermon sur la réitération du baptême, Lactance, Grégoire de Nazianze, Jean Damascène, Œcumenius, Héracléon, Apollonius, l'auteur de l'épître à Diognète, Denys de Corinthe s'en servent déjà. C'est probablement de ce *Cérygme* que parlent Eusèbe, *H. E.*, III, III, 2, et saint Jérôme, *De viris ill.*, 1.

2. Denys de Corinthe, dans Eus., *H. E.*, II, xxv, 8.

et Paul avaient poursuivi ensemble, en se donnant la main.

La condition fondamentale du succès du christianisme est maintenant posée. Ni Pierre ni Paul ne pouvaient réussir séparément. Pierre était la conservation, Paul la révolution : les deux étaient nécessaires. On raconte en Bretagne que, quand saint Pierre et saint Paul vinrent prêcher le christianisme en Armorique, ils arrivèrent devant un bras de mer étroit et profond. Quoiqu'ils fussent d'accord sur les points essentiels, ils résolurent de s'établir l'un d'un côté, l'autre de l'autre, pour enseigner l'Évangile chacun à sa guise; car il semble que, malgré leur intime confraternité, ils ne pouvaient bien vivre ensemble. Tous deux, selon l'habitude des saints de Bretagne, se mirent à bâtir leur chapelle. Ils avaient les matériaux de part et d'autre ; mais ils n'avaient qu'un marteau, si bien que, chaque soir, le saint qui avait travaillé dans la journée lançait le marteau à son compagnon par-dessus le bras de mer. Grâce au travail alternatif, résultant de cet arrangement, l'œuvre marcha bien et les deux chapelles qui se voient encore furent bâties.

C'était surtout la mort des deux apôtres qui préoccupait les partis et donnait lieu aux combinaisons les plus diverses. Le tissu de la légende se formait à cet égard par un travail instinctif, presque aussi impérieux que celui qui avait présidé à la confection de la légende de Jésus. La fin de la vie de Pierre et Paul était commandée *a priori*. On soutint que le Christ avait annoncé le martyre de Pierre, comme il avait prédit la mort des fils de Zébédée [1]. On éprouvait le besoin d'associer dans la mort les deux personnages qu'on avait réconciliés de force. On voulut, et peut-être en cela n'était-on pas loin du vrai, qu'ils fussent morts ensemble, ou du moins par suite du même événement. Les lieux qu'on crut avoir été sanctifiés par ce drame sanglant furent fixés de bonne heure et consacrés par des *memoriæ* [2]. En pareil cas, ce que le peuple veut finit toujours par l'emporter. Il n'y a pas de lieu populaire en Italie où ne se voient côte à côte les portraits de Victor-Emmanuel et de Pie IX, et la croyance générale veut que ces deux hommes, représentant des principes dont la réconciliation est, selon le sentiment le plus général, nécessaire à l'Italie, aient été au fond très-bien ensemble. Si, de notre temps, de pareilles vues s'imposaient à l'histoire, on lirait un jour, dans des documents réputés sérieux, que Victor-Emmanuel, Pie IX (on y joindrait probablement Garibaldi) se voyaient

---

[1]. Jean, XII, 32-33; XIII, 36; XXI, 18-19; Comp. Matth., XX, 22-23; Marc, X, 38-39.

[2]. *L'Antechrist,* p. 182 et suiv.

secrètement, s'entendaient, s'aimaient. L'association
« Voltaire et Rousseau » s'est faite par des nécessités
analogues. Le moyen âge, à diverses reprises, chercha également, pour apaiser les haines des dominicains
et des franciscains, à prouver que les fondateurs de ces
deux ordres avaient été deux frères, vivant entre eux
dans les rapports les plus affectueux, que leurs règles
n'en firent d'abord qu'une, que saint Dominique se
ceignit de la corde de saint François, etc [1].

Le *Cérygme de Pierre et de Paul* eut d'autant
plus d'importance qu'il comblait les fâcheuses lacunes
que présentaient les *Actes des apôtres*. Dans ce dernier livre, la prédication de Pierre était fort écourtée et
les circonstances de la mort des apôtres étaient passées sous silence [2]. Le succès était assuré à un livre
qui montrait Pierre et Paul allant partout de compagnie pour convertir les gentils, venant à Rome, y
prêchant et y trouvant tous les deux la couronne du
martyre. La doctrine qu'ils enseignaient, à en croire
ce livre, était également éloignée du judaïsme et de
l'hellénisme [3]. Les juifs étaient traités par eux comme

1. Dante, *Parad.*, XI, 28 et suiv.; Wadding, *Ann.*, I, 253-290
et suiv.; III, p. 380 et suiv.; *Acta SS. Maii*, II, 827 et suiv.;
Aug., I, 442, 484 et suiv., 560, 576; *Oct.*, II, 865 et suiv., 876
et suiv.

2. Canon de Muratori, lignes 33 et suiv.

3. Fragm., dans Hilgenfeld, IV, p. 58-59.

des ennemis de Jésus et des apôtres[1]. Pierre et Paul, à Rome, annonçaient aux enfants d'Israël la destruction de leur ville et un exil perpétuel de la Judée, parce qu'ils avaient trépigné de joie sur les épreuves du Fils de Dieu[2].

Il semble, au premier coup d'œil, qu'un ouvrage aussi capital aurait dû prendre place dans le canon, à la suite des *Actes des apôtres*. Mais la rédaction en était incohérente et incapable de contenter d'une manière durable l'ensemble de la communauté chrétienne. Les connaissances évangéliques de l'auteur étaient trop incomplètes. Il admettait les plus fortes naïvetés de l'Évangile des Hébreux. Jésus confessait ses péchés; c'était sa mère Marie qui le forçait à recevoir le baptême; au moment du baptême, l'eau paraissait couverte de feu[3]. Paul, dans ses discours aux gentils, citait comme des autorités, qui devaient les convaincre, la sibylle apocryphe des juifs d'Alexandrie et Hystaspe, prophète païen, qui annonçait la ligue des rois contre le Christ et les chrétiens, la patience des martyrs, l'apparition finale du Christ[4]. Enfin, contrairement aux assertions for-

---

[1]. Fragment dans Hilgenfeld, p. 59.
[2]. *Ibid.*, p. 60.
[3]. *Ibid.*
[4]. *Ibid.*

melles de Paul, dans l'épître aux Galates, Pierre et Paul étaient censés se rencontrer pour la première fois à Rome[1]. D'autres opinions singulières firent bientôt condamner cette ancienne rédaction par les docteurs orthodoxes[2]. Le *Cérygme de Pierre et de Paul* n'eut parmi les écrits canoniques qu'une place mal assurée. Le roman de Pierre avait contracté dès l'origine une sorte de pli sectaire, qui devait l'empêcher d'entrer, même après correction, dans les cadres du dogme imposé[3].

Le récit de la mort des deux apôtres, comme le récit de leur prédication et de leurs voyages, fut ainsi livré au caprice, du moins pour la forme. Ce qui assure la fortune éternelle d'un texte narratif, la simplicité du style, quelque chose d'arrêté dans le

---

1. Sermon, dans saint Cyprien, Rigault, p. 139, en remarquant bien que les mots *post conlationem Evangelii in Hierusalem et mutuam altercationem et rerum agendarum dispositionem* sont une réflexion, une parenthèse de l'auteur du sermon.

2. Origène, *De princ.*, I, præf., 8; l'auteur du Sermon sur la réitération du baptême, à la suite des Œuvres de saint Cyprien, édit. Rigault, p. 139; Eusèbe et saint Jérôme, *l. c.*

3. Stichom. du *Codex Claromont.*, de Nicéphore, la *Synopse*, index d'Anastase le Sinaïte (Credner, p. 241, 244, 249); Clém. d'Alex., *Strom.*, VII, xi, 63; Origène, *De princ.*, I, ii, 3; *In Joh.*, tom. XX, 12; Eusèbe, *H. E.*, III, iii, 2, 5; xxv, 4; saint Jérôme, *De vir. ill.*, 1; décret de Gélase, vi, 5; Isid. de Péluse, II, epist. 99; Nicéphore Calliste, dans Credner, p. 256.

contour, qui fait croire au lecteur que les choses n'ont pas pu se passer autrement, toutes ces qualités, qui constituent la beauté des Évangiles et des Actes canoniques, manquèrent à la légende de la mort de Pierre et de Paul. Il en exista des rédactions anciennes qui ont disparu, mais qui ne différaient pas essentiellement de celles qui nous ont été conservées[1] et qui ont fixé la tradition sur ce sujet important. Le travail de la légende fut riche et rapide. Rome et tous ses environs, surtout la Voie d'Ostie, furent comme remplis des souvenirs qu'on prétendait se rapporter aux derniers jours des deux apôtres. Une foule de circonstances touchantes, la fuite de Pierre, la vision de Jésus portant sa croix, l'*iterum crucifigi*, le dernier adieu de Pierre et de Paul, la rencontre de Pierre et de sa femme, Paul aux eaux Salviennes, Plautilla envoyant le mouchoir qui retenait ses cheveux pour bander les yeux de Paul, tout cela fit un bel ensemble, auquel il ne manqua qu'un rédacteur à la fois habile et naïf. Il était trop tard : la veine

---

1. *Acta Petri et Pauli*, dans Thilo, *Acta SS. apost. Petri et Pauli* (Halle, 1837, 1838); Tischendorf, *Act. apost. apocr.*, p. 1 et suiv. Les différences des deux textes ne sont pas aussi considérables qu'on a voulu le croire. Baur, *Paulus*, I p. 260-261, 2ᵉ édit. Τοῦ νόμου est sûrement une faute. Cf. Tischendorf, p. 26. Voir Eusèbe, *H. E.*, III, III, 2 ; Origène, *In Joh.*, t. XX, 12, *De principiis*, I, II, 3.

de la première littérature chrétienne était épuisée; la sérénité du narrateur des *Actes* était perdue; le ton ne s'élevait plus au-dessus du conte et du roman. On ne sut pas choisir entre une foule de rédactions également apocryphes; en vain chercha-t-on à couvrir ces faibles récits des noms les plus vénérés (Pseudo-Linus, Pseudo-Marcel[1]); la légende romaine de Pierre et Paul resta toujours à l'état sporadique. Elle fut plus racontée par les guides pieux que sérieusement lue. Ce fut une affaire toute locale; aucun texte ne se vit consacré pour la lecture dans les églises et ne fit autorité[2].

La veine créatrice en fait de littérature évangélique s'affaiblissait aussi chaque jour; elle n'était pourtant pas absolument tarie. L'Évangile des nazaréens, ou des Hébreux, ou des ébionites, se diversifiait en presque autant de textes qu'il y avait de manuscrits[3]. L'Égypte en tirait son « Évangile des Égyptiens[4] », où l'exal-

---

1. Dans Fabricius, *Cod. apocr. N. T.*, t. I, p. 775 et suiv., 778; III, 626, 632-653; *Biblioth. max. Patrum* (Lugd.), II, 67 et suiv. (1687); édit. de Paris, 1644, t. VII, p. 151. Pour les monuments figurés, voir de Rossi, *Bullettino*, 1867, p. 71.
2. Cf. saint Cyrille de Jér., *Catéch.*, VI.
3. L'impossibilité de dire au juste de quels Évangiles se servait Justin en est la meilleure preuve.
4. Hilg., *Nov. Test. extra can. rec.*, IV, 43-49. Cf. *les Évangiles*, p. 112, et ci-dessus, p. 185.

tation d'une chasteté maladive confinait de si près à l'immoralité. Une combinaison qui eut longtemps un très-grand succès fut l'Évangile de Pierre[1], composé probablement à Rome. Justin et l'auteur du roman pseudo-clémentin paraissent en avoir fait usage. Il différait peu de l'Évangile ébionite, et présentait déjà cette préoccupation de Marie qui est le trait des apocryphes. On réfléchissait de plus en plus au rôle qui convenait à la mère de Jésus; on cherchait à la rattacher à la race de David; on créait autour de son berceau des merveilles analogues à celles qui se produisirent lors de la naissance de Jean-Baptiste. Un livre, qui plus tard fut chargé d'absurdités par les gnostiques, mais qui ne sortait peut-être pas, lorsqu'il parut, de la note moyenne de l'Église catholique, la *Genna Marias*[2], peu différent de l'écrit qu'on appelle *Protévangile de Jacques*, satisfaisait à ces besoins de l'imagination. La légende se matérialisait tous les jours. On se préoccupait du témoignage de la sage-femme qui assista Marie et attesta sa virginité[3]. Il ne suffisait plus que Jésus fût né dans une étable;

1. Hilg., *op. cit.*, 39-42. Cf. *les Évangiles*, ibid.
2. Épiph., XXVI, 12. Justin et le rédacteur de l'épître des fidèles de Lyon et de Vienne semblent avoir connu cet ouvrage. V. ci-après, p. 508 et suiv.
3. Clém. d'Alex., *Strom.*, VII, 16. Cf. *Protév. de Jacques*, 19, 20; Pseudo-Matthieu, 13; Décret de Gélase, ch. VI.

on voulait, selon certaines idées juives, qui se retrouvent dans la légende agadique d'Abraham[1], qu'il fût né dans une caverne[2]. On cherchait à faire servir à quelque chose le voyage en Égypte, et, comme l'Égypte était le pays où les idoles étaient le plus multipliées, on supposa que la vue seule de l'enfant exilé suffit pour faire tomber la face contre terre toutes les statues profanes[3]. On savait avec précision le métier qu'exerça Jésus; il faisait des charrues, des attelages[4]. On prétendait connaître le nom de l'hémorrhoïsse guérie (Bérénice ou Véronique), et on montrait les statues que, dans sa reconnaissance, elle avait élevées à Jésus[5].

1. Beer, *Leben Abrahams* (Leipz., 1859), p. 2 et suiv.; Nicolas, *Evang. apocr.*, p. 54-55.
2. Justin, *Dial.*, 70 et 78; Origène, *Contre Celse*, I, 51; Eusèbe, *Démonst. évang.*, III, 2; *Vita Const.*, III, 40; Cf. *Protévangile de Jacques*, ch. 18 et suiv.; Pseudo-Matthieu, 13, 14; Tischendorf, *Evang. apocr.*, p. xxxviii; *Histoire de Joseph le charp.*, ch. 7; *Évangile de l'enfance*, ch. 2. Cette imagination fut universellement adoptée. Cf. Vogüé, *Les églises de T. S.*, p. 50-51.
3. Eusèbe, *Démonst. évang.*, VI, 20; IX, 2; saint Athanase, *De incarn. Verbi*, Opp., t. I, p. 89; Sozom., V, 21; Thilo, *Cod. apocr.*, p. xxxvii; Tischendorf, *Evang. apocr.*, p. L, note; LII, note 2 et 3; Pseudo-Matthieu, ch. 23.
4. Justin, *Dial.*, 88; Évangile de Thomas, 13; *Évangile de l'enf.*, 38, 39. Comp. *Acta sancti Thomæ*, 3.
5. Eusèbe, *H. E.*, VII, ch. 18; Macarius Magnès, dans Pitra, *Spicil.*, I, p. 332-333; dans Blondel, p. 1; Malala, X, p. 237,

Le désir de trouver des arguments que les païens ne pussent récuser [1] produisit quelques fraudes pieuses, dont le succès fut rapide dans le monde peu difficile qu'il s'agissait de frapper. La sibylle monothéiste d'Alexandrie, qui depuis des siècles ne cessait d'annoncer la ruine de l'idolâtrie, se faisait de plus en plus chrétienne [2]. L'autorité qu'on lui accordait était de premier ordre. Sans cesse les anciennes collections sibyllines se grossissaient d'additions, où l'on ne se donnait aucune peine pour sauver la vraisemblance. Les païens s'indignaient de ce qu'ils considéraient comme des interpolations de vieux livres respectables. Les chrétiens leur répondaient avec plus de malice que de justesse : « Montrez-nous de vieux exemplaires où ces passages ne se trouvent

---

Bonn; *Gesta Pilati A*, ch. 7, dans quelques mss.; Nicéphore, *Antirrhet.*, p. 492 (Pitra); Jean Damascène, Opp., I, p. 368, Lequien. Sur la confusion de *Bérénice* et de *Prunice*, voyez ci-dessus, p. 172, note; voir aussi Garrucci, *Storia dell' arte crist.*, t. III, p. 9 (dichiar. delle tav., t. II).

1. La foi en la Sibylle était universelle, Spartien, *Adrien*, 2.

2. *Pasteur* d'Hermas, Vis. II, 4; *Cérygme de Pierre*, dans Clém. d'Alex., *Strom.*, VI, 5; Justin, *Apol. I*, 20, 44; Clément d'Alexandrie, Tertullien, Lactance, fréquentes citations; Pseudo-Justin, *Cohort. ad Græc.*, 16, 37, 38; Tatien, 41; Athénagore, 30; Méliton, *De veritate*, Cur., p. 43; *Quæst. et resp. ad orthod.*, 74, à la suite de Justin; Celse, dans Orig., *Contre Celse*, V, 61; VII, 53, 56; Théoph., *ad Autol.*, II, 3, 9, 31, 36, 38. Chez les gnostiques, *Philos.*, V, 16.

pas¹. » Les gens d'esprit se moquaient également des sibylles païennes et chrétiennes et les parodiaient avec esprit², si bien qu'Origène, par exemple, ne se sert jamais de ces arguments dépréciés.

On joignait à ces oracles ceux d'un certain Hystaspe, sous le nom duquel couraient chez les païens de prétendus livres sur les mystères de la Chaldée³. On lui faisait annoncer le Christ, les catastrophes apocalyptiques, la fin du monde par le feu, avec une assurance qui supposait chez ceux à qui l'on s'adressait une extrême crédulité⁴.

Vers le même temps, purent être fabriquées les pièces supposées officielles de l'administration de Ponce Pilate, relatives à Jésus. C'était une grande force, dans la controverse avec les païens et avec les juifs, que de pouvoir faire appel à de prétendus rapports contenus dans les archives de l'État. Telle fut l'origine de ces *Actes de Pilate*⁵, qu'allèguent

---

1. Origène, *Contre Celse*, V, 61; VII, 53, 56.
2. Lucien, *Peregr.*, 29, 30; *Alex.*, 11.
3. Ammien Marcellin, XXIII, vi, 32.
4. *Cérygme de Pierre*, l., c.; Justin, *Apol. I*, 20, 44; Lactance, *Instit. div.*, VII, 15, 18.
5. Nous possédons probablement cette pièce dans les *Gesta Pilati* qui forment la première partie de *l'Évangile de Nicodème*. On y retrouve, en effet, assez bien (préf. et ch. 1, 10, 11) les citations de Justin, de Tertullien, d'Épiphane. La christologie de ces

déjà saint Justin[1], les quartodécimans[2], Tertullien[3], et qui eurent assez d'importance pour que l'empereur Maximin II, au commencement du IVe siècle, regardât comme un acte de bonne guerre de les contrefaire pour déverser sur les chrétiens le ridicule et le mépris[4]. Du moment qu'on admettait que Tibère avait été averti officiellement de la mort de Jésus, il était naturel de supposer que cette notification fût suivie d'effet. De là, l'opinion répandue que Tibère avait proposé au Sénat de mettre Jésus-Christ au rang des dieux[5].

Rome, on le voit, continuait d'être le centre d'un mouvement extraordinaire. Les hérétiques de toute sorte s'y donnaient rendez-vous, et venaient s'y faire

---

Gesta-reporte aussi au IIe siècle. Cf. Tischendorf, *Evang. apocr.*, p. LIV et suiv., 203 et suiv.; *Apoc. apocr.*, LXI-LXIV; Bleek, *Einl.*, p. 321-323. Le tour du morceau aurait été changé. La forme de la pièce citée par Justin et Tertullien devait être celle d'un rapport. C'est ce qui a porté quelques critiques à retrouver la pièce lue par Justin et Tertullien dans l'*Anaphora* de Pilate, Tischendorf, *Evang. apocr.*, p. 413 et suiv.

1. *Apol. I*, 35, 48.
2. Épiphane, L, 1. Cf. Jean Chrys., hom. VII *in Pascha*.
3. *Apolog.*, 21. Cf. Eus., *H. E.*, I, 9, 11; II, 2; *Chron.*, an 22 de Tibère; Orose, VII, 4; Actes de saint Ignace, de saint Taraque, etc.
4. Eusèbe, *H. E.*, IX, 5, 7.
5. Tertullien, *Apol.*, 5; Orose, VII, 4. Comp. Lampride, *Alex. Sév.*, 43.

anathématiser[1]. Le centre d'une future orthodoxie catholique était évidemment là. Pius[2] avait succédé à Hygin, et mettait la même fermeté que son prédécesseur à défendre la pureté de la foi. Pius est déjà un évêque dans le sens propre du mot. Valentin et Cerdon, quoique condamnés par Hygin, étaient toujours à Rome, cherchant à regagner le terrain qu'ils avaient perdu, se rétractant par moments, reçus à pénitence, puis revenant à leurs rêveries et continuant d'avoir des partisans. Ils finirent par être excommuniés sans retour[3]. Valentin, à ce qu'il semble, se retira dans l'île de Chypre[4]. On ignore la fin de Cerdon. Le nom de ce dernier serait resté inconnu, s'il n'eût laissé un disciple qui le surpassa beaucoup en force d'esprit, en activité, et qui devint pour l'Église, vers le milieu du IIe siècle, le plus grave des embarras qu'elle eût jusque-là rencontrés.

1. Cerdon, Marcion, Valentin, Marcelline. Irénée, I, xxv, 6; xxvii, 1 ; III, iv, 3. Notez les précautions contre les écrits hérétiques que décèle le Canon de Muratori, fragment d'un écrit, ce semble, romain.

2. Ce nom se rattachait probablement au surnom de l'empereur *Antoninus Pius*.

3. Voir notre livre VII.

4. Épiph., hær. xxxi, 7; Philastre, c. 8.

CHAPITRE XVIII.

EXAGÉRATION DES IDÉES DE SAINT PAUL.
MARCION.

La grande singularité du christianisme, ce fait d'une religion nouvelle sortant d'une autre religion et devenant peu à peu la négation de celle qui l'a précédée, ne pouvait manquer de donner lieu, jusqu'à la complète séparation des deux cultes, aux phénomènes les plus opposés. Deux genres de réaction devaient se produire chez ceux qui ne se tenaient pas strictement en équilibre sur le tranchant étroit de l'orthodoxie. Les uns, dépassant les principes de Paul, s'imaginaient que la religion de Jésus n'avait aucun lien avec le mosaïsme. D'autres, les judéo-chrétiens, ne regardaient le christianisme que comme une simple continuation de la religion juive. En général, c'étaient les gnostiques qui inclinaient dans le premier sens; mais ces rêveurs semblaient atteints d'une sorte d'incapacité pratique. Un homme ardent, intelligent, se rencontra pour donner aux éléments dissidents la cohésion qui leur manquait, et pour former une Église durable à côté de celle qui s'appelait déjà « l'Église universelle, la grande Église » de Jésus[1].

Marcion[2] était de Sinope, ville pleine d'activité,

---

1. Οἱ ἀπὸ μεγάλης ἐκκλησίας. Celse, dans Orig., V, 59.
2. Justin, *Apol. I*, 26, 58; *Dial.*, 35 (Otto; Lipsius, *Quellen Ketz.*, 29 et suiv.; *Zeitschr. für Kirch.*, II, p. 213-214); Hégésippe, dans Eusèbe, *H. E.*, IV, xxii, 5; Celse, dans Origène, *Contre Celse*, V, 62; Irénée, I, xxvii, 2; xxviii, 1; II, i, 4; iii, 1; xxviii, 6; III, iii, 4; iv, 3; xii, 5, 12; IV, xxxiii, 2 (cf. Gebh. et Harn., *Patres apost.*, I, ii, p. 106-111); Canon de Muratori, lignes 63 et suiv., 81 et suiv. (douteux); Rhodon, dans Eus., *H. E.*, V, 13; Clém. d'Alex., III, 3, 17; IV, 4; VII, 17; Tertullien, les cinq livres *Contre Marcion; Præscr.*, 30, 38, [51]; *De idol.*, 5; *De anima*, c. 17; *De carne Christi*, 1-8; Denys de Rome, dans Athanase, *De nicænis decr.*, p. 275; *Philosophum.*, VII, 29, 31 *(Zeitschrift für Kirchengesch.*, I, p. 536-538), 37; X, 19; Origène, *In Jer.*, hom., x, 5; *In Rom.*, ii, etc. (v. *indices*); Cyprien, Epist. 74; Eusèbe, *Chron.*, ann. 140 et 153; *H. E.*, IV, 21, 23, 24, 25, 30; V, 13, 16; anonyme du ive siècle, *Dial. in Marc.*, édit. Wetzstein, Bâle, 1674; Épiphane, hær. xlii, xliii, xliv; Théodoret, I, 24, 25; les cinq livres en vers contre Marcion; Pseudo-August., c. 22; Pseudo-Tert., c. 17 et suiv.; Philastre, c. 45; Eznig, *Réfut. des sectes*, l. IV; Mohammed ibn Ishak, *Fihrist*, dans Fluegel, *Mani*, p. 51, 85, 150-152, 159-160, 167-168; Cyrille, Catéch. xvi; Isidore de Péluse, I, epist. 371; saint Jérôme, *In Osee*, ix; *De viris ill.*, 17, 32, 37; chronique d'Edesse, à l'an 449 (137); chron. d'Alex., à l'an 158.

qui avait déjà donné aux luttes religieuses du temps les deux Aquila, et qui allait donner Théodotion [1]. Il était fils de l'évêque de cette ville, et paraît avoir exercé la profession d'homme de mer [2]. Quoique né chrétien, il avait sérieusement examiné sa foi et s'était livré à l'étude de la philosophie grecque, surtout du stoïcisme. Il y joignait un extérieur ascétique et une grande austérité [3]. Son père, à ce que l'on prétend, fut obligé de le chasser de son église, à cause des dangers qu'il faisait courir à l'orthodoxie de ses fidèles.

Nous avons déjà remarqué plusieurs fois l'espèce d'attraction qui fit venir à Rome, sous le pontificat d'Hygin et dans les premières années de Pius, tous ceux que séduisaient les lueurs phosphorescentes du gnosticisme naissant. Marcion arriva dans la ville éternelle au moment où Cerdon ébranlait les croyants les plus sincères par sa brillante métaphysique [4]. Marcion, comme tous les sectaires, se montra d'abord zélé catholique. L'Église de Rome avait une telle

1. Épiphane, *De mensuris*, 17.
2. Rhodon, dans Eus., *H. E.*, V, XIII, 3; Tert., *Præscr.*, 30.
3. Épiphane, XLII, 1. *Sanctissimus magister* de Tertullien (*l. c.*) est ironique.
4. Sur la date, v. Lipsius, *Die Quellen der œlt. Ketzergesch.*, p. 225 et suiv. Notez surtout Clém. d'Alex., *Strom.*, VII, 17, avec les discussions auxquelles ce passage a donné lieu. Orose, VII, 14; Tertullien, *Adv. Marc.*, I, 2.

importance que tous ceux qui se sentaient de l'ambition ecclésiastique aspiraient à la gouverner. Le riche Sinopéen, à ce qu'il paraît[1], fit don à la communauté d'une grosse somme d'argent; mais ses espérances furent déçues. Il n'avait pas l'esprit que l'Église de Rome a toujours voulu dans ses clercs. La supériorité intellectuelle était ici peu prisée. Sa curiosité ardente, sa vivacité de pensée et son instruction parurent des dangers. Il était facile de voir qu'elles ne lui peamettraient pas de rester tranquillement dans les limites étroites de l'orthodoxie. Cerdon expiait comme lui dans l'isolement ses prétentions à l'originalité dogmatique. Marcion devint son disciple[2]. Les théories transcendantes du gnosticisme, enseignées par ce maître, durent paraître à un esprit imbu de doctrines philosophiques la forme la plus élevée du christianisme. Le dogme chrétien, d'ailleurs, était encore si peu arrêté, que chaque individualité forte aspirait à y imprimer son cachet. Cela suffit pour expliquer les voies détournées où s'engagea ce grand homme, sans qu'il soit besoin

---

1. Tertullien, *In Marc.*, IV, 4; *Præscr.*, 30.
2. Irénée, I, XXVII, 2; III, IV, 3; *Philosoph.*, VII, 10, 39; X, 19; Tert., *Præscr.*, c. 51; saint Cyprien, Epist. 74; Eusèbe, *H. E.*, IV, 11; Épiph., hær. XLI, 1; Philastre, c. 45; Pseudo-Aug., hær. 22; Théodoret, I, 24.

d'ajouter foi aux calomnies banales par lesquelles les écrivains ecclésiastiques essayent de montrer que tout chef de secte a obéi, en se séparant de la majorité des fidèles, aux motifs les plus bas [1].

La théologie de Marcion ne différait de celle des gnostiques d'Égypte et de Syrie que par sa simplicité. La distinction du Dieu bon et du Dieu juste, du Dieu invisible et du démiurge, du Dieu des juifs et du Dieu des chrétiens formait la base du système [2]. La matière était le mal éternel. L'ancienne loi, œuvre de Jéhovah, œuvre essentiellement matérielle, intéressée, sévère, cruelle, manquant d'amour, n'avait qu'un but : c'était d'assujettir les autres peuples, Égyptiens, Chananéens, etc., au peuple de Jéhovah; or elle ne réussit pas même à faire le bonheur de ce peuple, puisque Jéhovah était obligé de le consoler sans cesse par la promesse de lui envoyer son fils. On eût vainement attendu ce salut par Jéhovah, si le Dieu suprême, bon et invisible, étranger jusque-là au monde [3], n'eût envoyé son fils Jésus, c'est-à-dire la douceur même, sous la forme apparente d'un

---

1. Mêmes fables sur Apelle. Tertullien, *Præscr.*, 30.
2. Comp. *Dial. de recta in Deum fide,* dans Origène, Opp. Delarue, I, p. 817 et suiv.
3. Saint Ephrem, Hymnes XLI, XLVIII, XLIX; Hahn, *Bardesanes,* p. 65-66; Hilgenfeld, *Bard.,* p. 49-50.

homme¹, pour combattre l'influence du démiurge et introduire la loi de charité. Les juifs auront leur Messie, fils de leur Dieu, c'est-à-dire du Dieu démiurge. Jésus n'est nullement ce Messie; sa mission a été, au contraire, d'abolir la Loi, les prophètes et généralement toutes les œuvres du démiurge; mais ses disciples l'ont mal compris; Paul seul a été un vrai apôtre². Marcion se donnait pour tâche de retrouver la pensée de Jésus, oblitérée et maladroitement ramenée au judaïsme par ceux qui étaient venus après lui.

C'était déjà le manichéisme, avec ses dangereuses antithèses, qui faisait son apparition dans le champ des croyances chrétiennes. Marcion suppose deux dieux, l'un bon et doux, l'autre sévère et cruel. La condamnation absolue de la chair l'amenait à envisager la continuation de l'espèce humaine comme ne servant qu'à prolonger le règne du mauvais démiurge; il blâmait le mariage et n'admettait pas au baptême les gens mariés. Nulle secte ne poussait davantage au martyre, et ne compta, proportion gardée, plus de confesseurs de la foi³. Le martyre

1. Nicéphore, *Antirr.*, dans Pitra, *Spic. Sol.*, I, p. 406.
2. L'habitude d'appeler Paul « l'Apôtre » par excellence se remarque pour la première fois chez Marcion. La partie de son canon qui renfermait les épîtres s'appelait ὁ Ἀπόστολος.
3. Anonyme contre les cataphryges, dans Eus., *H. E.*, V,

était, selon les marcionites, la libération suprême du chrétien, la plus belle forme de la délivrance de la vie, de cette vie qui est un mal. Les corps ne ressuscitent pas ; seules les âmes des vrais chrétiens sont ramenées à l'existence. Les âmes, du reste, ne sont point égales, et n'arrivent à la perfection que par une série de transmigrations.

La doctrine des épîtres aux Colossiens et aux Éphésiens, celle du quatrième Évangile étaient, on le voit, bien dépassées. Tout ce qu'il y avait de juif dans l'Église devenait une scorie qu'il fallait éliminer. Marcion considérait le christianisme comme une religion entièrement nouvelle et sans précédents. En cela, il était disciple de Paul, et disciple exagéré. Paul croyait que Jésus avait aboli le judaïsme ; mais il ne méconnaissait pas le caractère divin de l'ancienne loi. Marcion, au contraire, prétendait que la première apparition de Dieu dans l'histoire ne s'était faite que par Jésus. La loi de Moïse était l'œuvre d'un démiurge particulier (Jéhovah), que les juifs adoraient, et qui, pour les retenir dans les chaînes de la théocratie, leur donna des prêtres, chercha à les retenir par des promesses et des menaces. Cette

---

XVI, 24 ; Clém. d'Alex., *Strom.*, IV, 4 ; Tertullien, *Contre Marcion*, I, 14 ; Eusèbe, *H. E.*, IV, XV, 47 ; VII, XII ; *De martyribus Palæstinæ*, 10.

loi, sans caractère supérieur, fut impuissante contre le mal. Elle représentait la justice, mais non la bonté. L'apparition du Christ fut la manifestation du Dieu complet, bon et juste à la fois. L'Ancien Testament n'était pas seulement différent du christianisme ; il y était contraire. Marcion composa un ouvrage intitulé *Antithésis*, où les deux Testaments étaient mis en flagrante contradiction. Apelle, son disciple, écrivit un livre pour montrer que Moïse n'avait rien écrit de Dieu qui ne fût faux et messéant [1].

Une objection capitale contre cette théorie venait des Évangiles divers alors en circulation, et plus ou moins conformes à ce que nous appelons le type synoptique. Le quatrième Évangile était encore peu répandu, et Marcion ne le connaissait pas ; sans quoi, assurément, il l'eût préféré aux autres [2]. Dans les récits généralement admis sur Jésus, l'empreinte juive se remarque à chaque page ; Jésus parle en Juif, agit en Juif. Marcion s'imposa la rude tâche de changer tout cela [3]. Il se fit un Évangile où Jésus

---

1. Tert. (ut fertur), *Præscr.*, 51 ; Origène, *In Cels.*, V, 54 ; *In Gen.*, hom. II, 2 ; Eusèbe ; *H. E.*, V, 13.
2. Notez la dureté du quatrième Évangile pour la famille de Jésus, pour les Juifs, meurtriers de Jésus, enfants du diable.
3. Selon l'auteur de l'opuscule qui fait suite aux *Prescriptions* de Tertullien, *De præscr.*, 51, Cerdon aurait déjà fait les retranchements qui caractérisaient le canon de Marcion.

n'était plus un Juif, ou, pour mieux dire, n'était plus un homme ; il voulut une vie de Jésus qui fût la vie d'un pur éon. Prenant pour base l'Évangile de Luc [1], celui qu'on peut appeler jusqu'à un certain point l'Évangile de Paul, il le retravailla selon ses idées, et ne fut satisfait que quand Jésus n'eut plus ni ancêtres, ni parents, ni précurseurs, ni maîtres. Si Jésus ne nous avait été connu que par des textes de ce genre, on aurait pu douter s'il avait vraiment existé, ou s'il n'était pas une fiction *a priori*, dégagée de tout lien avec la réalité. Dans un pareil système, le Christ ne naissait pas (la naissance, pour Marcion, était une souillure), ne souffrait pas, ne mourait pas. Tous les passages évangéliques où Jésus reconnaît le Créateur pour son père étaient supprimés. Lors de sa descente aux enfers, il emmenait au ciel les personnages maudits de l'Ancien Testament, Caïn, les Sodomites, etc. Ces pauvres égarés, intéressants comme tous les révoltés d'un ancien régime déchu, viennent au-devant de lui, et ils sont sauvés. Jésus laissait, au contraire, dans les lieux sombres de l'oubli, Abel,

---

1. Voir les tableaux dressés par Hahn, dans Thilo, *Cod. ap. N. T.*, I, p. 401-486; De Wette, *Lehrbuch in N. T.*, §§ 70-72, et les tentatives de restitution de l'Évangile de Marcion par Hilgenfeld (Halle, 1850) et par Volkmar (Leipzig, 1852). L'hypothèse d'après laquelle Marcion aurait eu entre les mains un prétendu Luc primitif, non encore interpolé, est insoutenable.

Noé, Abraham, serviteurs du démiurge, c'est-à-dire du dieu de l'Ancien Testament, qui avaient pour tout mérite d'avoir obéi aux lois d'un tyran. C'était ce dieu de l'Ancien Testament qui fit mettre Jésus à mort, et couronna ainsi dignement une ère qui avait été le règne du mal.

On ne pouvait se placer plus nettement à l'opposé des idées de Pierre, de Jacques, de Marc. Les dernières conséquences des principes de Paul étaient tirées. Marcion ne donnait pas à son Évangile de nom d'auteur; mais, dans sa pensée, c'était bien là « l'Évangile selon Paul ». Jésus n'est plus du tout un homme, c'est la première apparition idéale du Dieu bon, à peu près comme Schleiermacher put l'entendre seize siècles plus tard. Une très-belle morale, se résumant en l'effort vers le bien, sortait de ce christianisme spiritualiste et rationaliste. Après l'auteur des écrits pseudo-johanniques, Marcion fut le plus original des maîtres chrétiens du IIe siècle. Mais le dithéisme, qui faisait la base de son système, et la colossale erreur historique qu'il y avait à présenter comme le contraire du judaïsme une religion qui sortait du judaïsme, étaient des vices profonds qui ne pouvaient permettre à une telle doctrine de devenir celle de la catholicité.

Le succès en fut d'abord extraordinaire; les doctrines de Marcion se répandirent très vite dans tout le monde chrétien [1] ; mais l'opposition fut énergique. Justin, alors à Rome, combattit le novateur dans des écrits que nous n'avons plus [2]. Polycarpe accueillit les idées nouvelles avec sa plus vive indignation [3]. Méliton, à ce qu'il semble, écrivit contre elles [4]. Plusieurs prêtres anonymes d'Asie les attaquèrent et fournirent à Irénée les armes dont il devait se servir plus tard [5]. La position de Marcion dans l'Église était des plus fausses. Comme Valentin et Cerdon, il voulait faire partie de l'Église et sans doute y prêcher ; or l'Église de Rome aimait bien mieux la docilité et la médiocrité que l'originalité et la rigoureuse logique. Comme Valentin, Marcion fit des concessions, des pas en arrière, des demi-rétractations ; tout fut inutile : l'incompatibilité était trop forte. Après deux condamnations, une excommunication définitive l'exila de l'Église. On lui rendit la somme qu'il avait donnée dans la première chaleur de sa foi [6], et il repartit pour

---

1. Justin, *Apol. I,* 26.
2. *Apol. I,* 26 ; Irénée, IV, vi, 2 ; saint Jérôme, *De viris ill.,* 23 ; Photius, Cod. cxxv.
3. Irénée III, iii, 4.
4. Anastase le Sinaïte, *Hodeg.,* xiii, dans Routh, *Rel. sacrœ,* I, p. 121-122.
5. *Patres apost.* de Gebh. et Harn., I, ii, p. 106 et suiv., 114.
6. Tert., *In Marc.,* IV, 4.

l'Asie-Mineure, où il continua de déployer pour la propagation de l'erreur une immense activité. Il paraît que, dans ses dernières années, il entama de nouveau des négociations pour se rattacher à l'Église catholique, mais que la mort en empêcha le succès [1]. Souvent une certaine timidité de caractère s'associe bien aux grandes hardiesses spéculatives, et Marcion paraît s'être fréquemment contredit. D'un autre côté, une telle fin répondait si parfaitement aux besoins de la polémique des orthodoxes, qu'on doit les suspecter de l'avoir inventée. C'est Apelle qui ramènera l'école marcionite à un déisme presque orthodoxe.

Marcion reste, en tout cas, le plus audacieux novateur que le christianisme ait connu, saint Paul même y compris. Saint Paul n'avait jamais nié la relation des deux Testaments; Marcion les opposait l'un à l'autre comme deux antithèses. Il alla jusqu'à s'attribuer le droit de refaire la vie de Jésus à sa guise et de changer les Évangiles systématiquement. Même les Épîtres de saint Paul, qu'il adoptait, furent par lui arrangées et mutilées, en vue d'effacer les citations de l'Ancien Testament et le nom d'Abraham, qu'il abhorrait [2].

[1]. Tert., *Præscr.*, 30.
[2]. De Wette, *Lehrbuch in N. T.*, § 34 b; Bleek, *Einl. in N. T.*, § 54.

C'était la troisième tentative qui se produisait pour faire de la vie de Jésus la vie d'un être abstrait, au lieu d'une réalité galiléenne. Fruits de diverses tendances, toutes également nécessaires, — du besoin d'idéaliser une vie qui devenait celle d'un dieu, — du désir de nier que ce dieu eût eu sur la terre une famille, une race, un pays, — de l'impossibilité où était le chrétien grec d'admettre que le christianisme eût rien de commun avec le judaïsme, qu'il méprisait, ces trois tentatives eurent des succès fort divers. L'auteur des écrits pseudo-johanniques y procéda d'une façon inconséquente, incohérente, mais qui avait l'avantage de laisser subsister, à côté de la théologie du *Logos*, une biographie de Jésus d'un caractère historique. Sa tentative fut la seule qui réussit; car, tout en tenant le judaïsme moderne pour un ennemi et en s'imaginant que la vérité est descendue du ciel tout entière avec le *Logos*, il admet que le vrai Israël a eu sa mission, et que le monde, loin d'être l'œuvre d'un démiurge hostile à Dieu, a été créé par le *Logos*. Les gnostiques noyèrent l'Évangile dans la métaphysique, éliminèrent tout élément juif, mécontentèrent jusqu'aux déistes, et par là se coupèrent tout avenir. Marcion fut plus sobre de spéculation; mais le christianisme était déjà trop formé, ses textes étaient trop arrêtés, ses Évangiles trop comptés, pour que l'opinion catholique pût être ébranlée. Marcion ne fut donc qu'un simple chef de secte. Sa secte, il est vrai, fut de beaucoup la plus nombreuse avant celle d'Arius. La rage avec laquelle l'orthodoxie le poursuivit est la meilleure preuve de l'impression profonde qu'il fit sur l'esprit de ses contemporains.

CHAPITRE XIX.

L'APOLOGIE CATHOLIQUE. — SAINT JUSTIN.

Un fait capital, qu'on voit dès à présent se dessiner avec évidence, c'est que, au milieu de ces flots agités, il y a une sorte de rocher immuable, une doctrine moyenne, qui résiste aux attaques les plus diverses, aux exagérations judéo-chrétiennes, aux exagérations gnostiques, et constitue une orthodoxie centrale, destinée à triompher de toutes les sectes [1]. Cette doctrine universelle, dont la prétention est d'être antérieure à toutes les doctrines particulières et de remonter aux apôtres, constitue l'Église catholique [2], en opposition avec les hérésies. Le gnosti-

---

1. Voir Justin, *Dial.*, 35, 39, 80.
2. Ἡ καθολικὴ ἐκκλησία. Épître pseudo-ignatienne *Ad Smyrn.*, 8 ; *Mart. Polyc.*, 1, 5, 8, 16, 19 ; Anonyme contre les montanistes, dans Eus., V, XVI, 9, 19 ; XVII, 4 ; Canon de Muratori, lignes 61-62 ; Clément d'Alex., *Strom.*, VII, 17. Cf. Justin, *Dial.*, 63 ; Celse, dans Orig., V, 59.

cisme surtout trouva dans cette espèce de tribunal ecclésiastique un obstacle invincible. C'était ici pour la religion chrétienne une question de vie ou de mort. Les tendances désordonnées des novateurs eussent été l'anéantissement de toute unité. Cette fois, comme il arrive presque toujours, ce fut l'anarchie qui créa l'autorité. On peut dire ainsi que, dans la formation de l'Église catholique, le gnosticisme et le marcionisme jouèrent par antithèse le rôle principal.

Un homme hautement estimé pour ses études profanes et sa connaissance des Écritures, Justin de Néapolis en Samarie, établi à Rome depuis plusieurs années, tenait école de philosophie chrétienne [1], et combattait énergiquement pour la majorité orthodoxe. La polémique était dans ses goûts et ses habitudes. Valentiniens, marcionites, juifs samaritains, philosophes païens furent tour à tour l'objet de ses attaques. Justin n'était pas un grand esprit; il manquait à la fois de philosophie et de critique; son exégèse surtout passerait aujourd'hui pour très-défectueuse; mais il fait preuve d'un sens général assez droit; il avait cette espèce de crédulité médiocre qui permet de raisonner sensément sur des prémisses puériles

---

[1]. Eus., *H. E.,* IV, 11; saint Jér., *De viris ill.,* c. 23.

et de s'arrêter à temps, de façon à n'être qu'à moitié absurde. Son traité général contre les hérésies, ses écrits particuliers contre les valentiniens et les marcionites se sont perdus [1]; mais ses ouvrages pour la défense générale du christianisme eurent parmi les fidèles un succès extraordinaire [2]; on les copia, on les imita; Justin fut de la sorte le premier docteur chrétien, dans le sens classique du mot, dont les œuvres relativement complètes nous aient été conservées.

Justin, nous l'avons dit, était un esprit faible; mais c'était un noble et bon cœur. Sa grande démonstration du christianisme, c'était la persécution dont cette doctrine, à ses yeux toute bienfaisante, ne cessait d'être l'objet. Ce fait que les autres sectes, les juifs en particulier, n'étaient point poursuivis, la joie que montraient les chrétiens dans les supplices, la monstruosité de ces supplices, les calomnies répandues sur le compte des fidèles, le nombre des délateurs, la haine particulière que les princes du monde témoignaient envers la religion de Jésus, haine que Justin ne pouvait expliquer que par la

---

1. *Apol. I,* 26; Irénée, IV, vi, 2; V, xxvi, 2; Tertullien, *In Val.*, ch. 5; Eus., *H. E.,* IV, xi, 10; xviii, 9; saint Jér., *De viris ill.*, ch. 23; Théodoret, I, ch. 2; II, 2; Photius, Cod. cxxv. Cf. Lipsius, *Die Quellen der œlt. Ketzergeschichte* (Leipzig, 1875).

2 Irénée, I, xxviii, 1.

rage des mauvais esprits[1], tout cela lui paraissait constituer en faveur de l'Église un signe éclatant de vérité divine[2]. Cette préoccupation lui inspira une démarche hardie, à laquelle il dut être encouragé par l'exemple antérieur de Quadratus et d'Aristide[3]. Ce fut de s'adresser à l'empereur Antonin et à ses deux associés, Marc-Aurèle et Lucius Verus, pour obtenir le redressement d'une situation qu'il jugeait avec raison inique et en contradiction avec les principes libéraux du gouvernement. La sagesse accomplie de l'empereur, les goûts philosophiques de l'un au moins de ses associés, Marc-Aurèle, âgé alors de vingt-neuf ans, lui donnaient l'espérance qu'une si grande injustice serait réparée. Telle fut l'occasion de la supplique éloquente[4] qui débute ainsi :

---

1. *Apol. II,* 1.

2. *Dial.,* 18, 39, 46. Comp. Irénée, IV, xxxiii, 9 ; saint Cyprien, Epist. 57, 58.

3. V. ci-dessus, p. 39 et suiv.

4. Il s'agit de l'*Apologia I*, la plus étendue. L'*Apol. II,* adressée au Sénat, est postérieure (voir ci-après, p. 485 et suiv.). La date approximative de l'*Apologia I* résulte des ch. 1, 29, 31, 46. On a conclu de Οὐηρισσίμῳ (nom que Marc-Aurèle cessa de porter à partir de son adoption par Antonin en 138, un peu avant la mort d'Adrien) et de l'absence du nom de *César* (que Marc-Aurèle reçut en 139) que l'*Apol. I* a dû être écrite très peu de temps après la mort d'Adrien, à une date où l'on ne savait pas encore

A l'empereur Titus Ælius Hadrianus Antoninus, Pius, Augustus, Cæsar, — et a Verissimus, son fils, Philosophe, — et a Lucius, Philosophe¹, fils de Cæsar² selon la nature et de Pius par l'adoption, ami du savoir³, — et au sacré Sénat, — et au peuple romain tout entier, — pour un groupe d'hommes de toute race que l'on hait et persécute injustement, — moi, l'un d'eux, Justin, fils de Priscus, petit-fils de Bacchius, citoyens de Flavia Néapolis de Syrie-Palestine, — j'ai fait ce plaidoyer et cette requête.

dans le public le changement de nom du jeune César, et antérieurement à l'an 140, où ce dernier fut consul pour la première fois sous le nom de M. Ælius Aurelius Verus Cæsar. Mais la suscription de l'*Apol. I* renferme bien d'autres fautes. Justin put conserver à dessein ce nom caractéristique de *Verissimus* comme une flatterie délicate. Il semble que Marc-Aurèle se complut à ce surnom; il le prit sur ses médailles (Vaillant, *Num. græc.*, p. 58; Eckhel, VII, p. 69). L'état des hérésies qui résulte de l'*Apol. I* (ch. 26, 35, 39, 58, 80), convient bien mieux à l'an 150 qu'à l'an 138. En cette dernière année, les flatteries adressées dans le titre à Lucius Verus, né l'an 130, eussent été ridicules. Enfin, ce n'est qu'après huit années d'adoption, en 147, que Marc-Aurèle fut réellement associé à l'empire par la collation de la puissance tribunitienne. Noël Desvergers, *Essai sur Marc-Aurèle*, p. 24 et suiv., note.

1. Lucius Verus ne méritait guère cette épithète; Justin la lui donne, ce semble, pour ne pas avoir l'air de le moins estimer que son frère par adoption et pour prêter de la force à son raisonnement (ch. 2). Comparez *Apol. II*, 2, 15.

2. Du César Ælius Verus.

3. Comp. ch. 2, où ces titres reviennent, et Eus., *H. E.*, IV, 12. Sur les fautes ou particularités de ce protocole, qui remontent probablement à Justin lui-même, voir *Mém. de l'Acad. des inscr.*, nouv. série, XXVI, 1re part., p. 264-265, et Otto, *ad loc.* (3e édit.).

Les deux titres de *Pius* et de *Philosophus* obligent ceux qui les portent à n'aimer que le vrai et à renoncer aux opinions anciennes, s'ils les trouvent mauvaises. Les chrétiens sont victimes d'un préjugé invétéré, de calomnies mises en circulation par la ligue de toutes les superstitions réunies [1]. Il faut les punir, si on les trouve coupables de crimes ordinaires, mais ne pas s'en tenir à des rumeurs malveillantes. Un nom par lui-même n'est pas un délit; il ne devient tel que par les actes qui s'y rattachent [2]. Or on punit les chrétiens pour le nom qu'ils portent, nom qui n'implique que des idées honnêtes [3]. Celui qui, poursuivi, déclare n'être pas chrétien, est absous sans enquête; celui qui déclare l'être est supplicié. Quoi de plus inconséquent? Il faudrait scruter la vie du confesseur et celle du renégat pour voir ce qu'ils ont fait de bien ou de mal.

La cause de la haine contre les chrétiens est

---

1. Δεισιδαίμονες.

2. La question se posait, on le voit, dans les mêmes termes que du temps de Pline et de Trajan. V. *les Évangiles*, ch. XXI. Comp. *Apol.*, II, 2; Athénagore, *init.*; Lettre des Égl. de L. et V., dans Eus., V, 1, 33; Lettre apocr. de Marc-Aurèle, p. 102 B.

3. Jeu par iotacisme sur χρηστοί. Cf. le *Philopatris*, 23, peut-être Suétone *(Claude,* 25) et les inscriptions d'Asie Mineure (*saint Paul*, p. 363; voir aussi *Arch. des miss. scient.*, IIIe série, t. III, p. 136). Cf. Clém. d'Alex., *Strom.*, II, ch. 4; Tert., *Ad nat.*, I, 3; Lact., *Inst. div.*, IV, 7.

toute simple; elle vient des démons. Le polythéisme
ne fut autre chose que le règne des démons. Socrate
le premier voulut renverser leur culte; les démons
réussirent à le faire condamner comme athée et
impie. Ce que Socrate avait fait chez les Grecs au
nom de la raison, la Raison elle-même, revêtue d'une
forme, devenue homme et s'appelant Jésus-Christ,
l'a fait chez les barbares[1]. Voilà pourquoi on appelle
les chrétiens athées. Ils le sont, si l'on entend par
athéisme la négation des faux dieux de l'opinion;
mais ils ne le sont pas au sens véritable, puisque
leur religion est la religion pure du Créateur, admettant en second rang[2] le culte de Jésus, Fils de Dieu,
et en troisième rang[3] le culte de l'Esprit prophétique.
Le royaume qu'ils attendent n'est pas terrestre; il
est divin. Comment l'autorité ne voit-elle pas qu'une
telle croyance lui est un bon auxiliaire pour maintenir l'ordre dans le monde? Quelle barrière plus
forte contre le crime que la doctrine chrétienne?

Justin trace ici un tableau de la morale du
Christ, d'après les textes de Matthieu, de Marc et de
Luc, surtout de Matthieu. Il en établit l'innocuité et
montre combien elle est utile à l'État. Il n'y a pas

---

1. *Apol. I*, 5.
2. Ἐν δευτέρᾳ χώρᾳ, ch. 13.
3. Ἐν τρίτῃ τάξει, *ibid.*

un des dogmes chrétiens qui n'ait été enseigné par quelque école philosophique, et pourtant ces écoles n'ont pas été persécutées pour cela. Le titre de Fils de Dieu n'est pas aussi insolite qu'il en a l'air. Un Dieu crucifié, né d'une vierge, cela n'est pas inouï [1]. Les mythologues grecs, les mille religions du monde ont dit des choses bien plus fortes [2]. N'a-t-on pas vu un personnage nommé Simon, du bourg de Gitton, en Samarie, passer pour Dieu à Rome, sous le règne de Claude, à cause de ses miracles, opérés par la puissance des démons? Ne lui a-t-on pas élevé, dans l'île du Tibre, entre les deux ponts, une statue avec cette inscription latine : SIMONI DEO SANCTO [3]? Presque tous les Samaritains et quelques-uns des autres nations l'adorent comme le premier Dieu et regardent comme sa première *Ennoia* une certaine Hélène, en son temps prostituée, qui le suivait partout. Un de ses disciples, Ménandre, du bourg de Capparétée, opéra d'étranges séductions à Antioche par l'art des démons. Marcion, originaire du Pont, qui vit encore, autre suppôt des démons, enseigne à un grand nombre de disciples à retirer au Père le titre de

---

1. *Apol. I,* 22.
2. *Ibid.,* 24 et suiv.
3. *Ibid.,* 26, 56, 58. Cf. *les Apôtres,* p. 275 et ci-dessus, p. 326.

Créateur et à transférer ce titre à un autre prétendu dieu. Tous ces gens-là s'appellent chrétiens, comme on appelle du nom commun de philosophes des personnes qui professent des doctrines opposées entre elles. Pratiquent-ils les monstruosités qu'on reproche aux chrétiens, lampes renversées, embrassements nocturnes, promiscuités, festins de chair humaine? Nous l'ignorons, répond Justin; en tout cas, on ne les persécute pas pour le fait même de leurs opinions.

La pureté des mœurs chrétiennes fait avec la corruption générale du siècle un admirable contraste[1]. Les fidèles qui s'interdisent le mariage vivent dans une chasteté parfaite. On en a vu un frappant exemple à Alexandrie. Un jeune chrétien, voulant opposer une réponse péremptoire aux calomnies que l'on répandait sur les prétendus mystères obscènes des réunions nocturnes, adressa une requête à Félix, préfet d'Égypte, pour qu'un médecin qu'il désignait eût la permission de lui faire l'opération des testicules. Félix refusa; le jeune homme persista dans sa virginité, content du témoignage de sa conscience et de l'estime de ses frères. Quel contraste avec le dieu Antinoüs!

Le tableau des réunions chrétiennes est beau et

---

1. *Apol. I*, 27, 29.

chaste[1]. D'abord a lieu l'introduction parmi les frères de ceux qui viennent de recevoir le baptême, c'est-à-dire des « illuminés »[2]. Puis on fait de longues prières pour le genre humain tout entier.

Quand nous avons cessé de prier, nous nous donnons le baiser les uns aux autres[3]. Puis on porte à celui qui préside le pain, une coupe d'eau et de vin. Celui-ci, les prenant dans ses mains, fait monter louange et gloire vers le Père de toute chose, par le nom de son Fils et de l'Esprit Saint; puis il adresse à Dieu une longue action de grâces sur ces dons qu'il a bien voulu nous faire[4]. Le peuple témoigne son assentiment en disant *Amen*. Alors ceux qui sont appelés parmi nous *diacres* présentent à chacun des assistants le pain, le vin et l'eau sur lesquels les actions de grâces ont été prononcées, et les portent aux absents.

Et cette nourriture-là est appelée chez nous *Eucharistie*. Il n'est permis d'y participer qu'à ceux qui croient à la vérité de nos doctrines, qui ont été lavés au bain régénérateur établi pour la rémission des péchés, et qui vivent selon les préceptes du Christ. Car nous ne prenons pas ces aliments comme un pain ordinaire ni comme un breuvage ordinaire; mais, de même que Jésus-Christ, notre sauveur incarné, a pris chair et sang pour notre salut par la parole

---

1. *Apol. I*, 65 et suiv. Cf. ch. 13.
2. Οἱ φωτισθέντες.
3. Ἀλλήλους φιλήματι ἀσπαζόμεθα. Comp. Athénagore, *Leg.*, 32; Clem. d'Alex., *Pædag.*, III, xi, fin; *Constit. apost.*, II, 57; VIII, 11; saint Cyrille, *Catech. myst.*, 5.
4. Comparez Irénée, I, xiii, 2; Firmilien, Ép. 75 de saint Cyprien; Orig., *Contre Celse*, VIII, 32.

de Dieu, de même on nous enseigne que la nourriture sur laquelle a été prononcée en actions de grâces la prière composée des paroles de Jésus, on nous enseigne, dis-je, que cette nourriture, de laquelle notre sang et nos chairs sont nourris par une intime transformation, n'est pas autre chose que la chair et le sang de Jésus incarné. Car les apôtres, dans les mémoires[1] qu'ils ont composés et que l'on appelle Évangiles, nous apprennent que Jésus leur fit la recommandation suivante. Prenant le pain, il rendit grâces et dit : « Faites ceci en mémoire de moi; ceci est mon corps; » semblablement prenant la coupe, il rendit grâces et dit : « Ceci est mon sang[2], » et ce dogme, il le réserva pour eux seuls. Si pareille chose se passe dans les mystères de Mithra, c'est parce que de méchants démons, imitant l'institution du Christ, ont enseigné à le faire; car vous savez ou pouvez savoir que le pain et la coupe pleine d'eau, avec certaines paroles que l'on prononce dessus, font partie des cérémonies de l'initiation[3].

Pendant les jours qui suivent les réunions, nous nous rappelons sans cesse les uns aux autres le souvenir de ce qui s'y est passé; et ceux qui ont de quoi subviennent aux besoins des indigents, et nous vivons habituellement les uns avec les autres. Dans nos oblations, nous bénissons le Créateur de toute chose par son fils Jésus-Christ et par l'Esprit saint. Et le jour qu'on appelle du Soleil, tous ceux qui habitent les villes ou les campagnes se réunissent en

---

1. Ἐν τοῖς γενομένοις ὑπ' αὐτῶν ἀπομνημονεύμασιν, ἃ καλεῖται εὐαγγέλια. Pour le mot ἀπομνημονεύματα, comp. Papias (Eus., *H. E.*, III, XXXIX, 15); Eus., V, VIII, 8.

2. Comp. Matth., XXVI, 26 et suiv.; Marc, XIV, 22 et suiv.; Luc, XXII, 19 et suiv.; I Cor., XI, 23 et suiv.

3. Cf. *Dial. cum Tryph.*, 70.

un même lieu, et on lit les mémoires des apôtres ou les écrits des prophètes, autant que le temps le permet. Quand le lecteur a fini, le président adresse aux assistants des paroles d'admonition et d'exhortation, pour les engager à se conformer à ces beaux enseignements. Puis nous nous levons tous ensemble, et nous envoyons au ciel nos prières, et, comme nous l'avons déjà dit, la prière étant terminée, on fait circuler le pain, le vin et l'eau ; de son côté, celui qui préside émet de toute sa force des prières et des actions de grâces, auxquelles le peuple donne son assentiment en disant *Amen*. Alors a lieu la distribution des offrandes sur lesquelles l'action de grâces a été prononcée ; chacun en reçoit sa part, et l'envoi s'en fait aux absents par les diacres. Ceux qui sont dans l'aisance et qui veulent donner donnent ce qu'ils veulent, chacun dans la mesure qu'il a fixée. Le produit de la collecte est déposé entre les mains de celui qui préside ; celui-ci vient au secours des orphelins et des veuves, de ceux qui sont dans la détresse par maladie ou pour toute autre cause, de ceux qui sont dans les chaînes, des étrangers qui surviennent ; bref, il a soin de tous ceux qui sont dans le besoin. Nous faisons cette réunion en commun le jour du Soleil, d'abord, parce que c'est le premier jour, le jour où Dieu, ayant métamorphosé les ténèbres et la matière, fit le monde ; en second lieu, parce que Jésus-Christ notre Sauveur ressuscita ce jour-là d'entre les morts. Ils le crucifièrent, en effet, le jour qui précède celui de Saturne[1], et, le jour qui suit celui de Saturne, c'est-à-dire le jour du Soleil, étant apparu à ses apôtres et à ses disciples, il enseigna les choses que nous venons de soumettre à votre examen.

1. Il évite par pruderie de dire « le jour de Vénus ».

Justin terminait son plaidoyer en citant la lettre d'Adrien à Minicius Fundanus[1]. Croyant comme il l'était, il devait s'étonner qu'on ne se rendît pas à des arguments si clairs, et la façon dont il s'exprime prouve qu'il ne visait pas à moins qu'à convertir les Césars[2]. Sûrement le frivole Lucius Verus ne toucha pas du bout du doigt ce sérieux écrit. Antonin et Marc-Aurèle le lurent peut-être[3]; mais furent-ils aussi coupables que le croit Justin de ne pas se convertir? On ne saurait le prétendre. Justin a beau jeu contre les fables immorales du paganisme[4]; il démontre sans peine que la religion grecque et la religion romaine n'étaient plus guère qu'un tissu de honteuses superstitions. Mais la démonologie effrénée qui fait le fond de tous ses systèmes est-elle beaucoup plus sensée? Sa confiance dans l'argument tiré des prophéties[5] est singulièrement naïve. Antonin et Marc-Aurèle ne connaissaient pas la littérature hé-

---

1. Voir ci-dessus, p. 32 et suiv.
2. *Apol. I,* 68. Il n'y a pas de raison suffisante pour rejeter l'authenticité de ce paragraphe, quoique l'ouvrage finisse bien par ἀνεδώκαμεν (ch. 67).
3. C'est gratuitement qu'on a supposé (Orose, VII, 14) que l'Apologie de Justin amena un relâchement de persécution de la part d'Antonin.
4. *Apol. I,* 5, 21, 25. Comp. *Apol. II,* 12, 14.
5. *Apol. I,* 31 et suiv.

braïque ; s'ils l'avaient connue, ils auraient certainement trouvé l'exégèse du bon Justin bien légère. Ils eussent remarqué, par exemple, que le psaume XXII (XXI) ne renferme les clous de la Passion que moyennant une interprétation puérile des contre-sens des Septante[1]. L'assertion que les Grecs ont emprunté toute leur philosophie aux Juifs[2] les aurait laissés incrédules. Ils eussent trouvé au moins étrange le passage[3] où le pieux écrivain, voulant prouver que la croix est la clef de toute chose, retrouve cette forme mystérieuse dans le mât des navires, dans la charrue et la pioche du laboureur, dans l'outil de l'ouvrier, dans le corps humain, quand les bras sont étendus, dans les enseignes et les trophées des Romains, dans l'attitude des empereurs morts et consacrés par l'apothéose[4]. L'endroit où Hérode et Ptolémée Philadelphe sont censés avoir été contemporains[5] leur eût sans doute aussi inspiré quelques doutes sur l'exactitude du récit relatif à la version des Septante, version qui sert de base à tous les raisonnements messianiques de Justin. S'ils se fussent avisés

1. *Apol. I,* 35.
2. *Ibid.,* 44.
3. *Ibid.,* 55.
4. Idées analogues dans Tertullien, *Apol.,* 16; *Ad nat.,* I, 12; Minucius Félix, 29.
5. *Apol. I,* 31.

de chercher dans les archives de l'empire les registres de Quirinius[1], les actes de Pilate relatifs à Jésus[2], ils auraient eu de la peine à les trouver. Enfin, les écrits de la Sibylle et d'Hystaspe[3] leur eussent paru de faibles autorités. Ils eussent été surpris d'apprendre que les démons, effrayés du tort que ces livres allaient leur causer, avaient fait édicter la peine de mort contre ceux qui les liraient[4].

Il semble que Justin joignit à son plaidoyer des exemplaires de ces apologies apocryphes[5], et s'imagina qu'elles exerceraient sur l'esprit des Césars une influence décisive. Son espérance allait plus loin encore : il demandait que sa supplique fût communiquée au sénat et au peuple romain, en particulier que la fausseté de la divinité de Simon le Magicien fût reconnue et que la statue qu'il avait à Rome (quelque cippe de *Semo Sancus*) fût officiellement renversée[6].

---

1. *Apol. I,* 34; Tertullien, *Adv. Marc.*, IV, 7, 19.
2. *Apol. I,* 35, 48.
3. *Ibid.*, 20, 44.
4. Voyez ci-dessus p. 299. Il est probable que quelques chrétiens furent condamnés à mort pour le fait d'avoir possédé ces oracles, où la justice put voir des livres de sorts, comme ceux que l'on consultait sur la vie et la mort des empereurs. Il résulte, du reste, de l'*Apol. II,* 14, que la police exerçait une surveillance sur les écrits.
5. Ch. 44 : ὡς ὁρᾶτε.
6. *Apol. I,* 56. Cl. *Apol. II,* 14.

L'ardente conviction de Justin ne lui laissait point de repos. Il s'imaginait être responsable de toutes les erreurs qu'il ne combattait pas[1]. Les juifs qui persistaient à ne pas se faire chrétiens étaient l'objet perpétuel de ses préoccupations. Il écrivit contre eux, sous forme de dialogue[2], peut-être à l'imitation d'Ariston de Pella, un ouvrage de polémique qui peut compter entre les plus curieux monuments littéraires du christianisme naissant.

Justin suppose que, dans son voyage de Syrie à Rome, vers le temps de la guerre de Bar-Coziba, retenu par un accident de navigation à Éphèse[3], il se promenait dans les allées du xyste, lorsqu'un inconnu, entouré d'un groupe de disciples, fut frappé de l'habit qu'il portait, et l'aborda en lui disant : « Salut, philosophe ! » Il lui apprit en même temps qu'un socratique dont il avait suivi les leçons à Argos lui avait dit de respecter toujours le manteau de philosophe et de tâcher de s'instruire auprès de ceux qui le portaient. La conversation s'engage sur un ton

---

1. *Apol. I,* 3, 57.
2. Le Dialogue est sûrement postérieur à la première Apologie. *Dial.*, 120 (cf. *Apol. I*, 26).
3. *Dial.*, 1 et 142. C'est Eusèbe (*H. E.*, IV, 18) qui nous apprend que la ville où a lieu la rencontre est Éphèse. Si la *Cohortatio ad Græcos* est de Justin, il aurait aussi passé par Alexandrie (ch. 13).

fort littéraire, et il se trouve que l'inconnu n'est autre que le célèbre rabbin Tryphon ou Tarphon[1], qui a fui la Judée pour éviter la fureur de la guerre de Bar-Coziba, s'est réfugié en Grèce et demeure le plus souvent à Corinthe. On cause de Dieu, de la Providence, de l'immortalité de l'âme. Justin raconte comment, après avoir essayé de toutes les écoles et de tous les systèmes, il n'a rien trouvé de meilleur que d'adhérer au Christ. La controverse est vive alors. Justin accumule contre les juifs les plus sanglants reproches. Non contents d'avoir tué Jésus, ils ne cessent de persécuter les chrétiens. S'ils ne les tuent pas, c'est que le pouvoir les en empêche ; mais ils les accablent d'avanies, les chassent des synagogues, et, toutes les fois qu'ils le peuvent, les maltraitent, les assassinent, les supplicient. Les préjugés que les païens ont contre le christianisme, ce sont les juifs qui les leur ont inspirés ; ils sont plus coupables des persécutions que les païens mêmes qui les ordonnent. Ils ont envoyé de Jérusalem des hommes choisis pour répandre dans le monde entier les calomnies

---

[1]. Voir *les Évangiles,* p. 69 et suiv. Cf. Eusèbe, IV, 18. C'est là, du reste, une simple fiction littéraire. Justin fait parler son docteur à sa guise. Les doctrines et la méthode du *Tryphon* de Justin n'ont rien de commun avec celles du *Tarphon* talmudique.

dont on accable les chrétiens[1]. Ils ont fait pis : ils ont mutilé la Bible pour en retrancher les passages qui prouvaient la messianité et la divinité de Jésus[2]. Ils repoussent la traduction des Septante, uniquement parce qu'elle contient les preuves de cette même divinité[3]. Dans les controverses, ils jettent les hauts cris sur des arguties, sur de petits détails qu'ils ne comprennent pas, et refusent de voir la force de l'ensemble[4].

L'impartialité nous oblige de dire que, si Justin était dans ses disputes orales tel que nous le voyons dans son livre (et malheureusement ce que nous savons de ses controverses avec Crescent porte à le croire), les juifs avaient tout à fait raison de se plaindre de son inexactitude[5]. On ne fut jamais plus faible interprète de l'Ancien Testament. Non-seulement Justin ne sait pas l'hébreu, mais il n'a aucun sen-

---

1. Justin, *Dial.*, 16, 17, 108, 117, 133. Cf. *Apol. I*, 31, et Tertullien, *Ad nationes*, I, c. 14 (et credidit vulgus judæo. Quod enim aliud genus seminarium est infamiæ nostræ?); *Adv. Marc.*, III, c. 23; *Adv. Jud.*, c. 13. La mort de Polycarpe, arrivée en 155, ne donna que trop raison à cette manière de présenter les choses. Voir ci-après, p. 458 et suiv. Comp. les Actes de saint Pione, dans *Acta SS. febr., I*, p. 43.

2. *Dial.*, 72, 73, 74, 75.

3. *Ibid.*, 71, 84.

4. *Ibid.*, 115. Comparez le trait de R. Saphra, Talm. de Bab., *Aboda zara*, 4 a.

5. Μὴ πρὸς τὸ ἀκριβές.

timent de critique ; il admet les interpolations les plus évidentes[1]. Ses applications messianiques des textes de la Bible sont du plus complet arbitraire et fondées sur les erreurs des Septante[2]. Son livre assurément ne convertit pas un seul juif ; mais, dans le sein du catholicisme, il fonda l'exégèse apologétique. Presque tous les raisonnements de cet ordre ont été inventés par saint Justin ; on n'y a plus guère ajouté après lui.

Inutile de dire que la scission entre le judaïsme et le christianisme apparaît dans ce livre comme absolue. Le judaïsme et le christianisme sont deux ennemis occupés à se faire tout le mal possible[3]. La Loi est abrogée ; elle a été toujours impuissante à produire la justification. La circoncision, le sabbat non-seulement sont des choses abolies, ce ne furent même jamais de bonnes choses. La circoncision a été imposée par Dieu aux juifs en prévision de leurs crimes contre le Christ et les chrétiens : « Ce signe vous a été donné afin que vous soyez séparés des autres nations et de nous-mêmes, et que vous souffriez seuls ce que vous souffrez maintenant avec justice,

---

1. Par exemple, *Dominus regnavit* [*a ligno*]. Ps. xcv, 10 (hébr., xcvi); *Dial.*, 73.

2. Ainsi l'ὤρυξαν du Ps. xxxii. Comp. Tertullien, *Adv. jud.*, 10 ; *Adv. Marc.*, III, 19.

3. *Dial.*, 11 et suiv.

pour que votre pays fût rendu désert, que vos villes fussent livrées aux flammes, que des étrangers mangent vos fruits en votre présence, et que personne d'entre vous ne puisse monter à Jérusalem [1]. » Cette prétendue marque d'honneur est ainsi devenue pour les juifs un fléau, un caractère visible qui les désigne au châtiment. La loi et les prescriptions mosaïques n'ont été instituées qu'à cause des iniquités et de la dureté de cœur du peuple [2]. Le sabbat et les sacrifices n'ont pas eu d'autre cause [3]. L'impossibilité qu'il y avait pour un juif, tenant à ses vieilles Écritures, d'admettre que Dieu ait pu naître et se faire homme n'est pas même comprise de Justin [4]. Tarphon eût été vraiment de bonne composition, si, après une pareille controverse, il eût quitté son adversaire en avouant, comme le prétend Justin, qu'il avait beaucoup profité à son entretien [5].

Les conversions, du reste, devenaient de plus en plus rares [6]. Les partis étaient pris [7]. Le moment où

---

1. *Dial.*, 16, 19, 46. Cf. Tertullien, *Adv. Jud.*, 3.
2. *Ibid.*, 18 et suiv.
3. *Ibid.*, 21, 22.
4. *Ibid.*, 63, 68, etc.
5. *Ibid.*, 142.
6. Voir cependant Eusèbe, *H. E.*, III, xxv, 5, et le curieux récit d'Épiphane, hær. xxx.
7. Cf. *Kohéleth* rabba, ch. I.

la dispute s'organise est d'ordinaire celui où déjà chacun est endurci dans son sentiment. Les transfuges avaient été nombreux, tant que le christianisme avait été une colonie mal définie, à peine séparée du judaïsme. Quand il est une place complète, munie de ses fortifications, en face de sa métropole, on ne passe plus d'un côté à l'autre. Le juif, comme le musulman, sera le plus inconvertissable des êtres, le plus antichrétien.

Justin vécut encore des années, disputant toujours [1] contre les juifs, contre les hérétiques, contre les païens, écrivant des ouvrages de polémique sans fin [2]. Un acte de sévérité juridique de Q. Lollius Urbicus, préfet de Rome, lui remettra encore la plume d'avocat ecclésiastique à la main, dans les dernières années du règne d'Antonin. Comme presque tous les apologistes, il ne fut pas membre de la hiérarchie. Cette situation sans responsabilité convenait mieux à des volontaires de la foi, et au besoin permettait à l'Église de les désavouer. Justin fut toujours cher aux catholiques. Son éloignement

---

1. *Dial.*, 64.
2. Eus., *H. E.*, IV, 11, 14, 18 ; saint Jér., *De viris ill.*, 23 ; Photius, cod. cxxv, sans parler des allégations, ce semble erronées, d'Anastase le Sinaïte, de saint Maxime, de Jean de Damas, etc. Nous traiterons, au livre VII, du *Logos parœnétikos* et du *De monarchia*, attribués à saint Justin.

des sectes le préserva des aberrations que ne surent pas éviter Tatien, Tertullien. Sa théologie est loin d'être la théologie orthodoxe des siècles suivants; mais la sincérité de l'auteur fit qu'on se montra facile pour lui. La Trinité, chez saint Justin, est à l'état d'embryon mal conformé[1]; ses anges et ses démons sont conçus d'une façon prodigieusement matérialiste et enfantine; son millénarisme est aussi naïf que celui de Papias[2]; il ignore systématiquement saint Paul. Il croit que Jésus est né d'une façon surnaturelle; mais il connaît des chrétiens qui ne l'admettent pas[3]. Son Évangile différait considérablement des textes aujourd'hui consacrés; il ne faisait pas usage de l'Évangile dit de Jean, et l'écrit qu'il cite, quoique se rapprochant le plus souvent de Matthieu, parfois de Luc, n'est précisément aucun des trois synoptiques[4]. C'était probablement l'Évangile des Hébreux, dit « Évangile des douze Apôtres », ou « de Pierre[5] », non sans analogie avec la *Genna Marias*, ou Protévangile de Jacques[6],

---

1. Cf. ci-dessus, p. 373, et *Apol. I*, 22, 32, 33, 35, 44, 60; *Apol. II*, 10; *Dial.*, 7, 65, 68.

2. *Dial.*, 80, 81.

3. *Dial.*, 48. Comp. *Apol. I*, 21, 22.

4. Voir De Wette, *Einl. in das N. T.*, § 66 *a* et suiv. Pour les singularités de son histoire apostolique, voir *Apol. I*, 39, 50.

5. Nicolas, *Évang. apocr.*, p. 49 et suiv.

6. Hilgenfeld, *Krit. Untersuch. über Evang. Justin's*, p. 153-

et peut-être identique à l'Évangile des ébionites. Les fables, en tout cas, y abondaient[1]; on était à deux pas des puérilités qui remplissent les Évangiles apocryphes. Mais un certain sens droit fait éviter à Justin les erreurs extrêmes. Son érudition païenne, toute frelatée qu'elle était, frappait les gens peu instruits En somme, c'était un précieux avocat. Tous les apologistes qui suivirent s'inspirèrent de lui[2].

Son admiration pour la philosophie grecque ne pouvait être du goût de tout le monde; mais elle paraissait d'une bonne tactique. On n'était pas encore au temps des injures envers les sages de l'antiquité; on prenait le bien où on le trouvait; on voyait dans Socrate un précurseur de Jésus, et dans l'idéalisme platonicien une sorte de préchristianisme[3]. Justin est autant un disciple de Platon et de Philon que de Moïse et du Christ[4]; Moïse étant plus ancien que les sages grecs, ceux-ci lui ont emprunté leurs

---

161; Tischendorf, *Evangel. apocr.*, p. XIII, XXXVIII, XXXIX. Notez surtout la flamme du Jourdain, trait caractéristique de l'Évangile des Hébreux (Épiph., XXX, 13).

1. Ainsi la caverne de Bethléhem, le feu du Jourdain, les charrues de Jésus. *Dial.*, 78, 88. Voir ci-dessus, p. 344 et suiv.

2. Tatien, Athénagore, Irénée, Minucius Félix, Tertullien, peut-être Méliton. Voir les index d'Otto, p. 595-596.

3. *Apol. I*, 46.

4. *Apol. I*, 59, 60.

dogmes de religion naturelle [1] ; voilà toute sa supériorité. Jamais théologien n'a ouvert aussi largement que Justin les portes du salut [2]. La révélation, selon lui, est dans l'humanité un fait permanent ; elle est le fruit éternel du *Logos spermaticos*, qui éclaire naturellement l'intelligence humaine. Tout ce que les philosophes et les législateurs, les stoïciens, par exemple, ont jamais trouvé de bon, ils le doivent à la contemplation du *Logos*. Le *Logos* n'est autre chose que la raison universellement répandue ; tous ceux qui, en quelque temps et en quelque pays que ce soit, ont aimé et cultivé la raison ont été chrétiens [3]. Socrate brille au premier rang dans cette phalange des chrétiens avant Jésus. « Il ne connut le Christ qu'en partie. » Il ne vit pas toute la vérité [4]; mais ce qu'il vit fut une fraction du christianisme ; il combattit le polythéisme, comme les chrétiens le combattent, et il eut l'honneur comme eux de donner sa vie dans ce combat. Le *Logos* est descendu et a résidé tout entier en Jésus. Il s'est disséminé dans les âmes humaines qui ont aimé le vrai et pratiqué le bien ; en Jésus il s'est ramassé tout entier.

1. *Apol. I*, 44.
2. *Apol. I*, 46.
3. Comparez Philon, *Quod omnis probus liber*, § 12.
4. *Apol. II*, 8, 10 ; Cf. *Apol. I*, 5.

Avec une telle idée de la raison, il était naturel d'admettre la philosophie comme un élément dans la composition des dogmes chrétiens. Les traces de philosophie grecque sont faibles encore dans saint Paul et dans les écrits pseudo-johanniques. Dans la gnose, au contraire, chez Marcion, chez l'auteur du roman pseudo-clémentin, chez Justin, la philosophie grecque coule à pleins bords. On trouvait tout naturel de mêler à la théorie du *Logos* juif des idées du même genre qu'on croyait rencontrer dans Platon ou même dans le stoïcisme[1]. Loin de renoncer à la raison, on prétendait se donner à elle sans partage. On tenait la saine philosophie pour l'alliée la plus sûre du christianisme; les grands hommes du passé étaient considérés comme des disciples anticipés du Christ, qui était venu non renverser, mais au contraire épurer, compléter, achever leur œuvre. On admirait Socrate, Platon[2]; on était fier du courage des grands contemporains, tels que Musonius[3]. On disait avec un juste et large sentiment de la vérité : « Tout ce qui a été pensé ou senti de

---

1. *Apol.* I, 12, 13, 21, 32, 46, 63; *Apol.* II, 6, 8, 13; *Dial.*, 46, 48, 56, 61, 62, 105, 128; 184.

2. Voir l'index d'Otto, aux mots *Socrate, Platon, Pythagore, Stoïciens*, etc.

3. *Apol.* II, 8, 10.

bien avant nous chez les Grecs et chez les barbares nous appartient. »

Une sorte d'éclectisme, fondé sur un rationalisme mystique, tel fut donc le caractère de cette première philosophie chrétienne [1]. L'apologiste s'appliquait à montrer que les points fondamentaux du christianisme n'avaient pas été étrangers à l'antiquité païenne, que les dogmes sur l'essence divine, sur le *Logos*, sur l'Esprit divin, sur la providence spéciale, la prière, les anges, les démons, la vie future, la fin du monde, pourraient s'établir par des textes profanes. Même les enseignements tout spécialement chrétiens sur la naissance, la vie, la mort et la résurrection de Jésus-Christ avaient des analogues dans les religions de l'antiquité [2]. On soutenait que Platon avait exprimé, dans le *Timée*, la doctrine du Fils de Dieu [3]. On faisait remarquer que, dans toutes les religions, les cérémonies se ressemblent, que la morale est la même partout. Loin de trouver là une objection, on concluait de cette universalité l'existence d'une révélation permanente, dont le christianisme avait été l'acte le plus éclatant.

1. Justin, *Apol. II*, 13. Cf. Lactance, *Inst. div.*, VII, 7.
2. *Apol. I*, 24.
3. *Apol. I*, 60. Cf. *Cohort. ad Græc.*, 32.

CHAPITRE XX.

LES ABUS ET LA PÉNITENCE. — PROPHÉTIES NOUVELLES.

L'Église était déjà comme fut le pieux Israël au temps où il bâtissait son nouveau temple; d'une main, elle combattait; de l'autre, elle édifiait. Les préoccupations philosophiques étaient le fait d'un très petit nombre. La grande œuvre chrétienne était morale et populaire. L'Église de Rome, en particulier, se montrait de plus en plus indifférente à ces spéculations creuses, où se complaisaient des esprits pleins de l'activité intellectuelle des Grecs, mais gâtés par les rêveries de l'Orient. L'organisation disciplinaire était à Rome le travail principal; cette ville extraordinaire y appliquait son génie tout pratique et sa forte énergie morale [1].

La pénitence avait toujours été une institution fondamentale du christianisme [2]. L'élu de la future cité

---

1. Ignace, *Ad Rom.*, 3 (ἐδιδάξατε.... μαθητεύοντες ἐντέλλεσθε), prouve des constitutions romaines pour les temps de persécution.
2. Voir *Constit. Apost.*, II, ch. XII, et suiv.; XXXVIII et suiv.

de Dieu devait être d'une pureté absolue. Éviter les fautes était impossible ; il fallait donc qu'il y eût des moyens de rentrer dans la grâce perdue. De bonne heure, l'Église s'érigea en tribunal et transforma le repentir en pénitence publique, imposée par l'autorité et acceptée par le délinquant. Une foule de questions, qui troubleront l'Église pendant un siècle et demi, se posèrent dès lors. Pouvait-on, après être tombé plusieurs fois, venir encore à résipiscence? Ces moyens de réconciliation s'appliquaient-ils à tous les crimes? L'hypothèse du meurtre ne se posait guère ; les mœurs douces et timides de la secte écartaient jusqu'à l'hypothèse d'un chrétien assassin ; mais l'adultère dans une petite congrégation de frères et de sœurs[1], vivant presque toujours ensemble, était assez commun. L'apostasie enfin, vu l'âpreté des persécutions, n'était point rare. Les uns, pour éviter le supplice, allaient jusqu'à maudire le Christ ; quelques-uns même se faisaient les dénonciateurs de leurs frères ; d'autres se contentaient d'un simple reniement : « Je ne suis pas chrétien. » Ils rougissaient du Christ, sans précisément le blasphémer[2].

C'était cette dernière catégorie de personnes qui

1. Minucius Félix, § 9. Cf. ci-dessus, p. 374.
2. Hermas, Sim. VIII, 6. Cf. Lettre de Pline (*les Évangiles*, p. 478); Jac., II, 7.

causait les plus grands embarras. L'Église était une source de telles douceurs, que, le lendemain de leur chute, les apostats, les dénonciateurs de leurs frères, éprouvaient de cruels remords. Ils eussent voulu rentrer dans l'assemblée qu'ils avaient trahie. La situation de ces malheureux était navrante [1]. Désespérant de leur salut, ils étaient en proie à d'affreuses terreurs. On les voyait rôder, l'air sombre, autour de l'église, où ils avaient goûté tant de joies intérieures. Nul rapport entre eux et les fidèles. Avec une sévérité que Jésus n'eût pas approuvée, mais que la gravité des circonstances excusait [2], on les traitait de galeux [3], on les nommait, par une plaisanterie cruelle, « les sauvages, les solitaires » [4]. Plusieurs allaient voir les confesseurs en prison, et trouvaient une sorte de joie austère dans les dures paroles que ceux-ci leur adressaient [5]. La plupart des fidèles les considéraient comme totalement morts à l'Église et n'admettaient pas qu'il pût y avoir de pénitence pour eux. Quel-

---

1. Lettre des Égl. de Lyon et de Vienne, dans Eus., *H. E.*, V, ı, 33 et suiv.

2. Hermas, Vis. ıı, 3 ; Sim. vııı, 6 ; ıx, 19, 26.

3. Ἐψωριακότες.

4. Χερσωθέντες καὶ γενόμενοι ἐρημώδεις, μὴ κολλώμενοι τοῖς δούλοις τοῦ θεοῦ, ἀλλὰ μονάζοντες... ἀγριωθέντες.

5. Actes de saint Pione, § 13, Ruinart, p. 145, ou dans *Acta SS. febr.*, I, p. 44-45.

ques-uns, moins durs, distinguaient entre ceux qui avaient blasphémé le Christ ou dénoncé leurs frères et ceux qui avaient simplement renié leur foi[1]; ceux-ci pouvaient être admis à se repentir. D'autres, plus indulgents encore, accordaient la pénitence à ceux qui avaient renié de bouche, non de cœur[2]. Il y avait danger à pousser trop loin la rigueur; car les juifs cherchaient à gagner à la synagogue ceux que l'Église avait ainsi expulsés[3].

A côté de ces grands coupables, il y avait les faibles, les incertains[4], les mondains, chrétiens honteux en quelque sorte, qui dissimulaient leur état et se voyaient sans cesse amenés à des demi-apostasies[5]. La profession chrétienne était quelque chose de tellement étroit, que, si le chrétien ne vivait pas uniquement dans la société de ses frères[6], il était exposé à des risées perpétuelles. N'existant qu'en vue de la fin du monde, le chrétien de ce temps était tout à fait séquestré de la vie publique. Ceux qui devaient

---

1. Lettre des Église de Lyon et de Vienne, dans Eusèbe, *H. E.*, V, ı, 25.
2. Sim. ıx, 26.
3. Actes de saint Pione, § 13.
4. Δίψυχοι. Ce sont sans doute les ἐπαμφοτερίζοντες et les παραβαπτισταί d'Épictète (Arrien, *Diss.*, II, ıx, 20 et suiv.).
5. Hermas, Sim. ıx, 20 et suiv.; Mand. xı.
6. Σύνεσμεν ἀλλήλοις ἀεί. Justin, *Apol. I*, 67.

se mêler des affaires temporelles étaient amenés à délaisser la compagnie des saints et bientôt à les dédaigner, à rougir d'eux comme confrères, à entendre rire d'eux sans répondre. A demi morts pour la vie spirituelle, ils tombaient dans le doute. Devenaient-ils riches, ils faisaient bande à part, en vertu de ce principe que l'homme est amené presque nécessairement à faire sa société des personnes qui ont la même fortune que lui. Ils évitaient de rencontrer les serviteurs de Dieu, craignant que ceux-ci ne leur demandassent l'aumône. La compagnie des fidèles paraissait humble : on les quittait pour mener avec les gentils une vie plus brillante. Ces mondains n'abandonnaient pas Dieu, mais ils désertaient l'église ; ils gardaient la foi, mais cessaient de pratiquer. Quelques-uns faisaient pénitence et se livraient aux œuvres de charité ; d'autres, emportés dans la compagnie des païens, leur devenaient semblables et s'abandonnaient aux plaisirs. Ce milieu équivoque ne les disposait guère au martyre. Au moindre bruit de persécution, ils faisaient semblant de revenir aux idoles, pour éviter d'être inquiétés.

Dans le sein même de l'Église, que d'imperfections[1] ! Tels fréquentaient assidûment l'assemblée,

---

1. Sim. ix, 26, etc.

et ne cessaient pas d'être médisants, envieux, brouillons, hardis, présomptueux. Les disputes de préséance étaient fréquentes. La gestion des fonds de l'Église donnait lieu à des abus; certains diacres prenaient pour eux le bien des veuves et des orphelins. Enfin, les maîtres de doctrines étrangères pullulaient et séduisaient les fidèles. Placés comme des juges au milieu de toutes ces misères, les saints inclinaient tantôt à l'indulgence, tantôt à la rigueur. Ce qu'il y avait de grave, c'est que certains docteurs sectaires flattaient ceux qui avaient péché, dans des vues d'intérêt personnel. Ils leur vendaient en quelque sorte le relâchement, et, dans l'espérance d'être récompensés de leur casuistique [1]; ils leur disaient qu'ils n'avaient pas besoin de pénitence, et que les pasteurs étaient des gens d'une sévérité exagérée.

Le fait est que, dans une pareille assemblée de saints, il n'y avait guère de place pour la tiédeur. Une piété exaltée portait à tout croire. La prophétie et les révélations fleurissaient comme aux plus beaux jours. Il en résultait de graves abus. Les prophètes individuels devenaient le fléau de l'Église. On allait les interroger sur l'avenir, même pour des affaires temporelles. Ces gens recevaient de l'argent et fai-

---

1. Sim. ix, 19.

saient la réponse qu'on désirait obtenir d'eux. Les orthodoxes admettaient que les démons révélaient parfois aux imposteurs quelques vérités pour mieux tenter les justes ; mais ils soutenaient qu'on pouvait toujours distinguer les prophètes de Dieu des prophètes frivoles [1]. Naturellement, cela causait de graves embarras; car, ce que l'un appelait frivole, l'autre le croyait dicté par « l'ange de l'esprit prophétique ».

Les orthodoxes, pas plus que les hétérodoxes, ne se faisaient scrupule de donner en pâture au public pieux les révélations les plus audacieusement fabriquées, et ces révélations étaient avidement reçues. Telle fut, en particulier, une prophétie dont le titre seul marquait suffisamment la tendance et l'esprit. Il est raconté, au livre des Nombres [2], qu'Eldad et Modad, revêtus d'une partie des pouvoirs prophétiques de Moïse, prophétisèrent hors rang et dans des conditions tout individuelles. Josué voulut les faire taire, Moïse l'arrêta : « Es-tu jaloux pour moi? lui dit-il. Plût à Dieu que tout le peuple de Jéhovah fût prophète et que Jéhovah mît son esprit sur tous! » Eldad et Modad étaient ainsi les représentants, chez l'ancien peuple, de la prophétie individuelle. On mit

---

1. Hermas, Mand. x et xi. Comp. Hom. pseudo-clém., ii, 15; iii, 23 et suiv.; *Recogn.,* IV, 24, 22; VIII, 60.

2. Nombres, xi, 26 et suiv.

à leur compte un livre qui fit de l'impression sur plusieurs et fut cité comme Écriture inspirée [1].

Le symbolisme de ces prophètes nouveaux nous paraît parfois étrange et de mauvais goût. L'épuisement du genre était visible. Toutes ces machines usées ne produisent plus sur nous qu'un effet de fatigue et d'écœurement [2]. Mais, pour des simples, l'effet était grand ; de telles prophéties fortifiaient les hésitants, réchauffaient les tièdes. On croyait y entendre les avertissements directs de Dieu.

Une Apocalypse attribuée à Pierre eut un très-grand succès ; elle fut admise dans le canon, à côté de celle de Jean, et lue dans la plupart des Églises [3].

---

1. Ὡς γέγραπται, *Pasteur,* Vis. II 3 ; *Synopse* dite d'Athanase, § 75, Opp., II, p. 201 ; Stichométrie de Nicéph. (*ibid.,* p. 121) ; *Index script. sacræ* de Cotelier, *Patres apost.,* I, 197 (Pitra, *Juris eccl. Græc.,* I, p. 100), et *De prophetis et prophetissis,* note de Cotelier sur *Constit. apost.,* IV, 6 ; Cyrille, *Catech.,* XVI, 25 ; Mommsen, Chronogr. de 354, *Mém. de la Soc. de Saxe,* I (1850), p. 640. Cf. Fabricius, *Codex pseude-pigr.,* I, 801 et suiv. On a supposé sans raison suffisante que le passage apocryphe cité dans *I Clém.,* 23, et dans *II Clém.,* 11, était pris de la prophétie d'Eldad et Modad.

2. *Pasteur,* Vis. III, 4, 10, 13.

3. *Apocalypses Johannis et Petri tantum recipimus, quam quidam ex nostris legi in ecclesia nolunt.* Canon de Muratori, lignes 70-72 ; Théodote, *Eclogæ ex script. proph.,* §§ 41, 48, 49 (à la suite des œuvres de Clém. d'Alex.) ; Clément d'Alex., dans Eus., *H. E.,* VI, XIV, 1 ; Stichométrie du *Codex Claromontanus,* dans Credner, *Gesch.,* p. 464, 477 ; Méthodius de Tyr,

Comme toutes les apocalypses, elle entretenait les fidèles des terreurs et des calamités futures ; comme le *Pasteur*, dont nous parlerons bientôt, elle insistait sur la punition des différents péchés ; comme l'Apocalypse d'Esdras, elle traitait, ce semble, de l'état des âmes après la mort. Une idée particulière de l'auteur, c'est que les avortons sont confiés à un ange gardien[1], qui se charge de leur éducation religieuse et de leur développement. Ils souffrent la quote-part de souffrances qu'ils auraient soufferte s'ils avaient vécu, et sont sauvés. Le lait que les femmes laissent se perdre et se coaguler, se change en petits animalcules qui les dévorent ensuite[2]. Dès l'origine, les bizarreries du livre provoquèrent une forte opposition, et beaucoup ne voulaient pas qu'on le lût en public. Cette opposition ne fit que croître avec le temps. Les sombres images qu'on y trouvait le firent cependant conserver, dans quelques Églises,

---

Conv., II, p. 680, 2ᵉ col. (*Bibl. max. Patr.*, Lugd., III) ; Macarius Magnès, p. 164 et 185 ; saint Jérôme, *De viris ill.*, 1 ; Anastase le Sinaïte, dans Credner, *Gesch.*, p. 241 ; Stich. de Nicéphore, dans Credner, p. 243. Fragments dans Théodote et dans Macarius Magnès, *l. c.*, et peut-être dans saint Hippolyte, *De Christo et Antichr.*, c. 15, 54, 65.

1. Ἀγγέλῳ τημελούχῳ. Cf. Hermas, ci-après, p. 410, et *Apocalypse de saint Paul*, dans Tischendorf, *Apocalypses apocr.*, p. 46, 58.

2. Théodote, *l. c.*

pour les lectures de la semaine sainte[1]. Puis l'antipathie de l'Église grecque orthodoxe contre les apocalypses, antipathie qui fut impuissante contre l'Apocalypse de Jean, réussit à expulser celle-ci et même à la détruire tout à fait[2].

L'usage de la lecture publique des écrits apostoliques et prophétiques dans les églises consommait, si l'on peut s'exprimer ainsi, beaucoup de livres; le cercle des écrits reçus était vite parcouru, et les lecteurs se jetaient avec empressement sur les livres nouveaux qui paraissaient, même quand leurs titres à la théopneustie n'étaient pas fort en règle. Il en résultait des espèces de modes, qui faisaient des succès de dix et vingt ans. Parfois, quand le livre était démodé, on en limitait la lecture à un jour fixe par an.

Cela se voit avec clarté dans un curieux petit écrit de ce temps qui nous a été conservé; c'est une sorte de prône[3], vraisemblablement à l'usage de l'Église

---

1. Sozomène, *H. E.*, VII, 19.

2. Eusèbe, *H. E.*, III, III, 2; XXV, 4; saint Jérôme, *De viris ill.*, 1. Macarius Magnès *(l. c.)*, vers l'an 400, y est encore favorable (*Z. für KG.*, II, p. 458-459).

3. C'est le morceau désigné sous le nom tout à fait inexact de *Seconde épître de saint Clément*, et connu maintenant dans son entier, grâce à la publication du métropolite Philothée Bryenne (Κλήμ. ἐπιστ., Constantinople, 1875). Cf. *Patres apost.* de Gebhardt

romaine, que l'anagnoste lisait après les grandes lectures tirées des pages sacrées [1]. Ce prône est lui-même un tissu de citations tirées des Évangiles, des anciens prophètes et d'écrits qu'il est maintenant impossible de déterminer [2]. Les passages les plus compromettants de l'Évangile des Égyptiens [3] y sont cités à côté de Matthieu et de Luc, et enchâssés dans une allocution destinée à exciter la piété des « frères et des sœurs ». L'écrit s'attacha, comme document romain, à l'épître de Clément et, avec elle, fut copié à la suite d'un grand nombre de Bibles [4].

Harnack, I, 1 (Leipzig, 1876); Lightfoot, *S. Clem. of Rome. Appendix* (Londres, 1877).

1. *II Clem.*, ch. 19. Cf. Justin, *Apol. I*, 67; Tertullien, *Apol.*, 39; *De anima*, 9. Les ch. 17 et 19 écartent l'idée que le morceau dont nous parlons fût lu par l'évêque. Le prédicateur appelle ses auditeurs ἀδελφοί καὶ ἀδελφαί (ch. 19, 20). Dans la prétendue épître de Barnabé, qui est aussi une νουθεσία, il y a υἱοί καὶ θυγάτερες. Comp. *O filii et filiæ* = בנים ובנות.

2. *II Clem.*, 4, 5, 8, 11 (cf. *I Clem.*, 23), 12, 13. Cf. Photius, cod. CXXVI.

3. *II Clem.*, 12. Voir ci-dessus, p. 185.

4. *Codex Alexandrinus*; manuscrit syriaque de Cambridge; Eus., *H. E.*, III, XXXVIII, 4; Pseudo-Justin, *Quæst. ad orthod.*, 74; *Canones apost.*, 76; Jean Damascène, *De fide orthod.*, IV, 17 (cf. Credner, *Gesch.*, p. 248); Cureton, *Corpus ign.*, 215, 244, 246.

CHAPITRE XXI.

LE PIÉTISME ROMAIN. — *LE PASTEUR* D'HERMAS.

Un livre eut en ce genre un succès durable, et servit pendant des siècles d'aliment à la piété chrétienne[1]. Il eut pour auteur un frère de Pius, l'évêque de Rome. Ce personnage, qui sans doute occupait dans l'Église une place considérable, conçut

[1]. Texte capital dans le fragment de Muratori : *Pastorem vero nuperrime temporibus nostris in urbe Roma Herma conscripsit, sedente cathedra urbis Romæ ecclesiæ Pio episcopo fratre ejus. Et ideo legi eum quidem oportet, se publicare vero in ecclesia neque inter profetas, conpleto numero, neque inter apostolos in finem temporum potest.* Hesse, *Murat. Fragm.*, p. 263-273, 296-297. Le fragment de Muratori a dû être écrit (en grec) vers 170 ou 175, à Rome. Remarquez *nuperrime temporibus nostris.* Comp. *Liber pontificalis,* Pie I; Pseudo-Pius, Epist. I; Pseudo-Tertullien, *In Marcionem* (en vers), c. 3, vers 294-295. Ce récit ne peut être entièrement faux. Cependant, l'intention de l'auteur du *Pasteur* ayant été de placer son roman du temps de saint Clément, on ne saurait admettre que Hermas soit le vrai nom du frère de Pius.

le projet de frapper un grand coup, propre à réveiller les saints. Il feignit une révélation qu'aurait eue, cinquante ou soixante ans auparavant, du temps de la persécution de Domitien, un certain Hermas, ancien de l'Église de Rome[1]. Clément, le garant de toutes les fraudes pieuses de l'ébionisme romain, couvrait le livre de son autorité, et était censé l'avoir adressé aux Églises du monde entier [2].

Hermas, enfant trouvé ou né dans l'esclavage, avait été vendu, par le propriétaire d'esclaves qui l'avait

1. Vis. II, 2, 4; Sim. x, 4. Voyez cependant Vis. III, 1. C'est arbitrairement qu'Origène (*In Rom.*, x, 31) et, après lui, Eusèbe (*H. E.*, III, III, 6) et saint Jérôme (*De viris ill.*, 10) ont identifié notre Hermas avec l'Hermas de Rom., XVI, 14. Ce dernier était un Éphésien, non un Romain (voyez *Saint Paul*, p. LXV et suiv.). On pouvait l'ignorer vers l'an 150, époque où l'édition de saint Paul était déjà fixée comme nous l'avons ; mais cet Hermas n'avait rien qui le désignât pour le choix de notre pieux romancier. La qualification *discipulus B. Pauli apostoli,* que porte Hermas dans les manuscrits latins, vient de l'identification adoptée par Origène, Eusèbe et saint Jérôme.

2. *Le Pasteur* n'était connu autrefois que par une version latine, que des retouches successives avaient rendue très-infidèle. De nos jours, Dressel a trouvé au Vatican une version latine beaucoup moins altérée ; une traduction éthiopienne a été publiée par M. d'Abbadie (Leipzig, 1860); enfin la presque totalité du texte grec a été découverte, d'abord dans les manuscrits sophistiqués de Simonidès, puis dans le *Codex Sinaïticus*. On peut se servir de l'édition de M. Hilgenfeld (Leipzig, 1866) ou de MM. de Gebhardt et Harnack (Leipzig, 1877).

nourri[1], à une dame romaine nommée Rhodé[2]. Il avait sans doute réussi à se racheter et à s'établir ; car, au début de l'ouvrage, il est sous le coup des chagrins que lui causent sa femme, ses enfants et aussi ses affaires, qui, par suite du désarroi de sa famille, vont très-mal[3]. Ses fils avaient même commis le plus grand crime dont un chrétien pût se rendre coupable; ils avaient blasphémé Christ, pour échapper aux poursuites, et dénoncé leurs parents[4]. Au milieu de ces

1. Ὁ θρέψας με. Sur la condition du θρεπτός ou *alumnus*, voir Pline, *Epist.*, X, 65 et 66.

2. Vis. i, 4. La version latine anciennement connue porte un texte en apparence plus satisfaisant, mais devenu insoutenable devant la leçon du *Codex Sinaïticus*, πέπρακέν με Ῥόδῃ τινί, confirmée par la version latine nouvellement découverte, par l'éthiopien (édition d'Abbadie, voir *Journ. des Sav.*, mars 1878, p. 156) et même par la leçon du manuscrit de Simonidès, πέπρακεναι (ainsi accentué) καὶ ὁδόν τινα, facile à ramener paléographiquement à celle du *Sinaïticus* (AI=M,K=E,I=P). La version latine anciennement connue offre des fautes et des traces de corrections qui lui laissent peu d'autorité contre l'accord du grec, de l'éthiopien et du latin de Dressel. Comparez, par exemple, Vis. ii, 2: οὐκ ὠφελήθησαν, Dress. : *nihil sibi profuerunt*, vetus lat. : *profecerunt;* Vis., ii, 3 : Μαξίμῳ, Dress. : *maxima*, Vet. : *magna;* Vis., iii, 1 : χρονίζεις, *manes, (mavis) vis;* Mand., pr., 1 : δέρμα, *pelle, pallio;* Sim. ix, 11 : ἐχόρευον, *ducebant choros, psalmos canebant;* Sim. ix, 16 : πνεύματα ταῦτα, *spiritus istos, spiritus justos;* Sim. ix, 30 : *inventi, juvenes* (éth. *inventi*). Au contraire, Sim. ix, 26 : ἀπεγνώκασι, *disponentes, desperantes*.

3. Vis. i, 3; iii, 6, 11 ; Simil. viii.

4. Vis. ii, 2.

tristesses, le pauvre Hermas retrouve Rhodé, qu'il n'avait pas vue depuis des années. Le peu de consolations qu'il avait dans son intérieur lui rend, à ce qu'il paraît, le cœur sensible ; il se met à aimer son ancienne maîtresse comme une sœur. Un jour, la voyant se baigner dans le Tibre, il lui présente la main, et l'aide à sortir du fleuve : « Que je serais heureux, se dit-il, si j'avais une femme aussi belle et aussi bien élevée ! » Sa pensée n'alla pas au delà[1], et une telle réflexion était d'autant plus excusable que sa femme était acariâtre, désagréable, pleine de défauts. Mais la sévérité des mœurs chrétiennes était si grande, que l'amour tout platonique d'Hermas fut noté dans le ciel par le surveillant jaloux des âmes pures ; il va en être repris comme d'une faute.

Quelque temps après, en effet, comme il se rendait à sa campagne, située près de Cumes, à dix stades de la voie Campanienne[2], et qu'il admirait la beauté des œuvres de Dieu, il s'endormit en marchant. Il traversa en esprit des fleuves, des ravins, des montagnes crevassées, se retrouva en

1. Μόνον τοῦτο ἐβουλευσάμην, ἕτερον δὲ οὐδέν. Vis. I, 1. Épictète traite aussi de péché une pensée toute semblable. *Dissert.*, II, XVIII, 15-18.

2. Vis. I, 1 ; Vis. II, 1 ; Vis. III, 1 ; Vis. IV, 1. Voir l'édition de MM. de Gebhardt et Harnack. Cumes, Pouzzoles, Baïa étaient les lieux de villégiature des Romains.

plaine, et là se mit à prier le Seigneur et à confesser ses péchés.

Or, pendant qu'il priait, le ciel s'ouvrit, et il vit la femme qu'il avait désirée, lui disant : « Bonjour, Hermas. » L'ayant regardée : « Maîtresse, que fais-tu là? » lui dit-il. Elle lui répondit : « J'ai été transportée ici pour accuser tes péchés devant le Seigneur. — Quoi! c'est toi qui es mon accusatrice? — Non; mais écoute les paroles que je vais te dire. Le Dieu qui demeure dans le ciel, qui a tiré tout ce qui existe du néant et l'a fait grandir pour la sainte Église, est irrité contre toi, parce que tu as péché envers moi. — J'ai péché envers toi? lui répondit Hermas. Et de quelle manière? T'ai-je jamais dit une parole inconvenante? Ne t'ai-je pas toujours traitée comme une maîtresse? Ne t'ai-je pas toujours respectée comme une sœur? Pourquoi me reprocher faussement, ô femme, des actes méchants et impurs? » Elle lui dit en riant : « Pour un homme juste comme toi, le seul désir est un très-grand mal; mais, prie Dieu, et il pardonnera tes péchés et ceux de toute ta maison et ceux de tous les saints. » Après qu'elle eut proféré ces paroles, les cieux se fermèrent, et Hermas resta effrayé : « Si cela compte pour un péché, se dit-il, comment faire pour être sauvé? »

Comme il était plongé dans ces réflexions, il voit devant lui un grand fauteuil de laine blanche. Une femme âgée, richement vêtue, ayant un livre en ses mains, vient s'y asseoir et après l'avoir salué par son nom : « Pourquoi es-tu triste, Hermas, toi d'ordinaire si patient, si égal, toi toujours souriant? — Je suis, lui répondit Hermas, sous le coup des reproches d'une femme très-vertueuse, qui me dit que j'ai péché envers elle. — Ah fi! me dit-elle, que cela serait mal de la part d'un serviteur de Dieu, d'un homme respectable et déjà éprouvé, du chaste, simple et innocent Hermas! Peut-être, en effet, est-il monté quelque sentiment dans ton cœur à son sujet. Mais ce n'est pas à cause de cela que Dieu est irrité contre toi... » Le bon Hermas respire quand la vieille femme lui apprend que la vraie cause de la colère de Dieu est sa faiblesse comme père de famille. Il ne tient pas sa femme et ses enfants avec assez de sévérité, il ne les prêche pas assez; ce sont eux qui sont la cause de la ruine de ses affaires temporelles. La vieille lit ensuite dans le livre des mots terribles, dont Hermas ne se souvient pas, et finit par de bonnes paroles, qui sont à sa portée.

L'année suivante, à pareille époque de l'année, se rendant à sa campagne de Cumes, Hermas revit la même vieille, marchant et lisant un petit livre. La vieille lui explique l'objet du livre, qui est d'exhorter tout le monde à la pénitence, car les temps sont proches et la persécution[1] va venir. Un beau jeune homme apparaît : « Qui, crois-tu, est cette

---

1. Θλῖψις.

vieille de qui tu as reçu le livre? — La Sibylle peut-être, dit Hermas, préoccupé du voisinage de Cumes. — Non, c'est l'Église. — Pourquoi donc est-elle vieille? — Parce qu'elle a été créée la première et que le monde a été fait pour elle[1]. » La vieille enjoint à Hermas de remettre deux exemplaires du livre, l'un à Clément, l'autre à la diaconesse Grapté. « Clément, dit-elle, adressera le livre aux villes du dehors, car c'est là sa fonction. Grapté avertira les veuves et les orphelins, et, toi, tu le liras dans la ville aux anciens qui président l'Église[2]. » Ce petit livre est naturellement l'ouvrage du prétendu Hermas; l'origine céleste en est ainsi attestée.

La troisième vision est plus mystérieuse. La vieille apparaît encore à Hermas, après des jeûnes et des prières. Ils se donnent un rendez-vous à la campagne; Hermas arrive le premier; à son grand étonnement, il se trouve devant un banc d'ivoire; sur le banc est posé un oreiller de lin, recouvert d'une gaze très-fine. Il se met à prier et à confesser ses péchés. La vieille arrive avec six jeunes gens. Elle fait asseoir Hermas à gauche (la droite est réservée à ceux qui ont souffert pour Dieu le fouet, la prison,

---

1. Se rappeler l'éon *Ecclesia* de Valentin. Comp. *II Clem.*, 14.
2. Vis. II, 2, 4. Cf. III, 8, 9; IV, 3; Mand., prooem.; Sim. x, 4.

les angoisses, la croix, les bêtes). Hermas voit alors les six jeunes hommes bâtir une tour carrée, émergeant du sein des eaux. Des milliers d'hommes les servaient et leur apportaient les pierres. Parmi ces pierres, les unes étaient tirées du fond de l'eau toutes taillées; c'étaient les plus parfaites, elles se joignaient si bien, que la tour paraissait monolithe. Parmi les autres, les jeunes hommes faisaient un choix; autour de la tour était un tas de matériaux rebutés, soit parce qu'ils avaient des défauts, soit parce qu'ils n'avaient pas la coupe voulue.

« La tour, dit la vieille, c'est l'Église, c'est moi, qui t'ai apparu et qui t'apparaîtrai encore... Les six jeunes hommes sont les anges, créés les premiers, auxquels le Seigneur a confié le soin de développer et de gouverner la création; ceux qui apportent les pierres sont des anges inférieurs. Les belles pierres blanches qui s'appareillent bien sont les apôtres, les évêques, les docteurs, les diacres, vivants ou morts, qui ont été chastes et qui ont vécu en bonne intelligence avec les fidèles. Les pierres qu'on tire du fond de l'eau représentent ceux qui ont souffert la mort pour le nom du Seigneur. Celles que l'on rejette et qui restent près de la tour figurent ceux qui ont péché et qui veulent faire pénitence. S'ils la font tandis que l'on bâtit, ils pourront être employés dans le bâtiment; mais, quand le bâtiment sera une fois achevé, ils ne trouveront plus d'emploi. Les pierres que l'on casse et que l'on rejette sont les méchants; il n'y a pas de place pour eux. Celles qui sont jetées loin de la tour, qui roulent dans le chemin et de là dans le désert, sont les incertains, qui, après avoir cru, ont quitté la vraie voie. Celles qui tombent près de l'eau et n'y peuvent entrer sont les âmes qui désirent le baptême, mais reculent devant la sainteté de la religion et la nécessité de renoncer à leurs désirs. Quant aux belles pierres blanches mais rondes, et qui, par conséquent, ne peuvent être utilisées dans un édifice carré, ce sont les riches qui ont embrassé la foi. Lorsque la persécution vient, leurs richesses et leurs affaires les font renoncer au Seigneur. Ils ne seront utiles au bâtiment que quand leurs richesses seront retranchées, de même que, pour faire entrer une pierre ronde dans une construction carrée, il en faut ôter une grande partie. Juges-en par toi-même, Hermas : quand tu étais riche, tu étais inutile ; à présent que tu es ruiné, tu es utile et apte à la vie. »

Hermas interroge son interlocutrice sur la proximité plus ou moins grande de la consommation des temps. « Insensé, lui répond la vieille femme, ne vois-tu pas que la tour est encore en construction ? Quand elle sera terminée, ce sera la fin ; or elle avance vers son achèvement. Ne me demande rien de plus[1]. »

La quatrième vision a lieu encore sur la voie Campanienne. L'Église, qui jusqu'ici est apparue chaque fois en dépouillant les signes de la vieillesse et avec toutes les marques du rajeunissement, se montre

1. Vis. III, 8.

maintenant dans l'éclat d'une jeune fille merveilleusement parée. Un monstre effroyable (peut-être Néron) l'eût dévorée, sans le secours de l'ange Thégri, qui préside aux bêtes féroces [1]. Ce monstre est le présage d'une effroyable persécution qui va venir [2]. On traversera des angoisses auxquelles il n'y aura moyen d'échapper que par la pureté du cœur. Le monde périra dans le feu et dans le sang [3].

Ce n'est là qu'une mise en scène, en quelque sorte préliminaire. La partie essentielle du livre commence avec l'apparition d'un personnage vénérable, en costume de berger, vêtu d'une peau de bête blanche, avec une panetière suspendue à ses épaules et une houlette à la main. C'est l'ange gardien d'Hermas, costumé en ange de la pénitence, qui est envoyé par l'Ange vénérable, pour être son compagnon tout le reste de sa vie [4]. Ce « pasteur », qui désor-

---

1. Cf. Talm. de Bab., *Cholin,* 59 *b.* Cf. *Recogn.,* I, 45.
2. Θλῖψις, mot habituel pour désigner la persécution de l'an 68.
3. Δεῖ τὸν κόσμον τοῦτον δι' αἵματος καὶ πυρὸς ἀπόλλυσθαι. Vis. IV, 3.
4. Mand., procem. Cf. Sim. v, 2, 4, 5, 6 ; vii ; viii, 1, 2, 3 ; ix, 1, 6, 12 ; x, 1, 4 ; Mand. v, 1. « L'Ange vénérable » est peut-être Michel, à qui le soin de tous les fidèles est confié (cf. Sim. viii, 3 ; *Ascension d'Isaïe,* ix, 23), ou peut-être un second Christ, conformément aux rêveries des elkasaïtes (Philos., X, 20, 29), ou bien le grand archange des ébionites (cf. Sim. ix, 12, et ci-après p. 417 et suiv.). La christologie d'Hermas est extrêmement confuse. Le fils de Dieu, le Saint-

mais garde la parole dans la suite du livre[1], récite un petit traité de morale chrétienne, enjolivé de symboles et d'apologues. La chasteté est la vertu préférée de l'auteur. Penser à une autre femme que la sienne est un crime. L'homme doit reprendre sa femme après un premier adultère, expié par la pénitence, non après un deuxième. Les secondes noces sont permises ; mais il est mieux de ne pas y convoler [2]. La bonne conscience d'Hermas[3] éclate dans son goût pour la gaieté[4]. La gaieté est une vertu ; la tristesse afflige le Saint-Esprit, le chasse d'une âme ; car l'Esprit est donné gai à l'homme[5]. La prière de l'homme toujours triste ne monte pas vers Dieu. La tristesse est comme la goutte de vinaigre qui gâte le meilleur vin. Dieu est bon, et les commandements impossibles sans lui deviennent faciles avec lui. Le diable est puissant ; mais il n'a pas de pouvoir sur le vrai croyant[6].

Esprit, l'ange Michel, l'ange illustre, l'ange vénérable, l'ange du Seigneur, le prince des archanges, le saint ange sont pour lui à peu près synonymes.

1. De là le titre ordinaire du livre.
2. Mand. IV. Cf. Mand. XII, 1, 2.
3. Ὁ πάντοτε γελῶν. Vis. I, 2.
4. Mand. X entier.
5. Λυπεῖ τὸ πνεῦμα τὸ ἅγιον τὸ δοθὲν τῷ ἀνθρώπῳ ἱλαρόν. Mand. X, 2.
6. Mand. XII, 4-6.

Un ascétisme touchant remplit la vie entière du chrétien. Le souci des affaires empêche de servir Dieu[1]; il faut s'en éloigner. Le jeûne est recommandé; or le jeûne consiste à se retirer dès le matin dans la retraite, à purifier sa pensée des souvenirs du monde, à ne manger tout le jour que du pain et de l'eau, à supputer ce qu'on eût dépensé et à le donner aux veuves, aux orphelins, qui prieront pour vous[2]. La pénitence est nécessaire même aux justes, pour leurs fautes vénielles. Des anges sévères sont chargés de les surveiller, de les punir, non-seulement pour leurs péchés, mais encore pour ceux de leur famille. Tous les mécomptes de la vie étaient tenus pour des châtiments infligés par ces anges ou « pasteurs pénitenciers[3] ». Le pénitent doit s'affliger volontairement, s'humilier, chercher les adversités et les peines, ou du moins accepter celles qui lui surviennent comme des expiations[4]. Il semblerait d'après cela que la pénitence s'impose à Dieu, lui force la main. Non, la pénitence est un don de Dieu. Ceux que Dieu prévoit

---

1. Simil. iv.
2. Simil. v, 1-3. Cela s'appelait στατίων, *statio*, image tirée des exercices du soldat. Comp. Tertullien, *De jej.*, 1.
3. Ποιμὴν τιμωρητής, ἄγγελος τιμωρητής. Simil. vii.
4. Sim. ix, 20.

devoir pécher encore, il ne leur accorde pas cette faveur.

Dans les graves questions relatives à la pénitence publique, Hermas évite le rigorisme exagéré[1]; il a des pitiés qui irriteront Tertullien et lui vaudront, de la part de ce fanatique, le nom « d'ami des adultères ». Il explique le retard de l'apparition du Christ par un décret de la miséricorde de Dieu, qui veut encore laisser aux pécheurs la chance d'un dernier et définitif appel[2]. Celui qui a blasphémé Christ, afin d'échapper aux supplices, ceux qui ont dénoncé leurs frères, sont morts pour toujours; ils ressemblent à des branches sèches où la sève ne peut plus monter[3]. Et pourtant leur sort est-il irrévocable? Dans certains cas, au moins, la miséricorde l'emportait dans l'esprit de l'auteur; car les fils d'Hermas, qui ont été blasphémateurs du Christ et traîtres à l'Église, sont admis au pardon à cause de leur père[4]. Ceux qui ont simplement renié Jésus de bouche peuvent se repentir. « Quant à celui qui a renié de cœur, dit Hermas, je ne sais s'il peut

---

1. Comparez Vis. II, 2; III, 2; Mand. IV, 1, 3; V, 4; VIII, XII, 3; Sim. IX, 26, à Tertullien, *De pudicitia*, 10, 20.
2. Vis. II, 2; Mand. IV, 2, 3.
3. Simil. VIII, 6; IX, 19, 26.
4. Comp. Vis. II, 2, et Simil., VII.

vivre[1]. » Il faut aussi distinguer le passé de l'avenir. A ceux qui désormais renieraient Christ, point de pardon; mais ceux qui ont eu ce malheur autrefois peuvent être admis à la pénitence[2]. Les pécheurs qui n'ont point blasphémé Dieu ni trahi ses serviteurs peuvent venir à résipiscence; mais qu'ils se hâtent : la mort les menace; la tour va être finie, et alors les pierres qui n'auront pas été employées seront rejetées irrévocablement. Pour les grands crimes, il n'y a qu'une pénitence; pour les moindres fautes, on est admis plus d'une fois à se repentir; mais celui qui tombe sans cesse, après s'être relevé, est un pénitent suspect, et la pénitence ne lui sert de rien[3].

Un parfum de chasteté un peu maladive s'exhale de la vision de la montagne d'Arcadie et des douze vierges[4]. On dirait les fêtes que se donne en rêve l'imagination d'un pauvre abstinent. Douze belles jeunes filles, droites et fortes comme des cariatides, se tiennent à la porte du temple futur, et se passent les pierres de la construction sur leurs bras ouverts[5].

1. Simil. IX, 26.
2. Simil. IX, 26.
3. Mand. IV, 1, 3.
4. Simil. IX, surtout 11.
5. Il y a ici peut-être quelque imitation du *Tableau* de Cébès, § 20, etc.

« Ton pasteur ne viendra pas ce soir, me dirent-elles. S'il n'arrive pas, tu resteras avec nous. — Non, leur dis-je ; s'il ne vient pas, je retournerai chez moi, et demain matin je reviendrai. — Tu nous es confié, me dirent-elles, tu ne peux nous quitter. » Et je leur dis : « Où voulez-vous que je reste ? — Tu coucheras avec nous comme un frère, et non comme un homme, me répondirent-elles, car tu es notre frère ; désormais nous demeurerons avec toi, car nous t'aimons beaucoup. » Je rougissais de demeurer en leur compagnie ; or voilà que celle qui paraissait être la première se mit à m'embrasser ; ce que voyant, les autres se prirent à l'imiter, à me faire faire le tour de l'édifice et à jouer avec moi. Et moi, comme si j'étais rajeuni, je me mis aussi à jouer avec elles. Les unes exécutaient des chœurs, les autres dansaient, d'autres chantaient. Quant à moi, je me promenais avec elles en silence autour de l'édifice, et j'étais joyeux avec elles. Quand il fut tard, je voulus retourner à la maison ; mais elles ne me le permirent pas ; elles me retinrent, et je restai avec elles toute la nuit, et je me couchai à côté de la tour. Les vierges avaient étendu leurs tuniques de lin à terre, et me firent coucher au milieu d'elles, et elles ne faisaient que prier. Et moi, je priais sans cesse avec elles, et les vierges se réjouissaient de me voir ainsi prier. Et je restai là jusqu'au lendemain, à la deuxième heure, avec les vierges. Alors le Pasteur arriva et dit aux vierges : « Vous ne lui avez fait aucun mal ? — Interroge-le, dirent-elles. — Seigneur, lui dis-je, je n'ai eu que du plaisir à rester avec elles. — De quoi, dit-il, as-tu mangé ? — J'ai vécu, Seigneur, lui dis-je, des paroles du Seigneur toute la nuit. — Elles t'ont bien reçu ? me dit-il. — Oui, Seigneur, » lui dis-je...

Ces vierges sont les « esprits saints[1] », les dons du Saint-Esprit, les pouvoirs spirituels du Fils de Dieu et aussi les vertus fondamentales du chrétien. L'homme ne peut être sauvé que par elles. L'ange gardien d'Hermas rendant bon témoignage de la pureté de sa maison, les douze vierges, qui veulent autour d'elles une propreté extrême et se révoltent de la moindre souillure, consentent à y habiter. Hermas promet qu'elles auront toujours chez lui une demeure accommodée à leurs goûts[2].

L'auteur d'Hermas est un pur *ébion*. Le seul bon emploi de la fortune est de racheter des esclaves, des captifs[3]. Le chrétien, pour lui, est essentiellement un pauvre; pratiquer l'hospitalité envers les pauvres, les serviteurs de Dieu, voilà ce qui efface même les grands crimes[4]. « On ne se figure pas, dit-il, quel tourment est la misère; c'est pire que la prison; aussi voit-on des gens se tuer pour y échapper. Quand un tel malheur arrive, celui qui, connaissant le malheureux, ne l'a pas sauvé est coupable de sa mort[5]. » L'antipathie d'Hermas contre les

---

1. Ἅγια πνεύματα..... δυνάμεις τοῦ υἱοῦ τοῦ θεοῦ. Sim. ix, 13.
2. Sim. x, 3, 4.
3. Sim. i.
4. Sim. ix, 20.
5. Sim. x, 4.

gens du monde est extrême. Il n'est à l'aise que dans un cercle de gens simples, ne sachant pas ce que c'est que méchanceté, sans différends entre eux, se surveillant et se reprenant réciproquement[1], se réjouissant des vertus les uns des autres, toujours prêts à partager avec celui qui n'a rien le fruit de leur travail. Dieu, voyant la simplicité et la sainte enfance de ces bons ouvriers, bénit leurs travaux, se plaît à leurs petites charités. L'enfance est pour Hermas, comme pour Jésus, ce qui donne la première place devant Dieu[2].

La christologie de l'auteur d'Hermas rappelle le gnosticisme. Il ne désigne jamais Jésus ni par son nom ni par celui de Christ. Il l'appelle toujours le Fils de Dieu[3], et fait de lui un être antérieur aux créatures, un conseiller sur les desseins duquel Dieu fit la création[4]. En même temps que cet assesseur divin a tout créé, il soutient toute chose[5]. Son nom est hors de comparaison avec tout autre nom[6]. Parfois, à la suite des elkasaïtes, Hermas conçoit le Christ

---

1. Vis., III, 9.
2. Sim. ix, 24, 29 : ὡς νήπια βρέφη.... πάντοτε ἐν νηπιότητι διέμειναν.... ἔσεσθε ὡς τὰ βρέφη.
3. Sim. v, 5, 6 ; ix, 12, 13, 15, 16, 17, etc.
4. Sim. ix, 12.
5. Sim. ix, 14.
6. Sim. ix, 14.

comme un géant[1]. Plus souvent encore, il l'identifie avec le Saint-Esprit[2], source de tous les dons[3]. Comme les gnostiques, Hermas joue avec les abstractions. A d'autres moments, le Fils de Dieu, c'est la loi prêchée dans toute la terre[4]. Les morts reçurent le sceau du Fils de Dieu, le baptême, quand les apôtres et les prédicateurs chrétiens, après leur mort, descendirent aux enfers et baptisèrent les morts[5].

Une parabole explique cette christologie singulière[6], et lui donne beaucoup d'analogie avec celle qui constitua plus tard l'arianisme. Un maître (Dieu) plante, dans un coin de sa propriété (le monde), une vigne (le cercle des élus). Partant pour un voyage, il la confie à un serviteur (Jésus), qui la soigne à merveille, arrache les mauvaises herbes (efface les péchés des fidèles), se donne une peine extrême (allusion aux souffrances de Jésus). Le maître, ravi de joie à son retour (au jour du jugement), convoque son fils unique et ses amis (le Saint-Esprit et les anges), et leur communique l'idée qu'il a d'associer ce serviteur comme fils adoptif aux priviléges

---

1. Sim. ix, 3, 6, 12. Cf. Sim. viii, 1.
2. Sim. ix, 1 (cf. v, 5, vers. lat.).
3. Sim. ix, 13.
4. Sim. viii, 3.
5. Sim. ix, 16. Cf. Clém. d'Alex., *Strom.* I, 44; VI, 6.
6. Sim. v.

du fils unique (le Saint-Esprit). Tous y consentent par acclamation. Jésus est introduit par la résurrection dans le cercle divin; Dieu lui envoie une part du festin, et lui, se souvenant de ses anciens co-serviteurs, partage avec eux ses dons célestes (les charismes). Le rôle divin de Jésus est ainsi conçu comme une sorte d'adoption et de cooptation, qui le met à côté d'un Fils de Dieu antérieur. Ailleurs, Hermas expose une théologie analogue à celle que nous avons trouvée chez les ébionites. Le Saint-Esprit préexiste à tout et a tout créé. Dieu lui choisit une chair où il puisse habiter en toute pureté, et réalise pour lui une vie humaine accomplie; c'est la vie de Jésus. Dieu prend conseil de son fils et de ses anges pour que cette chair qui a servi l'esprit sans reproche ait un lieu de repos, pour que ce corps sans tache, dans lequel l'Esprit saint habita, ne paraisse pas rester sans récompense [1].

Toutes les chimères du temps se choquaient, on le voit, sans réussir à se mettre d'accord, dans la tête du pauvre Hermas. Quelques théories bizarres, telles que la descente des apôtres aux enfers [2], lui sont propres. Il est ébionite par sa façon d'entendre le royaume de Dieu et le rôle de Jésus. Il est gnos-

1. Sim. v, 6.
2. Sim. ix, 16.

tique par sa tendance à multiplier les êtres et à donner des anges même à ce qui n'a jamais existé[1]. Un ange gardien ne lui suffit pas ; chaque homme a deux anges, dont l'un le porte au bien, l'autre au mal[2]. Enfin, à beaucoup d'égards, il est par avance montaniste. Il n'y a chez lui aucune trace d'épiscopat[3]. Les anciens de l'Église[4] sont à ses yeux tous égaux ; il semble avoir été de ceux qui firent opposition à l'institution naissante qui renversait l'égalité des *presbyteri*[5]. Hermas est un pneumatique éprouvé[6] ; c'est un *encrate*, un abstinent[7]. Il se montre sévère pour le clergé[8]. Il se plaint du relâchement général. Le nom de chrétien, selon lui, ne suffit pas

---

1. Cf. *Recognit.*, I, 45. Cf. saint Jérôme, *In Habacuc*, I, 14.

2. Mand. v, 1, 2 ; vi, 1, 2 ; xi. Voir encore Simil. vii. Comp. Barn., 18 ; *Testam. de douze patr.*, Juda, 20 ; Aser, 1 et suiv. ; Ruben, 2 et suiv.

3. Telle était la largeur d'idées de ce temps, qu'une pareille opinion ne doit pas surprendre chez un frère du *pape* Pius. L'auteur place d'ailleurs la scène de son roman soixante ans en arrière, à une époque où il n'y avait guère que des *presbyteri*.

4. Il les nomme toujours au pluriel πρεσβύτεροι, προϊστάμενοι, ποιμένες, ἐπίσκοποι, προηγούμενοι. Vis. ii, 2, 4 ; iii, 1, 5, 9, 11 ; Sim. ix, 26, 27, 31. Il est très-opposé à la πρωτοκαθεδρία. Cf. Vis. iii, 9 ; Mand. xi, 12 ; Sim. viii, 7 ; ix, x, 23, 31. Cf. Irénée, IV, xxvi.

5. Vis. iii, 9 ; Mand. x ; Simil. viii, 7.

6. Πάνσεμνον πνεῦμα καὶ ἤδη δεδοκιμασμένον. Vis. i, 2.

7. Vis. i, 2 ; ii, 3.

8. Simil. viii, 7 ; ix, 26.

pour être sauvé ; l'homme est sauvé avant tout par les dons spirituels[1]. L'Église est un corps de saints, et il faut la débarrasser de tout alliage impur[2]. Le martyre parachève le chrétien[3]. La prophétie est un don individuel, libre, non assujetti à l'Église ; on communique sa révélation aux chefs, quand on l'a reçue ; mais on ne prend pas leur permission[4]. Eldad et Modad furent de vrais prophètes, sans mission et en dehors de l'autorisation des supérieurs. La grande objection que feront les orthodoxes au *Pasteur*, comme aux révélations montanistes, est qu'il vient trop tard, « que le nombre des prophètes est déjà complet[5] ».

L'intention de pseudo-Hermas avait été, en effet, bel et bien d'insérer un nouveau livre dans le corps des écritures sacrées. Peut-être son frère Pius lui prêtait-il pour cela son appui. La tentative du faux Hermas fut à peu près la dernière de ce genre. Elle ne réussit pas, car l'auteur était connu ; l'origine du livre était trop claire. L'écrit plut par ce qu'il avait d'édifiant ; les meilleurs esprits con-

1. Πνεύματα. Sim. xi, 13.
2. Sim. ix, 18.
3. Simil. viii, 3, et ci-dessus, p. 355-356.
4. Vis. ii, 4.
5. Canon de Muratori (écrit antimontaniste), ligne 78.

seillèrent de le lire en particulier, mais ne permirent pas de le lire dans l'église, ni comme écrit apostolique (il était trop moderne), ni comme écrit prophétique (le nombre de ces écrits était clos)[1]. Rome, en particulier, ne l'admit jamais ; l'Orient fut plus facile, Alexandrie surtout[2]. Plusieurs Églises l'eurent pour canonique[3], et lui accordèrent les honneurs de la lecture en chaire[4]. Des hommes éminents, Irénée, Clément d'Alexandrie[5], lui donnèrent une place dans leur Bible, après les écrits apostoliques. Les plus réservés lui concédaient une révélation angélique et une autorité ecclésiastique de premier ordre. Il y eut cependant toujours des doutes et des protestations[6] ; quelques-uns même

1. Fragm. de Muratori, ligne 78.
2. Saint Jérôme, *De viris ill.*, 10.
3. Canon stichométrique du *Codex Claromontanus* (iiie siècle, Afrique), dans Credner, *Gesch. des neut. Canons*, p. 177; Stich. de Nicéph., Credner, p. 244 ; Nicéph. Calliste, *ibid.*, p. 256 ; *Codex Sinaïticus*, ad calcem.
4. Eusèbe, *H. E*, III, iii, 6 ; saint Jér., *De viris ill.*, 10.
5. Irénée, IV, 20 ; Clément d'Alex., *Strom.*, I, 17, 29 ; II, 1, 9, 12 ; VI, 9 ; VI, 15 ; Tertullien (dans sa première période), *De orat.*, 12 ; *De aleatoribus*, ad calcem Cypriani, p. 348 et suiv., Rig. (Paris, 1666) ; *Liber Pontific.*, Pie I, et Epist. i pseudo-Pii.
6. Tertullien (2e période), *De pudic.*, 10, 20. Origène cite fréquemment *le Pasteur* ; il ne tranche pas la question de canonicité, quoiqu'il incline à croire l'ouvrage révélé. Homil. viii *In Num.*, Opp., t. II, p. 294 (Paris, 1733) ; Homil. i *In Psalm. XXXVII*, t. II,

allaient jusqu'au dédain[1]. A partir du IVe siècle, on ne regarde plus *le Pasteur* que comme un livre d'édification, très-utile pour l'enseignement élémentaire[2]. La piété[3] et l'art[4] y firent des emprunts considérables. Le concile romain de 494, sous Gélase, le met parmi les apocryphes[5], mais ne le retire pas des mains des

681 ; Hom. XIII *In Ezech.*, t. III, 404; *In Matth. comm. series*, 53, t. III, 872 ; *In Luc.*, hom. XXV, t. III, 973 ; *In Rom.*, X, 34, t. IV, p. 683. Eusèbe, *H. E.*, III, 3, 25 ; V, 8, hésite également.

1. Ὑπό τινων καταφρονουμένῳ. Orig., *De princ.*, IV, II, 8, ou *Philocalie*, c. I; Prosper, *Contra collat.*, 30 (al. 13).

2. Eusèbe, *H. E*, III, III, 6; XXV ; V, VIII ; saint Athanase, Opp., t. I, 49, 211, 223-224, 895, 963 (Paris, 1698); saint Jér., *De viris ill.*, 10 ; *Prol. galeatus* in libros Reg.; *In Osee,* VII, 9 ; *In Habacuc,* I, 14 ; Rufin, *In Symb. apost.*, 38 ; *Opus imperf. in Matth.*, homil. 40 (inter Opp. Chrys., t. VI); Cassien, *Coll.*, VIII, 17 ; XIII, 12.

3. Vie de sainte Geneviève, IV, 15, dans *Acta SS. jan.*, I, p. 139.

4. Peinture des catacombes de Naples, dans C. F. Bellermann, *Ælt. christ. Begräbnissstäten* (Hambourg, 1839), p. 77 ; Garrucci, *Storia dell'arte cristiana*, pitt., tav. 96, p. 113-114 (Prato, 1873). Victor Schultze, *Die Katakomben von San-Gennaro dei poveri in Neapel* (Iena, 1877), a opposé à l'explication généralement reçue des objections sans valeur. Autre représentation analogue (du IIe siècle, dit-on) au cimetière de Saint-Calixte, d'après Dressel, *Patres apost.*, p. 424 (renseignement douteux). Les représentations du Bon Pasteur en rapport avec les idées de pénitence, les processions de porte-palmes, etc., viennent aussi peut-être de la Similitude VIII.

5. Ch. VI, n° 18. La stichométrie de Nicéphore le met aussi parmi les apocryphes. Credner, *op. cit.*, p. 244 (cf. Nicéph. Calliste, *ibid.*, p. 256).

fidèles qui y trouvent un entretien pour leur piété.

L'ouvrage a par moments du charme ; mais un certain manque de goût et de talent s'y fait sentir. Le symbolisme, si énergique et si juste dans les anciennes apocalypses, est ici mou, maladroit, sans adaptation précise. La veine du prophétisme chrétien est tout à fait affaiblie. La langue, simple et en quelque sorte aplatie, est presque du grec moderne pour la syntaxe; le choix de l'expression, au contraire, est assez heureux. C'est l'éloquence d'un curé de campagne, bonasse et grondeur[1], mêlée aux soucis d'un sacristain préoccupé de gazes, de coussins, de tout ce qui sert à endimancher son église. Hermas, malgré ses tentations et ses peccadilles, est sûrement la chasteté même, bien que la façon dont il insiste sur ce point nous fasse un peu sourire. Aux terribles images des anciennes apocalypses, aux sombres visions de Jean, de pseudo-Esdras[2], succèdent les douceâtres imaginations d'un petit roman dévot, à la fois touchant et niais, dont le style enfantin n'est pas exempt de fadeur.

La tentative prophétique de pseudo-Hermas ne fut pas, du reste, un fait isolé. Elle tenait à l'état

1. Vis. III, 9; Mand. XII, 2; Sim. X, 4.
2. L'auteur d'Hermas paraît connaître et imiter ces deux Apocalypses.

général de la conscience chrétienne. Dans une quinzaine d'années, les mêmes causes produiront, dans les pays les plus perdus de l'Asie Mineure, des faits du même ordre, contre lesquels la hiérarchie épiscopale déploiera une bien plus grande sévérité [1].

1. Il s'agit du montanisme, dont nous parlerons dans notre livre VII.

CHAPITRE XXII.

L'ASIE ORTHODOXE. — POLYCARPE.

Bien que déjà ébranlée par l'esprit sectaire, l'Asie n'en continuait pas moins d'être, après Rome, la province où le christianisme était le plus florissant. C'était le pays le plus pieux du monde[1], le pays où la crédulité offrait aux inventeurs de religions nouvelles le champ le mieux préparé. Devenir dieu était là chose très-facile[2]; les incarnations, les tournées terrestres des immortels passaient pour des événements ordinaires[3]; toutes les impostures réussissaient. On était plein encore des souvenirs d'Apollonius de Tyane; sa légende grossissait tous les jours[4]. Un auteur qui prit le nom de Mœragène en écrivit des récits merveilleux[5];

---

1. Voir *Saint Paul*, ch. XIII.
2. Lucien, *Alexander*, 9; *Peregrinus*, 28.
3. V. *Saint Paul*, p. 44 et suiv.
4. V. *les Évangiles*, p. 408.
5. Philostrate, *Apol.*, I, III, 2; Origène, *Contre Celse*, VI, 41.

puis un certain Maxime d'Æges fit un livre uniquement sur les choses extraordinaires qu'Apollonius avait faites à Æges, en Cilicie [1]. Malgré les railleries de Lucien [2], « la tragédie », comme il l'appelle, réussit étonnamment. Plus tard, vers l'an 200, Philostrate écrivit, à la demande de la Syrienne Julia Domna, ce roman insipide, qui passa pour un livre exquis et qui, selon un païen très-sérieux, aurait dû être intitulé : « Voyage d'un dieu chez les hommes [3]. » Le succès en fut immense. Apollonius en vint à être considéré comme le premier des sages, comme un véritable ami des dieux, comme un dieu. Son image se voyait dans les sanctuaires ; il eut même des temples. Ses miracles, ses belles paroles faisaient l'édification de tous. Il fut une sorte de Christ du paganisme, et sûrement l'intention d'opposer un idéal de sainteté bienfaisante à celui des chrétiens ne fut pas étrangère à son apothéose [4]. Dans les derniers jours de la lutte du christianisme et du paganisme, on le compara nettement à

---

1. Philostrate, *Apollonius*, I, III, 2 ; Eusèbe, *Contre Hiéroclès*, 2.
2. *Alex.*, 5. Cf. *ibid.*, 12, 60 ; *Peregr.*, 3.
3. Eunape, *Vie des soph.*, proœm. Philostrate se servit de Mœragène (en le dépréciant, pour se donner un air sérieux) et de Maxime d'Æges. Quant au faux Damis, à la correspondance et au testament d'Apollonius, on peut soupçonner Philostrate de les avoir inventés.
4. Lampride, *Alex. Sév.*, 29 ; Vopiscus, *Aurélien*, 24 ; Philostrate, VIII, 31.

Jésus, et on préféra sa vie, écrite par des lettrés, aux Évangiles, œuvre d'esprits grossiers [1].

Un charlatan paphlagonien, Alexandre d'Abonotique, arriva par son assurance à des succès non moins prodigieux [2]. C'était un très-bel homme, d'une superbe prestance, d'une voix très-douce, portant une chevelure énorme, qui se prétendait descendant de Persée, et passait pour prédire l'avenir avec les accès frénétiques des anciens devins. Il enferma un petit serpent dans un œuf d'oie, cassa l'œuf devant la foule et fit croire que c'était là une incarnation d'Esculape, qui avait choisi pour séjour la ville d'Abonotique. Le dieu grandit en quelques jours. Les gens d'Abonotique furent émerveillés de voir bientôt sur un canapé un énorme serpent à tête humaine, splendidement vêtu, ouvrant et fermant la bouche, brandissant son dard. C'était Alexandre qui s'était ainsi affublé, en enroulant sur sa poitrine et autour de son cou un serpent apprivoisé, dont la queue pendait par devant. Il s'était fait une tête de toile, barbouillée avec assez d'art, et, au moyen de crins, il faisait aller les mâchoires et le dard. Le nouveau dieu fut appelé *Glycon*, et de tout l'empire on vint

---

[1]. Eusèbe, *Contre Hiéroclès*, entier.
[2]. Lucien, *Alexander seu Pseudomantis*. Cf. Athénagore, *Leg.*, 26.

le consulter. Abonotique devint le centre d'une thaumaturgie effrénée. Le résultat fut une fabrication abondante d'images peintes, de talismans, d'idoles d'argent et de bronze, qui eurent une vogue extraordinaire[1]. Alexandre fut assez puissant pour monter dans son canton une vraie persécution contre les chrétiens et les épicuriens, qui refusaient de le croire[2]. Il établit un culte qui, malgré son caractère entièrement charlatanesque et même obscène, eut beaucoup de vogue et attira une foule d'hommes religieux[3]. Ce qu'il y eut de plus singulier, c'est que des Romains considérables, tels que Sévérien, légat de Cappadoce, et le consulaire Rutilianus, l'un des premiers personnages du temps[4], furent sa dupe, et que l'imposteur obtint que le nom d'Abonotique fût changé en Ionopolis[5]. Il demanda aussi que le monnayage de cette ville portât désormais d'un côté l'effigie de Glycon, de l'autre, la sienne, avec les attributs de Persée et d'Esculape[6]. Effectivement, les monnaies des Abo-

---

1. Lucien, traité cité, § 18. Cf. *Gazette archéol.*, nov. 1878, p. 179 et suiv.; Fr. Lenormant, *Catal. Behr*, p. 228.

2. Voir ci-dessus, p. 309 et suiv.

3. Lucien, *op. cit.*, § 38.

4. Waddington, *Fastes*, p. 235-236. Voir notre livre VII.

5. Ce nom a traversé toute la période byzantine et a survécu jusqu'à nos jours dans celui d'Inéboli.

6. Lucien, *Alex.*, 58.

notiquites, du temps d'Antonin et de Marc-Aurèle, portent une figure de serpent avec une tête d'homme chevelue et barbue ; au-dessous, le mot ΓΑΥΚΩΝ. Les monnaies de la même ville, au type de Lucius Verus, portent le serpent et le nom de ΙΩΝΟΠΟΛΕΙΤΩΝ [1]. Sous Marc-Aurèle, nous verrons cette religion ridicule prendre une importance incroyable. Elle dura jusqu'à la deuxième moitié du IIIe siècle [2].

Nerullinus, à Troas, réussit dans une entreprise frauduleuse du même genre [3]. Sa statue rendait des oracles, guérissait les malades; on lui offrait des sacrifices, on la couronnait de fleurs. C'était surtout les idées absurdes sur la médecine, la croyance aux songes médicaux, aux oracles d'Esculape, etc. [4], qui maintenaient les esprits dans cet état de super-

1. Bibl. Nat., cabinet des médailles; Spon, *Rech. cur. d'ant.*, p. 525 et suiv.; Spanheim, *De præst. num. vet.* (I, p. 213 et suiv., 721, Londres, 1706); Eckhel, II, p. 383-384; Mionnet, t. II, p. 387-388; *Suppl.*, t. IV, p. 550-551.

2. Le cabinet des médailles de la Bibl. Nat. possède des monnaies d'Ionopolis, portant le *Glycon* jusqu'au règne de Trebonianus Gallus (251-253) [Chabouillet].

3. Athénagore, *Leg.*, 26. L'identification de ce personnage avec Suillius Nerullinus, consul l'an 50, et proconsul d'Asie vers 70 (Waddington, p. 141-142; Orelli, 3389, 6445), est très-peu probable. Le nom se retrouve dans Renier, *Inscr. rom. de l'Algérie*, n° 2449.

4. Baronius, à l'an 139, § 4; *Corpus inscr. gr.*, n° 5980 (cl. 5974 et suiv.). Comp. Tatien, *Adv. Gr.*, 18.

stition. On est confondu de voir Galien lui-même donner dans de pareilles folies[1]. Plus incroyable encore est la carrière de cet Ælius Aristide, sophiste religieux, dévot païen, sorte d'évêque ou de saint, poussant le matérialisme pieux et la crédulité jusqu'aux dernières limites ; ce qui ne l'empêcha pas d'être un des hommes les plus admirés et les plus honorés de son siècle[2]. Seuls, les épicuriens repoussaient nettement ces sottises. Il y avait encore quelques gens d'esprit, comme Celse[3], Lucien[4], Démonax[5], pour en rire. Bientôt il n'y en aura plus, et la crédulité régnera en maîtresse sur un monde abaissé. Le nom d'athée était un danger, mettait celui à qui on l'attribuait hors la loi, l'exposait même au supplice[6] ; or on était

---

1. Il croit à Esculape et aux songes (*De morb. diff.*, 9; *De dignotione ex somn.*, Opp., VI, 833, Kühn). Marc-Aurèle n'a non plus là-dessus aucun doute. *Pensées*, I, 17 ; IX, 27.

2. Voir l'édition de ses œuvres par Dindorf, III, p. cxvi, etc.; Waddington, Mém. sur sa vie, dans les *Mém. de l'Acad. des inscr. et belles-lettres*, t. XXVI, 1re partie, p. 203 et suivantes.

3. Lucien, *Alex.*, 1, 17, 20, 21, 61 ; Origène, *Contre Celse*, I, 8, 68 ; II, 13, 60 ; III, 22, 35, 49, 80 ; IV, 36, 75 ; V, 3. Ailleurs (VIII, 45), Celse admet le surnaturel officiel. Ce point sera étudié dans notre livre VII.

4. Lucien, *Alex., Peregr., Philopseudes, Demonax*.

5. Lucien, *Demonax*. L'attribution de ce traité à Lucien souffre des objections (Bernays, *Lucian*, p. 104-105).

6. Origène, *Contre Celse*, III, 22 ; Lucien, *Alex.*, 45, 46, 47 ; *Peregr.*, 21, 24.

athée pour nier les superstitions locales et s'élever contre les charlatans.

On conçoit combien un tel milieu devait être favorable à la propagation du christianisme. On n'exagérerait peut-être pas beaucoup en admettant que près de la moitié de la population s'avouait chrétienne [1]. Dans certaines villes, comme Hiérapolis, la profession du christianisme était publique. Des inscriptions lisibles encore attestent des fondations bienfaisantes, dont les distributions devaient se faire « à Pâques et à la Pentecôte [2] ». Des associations coopératives d'ouvriers, des sociétés de secours mutuels y étaient savamment organisées [3]. Ces villes manufacturières, qui possédaient depuis longtemps des colonies juives [4], lesquelles y avaient peut-être apporté les industries de l'Orient, s'ouvraient à toutes les idées sociales du temps. Les œuvres de charité y étaient très-déve-

1. Lettre de Pline ; l'*Alexandre* de Lucien. Cf. *Peregr.*, 13.
2. Inscription publiée par Wagener, dans la *Revue de l'instr. publ. en Belgique*, mai 1868, p. 1 et suiv. Le Publius Ælius Glycon de cette inscription ne saurait être un vrai juif; c'est probablement un judaïsant, un judéo-chrétien. Rapprochez les Actes fabuleux de saint Abercius, qui semblent avoir été fabriqués sur le vu de cette inscription et des autres épitaphes d'Hiérapolis. Halloix, *Ill. Eccl. or. script.*, II, p. 136 et suiv.; Baronius, à l'année 163, n°s 11 et suiv.
3. V. *Saint Paul*, p. 354 et suiv.; Wagener, *l. c.*
4. Josèphe, *Ant.*, XII, III, 4 ; Wagener, *Inscr. gr. recueillies en Asie Mineure*, p. 18-19.

loppées. On y trouvait des crèches, des établissements d'enfants trouvés[1]. L'ouvrier, si dédaigné dans l'antiquité[2], arrivait par l'association à la dignité de l'existence et au bonheur.

Cette vie intérieure, d'autant plus active que la politique ne la troublait pas, faisait de l'Asie Mineure le champ clos de toutes les luttes religieuses du temps. Les directions qui se partageaient l'Église y étaient singulièrement visibles; car nulle part ailleurs l'Église ne fermentait davantage et ne témoignait avec plus de franchise son travail intérieur. Conservateurs et progressistes, judéo-chrétiens et ennemis du judaïsme, millénaires et spiritualistes s'y opposaient comme deux armées qui, après s'être combattues, finissaient par rompre les rangs et se mêler. Là avait vécu ou vivait encore tout un monde chrétien qui ignorait saint Paul : Papias, le plus borné des Pères de son temps, Méliton, presque aussi matérialiste que lui, l'ultra-conservateur Polycarpe, les *presbyteri* qui enseignèrent à Irénée son grossier chiliasme, les chefs du mouvement montaniste[3], qui prétendaient revenir aux scènes du premier cénacle de Jérusalem. Là se trouvaient ou

---

1. Θρέμματα, ἐργασία θρεμματική. Wagener, *Revue*, l. c.; *Corpus inscr. gr.*, n° 3348.

2. Aristote, *Polit.*, III, 5; Plutarque, *Périclès*, 2.

3. Voir notre livre VII.

de là venaient les hommes qui se lançaient le plus hardiment dans les nouveautés : l'auteur du quatrième Évangile, Cerdon, Marcion, Praxéas, Noétus, Apollinaire d'Hiérapolis, les aloges, qui, pleins d'aversion pour l'Apocalypse, le millénarisme, le montanisme, donnaient la main au gnosticisme et à la philosophie. Des exercices spirituels, disparus ailleurs, continuaient de vivre en Asie. On y possédait des prophètes, un certain Quadratus, une Ammia de Philadelphie[1].

On se glorifiait surtout d'un nombre considérable de martyrs et de confesseurs[2]. L'Asie Mineure vit de nombreuses exécutions, en particulier des crucifiements. Les différentes Églises s'en faisaient gloire, prétendant que la persécution est le privilége de la vérité ; ce qui était contestable, puisque toutes les sectes avaient des martyrs[3]. Par moments les marcionites et les montanistes en eurent plus que les orthodoxes. Aucune calomnie alors ne coûtait à

---

1. Eusèbe, *H.E.*, III, 37 ; V, 17.

2. Méliton, dans Eusèbe, *H. E.*, IV, xxvi, 3, 5, etc.; Polycrate, dans Eus., *H. E.*, V, ch. xxv (notez le nombre des évêques qualifiés martyrs). Cf. Eusèbe, *H. E.*, V, xix, 3.

3. Anonyme contre les cataphryges, cité par Eus., V, xvi, 12, 20, 21, 22 ; Apollonius, dans Eus., V, xviii, 5, 6 et suiv.; Eusèbe, *De mart. Pal.*, x, 2 ; Actes de saint Pione, 11 (*Acta sinc.*, p. 145); Conc. de Laodicée, ch. ix, etc. Voir ci-dessus, p. 355, et, dans notre livre VII, les chapitres consacrés au montanisme.

ceux-ci pour rabaisser les martyrs de leurs rivaux[1]. Les divisions duraient jusqu'à la mort. On voyait des confesseurs expirant pour le même Christ se tourner le dos et éviter tout ce qui pouvait ressembler à une marque de communion. Deux martyrs nés à Euménie, Caïus et Alexandre, qui furent suppliciés à Apamée Kibotos, prirent jusqu'au bout les précautions les plus minutieuses pour qu'on ne crût pas qu'ils adhéraient aux inspirations de Montan et de ses femmes[2]. Cela nous choque, mais il faut se souvenir que, selon les opinions du temps, les dernières paroles et les derniers actes des martyrs avaient une haute portée. On les consultait sur les questions d'orthodoxie; du fond de leurs cachots, ils réconciliaient les dissidents, donnaient des billets d'absolution[3]. On les regardait comme chargés dans l'Église d'un rôle de pacificateurs et d'une sorte de mission doctrinale[4].

Loin de nuire à la propagande, ces diversités y servaient. Les Églises étaient riches, nombreuses. L'épiscopat, nulle part ailleurs, ne comptait autant d'hommes capables, modérés, courageux. On citait

---

1. Apollonius, dans Eus., V, xviii, 5, 6 et suiv.
2. L'anonyme, dans Eus., *H. E.,* V, xvi, 21-22.
3. Eusèbe, *H. E.,* V, 2, 3, 16-19. Cf. Tertullien, *De pudicitia,* 18, 22.
4. Τῆς τῶν ἐκκλησιῶν εἰρήνης ἕνεκα πρεσβεύοντες. Eus., V, iii, 4.

Thraséas, évêque d'Euménie[1], Sagaris, évêque de Laodicée[2], Papirius, dont on ignore la patrie[3], Apollinaire d'Hiérapolis, destiné à jouer, dans les controverses capitales qui allaient bientôt diviser les Églises d'Asie, un rôle considérable[4], Polycrate, futur évêque d'Éphèse, issu d'une famille qui comptait avant lui jusqu'à sept évêques dans son sein[5]. Sardes possédait un vrai trésor, le savant évêque Méliton, qui se préparait déjà aux vastes travaux qui devaient rendre son nom célèbre. Comme plus tard Origène, il avait voulu que sa chasteté fût en quelque sorte matériellement constatée[6]. Son érudition offrait beaucoup d'analogie avec celle de Justin et de Tatien[7]. Sa théologie avait aussi quelque chose de la pesanteur un peu matérialiste qui caractérisait ces deux docteurs; car il pensait que Dieu a un corps. Par les idées

1. Apollonius, dans Eus., *H. E.,* V, xviii, 13; Polycrate, dans Eus., *H. E.,* V, xxiv, 4.
2. Méliton, dans Eusèbe, *H. E.,* IV, xxvi, 3; Polycrate, *ib.,* 5.
3. Polycr., *ibid.*
4. Eusèbe, *H. E.,* IV, xxvi, 1.
5. Polycr., dans Eus., *H. E.,* V, xxiv, 6. V. ci-dessus, p. 81.
6. Une telle idée n'était point rare. Justin, *Apol., I,* 29; *Philosophum.,* IX, 12. Cf. Matth., xix, 12, et saint Jérôme sur ce passage. Le mot εὐνουχία, cependant, s'emploie aussi pour la chasteté de l'homme : Athénagore, 33; Clém. d'Alex., *Strom.,* III, 12.
7. Lire son *De veritate,* conservé en syriaque, dans le *Spicil. syr.* de Cureton, ou dans le *Spicil. Solesm.* de Pitra, t. I.

apocalyptiques, il paraît s'être rapproché de Papias.
— Miltiade, de son côté, fut un laborieux écrivain, un polémiste zélé, qui lutta contre les païens, contre les juifs, contre les montanistes, contre les prophéties des extatiques, et fit une apologie de la philosophie chrétienne, adressée aux autorités romaines [1].

Le vieux Polycarpe, surtout, jouissait à Smyrne d'une haute autorité [2]. Il était plus qu'octogénaire, et il semble qu'on le regardait comme ayant hérité de la longévité de l'apôtre Jean; on lui accordait le don de prophétie; on prétendait que toute parole de lui avait son plein effet [3]. Lui-même vivait dans la croyance que le monde est rempli de visions et de présages [4]. Nuit et jour, il priait, embrassant dans sa prière les besoins du monde entier [5]. Comme tous admettaient qu'il avait vécu plusieurs années avec l'apôtre Jean, on croyait posséder encore en lui le

---

1. Eus., *H. E.*, V, ch. XVII; saint Jérôme, *De viris ill.*, 39; Tertullien, *In Val.*, 5.

2. Irénée, lettre à Florin, dans Eusèbe, *H. E.*, V, 20; le même, lettre à Victor, dans Eus., *H. E.*, V, XXIV, 16; le même, *Adv. hær.*, III, III, 4 (Eus., IV, 14); traité de l'*Ogdoade*, Eus., *H.E.*, V, XX, 1; Polycrate, dans Eus., V, XXIV, 3; saint Jér., *De viris ill.*, 17. Cf. *l'Antechrist*, p. 564 et suiv.

3. *Martyr. Polyc.*, 5, 12, 16.

4. *Martyr. Polyc.*, 5, 12. Cf. les Actes de saint Pione, §§ 2, 6.

5. *Martyr. Polyc.*, 5, 14.

dernier témoin de l'âge apostolique[1]. On l'entourait, on cherchait à lui plaire; une marque d'estime de lui était tenue pour une haute faveur. Sa personne avait un charme extrême. Les chrétiens dociles l'adoraient; une compagnie de disciples et d'admirateurs se serrait autour de lui, empressée à lui rendre tous les services[2]; mais il n'était pas populaire dans la ville. Son intolérance, l'orgueil d'orthodoxe qu'il ne dissimulait pas et qu'il communiquait à ses disciples, blessaient profondément les juifs et les païens; ceux-ci sentaient trop bien que le dédaigneux vieillard les tenait pour des misérables[3].

Polycarpe avait les manies du vieillard, certaines manières d'agir et de parler qui frappaient vivement la jeune assistance. Sa conversation était abondante, et, quand il venait s'asseoir à l'endroit qu'il affectionnait, sans doute sur une des terrasses de la pente du mont Pagus, d'où l'on découvre le golfe étincelant et sa belle ceinture de montagnes, on savait d'avance de quoi il allait parler. « Jean et les autres qui avaient vu le Seigneur », voilà où il en revenait toujours. Il racontait la familiarité qu'il avait eue avec eux, ce qu'il leur avait entendu dire sur Jésus, sur sa prédi-

1. Διδάσκαλος ἀποστολικός. *Mart. Polyc.*, 16.
2. Irénée, lettre à Florin. Comp. *Mart. Polyc.*, 13, etc.
3. *Martyr. Polyc.*, 3, 9, 10, 12, 17, 18.

cation. Un écho de la Galilée se faisait ainsi entendre, à cent vingt ans de distance, sur les bords d'une autre mer. Il répétait sans cesse que c'étaient là des témoins oculaires, et que lui les avait vus. Il ne se faisait pas plus de difficulté que les évangélistes de prêter à ces *presbyteri* des maximes mieux adaptées au IIe siècle qu'à l'époque où ils étaient censés avoir vécu. A tant d'autres traditions obscures sur les origines du christianisme, une nouvelle source, plus trouble que les autres, vint de la sorte s'ajouter [1].

L'impression que produisait Polycarpe n'en était pas moins profonde. Longtemps après, ses disciples se rappelaient l'un à l'autre le banc où il s'asseyait, sa démarche, ses habitudes, les traits de son corps, sa façon de parler. Chacune de ses paroles, ils la gravaient dans leur cœur. Or, dans le cercle qui l'entourait, était un jeune Grec d'une quinzaine d'années [2], destiné à jouer un rôle de premier ordre dans l'histoire ecclésiastique; c'était cet Irénée [3] qui devait nous

1. Voir les *Presbyterorum reliquiæ*, recueillies dans les œuvres d'Irénée par MM. de Gebhardt et Harnack, *Patres apost.*, I II, p. 105 et suiv. On y remarque des traces de polémique contre les gnostiques et Marcion.

2. Παῖς ἔτι ὤν.

3. Les indices pour mettre Irénée en rapport avec Papias sont très faibles. Saint Jérôme, *Epist.* 29 (53), *ad Theodoram*, IV, 2e part., col. 681, Mart. Cf. Gebh. et Harn., *Patres apost.*, I, II,

transmettre l'image souvent faussée, mais à quelques égards très-vivante, du dernier monde apostolique dont il avait vu en quelque sorte le soleil couchant[1]. Irénée était né chrétien, ce qui ne l'empêchait pas de fréquenter les écoles d'Asie, où il puisa une connaissance étendue des poëtes et des philosophes profanes, surtout d'Homère et de Platon[2]. Il avait pour ami d'enfance et pour condisciple, si l'on peut s'exprimer ainsi, autour du vieillard, un certain Florin, qui avait une charge de cour assez importante, et qui plus tard, à Rome, embrassa les idées gnostiques de Valentin.

Polycarpe passait aux yeux de tous pour le type parfait de l'orthodoxie. Sa doctrine était le millénarisme matérialiste de la vieille école apostolique[3]. Loin d'avoir rompu avec le judaïsme, il se conformait aux pratiques des judéo-chrétiens modérés[4]. Il

---

p. 101, 106, 113-114. Saint Jérôme, avec son inexactitude ordinaire, tire cette conclusion des citations de Papias qui sont dans Irénée.

1. Certes Polycarpe et Irénée peuvent avoir exagéré l'importance de leurs relations apostoliques, afin d'avoir un argument décisif à faire valoir contre les hérétiques (Irénée, III, III, 4). Nous ne croyons pas cependant que le fait de ces relations soit un mensonge inventé de toutes pièces. Voir *l'Antechrist,* p. 567-568. Une des plus graves difficultés est la complète ignorance que montre Irénée du vrai sens des énigmes de l'Apocalypse.

2. Irénée, I, XIII, 6, etc.

3. Irénée, V, XXXIII, 3, en remarquant δὲ καί du § 4.

4. C'est là l'esprit de son disciple Irénée.

repoussait les enjolivements creux que les gnostiques avaient introduits dans l'enseignement chrétien, et il paraît avoir ignoré l'Évangile qui circulait déjà de son temps sous le nom de Jean. Il s'en tenait à la manière simple et onctueuse de la catéchèse apostolique, et ne voulait pas qu'on y ajoutât quoi que ce fût. Tout ce qui ressemblait à une idée nouvelle le mettait hors de lui. Sa haine des hérétiques était très-vive, et quelques-unes des anecdotes qu'il se plaisait à raconter sur Jean étaient destinées à faire ressortir l'intolérance violente qui, selon lui, aurait été le fond du caractère de l'apôtre[1]. Quand on osait émettre autour de lui quelque doctrine analogue à celles des gnostiques, quelque théorie destinée à introduire un peu de rationalisme dans la théologie chrétienne, il se levait, se bouchait les oreilles et prenait la fuite, en s'écriant : « O bon Dieu, à quels temps m'as-tu réservé, pour que je doive supporter de tels discours[2] ! » Irénée se pénétrait près de lui du même esprit, que la douceur de son caractère devait corriger dans la pratique. La prétention de s'en tenir à l'enseignement apostolique devenait la base de l'orthodoxie, en opposition avec la présomption des gnostiques et des montanistes, qui prétendaient retrouver la pensée

---

1. Irénée, III, III, 4 (Eus., *H. E.*, IV, XIV, 6).
2. Irénée, lettre à Florin, déjà citée.

véritable de Jésus, altérée, selon eux, par ses disciples immédiats.

A l'exemple de Paul, d'Ignace et des autres pasteurs célèbres, Polycarpe écrivit beaucoup de lettres aux Églises voisines et à des particuliers, pour les instruire et les exhorter[1]. Une seule de ces lettres nous aurait été conservée[2]. Elle est adressée aux fidèles de Philippes, à propos de confesseurs destinés au martyre, qui passèrent chez eux, allant d'Asie à Rome[3]. Comme tous les écrits apostoliques ou pseudo-apostoliques, c'est un petit traité des devoirs de chacune des classes de fidèles qui composent l'Église. Des doutes sérieux s'élèveraient contre l'authenticité de cette épître[4], s'il n'était constant qu'Irénée l'a

---

1. Irénée, dans Eus., *H. E.*, V, xx, 8; lettre à Florin; saint Jérôme, *De viris ill.*, 17.

2. Voir l'édition de Zahn, Leipzig, 1876, renfermant aussi le Martyre, dans les *Patres apost.* de Gebh. et Harn., II. Les prétendus fragments conservés par Victor de Capoue sont sans valeur. Zahn, p. xlvii-xlviii, 171-172.

3. §§ 1 et 9. Les enchaînés du § 1 seraient les ἄλλοι οἱ ἐξ ἡμῶν (d'autres lisent ὑμῶν) du § 9. Voir *les Évangiles,* introduction, p. xxviii et suivantes.

4. L'écrit a les liens les plus étroits avec les épîtres ignatiennes; mais ce n'est pas là une objection insoluble (voyez *les Évangiles,* p. xxviii et suiv.). Une plus forte objection vient de ce que l'écrit est adressé aux Philippiens, sur qui Polycarpe n'avait pas d'autorité. On est tenté de croire que cette adresse a été supposée pour amener le rappel de l'épître de saint Paul

connue et l'a tenue pour un ouvrage de Polycarpe[1].
Sans cette autorité, on rangerait l'opuscule, avec les
épîtres de saint Ignace, dans cette classe d'écrits
de la fin du IIe siècle, par lesquels on cherchait à
couvrir des noms les plus révérés les doctrines anti-
gnostiques et favorables à l'épiscopat. La pièce, un
peu banale, n'a rien qui convienne spécialement au
caractère de Polycarpe. L'imitation des écrits apostoliques, surtout des fausses épîtres à Tite et à Timothée, de la première de Pierre, des épîtres de Jean,
y est sensible. L'auteur ne faisait aucune distinction
entre les écrits authentiques des apôtres et ceux qui

(§§ 3 et 11), compliqué bizarrement d'une allusion à la *II[a] Petri*,
III, 15. Ce qui concerne Valens, dans les §§ 11 et 12, surprend
un peu. Polycarpe n'avait aucun droit de parler ainsi, et cela
paraît imité des épîtres pastorales de Paul. Le § 13, dans toutes
les hypothèses, est de l'auteur des épîtres pseudo-ignatiennes.

1. Irénée, III, III, 4. L'argument perdrait de sa force, si l'on
admettait qu'Irénée ait aussi été trompé par les épîtres pseudo-
ignatiennes. Mais il n'est pas sûr qu'Irénée ait connu le texte de
ces épîtres. La parole d'Ignace qu'il cite (V, XXVIII, 4) pouvait être
traditionnelle. En tout cas, même en supposant qu'Irénée ait lu
l'épître d'Ignace aux Romains, il n'a pas connu le recueil des sept
lettres pseudo-ignatiennes. Si Irénée avait possédé ce recueil,
il semble qu'il le citerait davantage. La ressemblance de l'épître
attribuée à Polycarpe et des épîtres pseudo-ignatiennes vient
peut-être de ce que l'auteur de ces dernières s'est fait imitateur
de l'ouvrage qu'il a interpolé. Irénée paraît avoir connu l'épître
de Polycarpe séparée, non engagée, comme elle est maintenant,
dans le *Corpus* ignatien et altérée en vue de ce *Corpus*.

leur ont été prêtés. Il savait évidemment par cœur l'épître de saint Clément[1]. La façon dont il rappelle aux Philippiens qu'ils ont une épître de Paul est suspecte[2]. Chose singulière dans toutes les hypothèses! l'Évangile censé de Jean n'est pas cité, tandis qu'une phrase de l'épître pseudo-johannique est alléguée[3]. La docilité, la soumission à l'évêque, l'enthousiasme pour le martyre, à l'exemple d'Ignace, l'horreur pour les hérésies qui, comme le docétisme, ébranlent la foi en la réalité de Jésus, voilà les idées dominantes de l'auteur. Si Polycarpe n'est pas cet auteur, on peut dire au moins que, ressuscitant quelques années après sa mort et voyant les pages qu'on lisait sous son nom, il n'eût pas protesté et eût trouvé même qu'on avait assez bien interprété son esprit. Irénée, à Lyon, put y être trompé comme tout le monde, si erreur il y eut. Il reconnut dans ce morceau le caractère parfait de la foi et de l'enseignement de son maître[4].

Polycarpe, dans ces années d'extrême vieillesse, fut comme le président des Églises d'Asie. De graves

---

1. Comp. Polyc., 2, 4, 7, 9, à Clém., 1, 5, 7, 9, 13, 24.
2. § 3. Comp. pseudo-Ign., *Eph.*, 12; Clém. Rom., *Ad Cor. I*, 47.
3. § 7. Cf. I Joh., IV, 3.
4. Irénée, III, III, 4. L'épître était lue publiquement en Asie au IVe siècle. Saint Jér., *De viris ill.*, 17. Elle a tourné autour du Canon, avec les écrits de pseudo-Ignace et de pseudo-Hermas. Credner, *Gesch. des neut. Kan.*, p. 244, 246.

questions, qui s'étaient à peine posées d'abord, commençaient d'agiter ces Églises. Avec ses idées de hiérarchie et d'unité ecclésiastique, Polycarpe devait songer à se tourner vers l'évêque de Rome, auquel presque tout le monde, vers ce temps, reconnaissait une certaine autorité pour départager les Églises divisées [1]. Les points controversés étaient nombreux; il semble de plus que les deux chefs d'Églises, Polycarpe et Anicet, avaient l'un contre l'autre quelques petits griefs [2]. Un des dissentiments regardait la célébration de la Pâque. Dans les premiers temps, tous les chrétiens continuèrent à faire de Pâques leur fête principale. Cette fête, ils la célébraient le même jour que les juifs, le 14 de nisan, à quelque moment de la semaine que ce jour tombât. Persuadés, selon la donnée de tous les anciens Évangiles, que Jésus, la veille de sa mort, avait mangé la Pâque avec ses disciples [3], ils regardaient une telle solennité plutôt comme une commémoration de la Cène que comme un mémorial de la résurrection. Quand le christianisme se sépara de plus en plus du judaïsme, une

---

1. Irénée, lettre à Victor, dans Eus., *H. E.*, V, xxiv, 16, 17; *Adv. hær.*, III, iii, 4. (Eus., IV, 14); Eus., *Chron.*, p. 171, Schœne; saint Jér., *De viris ill.*, 17; *Chron. d'Alex.*, an 158.

2. Μικρὰ σχόντες πρὸς ἀλλήλους. Irénée, dans Eus., *H. E.*, V, xxiv, 16.

3. Saint Hippolyte, dans *Chron. d'Alex.*, p. 6, Paris.

telle manière de voir se trouva fort ébranlée. D'abord, une nouvelle tradition se répandait, d'après laquelle Jésus, avant de mourir, n'avait pas mangé la Pâque, mais était mort le jour même de la Pâque juive[1], se substituant ainsi à l'agneau pascal. En outre, cette fête purement juive[2] blessait la conscience chrétienne, surtout dans les Églises de Paul. La grande fête des chrétiens, c'était la résurrection de Jésus, arrivée, en tout cas, le dimanche après la Pâque juive. D'après cette idée, on célébrait la fête le dimanche qui suivait le vendredi venant après le 14 de nisan.

A Rome, cette pratique prévalait, au moins depuis les pontificats de Xyste et de Télesphore (vers 120)[3]. En Asie, on était fort partagé. Les conservateurs comme Polycarpe, Méliton et toute l'ancienne école, tenaient pour la vieille pratique juive, conforme aux premiers Évangiles et à l'usage des apôtres Jean et Philippe[4]. Il arrivait ainsi qu'on ne priait pas,

1. C'est celle de l'Évangile attribué à Jean.
2. Τὸ πάσχα ἡ ἑορτὴ τῶν Ἰουδαίων. Jean, VI, 4. Comp. I Cor., V, 7; Col., II, 16; Concile de Nicée, dans Eusèbe, *Vita Const.*, III, 18.
3. Irénée, dans Eus., *H. E.*, V, XXIV, 14.
4. Polycrate, dans Eus., *H. E.*, V, XXIV, 2 et suiv.; Irénée, *ibid.*, 11 et suiv. L'Évangile dit de Jean est bien plus favorable à l'usage de Rome qu'à l'usage de l'Asie, quoiqu'il ne soit pas exclusif de ce dernier. Apollinaire, dans *Chron. d'Alex.*, p. 6, Paris.

qu'on ne jeûnait pas les mêmes jours. Ce n'est que dans une vingtaine d'années que cette controverse atteindra en Asie les proportions d'un schisme[1]. A l'époque où nous sommes, elle ne faisait que de naître, et sans doute elle était une des moins importantes[2] parmi les questions sur lesquelles Polycarpe se crut obligé d'aller s'entretenir à Rome avec le pape Anicet[3]. Peut-être Irénée et Florin accompagnèrent-ils le vieillard dans ce voyage[4], qui, entrepris pendant l'été, selon les habitudes de la navigation du temps, n'avait rien de bien fatigant[5].

L'entrevue entre Polycarpe et Anicet fut très-cordiale. La discussion sur certains points paraît avoir

---

1. Eus., *H. E.*, V, ch. XXIII et XXIV; cf. IV, XXVI, 3; *Chronique d'Alex.*, p. 6, Paris; Pseudo-Ign., *ad Phil.*, 14; *Constit. apost.*, VIII, XLVI, canon 70; Pseudo-Tertullien, *Prœscr.*, 53; Epiph., hær. L. Ce fut le concile de Nicée qui mit fin aux différends sur ce point.

2. Ceci résulte d'Irénée, lettre à Victor, dans Eus., *H. E.*, V, XXIV, 24. Eusèbe (IV, XIV, 1) et après lui saint Jérôme (*De viris ill.*, 17) ont faussé ici la nuance.

3. Irénée, lettre à Victor, dans Eus., *H. E.*, V, 24; *Adv. hær.*, III, III, 4 (Eus., *H. E.*, IV, 16); Eus., *Chron.*, à l'année 155; saint Jérôme, *De viris ill.*, 17. Pour l'accord des dates, voir *l'Antechrist*, p. 566 et suiv.

4. Irénée était, paraît-il, à Rome, lors de la mort de Polycarpe. Manuscrit de Moscou, *Zeitschrift für die histor. Theol.*, 1875, p. 355 et suiv.; *Mart. Polyc.*, dans Zahn, p. 167-168.

5. Voir *l'Antechrist*, p. 567.

été assez vive; mais on s'entendit. La question de la
Pâque n'était pas encore arrivée à maturité. Depuis
longtemps déjà, l'Église de Rome avait pour principe de montrer à cet égard une grande tolérance. Les
conservateurs de la règle juive, quand ils venaient à
Rome, pratiquaient leur rite, sans qu'on les reprît ni
qu'on cessât de communier avec eux. Les évêques
de Rome envoyaient l'eucharistie à des évêques qui
suivaient à cet égard une autre règle. Polycarpe et
Anicet gardèrent entre eux la même mesure. Polycarpe
ne put persuader à Anicet de renoncer à une pratique
qui avait été celle des évêques de Rome avant lui.
Anicet, d'un autre côté, s'arrêta quand Polycarpe lui
dit qu'il tenait sa règle de Jean et des autres apôtres
avec lesquels il avait vécu sur le pied de la familiarité. Les deux chefs religieux restèrent en pleine
communion l'un avec l'autre, et même Anicet fit à
Polycarpe un honneur presque sans exemple. Il voulut,
en effet, que Polycarpe, dans l'assemblée des fidèles
de Rome, prononçât à sa place et en sa présence les
paroles de la consécration eucharistique[1]. Ces hommes
ardents étaient pleins d'un sentiment trop passionné
pour faire reposer l'unité des âmes sur l'uniformité

---

[1]. Irénée, lettre à Victor, *l. c.* Le verbe παρεχώρησε, impliquant la cession d'un droit, ne peut s'appliquer à une simple distribution de l'Eucharistie qu'Anicet aurait faite à Polycarpe.

des rites et des observances extérieures. Plus tard, Rome mettra une grande obstination à faire prévaloir son rite [1]. A vrai dire, il ne s'agissait pas simplement, dans cette question de la Pâque, d'une simple différence de calendrier. Le rite romain, en prenant pour base de la grande fête chrétienne les anniversaires de la mort et de la résurrection de Jésus, créait la semaine sainte, c'est-à-dire tout un cycle de jours consacrés à des commémorations mystérieuses, durant lesquels le jeûne se continuait. Dans le rite asiatique, au contraire, le jeûne finissait au soir du 14 de nisan [2] ; le vendredi saint n'était plus un jour de deuil. Si cet usage l'eût emporté, le système des fêtes chrétiennes eût été arrêté dans son développement.

Les évêques orthodoxes avaient encore trop d'ennemis communs pour s'arrêter à de mesquines rivalités de liturgie ; les sectes gnostiques et les marcionites inondaient Rome, et menaçaient de réduire l'Église orthodoxe à n'être qu'une minorité. Polycarpe était l'adversaire déclaré de ces idées. Comme Justin, et probablement d'accord avec celui-ci, il fit contre les sectaires des prédications fougueuses. Le rare privilége qu'il avait d'avoir vu les disciples

1. Voir notre livre VII.
2. Eus., *H. E.*, V, XXIII, 4

immédiats de Jésus lui donnait une immense autorité. Il alléguait, selon sa coutume, l'enseignement des apôtres, dont il se disait le dernier auditeur vivant, et maintenait comme unique règle de foi la tradition remontant par une chaîne non interrompue à Jésus lui-même. Il ne s'interdisait aucune rudesse. Un jour, il rencontra dans un lieu public un homme pour lequel mille raisons auraient dû lui commander des égards, Marcion lui-même. « Ne me reconnais-tu pas ? lui dit celui-ci. — Oui, répondit l'ardent vieillard, je reconnais le premier-né de Satan[1]. » Irénée n'a pas assez d'admiration pour cette réponse, qui montre combien la pensée chrétienne s'était déjà rapetissée. Jésus disait bien plus sagement : « Qui n'est pas contre vous est pour vous. » Est-on jamais bien sûr de n'être pas soi-même le premier-né de Satan ? Combien il est plus sage, au lieu d'anathématiser dès l'abord celui qui marche dans d'autres voies que vous, de s'appliquer à découvrir en quoi il peut avoir raison, par quel biais il envisage les choses et s'il n'y a pas dans sa manière de voir quelque part de vérité qu'on doive s'assimiler !

Mais ce ton d'assurance a sur les gens de demi-culture une grande efficacité. Beaucoup de valenti-

---

[1]. Irénée, III, III, 4 ; Saint Jér., *De viris ill.*, 17.

niens et de marcionites virent Polycarpe à Rome, et revinrent à l'Église orthodoxe. Polycarpe laissa ainsi dans la capitale du monde un nom vénéré. Irénée et Florin restèrent peut-être à Rome après leur maître; ces deux esprits, fort différents l'un de l'autre, étaient réservés à suivre des voies bien opposées.

Un immense résultat était acquis. La règle de prescription est posée. La vraie doctrine sera désormais celle qui est professée généralement par les Églises apostoliques[1] et qui l'a toujours été. *Quod semper, quod ubique.* Entre Polycarpe et Valentin, la chose est claire. Polycarpe a la tradition apostolique ; Valentin, quoi qu'il en dise, ne l'a pas[2]. Les Églises particulières forment, par leur réunion, l'Église catholique, dépositaire absolue de la vérité[3]. Celui qui préfère son sentiment propre à cette universelle autorité est un sectaire, un hérétique.

1. Sedes apostolicæ, ... matrices et originales fidei. Tert., *Præscr.*, ch. 21. Cf. Irénée, III, ch. iv.

2. *Mart. Polyc.*, suscr., 8, 16, 19 ; Pseudo-Ignace, *Ad Smyrn.*, 8.

3. Κανὼν τῆς ἀληθείας (Irénée, I, ix, 4), κανὼν ἐκκλησιαστικός (Clém. Alex., *Strom.*, VII, 15), *regula fidei* (Tert., *De virg. vel.*, 1 ; *Præscr.*, 14). Cf. Irénée, I, x, 1-2.

CHAPITRE XXIII.

MARTYRE DE POLYCARPE.

Polycarpe revint à Smyrne, selon nous, dans l'automne de 154[1]. Une mort digne de lui l'y attendait[2]. Polycarpe avait toujours professé la doctrine que l'on ne doit pas rechercher le martyre ; mais bien

1. Cf. *l'Antechrist*, p. 567.
2. Lettre de l'Église de Smyrne aux Philoméliens, etc., conservée dans Eusèbe, IV, 15, et dans les manuscrits. Édit. Zahn, Leipz., 1876. Comp. Irénée, III, III, 4 ; Polycarpe, dans Eus., *H. E.*, V, XXIV, 4. Il y est peut-être fait allusion dans Ign., *ad Rom.*, 5, et dans les *Actes de Thecla*, 22, 27 et suiv.; cf. *Mart. Polyc.*, 16. Sur la date de l'événement, voir la démonstration de M. Waddington, dans les *Mém. de l'Acad. des inscr.*, t. XXVI, 2ᵉ part., p. 232 et suiv.; *Fastes des prov. asiat.*, 1ʳᵉ partie, p. 219-224 (nonobstant K. Wieseler, *Christenverfolg.*, 1878). Il se pourrait qu'au lieu de l'an 155, il faille prendre l'année 156. Voir Lipsius, *Zeitschrift für wiss. Theol.*, 1874, p. 195, et Gebhardt, *Zeitschrift für die histor. Theol.*, 1875, p. 337-395. M. Keim, pour échapper aux conclusions de M. Waddington, est obligé de repousser, contre toute vraisemblance, la donnée fondamentale que le martyre en question eut lieu sous le proconsulat de Titus Statius Quadratus (*Geschichte Jesu*, 1875,

des gens qui n'avaient pas sa vertu n'étaient pas aussi prudents que lui ; le voisinage des sombres enthousiastes de la Phrygie était dangereux. Un Phrygien, nommé Quintus, montaniste par anticipation, vint à Smyrne et entraîna quelques exaltés, qui allèrent avec lui se dénoncer eux-mêmes et provoquer les supplices. Les gens sages les blâmaient, et disaient avec raison que l'Évangile ne commandait rien de pareil. Outre ces fanatiques, plusieurs Smyrniotes chrétiens furent emprisonnés ; parmi eux se trouvaient quelques Philadelphiens, soit que le hasard les eût conduits à Smyrne, soit que l'autorité, après les avoir arrêtés à Philadelphie, les eût fait transférer à Smyrne, ville plus considérable où se donnaient les grands jeux. Les détenus étaient au nombre de douze[1]. Selon l'usage hideux des Romains, ce fut dans le stade, à défaut d'amphithéâtre, que leur supplice eut lieu.

---

p. 381 et suiv.; *Aus dem Urchrist.*, 1878, p. 90 et suiv.) Cf. *Zeitschrift für Kirchengeschichte*, I, 1ᵉʳ fascic., p. 121-122. Pearson *(Op. post.*, p. 277) cite une chronique grecque manuscrite qui place les martyres de Polycarpe et de saint Justin sous Antonin.

1. *Martyr. Polyc.*, 4, 19. Cf. Eus., *H. E.*, IV, xv, 45 ; *Chron. d'Alex.*, an 163. Δωδέκατος est sûrement la bonne leçon. Les onze autres martyrs n'étaient pas de Philadelphie, comme on a pu le croire. La phrase veut dire que les martyrs de Smyrne, en y comprenant les Philadelphiens qui se trouvaient parmi eux, étaient au nombre de onze. Polycarpe fut le douzième et prit en quelque sorte la place de Quintus.

Les tortures endurées par ces malheureux offrirent un épouvantable caractère d'atrocité. Quelques-uns furent tellement déchirés par les fouets, que leurs veines, leurs artères, tout le dedans de leur corps était à nu. On pleurait autour d'eux, mais on ne put leur arracher ni un murmure ni une plainte. L'idée se répandit dès lors que les martyrs du Christ, pendant la torture, étaient ravis hors du corps et que Christ lui-même les assistait, causait avec eux. Le feu leur faisait l'effet d'une fraîcheur délicieuse. Exposés aux bêtes, traînés sur un sable composé de coquillages pointus, ils paraissaient insensibles.

Un seul faiblit, et ce fut justement celui qui avait compromis les autres. Le Phrygien fut puni de sa jactance. À la vue des bêtes, il se mit à trembler. Les gens du proconsul l'entourèrent, l'engagèrent à céder; il consentit à prêter le serment et à sacrifier. Les fidèles virent là un signe du ciel et la condamnation de ceux qui allaient d'eux-mêmes chercher la mort. Une telle conduite, empreinte d'orgueil, fut considérée comme une sorte de défi à Dieu. Il fut admis que le courage du martyre vient d'en haut, et que Dieu, pour montrer qu'il est la source de toute force, se plaît parfois à montrer les plus grands exemples d'héroïsme en ceux qui, avant l'épreuve, ont été défiants d'eux-mêmes, presque timides.

On admira surtout un jeune homme nommé Germanicus. Il donnait à ses compagnons d'agonie l'exemple d'un courage surhumain. Sa lutte contre les bêtes fut admirable. Le proconsul Titus Statius Quadratus[1], homme philosophe et modéré, ami d'Ælius Aristide, l'exhortait à la pitié envers son jeune âge. Lui se mit à exciter les bêtes, à les appeler, à les taquiner pour qu'elles le tirassent plus vite d'un monde pervers. Cet héroïsme, loin de toucher la foule, l'irrita. « A mort les athées ! Qu'on cherche Polycarpe ! » cria-t-on de toutes parts.

Polycarpe, bien que blâmant l'acte de folie de Quintus, n'avait pas d'abord voulu fuir. Cédant à de vives instances, il consentit cependant à se retirer dans une petite maison de campagne, située non loin de la ville, où il passa plusieurs jours. On vint pour l'y arrêter. Il quitta précipitamment la maison, et se réfugia dans une autre ; mais un jeune esclave, mis à la torture, le trahit. Une escouade de gendarmes à cheval vint pour le prendre. C'était un vendredi soir, le 22 février[2], à l'heure du dîner. Le vieillard

---

1. Waddington, *Fastes,* p. 219-224 ; Aristide, édit. Dindorf, I, 521 ; Philostrate, *Vie des soph.,* II, 6 ; Wadd. *Mém.,* p. 233 et suiv. Comp. Lucien, *De morte Peregr.,* 14.

2. Sur cette date, comparez les actes de saint Pione, dans Ruinart, p. 151 et suiv., et le Ménée des Grecs. Voir Zahn, p. 144-145, 163-165.

était à table, dans la chambre haute de la villa; il eût pu encore s'échapper; mais il dit: « Que la volonté de Dieu se fasse! » Il descendit tranquillement, causa avec les gendarmes, leur fit servir à manger et demanda seulement une heure pour prier librement. Il fit alors une de ces longues prières qui lui étaient habituelles, et où il embrassait l'Église catholique tout entière[1]. La nuit se passa de la sorte. Le lendemain matin, samedi 23 février, on le mit sur un âne et l'on partit.

Avant d'arriver à la ville, l'irénaque Hérode et son père Nicète se présentèrent en voiture. Ils n'étaient pas sans relations avec les chrétiens. Alcé, sœur de Nicète, paraît avoir été affiliée à l'Église[2]. Ils prirent, dit-on, le vieillard au milieu d'eux dans la voiture, et essayèrent de le gagner. « Quel mal donc y a-t-il, pour sauver sa vie, à dire *Kyrios Kœsar*, à faire un sacrifice et le reste? » Polycarpe fut inflexible. Il paraît que les deux magistrats s'emportèrent alors, lui dirent des paroles dures et le chassèrent si rudement de la voiture, qu'il s'écorcha la jambe.

On se dirigea vers le stade situé à mi-côte du mont

---

1. Ἁπάσης τῆς κατὰ τὴν οἰκουμένην καθολικῆς ἐκκλησίας. Cf. § 19 et la suscription.

2. *Mart. Polyc.*, 17. Cf. pseudo-Ignace, *ad Pol.*, 8; *ad Smyrn.*, 13.

Pagus[1]. Le peuple y était déjà rassemblé ; c'était un vacarme infernal. Au moment où le vieillard fut introduit, le bruit redoubla ; les chrétiens seuls entendirent une voix du ciel qui disait : « Sois fort, sois viril, Polycarpe ! » On mena l'évêque au proconsul[2], qui employa les phrases ordinaires en pareille circonstance : « Au nom du respect que tu dois à ton âge, etc., jure par la fortune de César, crie comme tout le monde : « Plus d'athées ! » Polycarpe alors, promenant un regard sévère sur la foule qui couvrait les gradins, et la montrant de la main : « Oui, certes, dit-il, plus d'athées ! » et il leva les yeux au ciel avec un profond soupir. « Insulte le Christ, lui dit Statius Quadratus. — Il y a quatre-vingt-six ans que je le sers, et il ne m'a jamais fait aucun mal, dit Polycarpe. Je suis chrétien... Si tu veux savoir ce que c'est qu'un chrétien, ajouta-t-il, accorde-moi un délai d'un jour, et prête-moi ton attention. — Persuade donc cela au peuple, répondit Quadratus. — Avec toi, il vaut la peine de discuter, répondit Polycarpe.

---

1. Ce stade est encore assez bien conservé.
2. Selon la lettre des Smyrniotes, cet interrogatoire aurait eu lieu dans le stade même, ce qui paraît peu admissible. Mais le tribunal du proconsul pouvait être voisin du stade. Le proconsul ne paraît pas avoir assisté au supplice. Comparez les Actes de saint Pione, déjà cités.

Nous avons pour précepte de rendre aux puissances et aux autorités établies par Dieu les honneurs qui leur sont dus, pourvu que ces marques de respect n'aient rien de blessant pour notre foi. Quant à ces gens-là, je ne daignerai jamais descendre à faire mon apologie devant eux. »

Le proconsul le menaça en vain des bêtes, du feu. Il fallut annoncer au peuple que Polycarpe confessait obstinément sa foi. Juifs et païens poussèrent des cris de mort : « Le voilà, le docteur de l'Asie[1], le père des chrétiens ! » disaient les premiers. « Le voilà, le destructeur de nos dieux, celui qui enseigne à ne pas sacrifier, à ne pas adorer ! » disaient les seconds. En même temps, ils demandaient à Philippe de Tralles[2], asiarque et grand prêtre d'Asie[3], de lancer un lion sur Polycarpe. Philippe leur fit observer que les jeux de bêtes étaient finis. « Au feu donc ! » cria-t-on de toutes parts. Et le peuple se répandit dans les boutiques et les bains pour y chercher du bois et des fagots. Les juifs, nombreux à Smyrne et toujours fort animés contre les chrétiens[4], montraient à cette

---

1. Ἀσίας διδάσκαλος. D'autres lisent ἀσεβείας.
2. Cf. Strabon, XIV, 1, 42.
3. Sur ces deux titres, voir *Saint Paul*, p. 352-353, 429.
4. Comparez les Actes de saint Pione, §§ 3, 4. Cf. Justin, *Apol. I,* 31, 36; *Dial.,* 16, 95, 110, 133.

besogne, selon leur habitude, un zèle tout particulier.

Pendant qu'on préparait le bûcher, Polycarpe ôta sa ceinture, se dépouilla de tous ses vêtements, essaya aussi de se déchausser. Il ne le fit pas sans quelque embarras ; car, en temps ordinaire, les fidèles qui l'entouraient avaient coutume de s'empresser pour lui éviter cette peine, tant ils étaient jaloux du privilége de le toucher. On le plaça au milieu de l'appareil qui servait à fixer le patient et on allait l'y clouer[1] : « Laissez-moi ainsi, dit-il ; celui qui me donne la force de supporter le feu m'accordera aussi la force de rester immobile sur le bûcher, sans qu'il soit besoin pour cela de vos clous. » On ne le cloua pas, on le lia seulement. Ainsi, les mains attachées derrière le dos, il semblait une victime, et les chrétiens qui l'apercevaient de loin voyaient en lui un bélier choisi dans tout le troupeau pour être offert à Dieu en holocauste. Pendant ce temps, il priait et remerciait Dieu de l'avoir admis au nombre de ses martyrs.

Les flammes cependant commencèrent à s'élever[2]. L'exaltation des fidèles témoins de ce spectacle était à son comble. Comme ils étaient loin du bûcher, ils purent se faire les plus singulières illusions. Le feu leur sembla s'arrondir en voûte au-dessus du

---

1. Comp. le martyre de saint Pione, § 21.
2. L'indication de l'heure (§ 21) donne lieu à beaucoup de doutes.

corps du martyr et présenter l'aspect d'une voile de navire gonflée par le vent. Le vieillard, placé au centre de cette chapelle ardente, leur apparaissait non comme une chair qui brûle, mais comme un pain qui cuit, ou comme une masse d'or et d'argent dans la fournaise. Ils s'imaginèrent sentir une odeur délicieuse comme celle de l'encens ou des plus précieux parfums (peut-être les sarments et bois légers du bûcher y furent-ils pour quelque chose)[1]. Ils assurèrent même plus tard que Polycarpe n'avait pas été brûlé, que le *confector* fut obligé de lui donner un coup de poignard[2], qu'il coula de la blessure tant de sang que le feu en fut éteint[3].

Les chrétiens attachaient naturellement le plus

---

1. La même circonstance se retrouve dans les martyres de Lyon, Eus., *H. E.*, V, ɪ, 35. Comparez Lucien, *Peregrinus*, 3.

2. § 16 (contredisant § 5). La leçon περιστερά est sûrement une faute. Comparez cependant Lucien, *Peregr.*, 39, 40.

3. Déjà l'imagination se refusait à laisser consumer entièrement le corps des martyrs, par suite des craintes matérialistes qu'on avait pour la résurrection des corps totalement détruits. V. Le Blant, mémoire sur les supplices destructeurs du corps, dans la *Revue archéol.*, sept. 1874 (cf. *Mém. de l'Acad. des inscr.*, XXVIII, 2ᵉ part., p. 77, 91-95). Comp. les Actes de saint Pione (saint Pione meurt dans les flammes ; mais son corps est trouvé intact) et de saint Fructueux (Ruinart, p. 150, 221). Lettre des Églises de Lyon et de Vienne, dans Eusèbe, *H. E.*, V, ɪ, 62, 63 ; Celse, dans Orig., VIII, 53. Comparez surtout Ign., *ad Rom.*, 5; *Actes de Thecla*, 22, 27 et suiv.

grand prix à posséder le corps du martyr. Mais l'autorité hésitait à le leur donner, craignant de voir ce supplicié devenir l'objet d'un nouveau culte. « Ils seraient capables, disaient-ils en riant, d'abandonner pour lui le crucifié. » Les juifs montaient la garde auprès du bûcher pour épier ce qu'on allait faire. Le centurion de service se montra favorable aux chrétiens et les laissa prendre ces os, « plus précieux que les pierres précieuses et que l'or le plus pur ». Ils étaient calcinés; pour concilier ce fait avec le récit merveilleux, on prétendit que c'était le centurion qui avait brûlé le corps. On mit les cendres dans un lieu consacré, où l'on vint chaque année célébrer l'anniversaire du martyre et s'exciter à marcher sur les traces du saint vieillard.

Le courage de Polycarpe frappa beaucoup les païens eux-mêmes. L'autorité, ne voulant pas que de pareilles scènes se renouvelassent, arrêta les supplices[1]. Le nom de Polycarpe resta célèbre à Smyrne, tandis qu'on oublia vite les onze ou douze Smyrniotes ou Philadelphiens qui avaient souffert avant lui. Les Églises d'Asie et de Galatie, à la nouvelle de la mort de ce grand pasteur, demandèrent aux Smyrniotes des détails sur ce qui s'était passé. Ceux de

---

1. *Mart. Polyc.*, 1.

Philomélium, en Phrygie Parorée[1], montrèrent surtout un touchant empressement. L'Église de Smyrne fit rédiger par un de ses anciens le récit du martyre, sous la forme d'une épître circulaire, qui fut adressée aux différentes Églises. Les fidèles de Philomélium, point déjà fort éloigné, étaient priés de transmettre la lettre aux frères d'au delà.

L'exemplaire des Philoméliens, copié par un certain Évareste, et porté par un nommé Marcion, servit de base ensuite à l'édition originale. Comme il arrive souvent dans la publication des lettres circulaires[2], les finales des différents exemplaires furent placées par l'éditeur à la suite les unes des autres[3]. Ce beau morceau constitue le plus ancien exemple connu des Actes de martyre. Il fut le modèle qu'on

---

1. Aujourd'hui Akschéher, à plus de cent lieues de Smyrne, non loin d'Antioche de Pisidie. Cette ville faisait administrativement partie de la Galatie.

2. Comp. *Saint Paul,* introd., p. LXIII et suiv.

3. Voir §§ 19, 20, 22 (1). Il y a là trois clausules. Le § 21 est une note chronologique, très-ancienne, quoique Eusèbe ne l'eût pas dans son exemplaire. Quant à § 22 (2 et 3), plus complet dans le manuscrit de Moscou que dans les autres textes (Zahn, p. 166-168), c'est une addition d'un certain Pionius, qui, vers la fin du IVe siècle, fit une vie de Polycarpe. Halloix et Bollandus (26 janv.) l'ont donnée en latin. M. Gebhardt l'a trouvée en grec dans le manuscrit 1452 de la Bibliothèque nationale. Voir *Zeitschr. für Kirch,* II (1878), p. 454-457. Cf. Macarius Magnes, p. 109.

imita et qui fournit la marche et les parties essentielles de ces sortes de compositions. Seulement les imitations n'eurent pas le naturel et la simplicité de l'original. Il semble que l'auteur des fausses lettres ignatiennes avait lu l'épître des Smyrniotes[1]. Il y a entre ces écrits des liens étroits, une grande similitude d'esprit. Polycarpe était après Ignace la grande préoccupation de l'auteur des fausses lettres[2], et c'est dans l'épître vraie ou supposée de Polycarpe qu'il cherche son point d'appui. L'idée que le martyre est la faveur suprême qu'on doit désirer et demander au ciel[3] trouva dans l'encyclique smyrniote sa première et parfaite expression. Mais l'enthousiasme du martyre y est contenu dans les bornes de la modération. L'auteur de ce remarquable écrit ne perd aucune occasion de montrer que le vrai martyre, le martyre conforme à l'Évangile, est celui qu'on ne va pas chercher, qu'on attend. La provocation lui paraît si condamnable, qu'il éprouve une certaine satisfaction à montrer le Phrygien fanatique cédant aux obsessions du proconsul et devenant apostat[4].

1. Comp. l'*Alcé* de *Mart.*, 17, à l'*Alcé* d'Ign. *ad Smyrn.*, 13, et d'Ign. *ad Polyc.*, 8.
2. Ign. *ad Polyc.* et *ad Smyrn.*
3. Voir §§ 17, 18, 19.
4. Voir §§ 1, 4, 5, 6, 7, 19. C'est par erreur qu'Eusèbe (*H. E.*, IV, xv, 46-48) a rattaché au même temps les supplices de saint

Légère, étourdie, curieuse de bizarreries, l'Asie tourna ces tragédies en historiettes et eut la caricature du martyre. Vers ce temps, vivait un certain Peregrinus[1], philosophe cynique, de Parium sur l'Hellespont, qui s'appelait lui-même *Protée*, et dont on vantait la facilité à prendre tous les visages, à courir toutes les aventures. Parmi ces aventures, on mit celle d'évêque et de martyr[2]. Après avoir débuté dans la vie par les crimes les plus affreux, par le parricide, il se fait chrétien, devient prêtre, scribe, prophète, thiasarque, chef de synagogue. Il interprète les livres sacrés, en compose lui-même ; il passe pour un oracle, pour une suprême autorité en fait de règles ecclésiastiques. On l'arrête pour ce délit[3], on l'enchaîne. C'est le commencement de son

---

Pione, du marcionite Métrodore et de quelques martyrs de Pergame. Tous ces supplices appartiennent au règne de Dèce. L'origine de son erreur vient certainement de ce que, dans son exemplaire, les actes de ces martyres faisaient suite à ceux du martyre de Polycarpe. Le Papias de Pergame de la Chronique d'Alexandrie (à l'an 163) est probablement Papylus de Pergame.

1. Aulu-Gelle, VIII, 3 ; XII, 11 ; Athénagore, *Leg.*, 26 ; Tatien, *Adv. Gr.*, 25 ; Tertullien, *Ad mart.*, 4 ; Philostrate, *Soph.*, II, 1, 33 ; Eusèbe, *Chron.*, an 5 de Marc-Aurèle ; Ammien Marcellin, XXIX, 1, 39.

2. Lucien, *De morte Peregr.*, § 9 et suiv. Cf. le même, *Adv. indoct.*, 14. Nul doute que cette farce sacrilège prêtée à Peregrinus ne soit une fiction de Lucien.

3. Ἐπὶ τούτῳ, § 12. On peut supposer que, dans ce qui précède,

apothéose. A partir de cette heure, il est adoré, on remue ciel et terre pour le faire échapper[1]; on en est aux petits soins avec lui. Le matin, à la porte de la prison, les veuves, les orphelins attendent pour le voir. Les notables obtiennent, à prix d'argent, de passer la nuit dans sa compagnie. C'est un va-et-vient de tables, de festins sacrés; on célèbre près de lui les mystères, on ne l'appelle que « cet excellent Peregrinus », on le qualifie de nouveau Socrate.

Tout cela se passe en Syrie. Ces esclandres publics sont la joie des chrétiens; ils n'épargnent rien, en pareil cas, pour rendre la manifestation éclatante. Voilà que, de toutes les villes d'Asie, arrivent des envoyés chargés de se mettre au service du confesseur et de le consoler. L'argent afflue autour de lui. Or il se trouve que le gouverneur de Syrie est un philosophe; il pénètre le secret de la folie de notre homme, voit qu'il n'a qu'une idée, c'est de mourir pour rendre son nom célèbre, et le renvoie sans châtiment. Partout, dans ses voyages, Peregrinus nage dans l'abondance; les chrétiens l'entourent et lui font une escorte d'honneur.

---

il y a une lacune, où pouvait se trouver le récit d'un méfait plus caractérisé. Bernays, *Lucian*, p. 107-109.

1. Comparez Ignace d'Antioche (*les Évangiles*, p. 489 et suiv.). Lucien paraît avoir vu la collection des lettres ignatiennes.

« Ces imbéciles, ajoute Lucien[1], sont persuadés qu'ils sont absolument immortels, qu'ils vivront éternellement; ce qui fait qu'ils méprisent la mort et que beaucoup d'entre eux s'y offrent d'eux-mêmes. Leur premier législateur leur a persuadé qu'ils sont tous frères les uns des autres, du moment que, reniant les dieux helléniques, ils adorent le crucifié, leur sophiste, et vivent selon ses lois. Ils n'ont donc que du dédain pour les biens terrestres, et ils les tiennent pour appartenant en commun à tous. Inutile de dire qu'il n'ont pas une raison sérieuse de croire tout cela. Si donc quelque imposteur, quelque homme rusé, capable de tirer parti de la situation, vient à eux, tout de suite, le voilà riche, et il rit au nez de ces nigauds. »

Peregrinus, à bout de ressources, cherche, par une mort théâtrale aux jeux olympiques[2], à satisfaire l'insatiable besoin qu'il a de faire parler de lui. Le suicide pompeux et voulu était, on le sait, le grand reproche que les philosophes sages adressaient aux chrétiens[3].

1. § 13. Cf. saint Justin, *Dial.*, 46.
2. Ici Lucien rentrait dans l'histoire.
3. Voir ci-dessus, p. 311-312.

CHAPITRE XXIV.

LE CHRISTIANISME DANS LES GAULES.
L'ÉGLISE DE LYON.

On crut un moment que la mort de Polycarpe avait mis fin à la persécution [1], et il semble qu'il y eut en effet un intervalle d'apaisement. Le zèle des Smyrniotes ne fit que redoubler ; c'est vers ce temps qu'il faut placer le départ d'une colonie chrétienne qui, partant probablement de Smyrne [2], porta d'un

---

1. *Mart. Polyc.*, 1.
2. Les preuves à cet égard sont : 1° que la lettre des Églises de Lyon et de Vienne, sur les martyres de 177 (Eus., *H. E.*, V, I), est écrite en grec et adressée aux Églises d'Asie et de Phrygie ; il en fut de même des épîtres des confesseurs relatives au montanisme (*ibid.*, V, III, 4) ; 2° que la lettre desdites Églises au pape Éleuthère (*ibid.*, V, III et IV) est également en grec ; 3° que plusieurs des confesseurs de Lyon sont asiates ; 4° qu'Irénée fut prêtre, puis évêque de l'Église de Lyon, après la mort de Pothin (Eus., *H. E.*, V, IV). Quant à l'assertion de Grégoire de Tours (I, 27) sur une mission donnée par Polycarpe à Irénée, c'est une hypothèse gratuite.

élan vigoureux l'Évangile en des contrées lointaines, où le nom de Jésus n'avait pas encore pénétré. Un vieillard de soixante et dix ans, Pothin[1], peut-être Smyrniote et disciple de Polycarpe, était, ce semble, le chef du départ.

Depuis longtemps, un courant de communications réciproques était établi entre les ports d'Asie Mineure et les rivages méditerranéens de la Gaule. Les vieux sillages des Phocéens n'étaient pas tout à fait effacés. Ces populations d'Asie et de Syrie, très-portées à l'émigration vers l'Occident, aimaient à remonter le Rhône et la Saône, ayant avec elles un bazar portatif de marchandises diverses[2], ou bien s'arrêtant sur les rives de ces grands fleuves, aux endroits où s'offrait à elles l'espérance de vivre[3]. Vienne et Lyon, les deux principales villes de la contrée, étaient en quelque sorte le point de mire de ces émigrants, qui apportaient en Gaule des

---

1. Lettre des Églises de Lyon et de Vienne, dans Eus., *H. E.*, V, I, 29. Pothin avait plus de quatre-vingt-dix ans en 177. Il est donc vraisemblable qu'il partit d'Asie déjà très-âgé.

2. Inscription bilingue de Genay, près Trévoux, dans les *Mém. de la Soc. des antiq. de France*, t. XXVIII, p. 1 et suiv.; inscription de la fille du maître de poste Μόχιμος (nom arabo-syrien), à Vienne, Le Blant, *Inscr. chrét. de la Gaule*, n° 423. Cf. n°ˢ 415, 521.

3. Le Blant, n°ˢ 521, 613. Un riche Trallien à Vienne : *Corpus inscr. græc.*, n° 6783. Voir *les Apôtres*, p. 300.

qualités de marchands, de domestiques, d'ouvriers, et même de médecins, que les paysans allobroges et ségusiaves n'avaient sans doute pas au même degré. La population laborieuse ou industrielle des grandes villes des bords du Rhône était pour une forte partie composée de ces Orientaux, plus doux, plus intelligents, moins superstitieux que la population indigène, susceptibles, par leurs manières insinuantes et aimables, d'exercer sur celle-ci une profonde influence. L'empire romain avait fait tomber les barrières d'esprit national qui empêchaient le contact des différents peuples. Des propagandes que les anciennes institutions gauloises, par exemple, eussent arrêtées dès le premier pas étaient devenues possibles. Rome persécutait, mais n'employait pas de moyens préventifs, si bien que, loin de nuire au développement d'une opinion aspirant à devenir universelle, elle y servait. Ces Syriens, ces Asiates arrivaient dans l'Occident ne sachant que le grec. Ils n'abandonnaient pas cette langue entre eux; ils s'en servaient dans leurs écrits et dans toutes leurs relations; mais ils apprenaient vite le latin et même le celtique [1]. Le grec, d'ailleurs, qui continuait à être

---

1. Ἡμῶν ἐν Κέλτοις διατριβόντων καὶ περὶ βάρβαρον διάλεκτον τὸ πλεῖστον ἀσχολουμένων. Irénée, I, proœm., 3.

parlé dans la région du bas Rhône [1], était assez répandu à Vienne et à Lyon [2].

Sortis d'une région bien limitée, l'Asie et la Phrygie, tous presque compatriotes, nourris des mêmes livres et des mêmes enseignements, les chrétiens de Lyon et de Vienne offraient une rare unité. Leurs rapports avec les Églises d'Asie et de Phrygie étaient fréquents; dans les circonstances graves, c'était à ces Églises qu'ils écrivaient [3]. Ils étaient piétistes ardents, comme en général les Phrygiens; mais ils n'avaient pas la nuance sectaire qui allait bientôt faire des montanistes un danger, presque un fléau dans l'Église. Pothin, reconnu tout d'abord

---

1. Varron, cité par saint Jérôme, *In Gal.*, lib. II, proœm.; Strabon, IV, 1, 5; Panégyr. de Constantin le jeune, prononcé en grec, à Arles, en 340, *Hist. litt. de la Fr.*, I, 2ᵉ partie, p. 102-104; Vie de saint Césaire, I, 11, dans Mabillon, *Acta SS. Ord. S. Bened.*, I, p. 662; *Corpus inscr. græc.*, nᵒˢ 6764 et suiv., notamment 6785, 6786; Allmer, *Revue épigraph.* (Lyon, 1878), p. 1-2, 49-50, 108; La Saussaye, *Numism. de la Gaule narb.*, p. 163; Le Blant, *Inscr.*, nᵒˢ 521, 547.

2. Inscriptions grecques, *Corpus inscr. græc.* nᵒˢ 6781 et suiv., 6792 et suiv.; nombreux noms grecs dans les inscriptions latines; J. G. Bulliot, *Essai hist. sur l'abb. de Saint-Martin*, I, p. 47, 48, 50 (Autun, 1849); Le Blant, *Inscr. chrét.*, nᵒˢ 46, 415, 423; Egger, *l'Hellénisme en France*, I, p. 32, 33. La célèbre inscription chrétienne d'Autun se rapporte au même ensemble de faits. Comp. Le Blant, *Manuel d'épigr. chrét.*, p. 93-94.

3. Eus., *H. E.*, V, 1, 3; III, 4.

pour chef de l'Église de Lyon¹, fut un vieillard respectable et modéré dans son exaltation même. Attale de Pergame, fort âgé comme lui, paraît avoir été après lui la colonne de l'Église et la principale autorité. C'était un citoyen romain, un personnage assez considérable ; il savait le latin ; toute la ville le connaissait pour le principal représentant de la petite communauté ². Un Phrygien, nommé Alexandre, exerçant la profession médicale, était connu et aimé de tous. Affilié aux pieux secrets des saints de Phrygie, il avait part aux charismes, c'est-à-dire aux dons surnaturels de l'âge apostolique, que sa patrie faisait renaître ³ ; comme Polycarpe, il était arrivé aux plus hauts états de l'oraison intérieure ⁴. C'était, on le voit, un coin de la Phrygie que le hasard avait transporté en pleine Gaule. Des apports continuels venant d'Asie ⁵ entretenaient ce premier fond et y conservaient l'esprit de mysticité qui en avait fait le caractère primitif. Le plus tôt qu'il put, Irénée, fatigué peut-être de ses luttes avec Florin et avec Blastus, quitta Rome, pour cette Église

---

1. Lettre dans Eus., V, i, 29. Cf. Sulp. Sev., II, 46 ; saint Jér., *De viris ill.*, 35.
2. Lettre précitée, §§ 17, 43, 52.
3. Οὐκ ἄμοιρος ἀποστολικοῦ χαρίσματος.
4. Lettre, §§ 49, 51.
5. Biblis ou Biblias, Ponticus, etc.

composée tout entière de compatriotes, de disciples, d'amis de Polycarpe.

Les communications entre Lyon et Vienne étaient continues ; les deux Églises n'en faisaient guère qu'une ; dans toutes les deux, le grec dominait ; mais, dans toutes les deux aussi, il existait entre les émigrés d'Asie et la population indigène, parlant latin ou celtique [1], d'étroites relations. L'effet de cette prédication intime de la maison et de l'atelier fut rapide et profond. Les femmes surtout se sentirent vivement entraînées. Naturellement sympathique et religieuse, la nature gauloise s'ouvrit promptement aux idées nouvelles apportées par ces étrangers. Leur religion à la fois très-idéaliste et très-matérielle, leur croyance en de perpétuelles visions, leur habitude de transformer des sensations vives et fines en intuitions surnaturelles [2], allaient très-bien à ces races, portées au rêve religieux et que les cultes insuffisants de la Gaule et de Rome ne pouvaient satisfaire. Le ministère évangélique s'exerçait parfois en langue celtique [3]. Il est remarquable que, parmi les

1. Lettre, § 20.
2. Comparez les Actes de saint Polycarpe, de saint Pione, des martyrs de Lyon, analogues entre eux à tant d'égards, surtout par la place qu'y tient la vision.
3. Irénée, I, proœm., 3.

nouveaux convertis, un grand nombre étaient citoyens romains[1].

Une des plus importantes conquêtes fut celle d'un certain Vettius Épagathus, jeune noble lyonnais qui, à peine affilié à l'Église, surpassa tout le monde en piété, en charité, et devint un des spirites les plus distingués[2]. Il menait une vie si chaste, si austère, qu'on le comparait, malgré sa jeunesse, au vieux Zacharie[3], ascète visité sans cesse par le Saint-Esprit. Voué aux œuvres de miséricorde, il se faisait le serviteur de tous, et employait sa vie au soulagement du prochain, avec un zèle, une ferveur admirables. On croyait qu'il avait en lui le Paraclet, et qu'il agissait en toute circonstance sous l'inspiration du Saint-Esprit[4]. Le souvenir laissé par les vertus de Vettius resta dans la tradition populaire, qui prétendit rattacher à sa famille l'évangélisation des pays voisins[5]. Il fut vraiment les prémices de la Gaule en Christ. Le diacre Sanctus[6], de Vienne, et surtout la

---

1. Lettre, §§ 10, 44, 47.

2. Lettre, §§ 9 et 10. Comp. Grégoire de Tours, *Hist. eccl.*, I, 27, 29.

3. Luc, I, 5 et suiv.; Protévang. de Jacques, 23, 24.

4. Ζέων τῷ πνεύματι... ἔχων τὸν Παράκλητον ἐν ἑαυτῷ. Lettre, §§ 9 et 18. Allusion au quatrième Évangile.

5. Grég. de Tours, *l. c.*

6. Ce nom est fréquent dans les inscriptions d'Asie et de Phrygie, *Corp. inscr. gr.*, 3882 *f*, 4380, 4380 *h*.

bonne servante Blandine, qui lui étaient fort inférieurs en dignité sociale, l'égalèrent en volonté. Blandine surtout fit des miracles. Elle était si frêle de corps, que l'on craignait qu'elle n'eût pas la force physique pour confesser Christ. Elle déploya au contraire, le jour du combat, une force nerveuse inouïe, fatigua les bourreaux un jour entier ; on eût dit qu'à chaque torture elle éprouvait une recrudescence de foi et de vie.

Telle était cette Église, qui du premier coup atteignit aux priviléges des plus hautes Églises chrétiennes de l'Asie, et dressa, au centre d'un pays encore à demi barbare, comme un phare lumineux. Ivres de l'Évangile de Jean et de l'Apocalypse [1], les chrétiens de Lyon et de Vienne, sans avoir besoin des écoles de balbutiement que le christianisme avait traversées, furent portées tout d'abord au sommet de la perfection. Nulle part, la vie n'était plus austère, l'enthousiasme plus sérieux, la volonté de créer le royaume de Dieu plus intense. Le chiliasme, qui avait son foyer en Asie Mineure, n'était pas à Lyon moins hautement proclamé [2].

La Gaule entra ainsi dans l'Église de Jésus par un triomphe sans égal. Lyon fut désigné pour être

---

1. Lettre, §§ 10, 15, 22, 58.
2. Irénée, V, ch. XXXIII.

la capitale religieuse de ce pays. Fourvières et Ainai sont les deux points sacrés de nos origines chrétiennes. Fourvières, à l'époque des annales ecclésiastiques où nous sommes arrivés, est encore une ville toute païenne; quant à Ainai (*Athanacum*), il est permis de supposer que les souvenirs chrétiens ont quelque raison de s'y rattacher. Ce faubourg, situé dans les îles du confluent, en aval de la cité romaine et gauloise[1], devait être une basse ville où abordaient les Orientaux et où probablement ils faisaient quelque séjour avant de se placer[2]. Là fut sans doute le premier quartier chrétien, et la très-ancienne église qui s'y voit est peut-être l'édifice de France que l'ami des souvenirs antiques doit visiter avec le plus de respect. Le caractère lyonnais se dessinait dès lors avec tous les traits qui le distinguent, le besoin de surnaturel, la chaleur de l'âme, le goût de l'irrationnel, la fausseté du jugement, l'ardente imagination, la mysticité profonde et sensuelle. Chez cette race passionnée, les hauts instincts moraux dérivent non de la

---

1. Les principales questions de la topographie chrétienne de Lyon seront discutées dans notre livre VII.
2. En général, dans les grandes villes, les points d'arrivée déterminent jusqu'à un certain point le groupement des étrangers. Ainsi, à Paris, les environs de la gare de l'Ouest renferment beaucoup de Bretons; les environs de la gare de l'Est beaucoup d'Alsaciens.

raison, mais du cœur même et des entrailles. Les origines de l'école lyonnaise en art et en littérature sont déjà tout entières dans cette admirable lettre sur le drame effroyable de 177. C'est beau, bizarre, touchant, maladif ; il s'y mêle une légère aberration des sens, quelque chose du tremblement nerveux des saints de Pépuze[1]. Les rapports d'Épagathus avec le Paraclet sentent déjà la ville du spiritisme[2], la ville où, vers la fin du dernier siècle, Cagliostro eut un temple[3]. Les anesthésies de Blandine[4], ses conversations intimes avec Christ, pendant que le taureau la lance en l'air[5], l'hallucination des martyrs, croyant voir Jésus dans leur sœur, au bout de l'arène, attachée nue à un poteau[6], — toute cette légende qui, d'un côté, vous transporte au delà du stoïcisme, et où, de l'autre côté, on touche à la catalepsie et aux expériences de la Salpêtrière, semble un sujet fait

1. Voir notre livre VII.
2. Lyon est une des villes d'Europe où les folies du spiritisme ont compté le plus d'adhérents. V. *Mém. de la Soc. des sciences médicales de Lyon*, t. II (1862-1863), p. 58 et suiv.
3. *Revue du Lyonnais*, II (1835), p. 242; *Nouv. Archives du Rhône*, t. I, p. 300, 301; *Éphémérides des loges maçonniques de Lyon*, 1875 (par Vacheron), p. 84-85; Monfalcon, *Hist. monum. de Lyon*, III, p. 10.
4. Lettre des Églises, § 56.
5. Lettre, § 56.
6. Lettre, § 41.

exprès pour ces poëtes, ces peintres, ces penseurs, tous originaux, tous idéalistes, s'imaginant ne peindre que l'âme, et en réalité dupes du corps. Épictète se portait mieux ; il a montré dans la lutte de la vie autant d'héroïsme qu'Attale et que Sanctus ; mais il n'a pas de légende. L'*hégémonikon* seul ne dit rien à l'humanité. L'homme est chose très-complexe. On n'a jamais charmé ou passionné les foules avec la vérité pure ; on n'a jamais fait un grand homme avec un eunuque, ni un roman sans amour.

Nous verrons bientôt les plus dangereuses chimères du gnosticisme trouver à Lyon un prompt accueil et, presque à côté de Blandine, les victimes des séductions de Marcus fuir l'Église ou venir y avouer leur faute en habits de deuil[1]. Le charme de la Lyonnaise, résidant en une sorte de décence tendre et de chasteté voluptueuse, sa séduisante réserve, impliquant l'idée secrète que la beauté est chose sainte[2], son étrange facilité à se laisser prendre aux apparences du mysticisme et de la piété, produiront, sous Marc-Aurèle, des scènes qu'on se figurerait s'être passées de nos jours.

1. Irénée, I, XIII. L'ouvrage entier d'Irénée est la preuve de l'importance qu'eut le gnosticisme dans la vallée du Rhône.

2. Voir une page, très-bien étudiée, de Lamartine, *Girondins*, XLIX, 13.

Marseille, Arles et les environs purent également recevoir sous Antonin une première prédication chrétienne[1]. Nîmes, au contraire, paraît être restée fermée aussi longtemps que possible au culte venu d'Orient[2].

C'est vers le même temps que l'Afrique vit se former de solides Églises qui devaient bientôt constituer une des parties les plus originales du nouveau monde religieux. Chez ces premiers fondateurs du christianisme africain, la teinte mystique qui, dans quelques années, s'appellera montaniste n'est pas moins forte que chez les chrétiens de Lyon. Il est probable cependant que le levain du royaume de Dieu fut ici apporté de Rome et non d'Asie. Les Actes de sainte Perpétue et en général les Actes des martyrs d'Afrique, Tertullien et les autres types du christianisme africain ont un air de fraternité avec le *Pasteur d'Hermas*. Sûrement les premiers porteurs de la bonne nouvelle parlaient grec à Carthage comme partout ailleurs. Le grec était presque aussi répandu dans cette ville que le latin[3]; la communauté chrétienne se servit d'abord des deux

---

1. Le Blant, *Inscr. chrét. de la Gaule*, n°⁵ 548 *A*, 554 *B*.
2. Voir Hirschfeld, dans la *Revue épigraphique* de M. Allmer, n° 6, p. 93.
3. Apulée, *Florida*, IV, 24.

langues[1]; bientôt, cependant, la langue de Rome l'emporta. L'Afrique donna ainsi le premier exemple d'une Église latine. Dans quelques années, une brillante littérature chrétienne se produira dans ce bizarre idiome que le rude génie punique avait tiré, sous la double influence de la barbarie et de la rhétorique, de la langue de Cicéron et de Tacite. Une traduction des écrits de l'Ancien et du Nouveau Testament en ce dialecte énergique[2] répondra aux besoins des nouveaux fidèles, et deviendra pour longtemps la Bible de l'Occident.

1. Tertullien écrivait dans les deux langues. *De corona militis*, 6; *De bapt.*, 15.
2. C'est la version connue sous le nom d'*Itala Vetus*.

CHAPITRE XXV.

LA LUTTE A ROME. — MARTYRE DE SAINT JUSTIN. — FRONTON.

Des scènes désolantes se passaient de tous les côtés, par suite d'une législation vicieuse, sous le règne du meilleur des souverains. Les condamnations à mort et les dénis de justice se multipliaient. Les chrétiens souvent avaient des torts. La sévérité, l'ardent amour du bien qui les animaient les entraînaient parfois hors des limites de la modération et les rendaient odieux à ceux qu'ils censuraient. Le père, le fils, le mari, l'épouse, le voisin, irrités contre ces surveillants austères, s'en vengeaient par des dénonciations [1].

D'atroces calomnies étaient la conséquence de ces haines accumulées. C'est vers ce temps que des bruits jusque-là inconsistants prennent du corps et constituent une opinion enracinée. Le mystère des

---

1. Justin, *Apol. II,* 1. Comparez ci-dessus, p. 406, 417.

réunions chrétiennes, la mutuelle affection qui régnait dans l'Église, donnèrent naissance aux imaginations les plus folles[1]. On crut à une société secrète, à des secrets connus des seuls adeptes, à une honteuse promiscuité, à des amours contre nature. Les uns parlaient de l'adoration d'un Dieu à tête d'âne, les autres d'ignobles hommages rendus au prêtre. Un récit qui avait généralement cours était celui-ci : « On présente à celui qu'on initie un enfant couvert de pâte, pour enhardir peu à peu sa main au meurtre. Le novice frappe, le sang coule, tous boivent avidement, se partagent les membres palpitants, cimentent ainsi leur alliance par la complicité et s'engagent à un silence absolu. Puis on s'enivre, les flambeaux se renversent, et, dans les ténèbres, tous se livrent à de hideux embrassements[2] ». Rome était une ville très-cancanière; une foule de nouvellistes et de bavards étaient à l'affût des nouvelles bizarres. Ces contes ineptes se répétaient, passaient pour être de notoriété publique, se traduisaient en outrages et en caricatures[3]. Ce qu'il y eut de grave, c'est que, dans les

---

1. « Latebrosa et lucifuga natio, in publicum muta, in angulis garrula. » Min. Fel., 8. V. ci-dessus, p. 307, 373 et suiv.

2. Justin, *Apol. II*, 12, 14; Athénagore, 4; Min. Félix, 9, 28, 31. Comp. Lettre des Églises de Lyon et de Vienne, 14.

3. V. *l'Antechrist*, p. 39 et suiv.

procès auxquels ces accusations donnèrent lieu, on mit à la question quelques esclaves des maisons chrétiennes, des femmes, des jeunes garçons, qui, vaincus par les tourments, dirent tout ce que l'on voulut et prêtèrent un fondement juridique à des inventions odieuses [1].

Les calomnies, du reste, étaient réciproques, et les chrétiens rétorquaient contre leurs adversaires les mensonges inventés contre eux. Ces repas sanglants, ces orgies, c'étaient les païens qui les pratiquaient. Leurs dieux ne leur avaient-ils pas donné l'exemple de tous les vices? Dans quelques-uns des rites les plus solennels du culte romain, dans les sacrifices à Jupiter Latiaris, ne faisait-on pas des aspersions de sang humain [2]? Le fait était inexact; il n'en devint pas moins une des bases de l'apologétique chrétienne [3]. L'immoralité des dieux du vieil Olympe offrait aux controversistes un facile triomphe [4]. Quand Jupiter n'était que le ciel bleu, il était immoral

1. Justin, *Apol. II,* 12; Lettre des Égl., 14.
2. Justin, *Apol. II,* 12.
3. Minucius Félix, 21, 30; Tertullien, *Apol.,* 9; *Scorp.,* 7; Tatien, 29; Théophile, III, 8; Saint Cyprien (?), *De spect.,* 5; Lactance, *Inst.,* I, xi, 3; Firmicus Maternus, 26; Prudence, *Contre Symm.,* I, 396. Ce fait n'est mentionné par aucun écrivain païen, si ce n'est par Porphyre (*De abstin.,* II, 56), qui semble le répéter d'après les chrétiens.
4. Justin, *Apol. II,* 12, 14

comme la nature, et cette immoralité était sans conséquence. Mais maintenant la morale était devenue l'essence de la religion; on demandait aux dieux des leçons d'honnêteté bourgeoise; des exemples comme ceux dont la mythologie était pleine paraissaient des scandales et des objections irréfutables.

C'étaient surtout les discussions publiques entre les philosophes et les apologistes qui aigrissaient les esprits et amenaient les plus graves inconvénients. On s'y insultait, et malheureusement la partie n'était pas égale. Les philosophes avaient une sorte de position officielle et de fonction d'État ; ils touchaient un traitement pour faire profession d'une sagesse qu'ils ne prêchaient pas toujours par leurs exemples[1]. Ils ne couraient aucun risque, et ils avaient le tort de faire sentir à leurs adversaires que d'un mot ils pouvaient les perdre. Les chrétiens, de leur côté, raillaient les philosophes sur le traitement qu'ils touchaient. C'étaient des plaisanteries fades, analogues à celles qu'on a vues se produire de nos jours contre les philosophes salariés. « Ne pourraient-ils pas, se disait-on, porter leur barbe gratis[2] ». On affectait de croire qu'ils roulaient sur l'or, on les traitait d'avares, de parasites ; on opposait leurs doctrines sur la

---

1. Tatien, *Adv. Gr.*, 19; Dig., XXVII, 1, 8; Capit., *Ant.*, 11.
2. Comp. Lucien, *Eunuch.*, 8, 9.

nécessité de savoir se passer de tout à leur genre de vie, qui paraissait de l'opulence à des gens encore plus pauvres qu'eux [1].

L'ardent Justin était à la tête de ces bruyantes batailles, où nous le voyons secondé vers la fin de sa vie par un disciple encore plus violent que lui, l'Assyrien Tatianus, âme sombre, pleine de haine contre l'hellénisme. Né païen, il fit des études littéraires assez étendues, et tint école publique de philosophie, non sans y obtenir une certaine réputation [2]. Doué d'une imagination maladive, Tatien voulait avoir des idées claires sur des choses que la destinée de l'homme lui interdit de savoir. Il parcourut, comme son maître Justin, le cercle des religions et des philosophies existantes, fit des voyages, voulut être initié à tous les prétendus secrets religieux, écouta les diverses écoles. L'hellénisme le blessa par son apparente légèreté morale. Dénué de tout sentiment littéraire, il était incapable d'en comprendre la divine beauté. Les Écritures des Hébreux eurent seules le privilége de le satisfaire. Elles lui plurent par leur sévère moralité, leur ton simple, assuré, par leur caractère monothéiste et par la façon péremptoire dont elles écartent, au moyen du dogme de la création, les curiosités in-

---

1. Tatien, *l. c.* Cf. Arrien, *Epict.*, III, xxii, 80, 98.
2. Tatien, *Adv. Gr.*, 1 ; Eusèbe, *H. E.*, IV, 16.

quiètes de la physique et de la métaphysique[1]. Son esprit étroit et lourd avait trouvé ce qu'il lui fallait. Devenu chrétien, il rencontra dans saint Justin le docteur le mieux fait pour comprendre sa philosophie passionnée[2]; il s'attacha profondément à lui, et fut en quelque sorte son second dans les luttes qu'il soutenait contre les sophistes et les rhéteurs.

Leur contradicteur ordinaire était un philosophe cynique nommé Crescent[3], personnage, ce semble, assez méprisable, qui s'était fait une position à Rome par son apparence ascétique et par sa longue barbe. Ses déclamations contre la crainte de la mort ne l'empêchaient pas de menacer souvent Justin et Tatien de les dénoncer : « Ah! tu avoues donc que la mort est un mal! » lui disaient-ils alors assez spirituellement. Certes, Crescent avait tort d'abuser ainsi de la protection de l'État contre ses adversaires. Mais il faut avouer que Justin n'y mettait pas les égards désirables. Il traitait ses adversaires de goinfres et d'imposteurs[4]; il avait tort surtout de leur reprocher

---

1. Tatien, *Adv. Gr.*, 1, 28, 29.
2. Tatien, 18, 19.
3. Justin, *Apol. II*, 3; Tatien, *Adv. Gr.*, 19; Eusèbe, *H. E.*, IV, 16; *Chron.*, année 15 ou 17 d'Ant., en observant qu'un homme aussi haineux que Tatien n'a pas dû s'interdire la calomnie contre un tel adversaire.
4. Λίχνους καὶ ἀπατεῶνας. Tatien, *Adv. Gr.*, 19.

le traitement qu'ils touchaient. On peut être pensionné, sans être pour cela un homme avare et intéressé. Un fait qui se passa vers le même temps à Rome montra combien il est dangereux d'opposer la persécution au fanatisme, même quand le fanatisme est agressif et taquin [1].

Il y avait à Rome un très-mauvais ménage, où le mari et la femme semblaient rivaliser d'infamie. La femme fut convertie au christianisme par un certain Ptolémée, abandonna ses désordres, fit tous ses efforts pour convertir son mari, et, n'y réussissant pas, songea au divorce. Elle craignait d'être complice des impiétés de celui à qui elle demeurait unie par la société d'une même table et d'un même lit. Malgré les conseils de sa famille, elle lui envoya les significations voulues par la loi, et quitta la maison conju-

---

[1]. Justin, *Apol. II.* L'authenticité de cet ouvrage a été mise en doute pour des raisons insuffisantes. On a généralement admis, sur l'autorité d'Eusèbe, que la seconde apologie fut écrite sous Marc-Aurèle. Mais les §§ 2 et 15 se rapportent mieux à Antonin (cf. *Apol. I,* 1). Lollius Urbicus devint préfet de Rome vers 155 et garda cette fonction jusqu'en 160. Il ne l'occupait plus à l'avénement de Marc-Aurèle et de Lucius Verus (Noël Desvergers, *Essai sur Marc-Aurèle,* p. 54, et dans Aubé, *saint Justin,* p. 30-33, 68 et suiv.; Cavedoni, *Cenni,* Modène, 1855 et 1858, *Sentenza diffinitiva,* ibid., 1856; Borghesi, *Œuvres,* VIII, p. 585 et suiv. (cf. 503 et suiv.) Les deux ἐπὶ Οὐρβίκου du § 1 portent à croire que Urbicus n'était plus préfet de Rome quand Justin écrivit.

gale. Le mari protesta, intenta une action, alléguant que sa femme était chrétienne. La femme obtint des délais. Le mari irrité tourna, comme il était naturel, toute sa colère contre Ptolémée.

Il réussit à le faire arrêter par un centurion de ses amis, à qui il persuada de lui demander simplement s'il était chrétien. Ptolémée en convint et fut mis en prison. Après une très-dure détention, il fut conduit devant Quintus Lollius Urbicus, préfet de Rome. Nouvel interrogatoire, nouvel aveu. Ptolémée est condamné à mort. Un chrétien nommé Lucius, présent à l'auditoire, interpelle Urbicus : « Comment peux-tu condamner un homme qui n'est ni adultère, ni voleur, ni homicide, qui n'a d'autre crime que de s'avouer chrétien ? Ton jugement est bien peu d'accord avec la piété de notre empereur et avec les sentiments du Philosophe, fils de César[1] ». Lucius s'étant avoué chrétien, Urbicus le condamna également à mort. « Merci, répondit Lucius ; grâce à toi, je vais échanger des maîtres méchants pour un père, le roi du ciel. » Un troisième assistant fut saisi de la même fureur contagieuse de martyre. Il se proclama chré-

1. C'est-à-dire de Marc-Aurèle qui était associé à l'empire depuis 147. Il y a ici quelque difficulté. Voir ci-dessus, p. 368, la suscription de la première apologie. Nous croyons que l'exclamation de Lucius ne doit pas être prise trop à la lettre. Peut-être faut-il répéter οὐδέ avant Καίσαρος παιδί.

tien et fut joint pour le supplice aux deux précédents[1].

Justin fut extrêmement ému de ce drame sanglant. Tant que Lollius Urbicus fut préfet de Rome, il ne put protester; mais, dès que cette fonction fut passée à un autre, Justin adressa au sénat une nouvelle apologie. Sa position à lui-même devenait difficile. Il sentait le danger d'avoir pour ennemi un homme comme Crescent, qui, d'un mot, pouvait le perdre. C'est avec le pressentiment d'une mort prochaine qu'il rédigea cet éloquent plaidoyer contre la situation exceptionnelle faite aux chrétiens[2].

Il y a quelque chose de hardi dans l'attitude que prend un philosophe obscur devant le corps puissant que les provinciaux n'appelaient jamais autrement que *hiéra synclétos*, « la sainte assemblée ». Justin rappelle ces orgueilleux au sentiment de la justice et de la vérité. L'éclat de leur prétendue dignité peut leur faire illusion; mais, qu'ils le veuillent ou ne le veuillent pas, ils sont les frères et les semblables de ceux qu'ils persécutent[3]. Cette persécution est la preuve de la vérité du christianisme. Les meilleurs parmi les païens

---

1. Justin, *Apol. II*, 2. Comp. *Acta Pauli et Theclæ*, 16.
2. *Apol. II*. Comp. Eus., *H. E.*, IV, 16, 17, 18.
3. *Apol. II*, 1.

ont de même été persécutés, par exemple, Musonius; mais quelle différence! Tandis que Socrate n'a pas eu un seul disciple qui se soit fait tuer pour lui, Jésus a une foule de témoins, artisans, gens du peuple, aussi bien que philosophes et gens de lettres, qui pour lui s'offrent à la mort[1].

On doit regretter que quelques-uns des hommes éclairés dont se composait alors le sénat n'aient pas médité ces belles pages. Peut-être en furent-ils détournés par d'autres passages moins philosophiques, en particulier par l'absurde démonomanie qui éclate à chaque page. Justin provoque ses lecteurs à constater un fait notoire, c'est qu'on apporte aux chrétiens les possédés que les exorcistes païens n'ont pu guérir[2]. Il tient cela pour une preuve décisive des feux éternels, où les démons seront un jour punis avec les hommes qui les auront adorés. Une page qui dut choquer tout à fait ceux que Justin voulait convertir est celle où, après avoir établi que les mesures violentes de la législation romaine contre le christianisme sont l'œuvre des démons, il annonce que Dieu va bientôt venger le sang de ses serviteurs, en anéantissant le pouvoir des génies du mal et en consumant tout le monde par le feu (idée que les pires des

1. *Apol. II,* 8, 10.
2. *Ibid.,* 6.

scélérats exploitaient pour le désordre et le pillage[1]). Si Dieu diffère, dit-il, c'est uniquement pour attendre que le nombre des élus soit complet. Jusque-là, il souffrira que les démons et les hommes méchants fassent tout le mal qu'ils veulent[2].

Ce qui montre bien quelle dose de simplicité d'esprit Justin joignait à sa rare sincérité, c'est la requête par laquelle il finit son apologie. Il demande qu'on donne à son écrit une approbation officielle, afin de redresser l'opinion en ce qui concerne les chrétiens[3]. « Au moins, dit-il, une telle publicité aurait-elle moins d'inconvénients que celle que reçoivent tous les jours les farces sotadiennes, philéniennes[4], les ballets, les livres épicuriens et autres compositions du même genre, qui se représentent ou se lisent avec une entière liberté. » On sent déjà combien le christianisme se montrera favorable à l'exercice le plus immodéré de l'autorité, quand cette autorité lui sera dévouée.

Justin nous touche davantage, quand il regarde la mort avec impassibilité.

---

1. Jules Capitolin, *Marc-Aurèle*, 13.
2. *Apol.* II, 7, 8.
3. *Apol.* II, 14.
4. Écrits obscènes.

Je m'attends bien, dit-il, à me voir quelque jour dénoncé et mis aux ceps par les gens que j'ai dits, au moins par ce Crescent, plus digne d'être appelé ami du bruit et du faste qu'ami de la sagesse, qui s'en va chaque jour attestant de nous ce qu'il ignore, nous accusant en public d'athéisme et d'impiété, pour gagner la faveur d'une multitude abusée. Il faut qu'il ait l'âme bien méchante pour nous décrier ainsi, puisque même l'homme d'une moralité ordinaire se fait conscience de porter un jugement sur les choses qu'il ne sait pas. S'il prétend qu'il est parfaitement instruit de notre doctrine, il faut que la bassesse de son esprit l'ait empêché d'en comprendre la majesté. S'il l'a bien entendue, rien ne peut l'obliger à la décrier si ce n'est la peur de passer lui-même pour chrétien... Sachez, en effet, que, lui ayant proposé quelques questions sur ce sujet, j'ai reconnu clairement et je l'ai même convaincu qu'il n'y entendait rien. Et, pour montrer à tout le monde que ce que je dis est véritable, je déclare que, si vous n'avez pas encore eu connaissance de cette dispute, je suis prêt à la recommencer en votre présence. Ce serait là une œuvre vraiment royale [1]. Que si vous avez vu les questions que je lui ai proposées et les réponses qu'il y a faites, vous ne pourrez douter de son ignorance ou de son peu d'amour de la vérité [2].

Les prévisions de saint Justin ne se justifièrent que trop. Crescent dénonça celui qu'il devait se borner à réfuter, et le courageux docteur fut mis à mort [3].

1. Justin s'adresse aux empereurs en même temps qu'au sénat. Cf. § 15, les derniers mots. Voyez Eusèbe, *H. E.*, IV, ch. 17.
2. *Apol. II*, 3.
3. *Apol. II*, 3, 14; Tatien, *Adv. Græc.*, 19; Irénée, I. XXVIII, 4;

Tatien échappa aux embûches du cynique. On ne peut assez regretter, pour la mémoire d'Antonin (ou, si l'on veut, de Marc-Aurèle), que l'avocat courageux d'une cause qui était alors celle de la liberté de conscience ait souffert le martyre sous son règne. Si Justin appela son rival « imposteur » ou « écornifleur », comme nous l'apprend Tatien, il méritait la peine correctionnelle qu'entraîne le délit d'injures proférées en public. Mais Crescent ne fut peut-être pas moins injurieux, et le fut impunément. Justin se vit donc frappé comme chrétien. La loi était formelle et les conservateurs de la chose romaine hésitaient à l'abroger. Combien de précurseurs de l'avenir ont souffert également sous le règne du juste et pieux saint Louis !

Les attaques de Crescent n'étaient pas un fait

Eusèbe, *H.E.*, IV, 16; *Chronique*, p. 170, 171, Schœne; *Chronique d'Alex.*, à l'an 165. Tatien, Irénée, Tertullien nous assurent que Justin mourut martyr. Quant aux Actes de son martyre, ils sont de seconde main et sans valeur. Il est même douteux s'ils s'appliquent à notre docteur. Junius Rusticus n'est mêlé à cette affaire que par les Actes et par saint Épiphane (XLVI, 1), qui copie en cela les Actes. La mort de Justin dut suivre de près la dispute avec Crescent et la composition de la deuxième apologie. (*Apol. II*, 3; Eusèbe, *l. c.*) On ignore si ce fut dans les derniers mois d'Antonin ou dans les premiers de Marc-Aurèle. Voir Pearson, cité ci-dessus, p. 453, note. Nous avons vu, à propos de Polycarpe, qu'Eusèbe a une certaine tendance à placer sous Marc-Aurèle des martyres qui eurent lieu sous Antonin.

isolé. Au Ier siècle, des hommes très-instruits purent ignorer le christianisme ; maintenant, cela n'est plus possible. Tout le monde a un avis dans la question. Le premier rhéteur du temps, L. Cornélius Fronton, écrivit certainement une invective contre les chrétiens[1]. Ce discours est perdu ; nous ignorons dans quelles circonstances il fut composé ; mais on peut s'en faire quelque idée par celui que Minucius Félix met dans la bouche de son Cæcilius. L'ouvrage n'était pas, comme celui de Celse, consacré à la discussion exégétique ; ce n'était pas non plus un écrit de philosophie. C'étaient des considérations d'homme du monde et de politique[2]. Fronton admettait sans examen les bruits les plus calomnieux contre les chrétiens, il croyait ou affectait de croire ce que l'on racontait de leurs mystères nocturnes, de leurs repas sanglants[3]. Très-honnête homme, mais homme officiel, il avait horreur d'une secte de déclassés. Satisfait d'une sorte de croyance vague à la Providence,

---

1. Minucius Félix, 9, 31. C'est lui qui est désigné par l'expression *Cirthensis noster*. Fronton était né à Thibilis. De nombreuses inscriptions attestent encore aujourd'hui l'importance que la famille des Frontons eut dans la région de Cirta. L. Renier, *Journal officiel*, 26 juin 1878 ; *Inscr. rom. de l'Alg.*, n° 2717 ; Orelli, n° 1176.

2. *Ut Orator*. Min. Fél., 31.

3. Minucius Félix, endroits cités.

qu'il associait bizarrement à une dévotion polythéiste [1], il était pour la religion établie, non qu'il la prétendît vraie, mais parce qu'elle était ancienne et faisait partie des préjugés d'un vrai Romain. Nul doute que, dans sa déclamation, il ne se plaçât au point de vue du patriotisme, pour prêcher le respect dû aux institutions nationales, et qu'il ne s'élevât, en conservateur zélé, contre la folle prétention de gens illettrés et de petite condition, aspirant à réformer les croyances. Peut-être terminait-il par une ironie contre l'impuissance de ce Dieu unique, qui, trop occupé pour bien gouverner toute chose, abandonnait ses adorateurs aux supplices, et par quelques railleries sur la résurrection de la chair [2].

Le discours de Fronton n'alla qu'aux lettrés ; Fronton rendit un bien plus mauvais service au christianisme en inculquant ses idées à l'élève illustre qu'il formait avec tant de soin et qui devait s'appeler Marc-Aurèle.

[1]. Lettres de Fronton, V, 25, etc.
[2]. Discours de Cæcilius, précité.

CHAPITRE XXVI.

LES ÉVANGILES APOCRYPHES.

Si l'on excepte les apologistes, tels que Aristide, Quadratus, Justin, lesquels s'adressent aux païens, et les traditionnistes purs, tels que Papias, Hégésippe, lesquels regardent la révélation nouvelle comme consistant essentiellement dans la parole de Jésus, presque tous les écrivains chrétiens de l'âge qui va finir ont la prétention d'augmenter la liste des Écritures sacrées, susceptibles d'être lues dans l'Église. Désespérant d'y réussir par leur autorité privée, ils se couvrent du nom de quelque apôtre ou de quelque personnage apostolique, et ne se font nul scrupule de s'attribuer l'inspiration dont jouirent indistinctement les disciples immédiats de Jésus. Cette veine de littérature apocryphe allait s'épuisant. Pseudo-Hermas ne réussit qu'à demi. Nous verrons les *Reconnaissances* de pseudo-Clément et les prétendues

Constitutions des douze apôtres [1] également frappées de suspicion sous le rapport de la canonicité. Les nombreux Actes d'apôtres qui naissaient de toutes parts n'avaient que des succès partiels. Aucune apocalypse n'arrivait plus à remuer sérieusement les masses. Le succès dans les lectures publiques, tel avait été jusque-là le critérium de la canonicité. Une Église admettait tel écrit supposé d'un apôtre ou d'un personnage apostolique à la lecture en commun. Les fidèles sortaient édifiés ; le bruit se répandait dans les Églises voisines qu'une très-belle communication avait été faite dans telle communauté, tel jour ; on désirait voir l'écrit nouveau, et ainsi, de proche en proche, cet écrit se faisait accepter, à moins qu'il ne renfermât quelque grosse pierre d'achoppement. Mais, avec le temps, on devenait difficile, et des fortunes comme celles qu'avaient eues les épîtres à Tite et à Timothée, la seconde épître de Pierre, ne se renouvelaient plus [2].

La fécondité évangélique était en réalité épuisée : l'âge de la grande création légendaire était passé, on n'inventait plus rien d'important ; le succès de pseudo-

---

1. Voir notre livre VII.
2. Voir, dans Eus., IV, xxii, 8, le jugement d'Hégésippe sur tous ces écrits apocryphes, dont il voit bien le caractère hérétique.

Jean avait été le dernier. Mais la liberté du remaniement restait assez large encore, au moins hors des Églises de saint Paul. Quoique les quatre textes devenus plus tard canoniques eussent déjà une vogue particulière, ils étaient loin d'exclure les textes parallèles. L'Évangile des Hébreux gardait toute son autorité. Justin et Tatien s'en servaient probablement. L'auteur des épîtres de saint Ignace (deuxième moitié du IIe siècle) le cite comme texte canonique et reçu [1]. Aucun texte en réalité n'épuisait la tradition et ne supprimait ses rivaux. Les livres étaient rares et mal gardés. Denys de Corinthe [2], à la fin du IIe siècle, parle des falsificateurs des « Écritures du Seigneur [3] », ce qui suppose que les retouches continuèrent plus de cent ans après la rédaction de notre Matthieu. De là cette forme indécise des paroles de Jésus qui se remarque chez les Pères apostoliques [4].

---

1. *Ad. Smyrn.*, 3, en comparant saint Jérôme, *De viris ill.*, c. 16. Cf. *Cérygme de Pierre et Paul,* dans Origène, *De princ.*, I, prœm., c. 8. Eusèbe (*H. E.*, III, xxv, 5) et Nicéphore (Credner, *Gesch. des neutest. Kanon*, p. 243) le placent parmi les ἀντιλεγόμενα. Pour Tatien, voir Epiph., hær. xlvi, 1. Cf. Hilgenfeld, *Nov. Test. extra can. rec.*, IV, p. 31.

2. Dans Eus., *H. E.*, IV, xxiii, 12.

3. Γραφαὶ κυριακαί.

4. Cf. *Vie de Jésus*, p. lv, note. Voir, par exemple, Clém. Rom., *Ad Cor. I*, ch. 13, 24, 46. L'auteur de la prétendue deuxième épître de Clément (voir ci-dessus, p. 399-400), se sert, à côté de

La source est toujours vaguement indiquée; de fortes variantes se produisent dans ces citations, jusqu'à saint Irénée. Quelquefois, des paroles d'Isaïe, d'Hénoch sont alléguées comme des paroles de Jésus[1]. On ne distinguait plus entre la Bible et l'Évangile, et des paroles de Luc sont citées avec cet en-tête : « Dieu dit[2]. »

Les Évangiles restèrent ainsi, jusque vers l'an 160 et même au delà, des écrits privés, destinés à de petits cercles[3]. Chacun avait le sien, et longtemps on ne se fit nul scrupule de compléter, de combiner les textes déjà reçus[4]. La rédaction n'était pas ferme ; on ajoutait, on retranchait ; on discutait tel ou tel passage, on amalgamait les Évangiles en circulation pour en former un seul ouvrage plus portatif[5]. La transmission orale, d'un autre côté, continuait d'avoir un

---

Matthieu et de Luc, de l'Évangile des Égyptiens. Même observation pour Barnabé et Hermas, pour pseudo-Ignace et pseudo-Polycarpe. Toujours Matthieu ou son équivalent, l'Évangile des Hébreux, servent de base aux citations.

1. *II Clem.*, 2, 3 ; *Vie de Jésus*, p. LV, 40.
2. *II Clem.*, 13, Λέγει ὁ θεός.
3. Voir *Vie de Jésus*, p. LIII.
4. Exemples certains : Matth., XVIII, 11, pris de Luc, XIX, 10 ; Matth., XXI, 44, pris de Luc, XX, 18 ; Luc, IV, 8, pris de Matth., IV, 10. Cf., outre Denys de Cor. précité, Origène, *In Matth.*, t. XV, 14 ; saint Jérôme, *Praef. in Evang.*, ad Damasum.
5. Celse, dans Origène, II, 27.

rôle. Une foule de paroles restaient non écrites ; il s'en fallait que toute la tradition fût fixée ; beaucoup d'éléments évangéliques étaient encore sporadiques. Ainsi la belle anecdote de la femme adultère flottait ; elle s'attacha, comme elle put, au quatrième Évangile. Le mot « Soyez de bons changeurs[1] », qui est cité comme se trouvant « dans l'Évangile[2] » et comme « Écriture[3] », ne trouva de coin pour se caser nulle part[4].

Plus graves étaient certains retranchements qui menaçaient de se produire. Tous les traits qui présentaient le Christ comme un homme paraissaient scandaleux. Le beau verset de Luc[5] où Jésus pleure sur Jérusalem était condamné par des sectaires sans goût, qui prétendaient que pleurer est une marque de faiblesse[6]. L'ange consolateur et la sueur de sang du jardin des Oliviers[7] provoquaient des objections et

---

1. Homélies pseudo-clém., II, 51 ; III, 50 ; XVIII, 20 ; *Constit. apost.*, II, 36, 37 ; Clém. d'Alex., *Strom*, I, 28 ; II, 4 ; VI, 10, etc. V. *Vie de Jésus*, p. 187.
2. Apelle, dans Épiph., hær. XLIV, 2.
3. Clém. d'Alex., *Strom.*, I, 28 ; Origène, *In Joh.*, tomus XIX, 2 (Opp., IV, 289) ; *In Matth.*, t. XVII, 31 (Opp., III, 815).
4. Notez aussi le mot cité dans *Act.*, XX, 35.
5. Luc, XIX, 41.
6. Épiphane, *Ancoratus*, 31.
7. Luc, XXII, 43, 44.

des mutilations analogues[1]. Mais l'orthodoxie, déjà régnante, empêchait ces fantaisies individuelles de compromettre sérieusement l'intégrité des textes déjà sacrés.

En réalité, au travers de tout ce chaos, l'ordre se faisait. De même que, au milieu des doctrines opposées, une orthodoxie se dessinait, de même, au milieu de la foule des Évangiles, quatre textes tendaient de plus en plus à devenir canoniques à l'exclusion des autres. Marc, pseudo-Matthieu, Luc et pseudo-Jean marchaient vers une consécration officielle[2]. L'Évangile des Hébreux, qui les égala d'abord en valeur, mais dont les nazaréens et les ébionites faisaient un usage dangereux, commençait à être écarté. Les Évangiles de Pierre, des douze apôtres, parurent des variétés défectueuses et furent supprimés par les évêques[3]. Comment n'alla-t-on pas plus loin encore,

---

1. Saint Hilaire, *De trinitate*, X, 9 et suiv.; saint Jérôme, *Adv. Pelag.*, II, Opp., IV, 2ᵉ part., col. 524, Mart.; saint Épiphane, *loc. cit.*
2. L'auteur des Homélies pseudo-clémentines paraît connaître les quatre Évangiles. Matthieu est sa base principale. Il est vrai que, comme Justin et Tatien, il puise à d'autres sources, qu'il juge tout aussi canoniques. De Wette, *Einl. in das N. T.*, §§ 67 c, 109 b. Voir aussi Hilgenfeld, *Krit. Unters. über Evang. Justin's, der clem. Hom. und Marcion's* (Halle, 1850).
3. V. *les Évangiles*, p. 112. Notez l'épisode de l'Évangile de Pierre à Rhossus. Eusèbe, *H. E.*, VI, 12. Cf. Credner, *Gesch. des neut. Kan.*, p. 256.

et ne fut-on pas tenté de réduire les quatre Évangiles à un seul, soit en en supprimant trois, soit en faisant une harmonie des quatre, à la façon du *Diatessaron* de Tatien, soit en dressant une sorte d'Évangile *a priori* comme Marcion? On ne vit jamais mieux l'honnêteté de l'Église qu'en cette circonstance. De gaieté de cœur, elle se mit dans les plus terribles embarras. Il est impossible que quelques-unes des contradictions des Évangiles n'aient pas dès lors crevé les yeux. Celse les relève déjà finement[1]. On aima mieux s'exposer pour l'avenir aux plus foudroyantes objections que de condamner des écrits tenus pour inspirés par tant de personnes. Chacun des quatre grands Évangiles avait sa clientèle, si l'on peut s'exprimer ainsi. Les arracher des mains de ceux qui les aimaient aurait été une impossibilité. C'eût été, en outre, condamner à l'oubli une foule de beaux traits où l'on reconnaissait Jésus, quoique l'agencement du récit fût divers. La *tétractys*[2] l'emporta, sauf à imposer à la critique ecclésiastique la plus étrange des tortures, celle de faire un texte concordant avec quatre textes discordants.

---

1. Dans Orig., II, 74; V, 56.
2. Ἡ ἁγία τῶν εὐαγγελίων τετρακτύς. Eus., *H. E.*, III, xxv, 4. Cf. Origène, *In Luc.*, hom. ι (Opp., III, 933). Τετράμορφον τὸ εὐαγγέλιον. Irénée, III, xi, 8.

En tout cas, l'Église catholique n'accorda plus à personne le droit de remanier de fond en comble les textes antérieurs, comme l'avaient fait Luc et pseudo-Jean. On était passé de l'âge de la tradition vivante à l'âge de la tradition morte. Le livre, qui jusqu'ici n'a été presque rien, devient tout pour des gens qui sont déjà éloignés des témoins oculaires de deux ou trois générations. Vers l'an 180, la révolution sera complète. L'Église catholique déclarera la liste des Évangiles rigoureusement close[1]. Il y a quatre Évangiles, nous dit Irénée ; il devait y en avoir quatre, et il ne pouvait y en avoir plus de quatre ; car il y a quatre climats, quatre vents, quatre coins du monde, réclamant chacun une colonne, quatre révélations, celles d'Adam, de Noé, de Moïse, de Jésus, quatre animaux dans le *chérub,* quatre bêtes mystiques dans l'Apocalypse. Chacun de ces monstres qui, pour le Voyant de l'an 69, étaient de simples ornements animés du trône de Dieu, devint l'emblème d'un des quatre textes reçus[2]. Il fut admis que l'Évangile était comme le *chérub,* un être tétramorphe. Mettre d'accord les

---

1. Irénée, III, xi, 7, 8, 9; Tertullien, *Contre Marcion,* IV, 2, 5; Clément d'Alex., dans Eus., *H. E.,* VI, 13, 14. Dans la lettre d'Irénée à Florin, les quatre Évangiles s'appellent αἱ γραφαί. Cf. *II Clem.,* 2, 3, 4, 13.

2. Irénée, III, xi, 8.

quatre textes, les harmoniser entre eux et tirer d'eux un son unique, fut la difficile tâche que poursuivront désormais ceux qui tiendront à se faire une conception tant soit peu raisonnable de la vie de Jésus.

La tentative la plus originale pour sortir de cette confusion fut certainement celle de Tatien, disciple de Justin. Son *Diatessaron* fut le premier essai d'Harmonie des Évangiles. Les synoptiques, combinés avec l'Évangile des Hébreux et l'Évangile de Pierre[1], furent la base de son travail. Le texte qui en résulta ressemblait assez à l'Évangile des Hébreux; les généalogies, ainsi que tout ce qui rattachait Jésus à la race de David, y manquaient[2]. Le succès du livre de Tatien fut d'abord assez considérable; beaucoup d'Églises l'adoptèrent comme un commode résumé de l'histoire évangélique; mais les hérésies de l'auteur[3] rendirent l'orthodoxie soupçonneuse; le

---

1. Tatien ne connaissait pas ou n'admettait pas l'Évangile de Jean. C'est à tort qu'on a cru que le *Diatessaron* commençait par « Au commencement, était le Verbe ». C'est a tort aussi qu'on a cru que le titre Διὰ τεσσάρων impliquait les quatre Évangiles canoniques. Le mot διὰ τεσσάρων est emprunté à la musique grecque et signifie en général l'accord parfait.

2. Eusèbe, *H. E.*, IV, 29; Théodoret, *Hæret. fab.*, I, 20; Épiphane, hær. XLVI, 1. Pour les textes syriaques, voyez Credner, *Gesch. der neut. Kan.*, p. 19 et suiv.

3. Voir notre livre VII.

livre finit par être retiré de la circulation, et la diversité des textes l'emporta définitivement dans l'Église catholique.

Il n'en fut point ainsi dans les sectes nombreuses qui pullulaient de toutes parts. Celles-ci n'admirent pas que la production évangélique fût en quelque sorte cristallisée et qu'il n'y eût plus lieu d'écrire de nouvelles vies de Jésus. Les sectes gnostiques voulaient des textes sans cesse renouvelés pour satisfaire leur ardente fantaisie. Presque tous les chefs de secte eurent des Évangiles portant leur nom, à l'exemple de Basilide, ou compilés à la manière de Marcion, selon leur bon plaisir. Celui d'Apelle venait, comme tant d'autres, de l'Évangile des Hébreux[1]. Markos mêla tout, l'authentique et l'apocryphe[2]. Valentin, comme nous l'avons vu[3], prétendait remonter aux apôtres par des traditions à lui personnelles. On citait un Évangile selon Philippe, fort cher à certains sectaires, un autre qu'ils appelaient « l'Évangile de la perfection »[4]. Les noms des apôtres offraient une ample provision de garants pour toutes ces fraudes[5].

1. Épiphane, xliv, 2, 4.
2. Voir livre VII.
3. Ci-dessus, p. 176-177.
4. Épiph., hær. xxvi, 2, 3. Comp. *Pistis Sophia*, p. 23, 47, 48.
5. Origène, hom. i *In Luc.* (t. III, p. 933); saint Ambroise, *In Luc.*, I, 2; saint Jérôme, præf. in Matth., et sur Luc, i, 4.

A peine est-il un des Douze qui n'ait eu son Évangile supposé[1]. On n'inventait plus, il est vrai ; mais on voulait savoir des détails que les quatre inspirés avaient omis. L'enfance du Christ surtout tentait vivement la curiosité. On ne pouvait admettre que celui dont la vie avait été un prodige eût vécu durant des années comme un Nazaréen obscur.

Telle fut l'origine de ce qu'on appelle les « Évangiles apocryphes », longue série de faibles ouvrages dont il convient de placer le commencement vers le milieu du IIe siècle. C'est faire injure à la littérature chrétienne que de mettre sur le même pied ces plates compositions et les chefs-d'œuvre de Marc, de Luc, de Matthieu. Les Évangiles apocryphes sont les Pouranas du christianisme ; ils ont pour base les Évangiles canoniques. L'auteur prend ces Évangiles comme un thème dont il ne s'écarte jamais, qu'il cherche seulement à délayer, à compléter par les procédés ordinaires de la légende hébraïque. Déjà Luc était entré dans cette voie. Ses développements sur l'enfance de Jésus et sur la naissance de Jean-Baptiste[2],

---

1. Thomas, Matthias, Barthélemi, Barnabé, etc. Fabricius, *Cod. apocr. N. T.*, I, 335-386 ; II, 526-554 ; Credner, *Gesch. des neutest. Kanons*, p. 241, 244, 256 ; Origène et saint Jérôme, *loc. cit.* ; décret de Gélase, ch. 6 ; Eusèbe, *H. E.*, III, 25.

2. Luc, I et II.

ses procédés d'amplification, ses machines pieuses de mise en scène, sont le prélude des Évangiles apocryphes. Les auteurs de ces derniers appliquent à outrance la rhétorique sacrée dont Luc fait un emploi discret. Ils innovent peu, ils imitent et exagèrent. Ils font pour les Évangiles canoniques ce que les auteurs des *Post-homerica* ont fait pour Homère, ce que les auteurs relativement modernes de *Dionysiaques* ou d'*Argonautiques* ont fait pour l'épopée grecque. Ils traitent les parties que les canoniques ont avec raison négligées; ils ajoutent ce qui aurait pu arriver, ce qui paraissait vraisemblable; ils développent les situations par des rapprochements artificiels empruntés aux textes sacrés. Quelquefois, enfin, ils procèdent par monographies et cherchent à faire une légende à tous les personnages évangéliques, en réunissant les traits épars qui les concernent. Tout se borne ainsi à broder sur un canevas donné[1]. Bien éloignés de l'assurance des anciens évangélistes, qui parlent comme inspirés d'en haut, et poussent hardiment chacun de leur côté les branches de leur récit,

---

[1]. Un curieux écrit de nos jours, *la Douloureuse passion*, rédigée par Brentano d'après les visions de Catherine Emmerich, présente le même caractère et peut être tenu pour le dernier des Évangiles apocryphes. Comparez aussi *la Cité mystique* de Marie d'Agreda.

sans s'inquiéter de se contredire les uns les autres, les fabricateurs d'Évangiles apocryphes sont timides. Ils citent leurs autorités; ils sont liés par les canoniques. La faculté qui crée le mythe est tout à fait appauvrie; on ne sait même plus imaginer un miracle. Quant au détail, il est impossible de rien concevoir de plus mesquin, de plus chétif. C'est le verbiage fatigant d'une vieille commère, le ton bassement familier d'une littérature de nourrices et de bonnes d'enfants. Comme le catholicisme dégénéré des temps modernes, les auteurs d'Évangiles apocryphes se rabattent sur les côtés puérils du christianisme, l'Enfant Jésus, la sainte Vierge, saint Joseph. Le Jésus véritable, le Jésus de la vie publique, les dépasse et les effraye.

La cause réelle de ce triste abaissement est un changement total dans la manière d'entendre le surnaturel. Les Évangiles canoniques se tiennent avec une rare dextérité sur le tranchant d'une situation fausse, mais pleine de charme. Leur Jésus n'est pas Dieu, puisque toute sa vie est celle d'un homme; il pleure, il se laisse attendrir; mais il est plein de Dieu; son attitude est acceptable pour l'art, l'imagination et le sens moral. Sa thaumaturgie, en particulier, est celle qui convient à un envoyé divin. Dans les Évangiles apocryphes, au contraire, Jésus est un spectre surnaturel, sans entrailles. L'humanité chez lui est un mensonge. Dans son berceau, vous le prendriez pour un enfant; attendez; les miracles petillent autour de lui; cet enfant vous crie: « Je suis le Logos[1]. » La thaumaturgie de ce nouveau Christ est matérielle, mécanique, immorale; ce sont les tours d'un magicien. Partout où il passe, il est comme une force magnétique; la nature s'affole, déraisonne, par l'effet de son voisinage. Chacune de ses paroles est suivie d'effets miraculeux, « pour le bien comme pour le mal »[2]. Sans doute les Évangiles canoniques ont versé quelquefois dans ce défaut: les épisodes des porcs de Gergésa, du figuier maudit, n'auraient dû inspirer aux contemporains qu'une réflexion moralement assez stérile: « L'auteur de pareils actes est bien puissant. » Mais ces cas sont rares, tandis que, dans les apocryphes, la notion vraie de la conscience de Jésus, à la fois humaine et divine, est tout à fait oblitérée. En devenant un *déva* pur, Jésus perd tout ce qui l'avait rendu aimable et touchant. On fut entraîné assez logiquement à nier son identité personnelle, à faire de lui un fantôme intermittent, qui se montrait aux disciples, tantôt jeune, tantôt vieux, tantôt enfant,

---

1. Évang. de l'enfance, 1.
2. Évang. de Thomas, 4, 5.

tantôt vieillard, tantôt grand, tantôt petit, et quelquefois si grand qu'il touchait le ciel de sa tête[1].

La plus ancienne[2] et la moins mauvaise de ces fades rapsodies est le récit de la naissance de Marie, de son mariage, de la naissance de Jésus, censé écrit par un certain Jacques, récit auquel on a donné le titre fautif de *Protévangile de Jacques*[3]. Un livre gnostique, la *Genna Marias*[4], qui paraît avoir été connu de saint Justin, peut y avoir servi de premier fond. Aucun livre n'a eu autant de conséquence que celui-ci pour l'histoire des fêtes chrétiennes et de l'art chrétien. Les parents de la Vierge, Anne et Joa-

---

1. Leucius, dans Photius, cod. cxiv.
2. Justin (*Dial.*, 78; cf. Tisch., p. xxxviii-xxxix, note; Hilgenfeld, *Krit. Untersuch.*, p. 153 et suiv.) et Clément d'Alexandrie (*Strom.*, VII, 16) connaissent les fables qui y sont contenues. Comp. *Asc. d'Isaïe*, ch. 11. La lettre des fidèles de Lyon (Eus., *H. E.*, V, i, 9) paraît aussi faire allusion à la façon dont le Protévangile raconte la mort de Zacharie (ch. 23, 24; comp. Matth., xxiii, 35; Tertullien, *Scorp.*, 8; *Const. apost.*, V, 16; Épiph., xxvi, 12). Origène le cite (*In Matth.*, tom. X, 17. Opp. III, 463, Delarue).
3. Tischendorf, *Evang. apocr.*, p. 1 et suiv. Cf. *Apocal. apocr.*, p. li-liii (sans parler des éditions ou traductions de Fabricius, Thilo, Brunet, Migne). On y peut joindre les divers Évangiles *De la Nativité de Marie*, tels que le Pseudo-Matthieu (Tisch., p. 50 et suiv.; Bleek, p. 320-324), rédigés à une époque plus moderne.
4. Épiph., hær. xxvi, 12. Notez que cette *Genna* contenait la mort de Zacharie, comme le Protévangile.

chim, la Présentation de la Vierge au temple et l'idée qu'elle y avait été élevée comme dans un couvent[1], le mariage de la Vierge, le concours des veufs[2], la circonstance des baguettes miraculeuses[3], dont la peinture a tiré de si admirables partis, tout cela vient de ce curieux écrit. L'Église grecque le tint pour à demi inspiré et l'admit à la lecture publique dans les églises, aux fêtes de saint Joachim, de sainte Anne, de la Conception, de la Nativité, de la Présentation de la Vierge. La couleur hébraïque y est assez juste encore ; quelques tableaux de mœurs juives rappellent par moments le livre de Tobie[4]. Il y a des traces sensibles de judéo-christianisme ébionite et de docétisme ; le mariage y est presque réprouvé.

Plusieurs passages de ce livre singulier ne sont pas dépourvus de grâce, ni même d'une certaine naïveté. L'auteur applique à la naissance de Marie et à toutes les circonstances de l'enfance de Jésus les procédés de narration dont le germe est déjà dans Luc et Matthieu. Les anecdotes sur l'enfance de Jésus dans Luc

1. *Protév.*, chap. 7; Pseudo-Matthieu, *De ortu B. M. V.*, chap. 7 et suivants.
2. Plus tard, on tint à la virginité de Joseph, et la baguette sur laquelle descend la colombe devint une branche de lis.
3. *Protév.*, ch. 8 et 9 ; *Évang. de la Nat. de Marie*, 8.
4. *Protév.*, ch. 1, 4 5, 20, 24.

et dans Matthieu sont d'habiles pastiches de ce que racontaient les anciens livres et les agadas modernes sur la naissance de Samuel, de Samson, de Moïse, d'Abraham, d'Isaac. Il y avait pour ces sortes de récits, introduction habituelle de l'histoire de tous les grands hommes, des espèces de lieux communs, toujours les mêmes, des topiques de pieuses inventions. L'enfant destiné à un rôle extraordinaire devait être né de parents vieux, longtemps stériles, « afin de montrer qu'il était un don de Dieu, et non le fruit d'une passion désordonnée »[1]. On croyait que la puissance divine éclatait mieux en l'absence des moyens humains. Fruit d'une longue attente et de prières assidues, le futur grand homme était annoncé par un ange, à quelque moment solennel. Il en fut ainsi pour Samson, pour Samuel. Selon Luc, Jean-Baptiste naquit dans des conditions analogues. On supposa qu'il en avait été de même pour Marie. Sa naissance, comme celle de Jean et de Jésus, fut précédée d'une Annonciation, avec accompagnement de prières, de cantiques. Anne[2] et Joachim sont le pendant exact d'Élisabeth et Zacharie. On remonta même au delà, et on broda sur l'enfance

---

1. *Protév.*, ch. 3; Cf. *les Évangiles*, p. 189.
2. Ce nom est évidemment emprunté à la légende de Samuel (*Protév.*, 6, 7).

d'Anne[1]. Cette application rétrospective des procédés de la légende évangélique devint une source féconde de fables, répondant aux besoins sans cesse renaissants de la piété chrétienne. On ne pouvait plus se figurer Marie, Joseph et leurs ascendants comme des personnages ordinaires. Le culte de la Vierge, qui devait prendre plus tard des proportions si énormes, faisait déjà invasion de tous les côtés.

Une foule de détails, parfois puérils, toujours conformes aux sentiments du temps, ou susceptibles de lever les difficultés que présentaient les anciens Évangiles, se répandirent par ces compositions, d'abord non avouées, ou même blâmées, mais qui finissaient bientôt par avoir raison. La caverne de la Nativité se compléta; le bœuf et l'âne y prirent définitivement place[2]. On se figura Joseph comme un veuf, âgé de quatre-vingts ans, simple protecteur de Marie; on voulut que celle-ci fût restée vierge après comme avant la naissance de Jésus. On la fit de race royale, sacerdotale, descendante à la fois de David et de Lévi[3]. On ne put se figurer qu'elle fût morte comme une simple femme; on parlait déjà de son enlèvement

---

1. Pseudo-Matthieu, *De ortu B. M. V.*, ch. 1; Leroux de Lincy, *Livre des légendes,* p. 27.
2. Pseudo-Matth., 14. Cf. Isaïe, ɪ, 3.
3. *Protév.,* 10; *Ascens. d'Is.,* xɪ, 2.

au ciel. L'Assomption naissait, comme tant d'autres fêtes, du cycle des apocryphes[1].

Un accent de vive piété distingue toutes les compositions dont il vient d'être parlé, tandis qu'on ne peut lire sans dégoût *l'Évangile de Thomas*, insipide ouvrage, qui fait aussi peu d'honneur que possible à la famille chrétienne, très ancienne cependant[2], qui l'a produit. C'est le point de départ de ces plates merveilles sur l'enfance de Jésus qui, par leur platitude même, eurent un succès si fâcheux en Orient. Jésus y figure comme une sorte d'enfant terrible, méchant, rancunier, faisant peur à ses parents et à tout le monde[3]. Il tue ses camarades, les change en

---

1. Enger, *De transitu B. M. V.*, Elberfeld, 1854; Tischendorf, *Apocal. apocr.*, p. XXIV et suiv., 95 et suiv.; Migne, *Dict. des apocr.*, II, col. 503-537, 587-598; W. Wright, *Contrib. to the apocr. lit.*, Londres, 1865; *Journal of sacred lit.*, janv. et avril 1865; Dulaurier, *Révél. de saint Barth.*, p. 20 et suiv.; Revillout, *Apocryphes coptes*, I, p. X-XII.

2. Justin, *Dial.*, 88, comp. à *Évang. selon Thomas*, 13; Irénée, I, XX, 1, 2, comp. à *Évang. selon Thomas*, 6, 14; Origène, homél. I *in Luc* (III, 933); *Philosoph.*, V, 7; Eus., *H. E.*, III, XXV, 6; Tischendorf, *Evang. apocr.*, p. XXXVIII et suiv., 134 et suiv.; *Apocal. apocr.*, p. LIII-LVI, LXI; *Stichométrie* de Nicéph., etc., dans Credner, *Gesch. des neut. Kan.*, p. 244, 250, 256; Bleek, p. 318-319.

3. Chap. 3, 4, 5, 8, 14, 15, 16. Comparez certains traits de Marc (*les Évangiles*, p. 117 et suiv.). Les miracles de Jésus font peur. Notez surtout le miracle de Gergésa.

boucs, aveugle leurs parents, confond ses maîtres, leur démontre qu'ils n'entendent rien aux mystères de l'alphabet[1], les force à lui demander pardon. On le fuit comme la peste ; Joseph le supplie en vain de rester tranquille[2]. Cette image grotesque d'un gamin omnipotent et omniscient est une des plus fortes caricatures qu'on ait jamais inventées, et certes ceux qui l'ont écrite avaient trop peu d'esprit pour qu'on puisse leur prêter l'intention d'y avoir mis de l'ironie. Ce n'était pas sans intention théologique que, contrairement au système plein de tact des anciens évangélistes sur les trente ans de vie obscure, on cherchait à montrer que la nature divine en Jésus ne fut jamais oisive, que le miracle sortait sans cesse de lui. Tout ce qui faisait de la vie de Jésus une vie humaine devenait importun. « Cet enfant n'est pas un être terrestre, dit de lui Zachée ; il peut dompter le feu ; peut-être a-t-il été fait avant la création du monde. Il est quelque chose de grand, ou un dieu, ou un ange, ou un je ne sais trop quoi[3]. » Ce déplorable Évangile paraît l'ouvrage des marcosiens[4]. Les

1. Ch. 6-8, 14, 15. Cf. Irénée, *l. c.*
2. Ch. 3, 4, 5. Voir surtout la rédaction latine.
3. *Évang. selon Thomas*, ch. 7 (Tisch., p. 140-144).
4. Comparez *Évang. selon Thomas*, ch. 6 et 14 (Tisch., p. xxxix, 138 et suiv., 152 et suiv., 162 et suiv.), avec Irénée, I, xx, 1 et 2 ; *Philosoph.*, VI, 42 ; Épiph., hær. xxxiv, 4.

naassènes[1] et les manichéens[2], en se l'appropriant, le répandirent dans toute l'Asie. L'inepte Évangile oriental connu sous le nom d'Évangile de l'enfance, mis en vogue surtout par les nestoriens de Perse, n'est, en effet, qu'un développement de l'Évangile selon Thomas[3]. Il passa dans tout l'Orient pour l'ouvrage de Pierre et pour l'Évangile par excellence. Si l'Inde connut quelque Évangile, ce fut celui-là. Si le krichnaïsme renferme quelque élément chrétien, c'est par là qu'il est venu. Le Jésus dont Mahomet entendit parler est celui de ces Évangiles puérils, un Jésus fantastique, un spectre, prouvant sa nature surhumaine par une extravagante thaumaturgie[4].

La Passion de Jésus tendait aussi à se développer en un cycle de légendes. Les prétendus Actes de Pilate[5] furent le cadre dont on se servit pour grou-

---

1. *Philosoph.*, l. c.
2. Cyrille de Jér., catéch. IV, 36; VI, 31 (Cyrille est le père de l'erreur selon laquelle l'Évangile en question aurait été écrit par un Thomas, disciple de Manès); Gélase, *Décret,* ch. 6 ; Tisch., p. XL, XLI.
3. Tischendorf, op. cit., p. XLIX et suiv., 171 et suiv.; Fabricius, *Cod. apocr. N. T.,* p. 150 et suiv.; Thilo, *Cod. apocr.,* I, p. 274 et suiv. Comp. les *Miracula infantiæ,* Brunet, *Évang. apocr.,* p. 173 et suiv.
4. Coran, III, 31 et suiv., 43 et suiv.; V, 110; XIX, 1-35. Cf. Tisch., p. 135, 192, 197; Thilo, p. 111, 123, 281.
5. V. ci-dessus, p. 347-348; Bleek, p. 321 et suiv.

per cet ordre d'imaginations, auxquelles s'associaient facilement des polémiques amères contre les juifs. C'est seulement au IVe siècle que les épisodes, d'un caractère presque épique, que l'on supposait s'être passés dans le voyage de Jésus aux enfers furent mis par écrit [1]. Plus tard, ces légendes sur la vie souterraine de Jésus, se réunissant aux faux Actes de Pilate, formèrent le célèbre ouvrage appelé *Évangile de Nicodème*.

Cette basse littérature chrétienne, empreinte d'un esprit tout populaire, fut en général l'œuvre des sectes judaïsantes et gnostiques. Les disciples de saint Paul n'y prirent aucune part. Elle naquit, selon toutes les apparences, en Syrie. L'Égypte y est aussi mal connue que possible [2]. Les apocryphes d'origine égyptienne, par exemple *l'Histoire de Joseph le charpentier* [3], sont plus récents. Quoique d'humble origine et entachés d'une ignorance vraiment sordide,

---

1. Sur l'idée elle-même de la descente aux enfers, voyez *l'Antechrist*, p. 58 et suiv. On parla aussi d'une descente des apôtres (Hermas, sim. IX, 16) et de Jean-Baptiste (saint Hippolyte, *De Antichr.*, 45 ; Évang. de Nicod., 2e part., ch. II, 3) aux enfers.

2. Les Pharaons sont censés régner quand Jésus vient en Égypte.

3. Dulaurier, *Révél. de saint Barth.*, p. 23 ; Revillout, *Apocr. coptes*, p. VIII-X ; *Arch. des miss. scientif.*, 3e série, t. IV, p. 447 et suiv.

les Évangiles apocryphes prirent bientôt une importance de premier ordre. Ils plurent à la foule, offrirent de riches thèmes à la prédication, élargirent considérablement le cercle du personnel évangélique. Sainte Anne, saint Joachim, la Véronique, saint Longin viennent de cette source un peu trouble. Les plus belles fêtes chrétiennes, l'Assomption, la Présentation de la Vierge, n'ont aucun appui dans les Évangiles canoniques; ils en ont dans les apocryphes. La riche ciselure de légendes qui a fait de Noël le joyau de l'année chrétienne est taillée pour une très grande partie dans les apocryphes. La même littérature a créé l'Enfant Jésus. La dévotion à la Vierge y trouve presque tous ses arguments. L'importance de saint Joseph en provient tout entière. L'art chrétien, enfin, doit à ces compositions, très-faibles au point de vue littéraire, mais singulièrement naïves et plastiques, quelques-uns de ses plus beaux sujets. L'iconographie chrétienne, soit byzantine, soit latine, y a toutes ses racines[1]. L'école pérugine n'aurait eu aucun *Sposalizio;* l'école vénitienne, aucune Assomption, aucune Présentation; l'école byzantine, aucune Descente de Jésus dans les limbes, sans les apocry-

---

1. Voir, par exemple, Le Blant, *Inscr. chrét. de la Gaule*, II, n° 542 *A;* Bayet, *Peint. et sculpt. chrét.*, p. 115.

phes. La crèche de Jésus manquerait sans eux de ses plus jolis détails. Leur avantage, c'était leur infériorité même. Les Évangiles canoniques étaient une trop forte littérature pour le peuple. Des récits vulgaires, souvent bas, étaient mieux au niveau de la foule que le Sermon sur la montagne ou les discours du quatrième Évangile.

Aussi le succès de ces écrits frauduleux fut-il immense. Dès le IVe siècle, les Pères grecs les plus instruits, Épiphane, Grégoire de Nysse, les adoptent sans réserve. L'Église latine hésite, fait même des efforts pour les expulser des mains des fidèles[1], mais n'y réussit pas. La Légende dorée y puise largement. Au moyen âge, les Évangiles apocryphes jouissent d'une vogue extraordinaire; ils ont même un avantage sur les canoniques, c'est que, n'étant pas Écriture sacrée, ils peuvent être traduits en langue vulgaire. Pendant que la Bible est en quelque sorte mise sous clef, les apocryphes sont dans toutes les mains. Les miniaturistes s'y attachent avec amour; les rimeurs s'en emparent, les mystères les mettent en drame sur le parvis des églises. Le premier auteur moderne

---

1. Décret de Gélase de 494. Saint Jérôme en est l'ennemi acharné. Fulbert de Chartres et Vincent de Beauvais sont partagés entre les anathèmes des Pères et l'admiration que ces écrits leur inspirent.

d'une Vie de Jésus, Ludolphe le Chartreux, en fait ses principaux documents. Sans prétention théologique, ces Évangiles populaires avaient réussi à supprimer dans une certaine mesure les Évangiles canoniques; aussi le protestantisme leur déclara-t-il une vive guerre et s'attacha-t-il à montrer en eux des ouvrages du démon [1].

1. H. Estienne, *Apol. pour Hérodote,* ch. xxxiii, §§ 2 et 3.

CHAPITRE XXVII.

ACTES ET APOCALYPSES APOCRYPHES.

La littérature des faux Actes suivit une ligne toute différente de celle des faux Évangiles. Les *Actes des Apôtres*, œuvre individuelle de Luc, n'avaient pas produit, comme le récit de la vie de Jésus, des diversités de rédactions parallèles. Tandis que les Évangiles canoniques servent de base aux amplifications des Évangiles apocryphes, les Actes apocryphes ont peu de liens avec les *Actes* de Luc. Les récits de la prédication et de la mort de Pierre et de Paul ne reçurent jamais une rédaction définitive[1]; pseudo-Clément s'en fera un prétexte littéraire plutôt qu'un objet direct de narration[2]. L'histoire apostolique fut ainsi la trame d'un tissu romanesque, qui n'arriva

---

1. V. ci-dessus, p. 344 et suiv.
2. V. livre VII.

jamais à une forme littéraire arrêtée[1], et qu'on ne cessa de remanier[2]. Une sorte de résumé de ces fables, empreint d'une forte couleur gnostique et manichéenne, parut sous le nom d'un prétendu Leucius ou Lucius, disciple des apôtres[3]. Les catholiques, qui regrettaient de ne pouvoir se servir de ce livre, cherchèrent à l'amender. Le dernier résultat de cette épuration successive fut la compilation faite, au ve ou vi[e] siècle, sous le nom du faux Abdias.

Presque toujours ce furent des hérétiques qui composèrent ces sortes d'ouvrages[4]; mais bientôt

---

1. Anastase le Sinaïte, Nicéphore, la *Synopse,* dans Credner, p. 241, 244, 249-250; Nicéph. Calliste, *ibid.,* p. 256.

2. Voyez Fabricius, Thilo, Tischendorf, *Acta apostolorum apocrypha* (Lips., 1851). Cf. *Apocalypses apocryphæ* du même, p. 137 et suiv.; W. Wright, *Apocryphal Acts of the apostles* (Londres, 1871), 2 vol.

3. Photius, Cod. cxiv; Epiph., li, 6; Pacien, *Epist.*, i, 6; Philastre, hær. 88; Décret de Gélase; Innocentii I Epist. iii ad Exup., 7 (Labbe, II, col. 1256); *De fide contra manich.,* attribué à saint Augustin, 5, 38; saint Augustin, *In Faust.,* XXII, 79; *Acta cum Felice manich.,* II, 6; pseudo-Jérôme, *De nativ. Virg.* (Opp., IV, p. 340); Turribius, *Ad Idac. et Cep.,* 5 (Migne, LIV, lat.); Thilo, I, p. xxix, civ; Tisch., *Acta,* p. xl et suiv.; Pseudo-Méliton, *De transitu,* init.; Pseudo-Mellitus, dans Fabr., *Cod. apocr. N. T.,* III, 604; Actes du 2e conc. de Nicée, act. v, Labbe, VII, p. 358 et suiv. Photius l'appelle Lucius Charinus. L'auteur de l'Évangile latin de Nicodème a fait de *Lucius et Charinus* les deux garants du récit de la descente aux enfers (ch. 1 et suiv.).

4. Eusèbe, *H. E.,* III, xxv, 6; Décret de Gélase; Épiphane,

l'orthodoxie les adoptait, en leur faisant subir quelques corrections¹. Ces hérétiques étaient gens très-pieux, en même temps que très-imaginatifs. Après qu'on les avait anathématisés, on trouvait leurs livres édifiants, et on s'efforçait de les approprier à la lecture pieuse. C'est ainsi que beaucoup de livres, beaucoup de saints, beaucoup de fêtes de l'Église orthodoxe sont de provenance hérétique. Le quatrième Évangile était à cet égard le plus frappant des exemples. Ce livre singulier faisait prodigieusement son chemin. On le lisait de plus en plus, et, à part certaines Églises d'Asie, qui connaissaient trop bien son origine², tous l'embrassaient avec admiration comme l'ouvrage de l'apôtre Jean³.

Les faux Actes des apôtres n'ont pas plus d'originalité que les Évangiles apocryphes. Dans cet ordre, également, la fantaisie individuelle ne réussissait plus guère à s'imposer. On le vit bien dans ce

hær. XLVII, 4; LXI, 1; LXIII, 2; Philastre, hær. 88; saint Augustin, *De actis cum Fel. manich.*, II, 6; *Contra adv. legis*, I, 20; Photius, *l. c.* et cod. CLXXIX.

1. Cf. Tischendorf, *op. cit.*, p. X, XXI, XLI; pseudo-Mellitus, *l. c.*; pseudo-Méliton, *De transitu*, init.; *Synopse* de pseudo-Ath., Credner, p. 249-250.

2. Les aloges. V. ci-dessus, p. 54, note 1.

3. Vers l'an 170, la présence du quatrième Évangile dans le Canon catholique ne fait plus l'objet d'un doute. V. *Vie de Jésus*, p. LXIII-LXIV (13ᵉ édit. et suiv.)

qui concernait la légende de Paul. Un prêtre d'Asie, grand admirateur de l'apôtre, crut satisfaire sa piété en bâtissant un petit roman, plein de charme, où Paul convertissait une belle jeune fille d'Iconium nommée Thécla, se l'attachait par un attrait invincible et faisait d'elle une martyre de la virginité[1]. Le prêtre ne cacha pas bien son jeu ; on le questionna, on le mit au pied du mur, et il finit par avouer qu'il avait fait tout cela « par amour pour Paul »[2]. Le livre n'en eut pas moins beaucoup de succès, et ne fut banni du Canon qu'avec les autres écrits apocryphes, au Ve ou au VIe siècle[3].

Saint Thomas, l'apôtre préféré des gnostiques, plus tard des manichéens, inspira de même des Actes[4], où

---

1. Tischendorf, p. XXI et suiv., 40 et suiv. Voyez l'étude de M. Le Blant sur ces Actes, dans l'*Annuaire de l'Assoc. des études grecques,* 1877.

2. *Convictum atque confessum id se amore Pauli fecisse.* Tertullien, *De baptismo,* 17. Au IXe siècle, Anba Sévère, de Nestéraweh, faisant le panégyrique de saint Marc, suppose encore que ce saint lui est apparu pour lui révéler des particularités inconnues de sa vie (édit. Bargès, p. LIII, 33 et suiv.).

3. Saint Epiph., LXXIX, 5 ; Saint Jérôme, *De viris ill.,* 7 ; saint Ambroise, *De virginibus,* II, 3 ; Macarius Magnes, p. 6, Blondel ; Décret de Gélase, VI, 22 ; Anastase le Sinaïte, dans Credner, p. 241 ; cf. p. 256.

4. Tischendorf, *Acta,* p. 190 et suiv.; *Apoc. apocr.* p. 156 et suiv.; Wright, *Apocryphal Acts,* p. 146 et suiv. Cf. Eusèbe, III, XXV, 6. Nous avons, ce semble, dans ces *Actes* le texte même

l'horreur de certaines sectes pour le mariage s'exprimait avec la plus grande énergie. Thomas arrive dans l'Inde pendant qu'on prépare les noces de la fille du roi. Il persuade si bien les fiancés des inconvénients du mariage, des mauvais sentiments que développe le fait d'avoir des enfants, des crimes qui sont la conséquence de l'esprit de famille et des ennuis du ménage, qu'ils passent la nuit assis l'un à côté de l'autre. Le lendemain, leurs parents s'étonnent de les trouver ainsi, pleins d'une douce gaieté, sans aucun des troubles ordinaires en pareille circonstance. Les jeunes époux leur expliquent que la pudeur n'a plus de sens pour eux, puisque la cause en a disparu[1]. Ils ont échangé les noces passagères contre les joies d'un paradis sans fin. Les étranges hallucinations auxquelles donnaient lieu ces erreurs

---

de Leucius. V. Turribius, *l. c.;* saint Augustin, *Adv. Adimant. manich.,* 17; *De serm. Domini in monte,* I, 20; Credner, p. 244, 250. Pseudo-Abdias a tout ramené à la mesure orthodoxe. Il est remarquable que le nom du roi Γουνδάφορος se retrouve sur les monnaies des rois indo-scythes qui ont régné dans la vallée de l'Indus. Wilson, *Ariana antiqua,* p. 340; Prinsep, *Note on... recent discoveries of Afghan.,* p. 103; *Mém. de l'Acad. des inscr.,* XVIII, 2ᵉ partie, p. 94 et suiv.; *Zeitschrift für Num.* de Sallet, VI, p. 213 et suiv.

1. Τὸ ἔσοπτρον τῆς αἰσχύνης ἀπ' ἐμοῦ ἀφῄρηται, καὶ οὐκέτι αἰσχύνομαι οὐδὲ αἰδοῦμαι, ἐπειδὴ τὸ ἔργον τῆς αἰσχύνης καὶ τῆς αἰδοῦς ἐξ ἐμοῦ μακρὰν ἀπέστη. Ch. 14. Cf. Pseudo-Abdias, ch. 3, 4.

morales, sont peintes avec vivacité dans tout le livre[1]. La première esquisse d'un enfer chrétien, avec ses catégories de supplices, s'y trouve tracée[2]. Ce singulier écrit, qui fit partie de certaines bibles[3], rappelle la théologie du roman pseudo-clémentin et celle des elkasaïtes. Le Saint-Esprit y est, comme chez les nazaréens, un principe féminin, « la mère miséricordieuse »[4]. L'eau représente l'élément purificateur de l'âme et du corps; l'onction d'huile y est le sceau du baptême, comme chez les gnostiques[5]. Le signe de la croix a déjà toutes ses vertus surnaturelles et en quelque sorte magiques.

Les Actes de saint Philippe ont aussi une couleur théosophique et gnostique très-prononcée[6]. Ceux d'André furent une des parties de la compilation du prétendu Leucius qui mérita le plus d'anathèmes[7]. L'Église orthodoxe resta d'abord étrangère à ces

---

1. Ch. 40, 48 et suiv., 52.
2. Ch. 52 et suiv.
3. Stichométrie de Nicéphore et *Synopse* d'Athanase. Credner, p. 244, 250. Cf. p. 279, 280, 281, 290 (décret de Gélase).
4. Ch. 27.
5. Ch. 26, 27, 46. Cf. Turribius, *l. c.* (ci-dessus, p. 520, note 3).
6. Tisch., *Acta,* p. xxxi et suiv., 75 et suiv.; cf. *Apoc. apocr.* du même, p. 141 et suiv.
7. V. ci-dessus, p. 520, note 3. Tischendorf, *Acta,* p. xl et suiv., 105 et suiv.

fables ; puis elle les adopta, au moins pour l'usage populaire. L'iconographie, surtout, y trouva, comme dans les Évangiles apocryphes, un ample répertoire de sujets et de symboles. Presque tous les attributs qui ont servi aux imagiers à distinguer les apôtres viennent des Actes apocryphes[1].

La forme apocalyptique servait aussi à exprimer ce qu'il y avait dans les sectes chrétiennes hétérodoxes d'insubordonné, d'indiscipliné, d'inassouvi. Une Ascension ou *Anabaticon* de Paul, exposé des mystères que Paul était censé avoir vus dans son extase[2], eut de la vogue. Une Apocalypse d'Élie[3] fut assez répandue. C'était surtout chez les gnostiques que les apocalypses, sous les noms d'apôtres et de prophètes, pullulaient. Les fidèles étaient en garde, et l'Église moyenne, celle qui craignait à la fois les excès gnostiques et les excès piétistes, n'admettait que deux apocalypses, celle de Jean et celle de

---

1. Ainsi l'équerre et la règle de saint Thomas viennent de *Acta Thomœ*, §§ 17 et suiv.

2. II Cor., xii, 1 et suiv.; Épiph., xxxviii, 2. Le passage de Denys d'Alexandrie, dans Eus., *H. E.*, VII, 23, ne prouve rien ici. Cf. Tischendorf, *Apoc. apocr.*, xiv et suiv., 34 et suiv.; Samuel d'Ani, dans *Journ. asiat.*, nov.-déc. 1853, p. 431; Dulaurier, *Révél. de saint Barth.*, p. 30 et suiv.

3. Origène, *In Matth.*, 117, Opp., III, 916; Épiph., xlii, 11 (p. 372, Petau) ; saint Hippolyte, *De Christo et Antichristo*, 65; Anastase le Sinaïte et Nicéphore (Credner, p. 241, 244).

Pierre[1]. Il circula néanmoins des écrits du même genre attribués à Joseph, à Moïse, à Abraham, à Habacuc, à Sophonie, à Ézéchiel, à Daniel, à Zacharie, père de Jean[2]. Deux zélés chrétiens, préoccupés de la substitution d'un monde nouveau au monde antique, exaltés par les persécutions, avides, comme tous les faiseurs d'apocalypses, des mauvaises nouvelles qui venaient des quatre coins de l'horizon, reprirent le manteau d'Esdras, et écrivirent sous ce nom révéré des pages nouvelles qui se joignirent à celles que le pseudo-Esdras de 97 avait déjà fait accepter[3]. On a pensé aussi que les livres apocalyptiques attribués à Hénoch reçurent, au IIe siècle, des additions chrétiennes[4]. Mais cela nous paraît peu probable ; ces livres d'Hénoch, autrefois si goûtés et que probable-

---

1. Canon de Muratori, lignes 71-72. Cf. Tischendorf, *Apocal. apocr.*, Leipzig, 1866.

2. Canon d'Anastase le Sinaïte et Stichométrie de Nicéphore, p. 241, 243-244 (Credner). Cf. Tischendorf, *Apoc. apocr.*, p. x, note, xxx, xxxiii ; Hilgenfeld, *Barn. epist.*, edit. alt., p. xix.

3. Ch. i-ii, xv-xvi de ce qu'on appelle *le 4ᵉ livre d'Esdras* latin. Ces deux derniers écrits paraissent être du IIIe siècle. Dans le manuscrit d'Amiens, la distinction des trois parties du *liber quartus* est très-bien faite. Garnier, *Cat. des mss. d'Amiens*, n° 10 ; Bensly, *The missing fragment*, p. 6.

4. Nous croyons que les livres d'Hénoch, dans leur totalité, et l'Assomption de Moïse sont, comme le psautier de Salomon et le livre des Jubilés, antérieurs au christianisme.

ment Jésus lut avec enthousiasme, étaient tombés, au temps où nous sommes, dans un universel discrédit[1].

Les gnostiques montraient également des psaumes[2], des morceaux de prophètes apocryphes, des révélations, sous le nom d'Adam, de Seth, de Noria, femme imaginaire de Noé, de récits de la Nativité de Marie, pleins d'inconvenances, de grandes et de petites Interrogations de Marie[3]. Leur Évangile d'Ève était un tissu d'équivoques chimères[4]. Leur Évangile de Philippe présentait un quiétisme dangereux, revêtu de formes empruntées aux rituels égyptiens[5]. L'Ascension ou *Anabaticon* d'Isaïe sortit de la même fabrique, au IIIe siècle, et fut une vraie source d'hérésies. Les archontiques, les hiéracites, les messaliens en proviennent[6]. Comme l'auteur des *Actes de Thomas*, l'auteur de l'*Ascension d'Isaïe* est

---

1. Orig., *Contre Celse*, V, 54.
2. Dernières lignes du fragment de Muratori, malheureusement très-obscures. Psaumes apocryphes de Salomon dans *Pistis Sophia*, publiés par Münter (1812), par Uhlemann, dans sa Chrestomathie, p. 103, dans l'édition de Schwartze, p. 131. Cf. *Comptes rendus de l'Acad. des inscr.*, 1872, p. 347 et suiv. Beaucoup d'autres psaumes sont mis dans la bouche de *Pistis Sophia*.
3. Épiph., xxvi, 1, 8, 12, 13, 17.
4. Épiph., xxvi, 2, 3, 5.
5. Épiph., xxvi, 13.
6. Épiph., hær. xl, 2 ; lxvii, 3 ; Euthymius Zygabenus, dans Tollius, *Insignia itin. ital.*, p. 106. Cf. *Constit. apost.*, VI, 16 ; Origène, *In Is.*, hom. I, Opp., p. 108 ; saint Jérôme, épist. 101 (33)

un des précurseurs de Dante, par la complaisance avec laquelle il s'étend sur la description du ciel et de l'enfer. Adopté par les sectes du moyen âge, cet ouvrage singulier devint le livre chéri des bogomiles de Thrace et des cathares de l'Occident[1].

Adam eut aussi ses révélations apocryphes. Un testament, adressé à Seth, apocalypse mystique empreinte d'idées zoroastriennes, circula sous son nom[2]. C'est un assez beau livre, qui rappelle beaucoup les *Ieschts Sadés* et le *Sirouzé* des Perses, et aussi par moments les livres des mendaïtes[3]. Adam y expose à Seth,

---

ad Pamm., IV, 2ᵉ part., col. 254, Mart.; Anastase le Sinaïte; Cedrenus, p. 68 (Paris); Sixte de Sienne, *Biblioth. sancta*, II, p. 59, 3ᵉ édit.

1. On le possède en latin du moyen âge et en éthiopien. Laurence, Oxford, 1819; Jolowicz, Leipzig, 1854; Dillmann, Leipzig, 1877; Migne (G. Brunet), *Dict. des apocr.*, I, col. 647 et suiv. Quelques critiques distinguent l'*Ascension* et la *Vision*, et rapportent cette dernière au IIᵉ siècle.

2. Conservé en syriaque et en arabe. *Journ. asiat.*, nov.-déc. 1853; Migne, *Dict. des apocr.*, I, 289 et suiv. Cf. le Syncelle, p. 10, et Cédrénus, p. 9 (Paris); Épiphane, XXVI, 8; *Constitut. apost.*, VI, XVI; décret de Gélase; manuscrit du Fanar, Hilgenfeld, *Barn. epist.*, edit. alt., p. XIX, 6; Samuel d'Ani, Denys de Telmahar, Eutychius, El-Macin, etc., dans le *Journ. asiat.*, l. c.; Wright, *Contrib. to the apocr. liter. of New Test.*, p. 7, 24, 61-63; W. Meyer, *Vita Adæ et Evæ*, Munich, 1879. Toute la partie relative aux heures de la nuit se retrouve presque mot pour mot dans les *Prières des Falachas*, publiées par M. Joseph Halévy (Paris, 1877), p. 7. Voir *les Évangiles*, p. 465.

3. *Journ. asiat.*, p. 436-437.

d'après ses souvenirs du paradis et les indications de l'ange Uriel, les liturgies mystiques de jour et de nuit que célèbrent heure par heure devant l'Éternel toutes les créatures[1]. La première heure de la nuit est l'heure de l'adoration des démons; pendant cette heure, ils cessent de nuire à l'homme. La deuxième heure est l'heure de l'adoration des poissons; puis vient l'adoration des abîmes; puis le trisagion des séraphins; avant le péché, l'homme entendait à cette heure le battement cadencé de leurs ailes. A la cinquième heure de la nuit, a lieu l'adoration des eaux. Adam, à cette heure, entendait la prière des grandes vagues. Le milieu de la nuit est marqué par l'accumulation des nuées et par une grande terreur religieuse. Puis repos de la nature entière et sommeil des eaux. A cette heure, si l'on prend de l'eau et que le prêtre de Dieu y mêle de l'huile sainte et oigne de cette huile les malades qui ne dorment pas, ceux-ci sont guéris. Au moment de la rosée, a lieu l'hymne des herbes et des graines. A la dixième heure, à la première aube, c'est le tour des hommes. La porte du ciel s'ouvre, afin de laisser entrer les Prières de

---

[1]. Cf. *The apostolical Constitutions in coptic*, p. 80-88 (Londres, 1848). Comp. *Constit. apost.*, VIII, 34; saint Hippolyte, *Opp.* édit. Fabricius, t. I, p. 255. Comparez surtout les ὧραι δοξολογίας de l'*Apocalypse de Moïse*, §§ 7, 17, Tisch., *Apoc. apocr.*, p. XI, 4, 9.

ce qui vit. Elles entrent, se prosternent devant le Trône, puis sortent. Tout ce qu'on demande au moment où les séraphins battent des ailes et où le coq chante, on est sûr de l'obtenir. Grande joie sur toute la terre, quand le soleil monte du paradis de Dieu sur la création. Puis une heure d'attente et de profond silence, jusqu'à ce que les prêtres aient placé des parfums devant Dieu.

A chaque heure du jour, les anges, les oiseaux, toutes les créatures se relèvent pareillement pour adorer l'Être suprême. A la septième heure, nouvelle cérémonie d'entrée et de sortie. Les Prières de tous les vivants entrent, se prosternent et sortent. A la dixième heure, a lieu l'inspection des eaux. Le Saint-Esprit descend, plane sur les eaux et les sources. Sans cela, en buvant l'eau, on subirait l'action malfaisante des démons. A cette heure encore, l'eau mêlée à l'huile guérit de toutes les maladies. Ce naturalisme, qui rappelle celui des elkasaïtes[1], fut atténué par l'Église catholique; mais le principe n'en fut pas rejeté entièrement[2]. Les exorcismes de l'eau et des différents éléments, la division du jour en

1. Voir les formules d'objurgation, *Philosoph.*, IX, 15-16; Épiph., XIX, 1.

2. Comparez les passages précités des *Constitutions apostoliques* grecques et des *Constitutions apostoliques* coptes. Le texte copte présente une couleur gnostique prononcée.

heures canoniques, l'emploi des huiles saintes, conservés par l'Église orthodoxe, ont leur point de départ dans des idées analogues à celles que l'Apocalypse adamite a complaisamment développées.

La sibylle chrétienne ne faisait plus guère que répéter sans les comprendre les oracles anciens, en particulier ceux de l'Apocalypse. Elle ne cessait pourtant pas de vaticiner[1] et d'annoncer la prochaine ruine de l'empire romain. L'idée favorite à cette époque était que le monde, avant de finir, serait gouverné par une femme[2]. La sympathie des anciens sibyllistes pour le judaïsme et Jérusalem s'est maintenant changée en haine[3]; mais l'horreur pour la civilisation païenne est la même[4]. La domination de l'Italie sur le monde a été la plus funeste de toutes les dominations; ce sera la dernière. La fin est proche. Le mal vient des riches et des grands, qui

---

1. Le § 1 du livre VIII des oracles sibyllins a sûrement été composé entre la mort d'Adrien et la mort de Marc-Aurèle. Les vers 65 et suiv. s'expliquent pour le mieux sous Marc-Aurèle et Lucius Verus. Le § 3 du liv. III paraît du même temps, un peu antérieur.

2. *Carm. sib.*, III, 75 et suiv. Cf. VIII, 194, 199-202. Le passage original est celui du livre III. Cette femme est sans doute Rome (Apoc., XVII, XVIII); elle est appelée veuve (*Carm. sib.*, III, 77) par allusion au passage de l'Apocalypse, XVIII, 7.

3. *Carm. sib.*, VI, 24 et suiv.

4. *Carm. sib.*, VIII, § 1.

pillent les pauvres. Rome sera brûlée; les loups et les renards demeureront dans ses ruines; on verra si ses dieux d'airain la sauveront. Adrien, que le sibylliste de l'an 117 saluait avec tant d'espérance, a été un roi inique, avare, spoliateur du monde entier, tout occupé d'arts frivoles, un ennemi des vraies religions, l'instituteur sacrilége d'un culte infâme[1], un fauteur de la plus abominable idolâtrie.

Comme le sibylliste de 117, celui dont nous parlons veut qu'Adrien ne puisse avoir que trois successeurs[2]. Leur nom (Antonin) rappelle celui du Très-Haut (Adonaï). Le premier des trois régnera longtemps. Il s'agit évidemment d'Antonin le Pieux. Ce prince, en réalité si admirable, est traité de « misérable roi[3] », qui, par avarice toute pure, a dépouillé le monde et entassé à Rome des trésors que le terrible exilé, l'assassin de sa mère (Néron l'Antechrist), livrera en pillage aux peuples de l'Asie[4].

Oh! comme tu pleureras alors, dépouillée de ton brillant laticlave et revêtue d'habits de deuil, ô reine orgueil-

---

1. Celui d'Antinoüs.
2. *Carm. sib.*, VIII, 65 et suiv., 73 et suiv., 91 et suiv., 131 et suiv., Cf. III, 52; 388 et suiv.; V, 49 et suiv.
3. Οἰκτρότατος βασιλεύς.
4. *Carm. sib.*, VIII, 70 et suiv.; 139 et suiv., 153 et suiv.; cf. V, 51. Voir ci-dessus, p. 12 et suiv.

leuse, fille du vieux Latinus! Tu tomberas pour ne plus te relever. La gloire de tes légions aux aigles superbes disparaîtra. Où sera ta force? quel peuple sera ton allié, parmi ceux que tu as asservis à tes folies?

Tous les fléaux, guerres civiles, invasions, famines, annoncent la revanche que Dieu prépare à ses élus. C'est surtout pour l'Italie que le juge se montrera sévère. L'Italie sera réduite en un tas de cendre noire, volcanique, mêlée de naphte et d'asphalte. L'Adès sera son partage. Là enfin régnera l'égalité pour tous; il n'y aura plus d'esclave ni de maître, ni de rois, ni de chefs, ni d'avocats, ni de juges corrompus. Rome subira les maux qu'elle a faits aux autres; ceux qu'elle a vaincus triompheront d'elle à leur tour. Cela se passera en l'année dont les chiffres additionnés répondent à la valeur numérique du nom de Rome, c'est-à-dire en l'an de Rome 948 (195 de J.-C.).

L'auteur appelle ce jour de tous ses vœux. Il a des accents épiques pour célébrer Néron l'Antechrist, préparant dans l'ombre, au delà des mers, la ruine du monde romain. Les luttes de l'Antechrist et du Messie viendront ensuite. Les hommes, loin de s'améliorer, ne font que croître en malice. L'Antechrist est enfin vaincu et renfermé dans l'abîme. La résurrection et l'éternel bonheur des justes couronnent le cycle apocalyptique. En s'attachant aux initiales des vers qui expriment ces terribles images, l'œil distingue l'acrostiche ΙΗΣΟΥΣ ΧΡΕΙΣΤΟΣ ΘΕΟΥ ΥΙΟΣ ΣΩΤΗΡ ΣΤΑΥΡΟΣ[1]. Les lettres initiales des cinq premiers mots donnent à leur tour ΙΧΘΥΣ, « poisson », désignation sous laquelle les initiés s'habituèrent de bonne heure à reconnaître Jésus[2]. Comme on était persuadé que l'acrostiche était un des procédés que les vieilles sibylles avaient employés pour laisser deviner leurs sous-entendus[3], on était frappé d'éton-

1. *Carm. sib.*, VIII, 217 et suiv. Cf. *Cohort. ad Græc.*, 38; Lactance, *Div. inst.*, IV, 15; VII, 16, 19, 20; Eusèbe, *Disc. de Const.*, 18; saint Aug., *De civ. Dei*, XVIII, 23. C'est à tort qu'on a supposé ce morceau interpolé ou remanié. La *Cohortatio ad Græcos*, qui n'est pas de Justin, mais qui appartient au IIe siècle, y fait allusion. Lactance (IV, 15) réunit les §§ 1 et 2 du livre VIII. Saint Augustin présente également l'acrostiche comme une particularité que présente un certain endroit du poëme. Notez les liaisons, δέ (vers 217), ὅν (vers 251). ΣΤΑΥΡΟΣ est omis par saint Augustin et est inutile à l'ΙΧΘΥΣ; mais ὅν (vers 251) s'y rattache étroitement. L'orthographe ΧΡΕΙΣΤΟΣ était ordinaire (Irénée, I, xv, 2; voir, au contraire, Epiph., *De num. myst.*, 5). L'épître prétendue de Barnabé offre déjà des jeux de ce genre (ch. 9).

2. Comp. Clém. d'Alex., *Pædag.*, III, xi, p. 106; Tertullien, *De bapt.*, 1; Origène, *In Matth.*, t. XIII, 10, Opp. III, p. 584; inscription d'Autun. Cf. de Rossi, dans Pitra, *Spicil. Sol.*, II, p. 545 et suiv.; *Bull.*, 1870, nos 2 et 3, et pl.; 1873, no 3 et pl.; F. Becker, *Die Darstell. J. C. unter dem Bilde des Fisches,* 1866 et 1876; Le Blant, *Inscr.*, II, p. 312. V. *Vie de Jésus*, p. 315-316.

3. Cicéron, *De divinatione*, II, 54; Denys d'Halicarnasse, IV, 62.

nement de voir une révélation si claire du christianisme se dessiner aux marges d'un écrit qu'on croyait avoir été composé dans la sixième génération qui suivit le déluge. Il se fit de ce morceau singulier une ancienne traduction en vers latins barbares[1], qui donna lieu à une autre fable. On prétendit que Cicéron avait trouvé le morceau érythréen si beau, qu'il l'avait traduit en vers latins, avant la naissance de Jésus-Christ[2].

Telles étaient les sombres images qui, sous le meilleur des souverains, assiégeaient des sectaires fanatiques. Il ne faut pas blâmer la police romaine d'avoir eu des moments de sévérité contre de pareils livres[3]; maintenant puérils, ils étaient alors gros de menaces; aucun État moderne n'en tolérerait de semblables. Les visionnaires ne rêvaient qu'incendies. L'idée d'un déluge de feu, opposé au déluge d'eau et distinct de la conflagration finale[4], était reçue par beaucoup d'entre eux. On parlait aussi d'un déluge de vent[5]. Ces

1. Saint Augustin, *l. c.*
2. Eusèbe, *op. cit.*, ch. 19.
3. V. ci-dessus, p. 299 et 378.
4. Commodien, *Carmen apol.*, 46.
5. Josèphe, *Ant.*, I, II, 3; Méliton, *De veritate* (syr.), p. 50-51 (Cureton); IIe épître de Clément, 16-17 (édition Bryenne); cf. pseudo-Justin, *Quæst. ad orthod.*, resp. ad quæst. 74; Vartan Vartabed, *Journ. asiat.*, févr.-mars 1867, p. 189; traditions syriennes et éthiopiennes, dans Cureton, *Spicil. syr.*, p. 94-95. Cf. *les Évangiles*, p. 170-171.

chimères troublaient plus d'une tête, même en dehors du christianisme. Sous Marc-Aurèle, un imposteur voulut, en exploitant des terreurs du même genre, provoquer des désordres qui eussent amené le pillage de la ville[1]. Il n'est pas sain de répéter trop souvent : *Judicare seculum per ignem.* Le peuple est sujet à d'étranges hallucinations. Quand les scènes tragiques qu'il imagine tardent à venir, il prend parfois sur lui de les réaliser. A Paris, le peuple fit la Commune, parce que le cinquième acte du siége, qu'on lui avait promis, n'était pas venu.

L'Antechrist restait la grande préoccupation des faiseurs d'apocalypses[2]. Quoiqu'il fût évident que Néron était mort, son ombre hantait l'imagination chrétienne[3]; on continuait d'annoncer son retour. Souvent cependant ce n'était plus Néron que l'on voyait derrière ce personnage fantastique : c'était Simon le Magicien.

De Sébaste[4] sortira Béliar[5], qui commande aux hautes

1. Jules Capitolin, *Marc-Aurèle,* 13.
2. *Carm. sib.,* III, 63 et suiv. Cf. II, 167 et suiv.
3. « Turris ubi umbra Neronis diu mansitavit » (près la porte du Peuple). Plan de Rome du xv⁰ siècle, dans *Bullettino della comm. archeol. comunale di Roma,* oct.-déc. 1877, p. 196-197.
4. Sébaste était le nouveau nom de Samarie. Simon le Magicien était de Gitton, près de Samarie. Cf. *Asc. d'Is.,* II, 12.
5. Pour Bélial. Cf. *Ascension d'Isaïe,* l. c.

montagnes, à la mer, au soleil flamboyant, à la lune brillante, aux morts eux-mêmes, et fera de nombreux signes devant les hommes. Ce n'est pas la droiture, c'est l'erreur qui sera en lui. Il égarera beaucoup de mortels, les uns Hébreux fidèles et élus [1], les autres appartenant à la race sans loi, qui n'a pas encore entendu parler de Dieu. Mais, lorsque s'accompliront les menaces du grand Dieu, et que l'embrasement roulera sur la terre à flots gonflés, le feu dévorera aussi Béliar et les hommes insolents qui ont mis leur foi en lui [2].

Nous avons été frappés, dans l'Apocalypse [3], de ce personnage mystérieux du Faux Prophète, thaumaturge séducteur des fidèles et des païens, allié à Néron, qui le suit chez les Parthes, doit reparaître et périr dans l'étang de soufre avec lui [4]. Nous fûmes portés à soupçonner que ce personnage symbolique désignait Simon le Magicien [5]. En voyant, dans l'Apocalypse sibylline, « Bélial de Sébaste » jouer un rôle presque identique, on se confirme dans cette hypothèse. Les rapports personnels de Néron et de Simon

---

1. Les expressions du vers III, 69, nous paraissent bien de la date où nous sommes; ailleurs (*Carm. sib.*, II, 169, 175), ces mêmes expressions nous semblent empruntées du troisième livre. Le rédacteur du second livre sibyllin (II, v. 167-168) a résumé en un seul vers tout ce passage sur « Bélial de Sébaste ».

2. *Carm. sib.*, III, 63-74. Cf. II, 167.

3. V. *l'Antechrist,* p. 43-44, 414, 417 et suiv., 445.

4. *Ibid.*, p. 427, 443.

5. *Ibid.*, p. 43-44, 419-420. Cf. Homélies pseudo-clém., II, 17.

le Magicien ne sont peut-être pas aussi fabuleux qu'ils le paraissent. En tout cas, cette association des deux pires ennemis que le christianisme naissant ait rencontrés était bien conforme à l'esprit du temps et au goût de la poésie apocalyptique en général. Dans l'*Ascension d'Isaïe*, Béliar est Satan, et Satan s'incarne en quelque sorte dans un roi meurtrier de sa mère, qui régnera sur le monde pour y établir l'empire du mal[1]. L'auteur du roman pseudo-clémentin croit que Simon reparaîtra en Antechrist à la fin des temps[2]. Au IIIe siècle, un trouble plus grand encore s'introduit dans cet ordre d'idées bizarres[3]. On reconnaît deux Antechrist, l'un pour l'Orient, l'autre pour l'Occident, Néron et Bélial. Plus tard, Néron finit par devenir, aux yeux des chrétiens, le Christ des juifs[4]. Les supputations des semaines de Daniel venaient compliquer ces chimères. Saint Hippolyte, du temps des Sévères, y est plongé tout entier[5]. Un certain Juda prouvait par Daniel que la fin du monde allait venir

---

1. *Asc. d'Isaïe*, ch. IV.
2. Homélies pseudo-clém., II, 17.
3. Commodien, *Instructions* et *Carmen apologeticum* (édit. Ludwig. Leipzig, 1878). Comp. saint Béat, *Comment. sur l'Apoc.* (édit. Florez, Madrid, 1770).
4. Sulpice Sévère, *Dial.*, II, 16; cf. *Chron.*, II, 48.
5. Voir ses écrits sur l'Antechrist, p. 1 et suiv., 92 et suiv. (édit. Lagarde, Leipzig, 1858).

l'an 10 de Septime Sévère (de J.-C. 202-203)[1]. Chaque persécution paraissait une confirmation des sombres prophéties qui s'amoncelaient[2]. De toutes ces données confondues, le moyen âge tira le mythe grandiose qui resta, au milieu du christianisme transformé, comme un reste incompris du messianisme primitif.

1. Eusèbe, *H. E.*, VI, 7.
2. Eusèbe, *Ibid.*

FIN DE *L'ÉGLISE CHRÉTIENNE.*

APPENDICES

I

JÉRUSALEM A-T-ELLE ÉTÉ ASSIÉGÉE ET DÉTRUITE UNE TROISIÈME FOIS SOUS ADRIEN?

On admet assez généralement que la guerre juive sous Adrien entraîna un siége et une dernière destruction de Jérusalem. Un si grand nombre de textes présentent ce sens, qu'il semble au premier coup d'œil téméraire de révoquer le fait en doute. Cependant, les premiers critiques qui réfléchirent, Scaliger, Henri de Valois, le P. Pagi, aperçurent les difficultés d'une pareille assertion et la rejetèrent.

Et d'abord qu'est-ce qu'Adrien aurait assiégé et détruit? La démolition de Jérusalem par Titus fut complète[1], surtout quant aux ouvrages militaires. En admettant qu'une population de quelques milliers d'âmes ait encore pu se loger dans les ruines que laissa le vainqueur de 70, il est clair en tout cas, que ce tas de ruines était incapable de supporter un siége. En admettant également que, de Titus à Adrien, quelques timides essais de restauration juive se

---

1. V. *l'Antechrist*, p. 522 et suiv.

soient produits, malgré la *Legio X^a Fretensis*, qui campait sur les ruines, on ne saurait supposer que ces essais aient été jusqu'à donner à la place une importance militaire quelconque.

Il est très-vrai que beaucoup de savants, à l'opinion desquels nous nous rangeons, pensent que la restauration de Jérusalem, sous le nom d'Ælia Capitolina, commença dès l'an 122 à peu près. Ce n'est guère aux adversaires de notre thèse à faire valoir cet argument, puisque presque tous admettent qu'Ælia Capitolina ne commença à être bâtie qu'après la dernière destruction de Jérusalem par Adrien. Mais n'importe. Si, comme nous le croyons, Ælia Capitolina avait environ dix ans d'existence lorsqu'éclata la révolte de Bar-Coziba, vers 133, comment concevoir que les Romains aient eu besoin de la prendre? Ælia ne devait pas encore avoir de murs capables de soutenir un siége. Comment d'ailleurs supposer que la *Legio X^a Fretensis* ait quitté ses positions, en sachant qu'elle serait obligée de les reconquérir? On dira peut-être que pareille chose eut lieu sous Néron, quand Gessius Florus abandonna Jérusalem; mais la situation était toute différente. Gessius Florus se trouvait au milieu d'une grande ville en révolution. La *Legio X^a Fretensis* eût été au milieu d'une population de vétérans et de colons[1], tous favorables à la cause romaine. Sa retraite ne s'expliquerait en aucune façon, et le siége qui aurait suivi eût été un siége en quelque sorte sans objet.

Quand on examine les textes, trop rares, qui sont relatifs à la guerre d'Adrien, on arrive à faire une distinction capitale. Les textes vraiment historiques, non seulement

---

1. Ἀλλοφύλους. Dion Cass., LXIX, 12. Cf. Eusèbe, *Theoph.*, 9.

ne parlent pas d'une prise et d'une destruction de Jérusalem, mais, par la façon dont ils sont conçus, ils excluent un tel événement. Les textes oratoires et apologétiques, au contraire, où la seconde révolte des Juifs est rapportée, *non ad narrandum, sed ad probandum*, pour servir aux raisonnements et aux déclamations du prédicateur ou du polémiste, impliquent tous que les choses se sont passées sous Adrien comme elles se passèrent sous Titus. Il est clair que c'est la première série de textes qui mérite la préférence. La critique a renoncé depuis longtemps à tirer la précision de documents conçus dans un style dont l'essence est d'être inexact.

Les textes historiques se réduisent malheureusement à deux, dans la question qui nous occupe ; mais tous deux sont excellents. C'est d'abord le récit de Dion Cassius[1] qui paraît n'avoir pas été ici abrégé par Xiphilin ; c'est en second lieu celui d'Eusèbe, qui copie Ariston de Pella, écrivain contemporain des événements et vivant très-près du théâtre de la guerre[2]. Ces deux récits sont bien concordants entre eux. Ils ne disent pas un mot d'un siége ni d'une destruction de Jérusalem. Or un lecteur attentif des deux récits ne peut admettre qu'un tel fait eût passé inaperçu. Dion Cassius est très-détaillé ; il sait que ce fut la construction d'Ælia Capitolina qui donna occasion à la révolte ; il donne très-bien le caractère de la guerre, qui fut d'être une guerre de petites villes, de bourgs fortifiés, de travaux souterrains, ou guerre rurale, s'il est permis de s'exprimer ainsi ; il insiste sur des faits aussi secondaires que la ruine du prétendu tombeau de Salomon. Comment est-il possible qu'il

---

1. Dion Cass., LXIX, 12 et suiv.
2. *Hist. eccl.*, IV, VI ; *Chronique*, p. 166-169, édit. de Schœne.

eût négligé de parler de la catastrophe de la ville principale ?

L'omission de tout détail sur Jérusalem se conçoit moins encore dans le récit d'Eusèbe ou plutôt d'Ariston de Pella. Le gros événement de la guerre pour Eusèbe, c'est le siège de Béther, « ville voisine de Jérusalem »; de Jérusalem pas un mot[1]. Il est bien vrai que le chapitre de l'*Histoire ecclésiastique* relatif à cet événement a pour titre : Ἡ κατὰ Ἀδριανὸν ὑστάτη Ἰουδαίων πολιορκία [2], comme le chapitre relatif à la guerre de Vespasien et de Titus a pour titre (l. III, c. v) : Περὶ τῆς μετὰ τὸν Χριστὸν ὑστάτης Ἰουδαίων πολιορκίας; mais le mot πολιορκία s'applique bien à l'ensemble de la campagne de Julius Severus, qui consista en sièges de petites villes. Au § 3 du chapitre relatif à la guerre d'Adrien, le mot πολιορκία est employé pour désigner les opérations de la prise de Béther.

Dans sa *Chronique*, Eusèbe suit le même système[3]. Dans sa *Démonstration évangélique*[4] et dans sa *Théophanie*[5], au contraire, où il vise à l'effet, et où il n'est plus soutenu par les propres termes d'Ariston de Pella, il se laisse entraîner à l'assimilation qui a égaré presque toute la tradition juive et chrétienne. Il se figure les événements de l'an 135 sur le modèle des événements de l'an 70, et il parle d'Adrien comme ayant contribué avec Titus à l'accomplissement des prophéties sur l'anéantissement de Jérusalem. Cette double destruction a pour lui l'avantage d'accomplir un passage

---

1. Comp. Moïse de Khorène, II, 60.
2. *Hist. eccl.*, IV, vi; comp. IV, v, 2.
3. Les mots ἁλόντων Ἱεροσολύμων τὸ ἔσχατον, dans le Syncelle, sont une addition de ce chronographe (comparez la traduction arménienne d'Eusèbe et la *Chronique* de saint Jérôme).
4. *Démonstr. évang.*, II, 38; III, 5; VI, 18.
5. *Théophanie*, 9 (édit. Maï).

de Zacharie[1], et de fournir une base à la conception qu'on se faisait d'une Église de Jérusalem continue de Titus à Adrien[2].

Saint Jérôme présente la même contradiction. Dans sa *Chronique,* calquée sur celle d'Eusèbe, il suit Eusèbe historien. Puis il oublie cette solide base, et parle, comme tous les Pères orateurs, du siège et de la destruction de Jérusalem sous Adrien[3]. Tertullien[4], saint Jean Chrysostome[5] s'expriment de même. On sait combien il est dangereux d'introduire dans l'histoire ces phrases vagues, familières aux prédicateurs et aux apologistes de tous les temps.

Encore moins faut-il se préoccuper des passages talmudiques où la même assertion se rencontre[6], mêlée à des monstruosités historiques qui enlèvent toute valeur auxdits passages[7]. Dans le Talmud, la confusion de la guerre de Titus et de celle qui eut lieu sous Adrien est perpétuelle. La description de Béther est calquée sur celle de Jérusalem; la durée du siège est la même[8]. N'est-ce pas la preuve qu'on n'avait pas de souvenirs distincts du nouveau siège de Jérusalem, par la bonne raison qu'il n'avait pas existé? Quand la légende eut créé ce siège par une sorte de travail

---

1. Zach., xiv, 1 et suiv.
2. Eusèbe, *H. E.* IV, 5.
3. *In Dan.,* ix; *In Joël,* i; *In Habacuc,* ii; *In Jerem.,* xxxi; *In Ezech.,* v, xxiv; *In Zach.,* viii, xiv.
4. *Contra Jud.,* 13.
5. *In Judæos,* homil. v, 11, Opp., I, p. 645 (Montf.). Cf. Suidas, au mot βδέλυγμα; Chronique d'Alexandrie, à l'an 119.
6. Mischna, *Taanith,* iv, 6; Talm. de Bab., *Taanith,* 29 *a.* Il en faut dire autant de la *Chronique Samaritaine,* c. 42.
7. M. Derenbourg en fait plusieurs fois la remarque. *Palestine d'après les Talm.,* 431-433, 434, 436, note.
8. Comp. Midrasch *Eka,* ii, 2, et Talm. de Jér., *Taanith,* iv, 6, à Midrasch *Eka,* i, 5. Cf. saint Jérôme, *In Zach.,* viii.

a priori, on fit ce qu'on put *a posteriori* pour lui donner dans l'histoire une base qu'il n'avait pas. Naturellement, c'est sur le premier siége qu'on se rabattit pour cela. Cette confusion a été le piége où toute l'histoire populaire des catastrophes juives s'est laissé prendre. Comment préférer de pareilles bévues aux fortes inductions que l'on tire des seuls témoignages historiques que nous ayons dans la question, Dion Cassius et Ariston de Pella?

Deux objections graves me restent à résoudre. Seules, elles font planer des doutes sur la thèse que je soutiens.

La première est tirée d'un passage d'Appien[1]. Cet historien, énumérant les destructions successives qu'ont subies les murs de Jérusalem, place l'une après l'autre et sur la même ligne la destruction de Titus et celle d'Adrien, « qui eut lieu de son temps » (ἐπ' ἐμοῦ). Le passage d'Appien renferme en tout cas une forte inexactitude; il suppose que Jérusalem avait des murs sous Adrien. Appien a l'air de croire que les Juifs, après Titus, relevèrent leur ville et la fortifièrent. Son ignorance sur ce point montre qu'il n'est guidé dans le rapprochement susdit que par la grossière assimilation qui a trompé tout le monde. Les difficulcultés qu'avait présentées la campagne, les nombreuses πολιορκίαι qui l'avaient remplie, expliquent que même un contemporain, qui n'avait pas été témoin des faits[2], ait pu commettre une pareille erreur.

Plus grave assurément est l'objection tirée de la numis-

1. *Syr.*, 50. C'est par erreur que Tillemont (*Hist. des emp.*, I, p. 570) prétend que Pausanias parle d'une destruction de Jérusalem sous Adrien. Pausanias, I, 2, dit seulement ἐχειρώσατο ἀποστάντας.

2. Appien avait vu en Égypte la révolte des Juifs sous Trajan (passage découvert par M. Miller, *Revue archéol.*, 1869, I, p. 101-110); mais, au temps de la guerre d'Adrien, il demeurait à Rome.

matique. Il n'est pas douteux que les Juifs, durant la révolte, n'aient battu ou surfrappé des monnaies. Une telle opération semble au premier coup d'œil n'avoir pu se faire qu'à Jérusalem. Les types de ces monnaies conduisent à la même idée. La légende est le plus souvent לחרות ירושלם « de la liberté de Jérusalem ». Sur quelques-unes figure le temple surmonté d'une étoile [1].

La numismatique juive est pleine d'incertitudes, et il est dangereux de l'opposer à l'histoire ; c'est l'histoire, au contraire, qui doit servir à l'éclairer. Aussi l'objection dont nous parlons n'a-t-elle pas empêché quelques savants numismates de nos jours de nier résolûment l'occupation de Jérusalem par les adhérents de Bar-Coziba [2]. On admettra que les insurgés aient pu battre monnaie à Béther aussi bien qu'à Jérusalem, si l'on songe à l'état misérable où, dans toutes les hypothèses, était alors Jérusalem. En outre, il semble que les types des monnaies de la seconde révolte aient été imités ou pris directement sur ceux de la première et sur ceux des Asmonéens [3]. C'est ici un point important, qui mérite l'attention des numismates ; car on y peut trouver un principe de solution pour les difficultés qui planent encore sur des groupes entiers du monnayage autonome d'Israël.

Nous voulons parler surtout des monnaies au type de *Siméon, nasi d'Israël*. On tombe dans de suprêmes invraisemblances quand on veut trouver ce Siméon dans Bargioras, dans Bar-Coziba, dans Simon, fils de Gamaliel, etc.

---

1. Madden, *Jewish Coinage*, p. 170-171, 203 et suiv.
2. Madden, op. cit., p. 201, note 2.
3. Comp. Levy, *Gesch. der jüd. Münzen*, p. 104, note; Madden, p. 201, 203, notes; Merzbacher, dans la *Zeitschrift für Num.*, de M. de Sallet, t. IV, p. 350 et suiv. Cf. *ibid.*, V, p. 110-113, 349-350.

Aucun de ces personnages n'a pu battre monnaie. C'étaient ou des révolutionnaires ou des hommes de haute autorité, non des souverains. Si l'un deux avait mis son nom sur la monnaie, il eût blessé l'esprit républicain et jaloux des révoltés, et même jusqu'à un certain point leurs idées religieuses (qu'on se rappelle les principes de Juda le Gaulonite). Un pareil fait serait mentionné par Josèphe, pour la première révolte, et l'identité de ce *Siméon nasi* ne serait pas aussi douteuse qu'elle l'est. S'est-on jamais demandé si la Révolution française n'a pas eu de pièces à l'effigie de Marat ou de Robespierre? Ce Simon, selon moi, n'est pas autre que Simon Macchabée, le premier souverain juif qui battit monnaie et dont les pièces devaient être fort recherchées des orthodoxes[1]. Comme le but qu'on se proposait était de parer aux scrupules des dévots, une telle contrefaçon suffisait aux exigences du temps. Elle avait même l'avantage de ne mettre en circulation que des types admis de tous. Je crois donc que, ni dans la première, ni dans la deuxième révolte, il n'y eut de monnaies frappées au nom d'une personne alors vivante[2]. L'*Éléazar hac-cohen* de certaines pièces doit probablement s'expliquer d'une manière analogue, que trouveront les numismates[3].

Je crois de plus que la dernière révolte n'a pas eu de type propre, qu'elle ne fit qu'imiter des types antérieurs. Une circonstance matérielle confirme cette hypothèse. Sur les pièces dont il s'agit, en effet, on ne lit pas toujours שמעון; on lit souvent שמעונו ou שמע. Ces deux formes

---

1. Voir ci-dessus, p. 203 et suiv.
2. Modifier en ce sens ce qui est dit dans *l'Antechrist*, p. 273-274.
3. Ne serait-ce pas Éléazar, frère de Juda et de Simon Macchabée? Sur une monnaie, on trouve d'un côté *Éléazar hac-cohen*, de l'autre *Siméon* ou plutôt שמע.

sont trop fréquentes pour qu'on y puisse voir de simples fautes. Quant à la seconde, la disposition des lettres, dans beaucoup de cas, est telle qu'on ne saurait supposer que deux lettres finales aient disparu. Il n'est pas impossible que cette altération du nom de *Siméon* ait été faite exprès pour impliquer une prière : « Exauce » ou « Exauce-nous. » C'est, en tout cas, contre toute vraisemblance qu'on voit dans ce nom de *Siméon* le vrai nom de Bar-Coziba. Comment ce nom royal du faux Messie, inscrit sur un abondant monnayage, serait-il resté inconnu à saint Justin, à Ariston de Pella, aux talmudistes, qui parlent justement de la monnaie de Bar-Coziba[1] ? Encore moins peut-on y voir quelque président du sanhédrin, dont Bar-Coziba aurait reconnu l'autorité[2].

Ainsi, de toutes les manières, on arrive à croire que le monnayage de Bar-Coziba n'a consisté qu'en surfrappes, faites dans un motif religieux, et que les types que portent ces surfrappes étaient d'anciens types juifs, dont on ne saurait rien conclure pour la révolte du temps d'Adrien. Par là sont levées quelques-unes des énormes difficultés que présente la numismatique juive : 1° ces personnages inconnus à l'histoire ou ces révolutionnaires qui auraient battu monnaie comme des souverains; 2° l'invraisemblance qu'il y a à ce que de misérables révoltés aient fait des émissions monétaires aussi belles et aussi considérables ; 3° l'emploi de ce caractère hébreu archaïque, qui était tout à fait hors d'usage au IIe siècle de notre ère; en supposant qu'on eût affecté de revenir au caractère national, on ne lui

---

1. Tosifta *Maaser schéni*, 1; Talm. de Jér., *Maaser schéni*, 1, 2; Talm. de Bab., *Baba kama*, 97 b.
2. Derenbourg, *Palestine*, p. 424; de Saulcy, *Sept siècles de l'hist. jud.*, p. 395.

eût pas donné des formes si grandes et si belles ; 4° la forme du temple tétrastyle, surmonté d'une étoile[1]. Cette forme ne répond ni peu ni beaucoup à la forme du temple d'Hérode. Or on sait le scrupule que prenaient les monétaires anciens de figurer exactement la physionomie du temple principal de la ville, d'en rendre le caractère par des traits sommaires, il est vrai, mais très-expressifs. Le temple des monnaies juives, au contraire, sans fronton triangulaire, et avec sa porte d'un goût singulier, peut représenter le second temple, celui du temps des Macchabées, qui paraît avoir été assez mesquin.

Si l'on repousse cette hypothèse et que l'on maintienne à la seconde révolte les types qui portent l'effigie du temple et l'ère de « la liberté de Jérusalem », nous dirons que la délivrance de Jérusalem et la reconstruction du temple étaient l'objet unique des révoltés. Il n'est pas impossible qu'ils aient fait figurer ces deux idées sur leurs monnaies avant qu'elles fussent réalisées. On prenait pour accompli le fait auquel on aspirait avec tant d'efforts. Béther, d'ailleurs, était une sorte de Jérusalem provisoire, un asile sacré d'Israël[2].

La numismatique des croisades présente, du reste, identiquement le même phénomène. Après la perte de Jérusalem, en effet, l'autorité latine, transportée à Saint-Jean-d'Acre, continua de frapper des monnaies portant l'effigie du saint Sépulcre, avec les légendes ╬ SEPVLCHRI : DOMINI ou REX IERLM. Les monnaies de Jean de Brienne, qui ne posséda jamais Jérusalem, présentent aussi l'image du saint Sépulcre. « Ce type éminemment caractéristique, dit M. de Vogüé, semble être de la part des rois dépossé-

---

1. Saulcy, *Num. jud.*, pl. XI et XIV ; Madden, p. 164, 170, 171.
2. Comparez le *Governo della libertà di Siena in Montalcino*.

dés une protestation contre l'invasion et un maintien de leurs droits dans l'infortune et dans l'exil[1]. » Il y eut de même des monnaies à la légende TVRRIS DAVIT, frappées longtemps après la prise de Jérusalem par les musulmans[2].

En toute hypothèse, il faut admettre que beaucoup des monnaies juives de la seconde révolte ont été frappées hors de Jérusalem. Tout le monde, en effet, accorde que, si les révoltés ont été maîtres de Jérusalem, ils en ont été assez vite chassés. Or, on trouve des monnaies de la seconde et de la troisième année de la révolte. M. Cavedoni expliquait par cette différence de situation la différence des légendes לחרות ישראל et לחרות ירושלם, la seconde, seule, répondant à l'époque où les révoltés étaient maîtres de Jérusalem. Quoi qu'il en soit, la possibilité d'un monnayage fabriqué à Béther est mise hors de doute.

Qu'à un moment de la révolte, et au milieu des nombreux incidents de guerre qui remplirent deux ou trois années, les révoltés aient occupé Ælia et en aient été bientôt chassés ; que l'occupation de Jérusalem, en un mot, ait été un épisode court de ladite guerre, cela est strictement possible ; c'est peu probable cependant. La *Legio X^a Fretensis*, que Titus avait mise pour garder les ruines, y reste au IIe, au IIIe siècle et jusqu'aux temps du bas empire, comme si rien ne s'était passé dans l'intervalle[3]. Si les révoltés avaient été un jour maîtres de l'espace sacré, ils s'y fussent cramponnés avec fureur ; de toutes parts ils y fussent accourus ; tous les combattants de Judée

---

1. Vogüé, *Revue numismatique*, 1865, p. 296 et suiv.; Schlumberger, *Revue archéol.*, 1878, p. 180 et suiv.
2. Schlumberger, *les Principautés franques du Levant*, p. 32 et suiv.
3. Clermont-Ganneau, dans les *Comptes rendus de l'Académie des inscr.*, p. 162, 163, 167. et suiv.

au moins s'y fussent portés ; le fort de la guerre eût été là ; le temple eût été relevé, le culte rétabli ; là se fût livrée la dernière bataille, et, comme en 70, les fanatiques se fussent fait massacrer sur les ruines du temple ou du moins sur son emplacement. Or il n'en est rien. La grande opération poliorcétique a lieu à Béther, près de Jérusalem ; nulle trace de lutte sur l'emplacement du temple ; dans la tradition juive, pas un souvenir d'un quatrième temple ni d'une reprise des cérémonies.

Il semble donc bien que, sous Adrien, Jérusalem ne subit pas de siége sérieux et ne traversa pas de nouvelle destruction. Qu'aurait-on détruit, je le répète? Dans l'hypothèse où Ælia ne commence à exister qu'en 136, après la fin de la guerre, on aurait détruit un champ de ruines. Dans l'hypothèse où Ælia date de 122 ou à peu près, on aurait détruit les commencements de la ville nouvelle que les Romains voulaient substituer à l'ancienne. A quoi bon une telle destruction, puisque, loin d'abandonner le projet d'une nouvelle Jérusalem profane, les Romains en reprennent l'idée, à partir de cette époque, avec plus de vigueur que jamais? Ce qu'on a légèrement répété sur la charrue que les Romains auraient fait passer sur le sol de la ville et du temple n'a pour bases que de prétendues traditions juives, rapportées par le Talmud[1] et saint Jérôme[2], où l'on a confondu Terentius Rufus, qui fut chargé par Titus de démolir Jérusalem[3], avec Tineius Rufus, le légat impérial du temps d'Adrien. Ici encore, l'erreur est venue du mirage historique qui a fait transporter à la guerre d'Adrien, dont on sait peu de chose, les circonstances beaucoup mieux con-

1. Mischna *Taanith.*, iv, 6, et les Gémares correspondantes.
2. *In Zach.*, viii, 16-17.
3. Josèphe, *B. J.*, VII, ii, 1.

nues de la guerre de Titus. On a voulu quelquefois trouver dans les deux bœufs qui sont au revers de la médaille de fondation d'Ælia Capitolina une représentation de l'*aratum templum*. Ces deux bœufs sont simplement un emblème colonial et représentent les espérances que faisaient concevoir les nouveaux *coloni* pour l'agriculture de la Judée[1].

1. Madden, *Jew. coin.*, p. 212; de Saulcy, *Numismatique judaïque*, p. 171, pl. xv, n° 5.

II

SUR LA DATE DU LIVRE DE TOBIE.

L'époque où fut composé le livre de Tobie est très-difficile à fixer. De notre temps, des critiques distingués, MM. Hitzig, Volkmar, Grætz, ont rapporté cet écrit aux temps de Trajan ou d'Adrien. M. Grætz[1] le rattache aux circonstances qui suivirent la guerre de Bar-Coziba, et en particulier à l'interdiction qui, selon lui, fut faite par les Romains d'enterrer les cadavres des Juifs massacrés[2]. Mais, outre que le fait d'une pareille interdiction n'est fondé que sur des passages du Talmud dénués de sérieuse valeur historique, l'importance caractéristique attribuée dans notre livre à la bonne œuvre d'enterrer les morts s'explique d'une manière bien plus profonde, ainsi que nous allons le montrer tout à l'heure. Trois grandes raisons, selon nous, empêchent d'accepter pour le livre de Tobie une date aussi basse et interdisent de descendre, au moins pour la composition du livre, au-dessous de l'an 70.

1° La prophétie de Tobie (xiii, 9 et suiv., xiv, 4 et suiv.), qui doit naturellement être prise comme une *prophetia post*

---

1. *Gesch. der Juden*, IV, p. 180-182, 466-467.
2. Voir ci-dessus, p. 211.

eventum, mentionne clairement la destruction de Jérusalem par Nabuchodonosor (xiv, 4), le retour de Zorobabel, la construction du second temple, temple bien peu comparable au premier, bien peu digne de la majesté divine (xiv, 5). Mais la dispersion d'Israël aura son terme, et alors le temple sera rebâti, avec toute la magnificence décrite par les prophètes, pour servir de centre à la religion de l'univers entier. Pour le vieillard prophétisant, il n'y a donc pas de destruction du second temple; ce temple verra l'avénement de la gloire d'Israël et ne disparaîtra que pour faire place au temple éternel. M. Volkmar, M. Hitzig font observer, il est vrai, que, dans le IVe livre d'Esdras, dans Judith et dans la plupart des apocryphes, la destruction du temple par Nabuchodonosor est identifiée à la destruction du temple par Titus, et que les réflexions que l'on met dans la bouche du Voyant fictif sont celles qui conviennent après l'an 70. Mais ce principe, ailleurs d'une application si féconde, n'est pas de mise ici. Notoirement le verset xiv, 5, se rapporte au second temple. Cette réflexion que le nouveau temple était très-différent du premier [1], qu'il était tout autre chose que majestueux [2], est une allusion à Esdr., iii, 12, entendu à la manière de Josèphe, *Ant.*, XI, iv, 2. Il y a plus, ce passage capital porterait à croire qu'au moment où le livre de Tobie a été écrit, Hérode n'avait pas encore porté la main sur le second temple pour le rebâtir, événement qui eut lieu l'an 19 avant J.-C.

Les critiques que je combats appliquent ici le système, devenu fort à la mode, que l'on prétend asseoir sur un passage de la prétendue épître de Barnabé, et selon lequel

---

1. Οὐχ οἷος ὁ πρότερος.
2. Ἔντιμος.

il y aurait eu, sous le règne d'Adrien, un commencement de reconstruction du temple entrepris d'accord avec les Juifs. C'est à cette reconstruction que s'appliquerait le passage de *Tobie*, xiv, 5. Mais j'ai montré ailleurs [1] que cette interprétation du passage prétendu de Barnabé est fausse. Fût-elle vraie, il serait singulier qu'une tentative manquée, qui n'eut pas de suite, fût devenue ainsi la base d'un système apocalyptique tout entier.

2° Le verset xiv, 10, renferme une autre preuve de la composition relativement ancienne du livre de Tobie. « Mon fils, vois ce que fit Aman à Akhiakhar, qui l'avait nourri, comment il le précipita de la lumière dans les ténèbres et comment il le récompensa; mais Akhiakhar fut sauvé et Aman eut le châtiment qu'il méritait. Manassé de même fit l'aumône et fut sauvé du piège mortel qu'Aman lui avait tendu; Aman tomba dans ce piège et périt. » Cet Akhiakhar est un neveu de Tobie le père, qui figure dans l'ouvrage comme intendant et maître d'hôtel d'Asarhaddon. Son rôle est épisodique et singulier. La façon dont il est parlé de lui semble supposer qu'il était connu par ailleurs. Le verset que nous venons de citer ne s'explique que si l'on admet, parallèlement au livre de Tobie, un autre livre où un infidèle nommé Aman, qui avait eu pour père nourricier un bon Juif nommé Akhiakhar, le payait d'ingratitude, le faisait mettre en prison; puis Akhiakhar était sauvé et Aman puni. Cet Aman était évidemment, dans les romans juifs, l'homme qui avait pour rôle de tendre aux autres des pièges où il tombait lui-même, puisque, dans les récits auxquels Tobie fait allusion, le même Aman subissait le sort qu'il avait voulu faire subir à un certain Manassé. Impossible, selon moi, de ne pas voir là un parallèle de l'Aman

---

1. Ci-dessus, p. 24, note 2. Cf. *les Évangiles*, p. 375.

du livre d'Esther, pendu à la potence où il avait voulu faire attacher Mardochée, père nourricier d'Esther. Dans un livre composé en l'an 100 ou 135 de notre ère, tout cela est peu concevable. Il faut se reporter à un temps et à un milieu juif où le livre d'Esther existait sous une tout autre forme que celle de nos Bibles, et où le rôle de Mardochée était joué par un certain Akhiakhar, également domestique du roi. Or le livre d'Esther existait sûrement tel que nous l'avons au Ier siècle de notre ère, puisque Josèphe le connaît déjà interpolé.

3° Une objection non moins grave contre le système de M. Grætz est que, si le livre de Tobie était postérieur à la défaite de Bar-Coziba, les chrétiens ne l'eussent pas adopté. Dans l'intervalle de Titus à Adrien, la fraternité religieuse des juifs et des chrétiens est suffisante pour que les livres nouveaux éclos dans la communauté juive, tels que Judith, l'apocalypse d'Esdras, celle de Baruch, passent sans difficulté de la synagogue à l'Église. Après les déchirements qui accompagnèrent la guerre de Bar-Coziba, cela n'eut plus lieu. Le judaïsme et le christianisme sont désormais deux ennemis; rien ne passe d'un côté à l'autre du fossé qui les sépare[1]. Et puis la synagogue, à vrai dire, ne crée plus de pareils livres, calmes, idylliques, sans fanatisme, sans haine. A partir de 135, le judaïsme produit le Talmud, une sèche et âpre casuistique. Des croyances toutes profanes et d'origine persane, comme la guérison des démoniaques et des aveugles par des viscères de poissons, cette sobriété de merveilleux, par suite de laquelle les deux éprouvés sont guéris, sans miracle, par des recettes dont les privilégiés de Dieu ont le secret, tout cela n'est plus

---

1. Voir ci-dessus, p. 259 et suiv.

guère du IIe siècle après J.-C. L'état du peuple à l'époque où l'auteur écrit est relativement heureux et tranquille, au moins dans le pays où il écrit. Les Juifs paraissent riches, à l'état de domesticité chez les grands, servant d'intermédiaires dans tous les achats[1], occupant les places de confiance, employés comme intendants, majordomes, sommeliers, ainsi que nous les voyons dans les livres d'Esther, de Néhémie[2]. Loin d'être troublée par les songes et les colères qui obsèdent tout Juif à partir du Ier siècle de notre ère, la conscience de l'auteur est sereine au plus haut degré. Il n'est pas précisément messianiste. Il croit à un avenir merveilleux pour Jérusalem, mais sans miracle au ciel ni roi Messie.

Le livre est donc, selon nous, antérieur au IIe siècle de notre ère. Par le sentiment pieux qui y règne, il est bien postérieur au livre d'Esther, livre d'où tout sentiment religieux est absent. On songerait à l'Égypte pour le lieu où un pareil roman put être composé, si la certitude que le texte original fut écrit en hébreu ne créait à cela une difficulté. Les Juifs d'Égypte n'écrivaient pas en cette langue. Je ne crois pas cependant que le livre ait été composé à Jérusalem ni en Judée. Ce que veut l'auteur, c'est relever le Juif provincial qui a horreur du schisme et reste en communion avec Jérusalem. Les idées persanes qui remplissent l'ouvrage, la connaissance relative qu'a l'auteur des grandes villes de l'Orient, quoiqu'il se trompe étrangement sur les distances, feraient songer à la Mésopotamie, surtout à l'Adiabène, où les Juifs furent dans un état si florissant à partir du milieu du Ier siècle de notre ère.

---

1. Ἀγοραστής.
2. Se rappeler Néhémie, échanson d'Artaxerxe; Mardochée, attaché à la porte d'Assuérus.

En supposant le livre ainsi composé vers l'an 50 dans la haute Syrie, on aura, ce me semble, satisfait à la plupart des exigences du problème. L'état des pratiques et des idées juives, surtout en ce qui concerne le pain des païens, rappelle les temps qui précèdent immédiatement la révolte sous Néron[1]. La description de la Jérusalem éternelle semble calquée sur l'Apocalypse (ch. xxi); non que l'un des auteurs ait copié l'autre; mais ils puisent à un fond d'imaginations communes. La démonologie, surtout la circonstance du démon enchaîné dans les déserts de la haute Égypte, rappelle l'évangéliste Marc. Enfin, la forme de mémoires personnels que présente le texte grec, au moins dans ses premières pages[2], fait penser au livre de Néhémie; cette forme n'est plus en usage dans les apocryphes postérieurs à l'an 70. — Les inductions qui porteraient à reculer la date de la composition à une date antérieure, inductions que nous n'avons pas dissimulées, sont contrebattues par des considérations qui détournent, d'un autre côté, d'attribuer au livre une grande ancienneté.

Un fait capital, en effet, c'est qu'on ne trouve, chez les Juifs ni chez les chrétiens, aucune mention du livre de Tobie avant la fin du IIe siècle[3]. Or il faut avouer que, si les chrétiens du Ier et du IIe siècle eussent possédé le livre, ils l'eussent trouvé en parfaite harmonie avec leurs sentiments. Soit Clément Romain, par exemple; certainement, s'il avait eu un pareil écrit entre les mains, il l'eût cité, comme il cite le livre de Judith. Si le livre était antérieur à Jésus-Christ, on ne comprendrait pas qu'il fût resté dans une telle obscurité. Au contraire, si on admet que le livre

1. Grætz, *Gesch.*, IV, p. 166.
2. Cette forme a disparu dans la version latine.
3. Voir ci-dessus, p. 228, note 3.

a été composé en Osrhoène ou en Adiabène peu d'années avant les grandes catastrophes de Judée, on conçoit que les Juifs engagés dans la lutte n'en aient pas eu connaissance. Le livre n'étant pas encore traduit en grec, la plupart des chrétiens ne pouvaient le lire. Symmaque ou Théodotion se seront peut-être trouvés en possession de l'original et l'auront traduit. Alors aura commencé la fortune du livre chez les chrétiens.

Un élément capital de la question, qui n'a pas été employé jusqu'ici par les exégètes, ce sont les rapports qu'une critique sagace a découverts entre le récit juif et cette littérature de contes qui a fait le tour du monde, sans distinction de langue ni de race [1]. Étudié de ce point de vue, le livre de Tobie se montre à nous comme la version hébraïque et pieuse d'un conte que l'on retrouve en Arménie, en Russie, chez les Tatars et les Tziganes, et qui est probablement d'origine babylonienne. Un voyageur trouve sur son chemin le cadavre d'un homme à qui la sépulture a été refusée, parce qu'il avait laissé des dettes. Il s'arrête pour l'enterrer. Bientôt après, un blanc compagnon s'offre pour faire route avec lui. Ce compagnon tire le voyageur des plus mauvais pas, lui procure des richesses, une femme charmante, qu'il arrache aux démons. Au moment de la séparation, le voyageur lui offre la moitié de tout ce qu'il a gagné grâce à lui [2], sauf naturellement la femme. Le compagnon exige aussi la moitié de la femme :

---

1. M. Gaston Paris se propose de traiter bientôt cet important sujet, en résumant les travaux de MM. Simrock, Kœhler, Benfey, Sepp, auxquels il doit ajouter d'importantes données. Voir, en attendant, Kœhler, *Germania*, III, p. 199-209; Benfey, *Pantchatantra*, I, 219 et suiv.

2. Comparez Tobie, ch. XII.

grand embarras. Au moment où l'on va procéder à cet étrange partage, le compagnon se révèle : c'est l'âme du mort que le voyageur a enterré.

Nul doute que le livre de Tobie ne soit une adaptation aux idées juives de ce vieux récit populaire dans tout l'Orient. C'est ce qui explique l'importance bizarre donnée à la sépulture des morts, qui constitue un trait particulier de notre livre[1]. Nulle part ailleurs, dans la littérature juive, la sépulture des morts n'est mise sur le même pied que l'observance de la Loi. Ce rapprochement avec les contes de l'Orient confirme aussi notre hypothèse sur l'origine mésopotamienne du livre. Les Juifs de Palestine avaient l'oreille fermée à toutes ces fables des païens. Ceux d'Osrhoène devaient être plus ouverts aux bruits du dehors. Ajoutons que le livre d'Esther pouvait ne pas exister en ce pays sous la forme qu'il avait en Judée, ce qui expliquerait le passage bizarre qui concerne Aman et Akhiakhar.

Notre hypothèse est donc que le livre de Tobie a été composé en hébreu dans la Syrie du Nord, vers l'an 40 ou 50 après J.-C.; qu'il fut d'abord peu connu des Juifs de Palestine; qu'il a été traduit en grec, vers l'an 160, par les traducteurs judéo-chrétiens, et qu'il fut adopté immédiatement par les chrétiens.

1. Ch. i, ii; xii, 12.

FIN.

TABLE

DES MATIÈRES

                                              Pages.

PRÉFACE. I

Chap.

		Pages
I.	Adrien.	1
II.	Reconstruction de Jérusalem.	21
III.	Tolérance relative d'Adrien. — Premiers apologistes.	31
IV.	Les écrits johanniques.	45
V.	Commencement d'une philosophie chrétienne.	63
VI.	Progrès de l'épiscopat.	85
VII.	Faux écrits apostoliques. — La bible chrétienne.	107
VIII.	Le millénarisme. — Papias.	123
IX.	Commencement du gnosticisme.	140
X.	Basilide, Valentin, Saturnin, Carpocrate.	157
XI.	Dernière révolte des Juifs.	186
XII.	Disparition de la nationalité juive.	214
XIII.	Le Talmud.	238
XIV.	La haine des juifs et des chrétiens.	259
XV.	Antonin le Pieux.	290
XVI.	Les chrétiens et l'opinion publique.	305

TABLE DES MATIÈRES.

Chap.		Pages.
XVII.	Les sectes à Rome. — Les *Cérygmes*. — Le roman chrétien.—Réconciliation définitive de Pierre et de Paul.	319
XVIII.	Exagération des idées de saint Paul. — Marcion.	350
XIX.	L'apologie catholique. — Saint Justin.	364
XX.	Les abus et la pénitence. — Prophéties nouvelles.	390
XXI.	Le piétisme romain. — *Le Pasteur* d'Hermas.	401
XXII.	L'Asie orthodoxe. — Polycarpe.	426
XXIII.	Martyre de Polycarpe.	452
XXIV.	Le christianisme dans les Gaules. — L'Église de Lyon.	467
XXV.	La lutte à Rome. — Martyre de saint Justin. — Fronton.	480
XXVI.	Les Évangiles apocryphes.	495
XXVII.	Actes et apocalypses apocryphes.	520
APPENDICE I.	— JÉRUSALEM A-T-ELLE ÉTÉ ASSIÉGÉE ET DÉTRUITE UNE TROISIÈME FOIS SOUS ADRIEN ?	541
APPENDICE II.	— SUR LA DATE DU LIVRE DE TOBIE.	554

www.ingramcontent.com/pod-product-compliance
Lightning Source LLC
Chambersburg PA
CBHW060504230426
43665CB00013B/1385